01 논문을 통한 출제 포인트 분석
02 과외식 해설로 친절한 설명
03 연계 기출 문제로 실전 훈련

EBS 수특 국어
완벽 대비

KB213426

나 없이
EBS
풀지 마라

현대 산문

megastudy

나BS의 특징   이 책의 활용법

01.

나BS는 치밀하고 철저합니다.

모든 지문의 구조 분석,
작품 해제와 주요 시어의
의미가 담겼습니다.

이토록 치밀하고 철저한
EBS 분석은 수험생이
수능을 완벽하게 준비하기를
바라는 **전형태 선생님의
피나는 노력**입니다.

형식은 또 자기의 처지를 생각한다. 「선형은 과연 자기를 사랑하여 주는가. 자기는 선형에게 '부분적이 아니요 전인격적인 사랑'을 받는가. 아무리 좋
「 」: 선형과 약혼한 형식의 내적 갈등 → 사랑하는 사람과 결혼하고자 하는 자유연애 사상이 드러남.
게 생각하려 하여도 선형의 자기에게 대한 태도는 냉담한 것 같다. 이 약혼은 과연 사랑을 기초로 한 것일까.」
자신을 사랑하지 않는 것 같은 선형의 태도   : 근대적 가치관 ↔ : 봉건적 가치관
그날 저녁에 선형은 '예' 하고 대답은 하였다. 그러나 그 '예'가 무슨 뜻일까. '형식을 사랑합니다' 하는 뜻 일까. 또는 '부모께서 그렇게 하라 하시니
형식이 원하는 대답 → 사랑하는 사람과의 혼인을 의미함.
명령대로 합니다' 하는 뜻일까. 선형의 자기에게 대한 처지가 병국의 그 아내에게 대한 처지와 같음이 아닐까. 이렇게 생각하매 형식은 문득 불쾌한 생
부모님이 정해 주는 사람과의 혼인을 의미함.   봉건적 가치관에 따라 부모님이 정해 준 결혼을 함.
각이 난다. 『만일 선형이가 진실로 자기를 사랑하는 마음이 없이 부모의 말을 거역할 수가 없어서 그렇게 대답한 것이라 하면 이는 불쌍한 선형을 희
『 』: 사랑 없는 결혼은 선형과 자신 모두에게 불행한 결과를 가져 올 것이라는 형식의 생각이 드러남.
생함이라. 선형은 속절없이 사랑 없는 지아비의 밑에서 괴로운 일생을 보낼 것이요, 또 형식 자기로 말도래 결코 행복되지 아니할 것이라.』 남의 일생
남편   사람으로서 마땅히 지켜야 하는 도리
을 희생하여서까지 자기의 욕심을 채움이 인도에 어그러짐이 아닐까. 이에 형식은 선형의 뜻을 물어보기로 결심하였다.
자신은 선형을 사랑하지만 상대가 그렇지 않다면 결혼은 선형의 삶을 희생시키는 이기적인 행동이므로 둘 다 행복할 수 없음.

01 | 주제
일제 강점기 친일 지주 계층의 타락한 삶에 대한 풍자

03 | 작품 해제
「태평천하」는 1938년 『조광』에 연재된 중편 소설로, 일제 강점기의 서울을 배경으로 지주이자 고리대금업자인 윤 직원 영감과 그 일가의 모습을 통해 당대 사회의 모순과 중산 계층의 부정적 인물을 풍자적으로 형상화한 작품이다. 특히 이 소설은 윤 직원 영감의 비윤리적인 성격이나 행동을 풍자하고, 서술자가 빈번하게 작품에 개입하여 인물이나 사건에 대해 논평한다는 점이 특징적이다. 한편, 일제 강점기의 현실을 '태평천하'라고 말하는 윤 직원 영감을 반어적이고 풍자적인 수법으로 묘사함으로써 당대의 바람직한 가치관과 현실 인식을 제시하고 있다.

02 | 특징
① 서술자가 경어체를 사용하여 판소리의 창자처럼 서술함.
② 편집자적 논평을 통해 서술자의 생각과 판단을 드러냄.
③ 반어, 비유, 과장 등을 통해 대상에 대한 풍자의 효과를 극대화함.

04 | 등장인물
- 윤 직원(윤두섭) : 지주이자 고리대금업자로, 가산을 탕진하는 아들을 못마땅히 여기는 인물. 종학이 경찰서장이 될 거라는 기대와는 달리 사회주의 운동에 가담했다는 사실을 알고 충격을 받는다. 한편, 일제 강점기 시대를 '태평천하'라고 여기는 역사의식이 없는 인물이다.
- 윤 주사(윤창식) : 윤 직원의 아들로, 개화기 교육을 받은 세대로서 가치관을 상실하고 향락만을 추구하는 타락한 인물이다.
- 윤종학 : 윤 주사의 차남으로, 윤 직원이 가장 믿고 신뢰하는 인물. 하지만 윤 직원의 기대와는 달리 사회주의자가 된 청년이다.

05 | 상세 줄거리
윤 직원의 아버지인 윤용규는 노름으로 갑자기 큰돈을 번다. 그 돈으로 땅도 사고, 소작을 한다. 그러나 그는 구한말 화적패의 습격으로 인해 목숨을 잃는다. 윤 직원은 아버지를 잃은 후 세상을 원망하고 악착같이 재산을 축적하는 데 몰두하여 큰돈을 번다. 고리대금업으로 가산을 불린 그는 주위 사람들에게 인색하게 굴거나 한참 어린 기생 춘심에게 욕정을 품는 등 비윤리적인 행태를 일삼는다. 그의 아들인 창식은 한량으로 살면서 가산을 탕진하고, 맏손자인 종수 역시 군수가 되리라는 할아버지의 기대에 어긋나게 방탕하게 살아간다. 한편, 일본에서 유학 생활을 하고 있는 둘째 손자 종학은 윤 직원이 경찰서장이 되리라는 기대를 하고 있는 인물이다. 하지만 종학은 할아버지의 기대를 충족시켜 줄 것처럼 여겨지자, 결국 사회주의 운동을 하다가 피검된다. 윤 직원은 종학의 소식이 전해지자 좌절하면서 종학이 태평천하에 세상을 망쳐 놓을 부랑당패에 끼었다고 울부짖는다.

02.

나BS에는 평가원 기출이 있습니다.

나BS에는 평가원 선지가 수록되었습니다. 평가원의 개념으로 EBS를 분석할 수 있도록, 평가원 기출 선지로 O.X 문제를 구성했습니다.

OX문제

01	서술자가 다양한 인물로 바뀌면서 인물 간의 갈등을 다각적으로 조명한다. [2019학년도 6월]	(O / X)
02	중심인물의 반복적인 동작을 강조하여 내적 갈등을 표면화한다. [2024학년도 6월]	(O / X)
03	동시적 사건들의 병치로 사건에 대한 서로 다른 관점을 드러내고 있다. [2022학년도 수능]	(O / X)
04	'형식'은 사랑하는 마음이 없는 결혼은 선형과 자신 모두를 불행하게 할 것이라고 여긴다.	(O / X)
05	'선형'은 자신이 진심으로 '형식'을 사랑하는지 여부를 중요하게 생각해본 적이 없다.	(O / X)

03.

나BS에는 논문을 담았습니다.

출제자는 전공자의 논문을 통해
보기와 선지를 구성합니다.

나BS [고전문학편]과
[현대문학편]은 수많은 논문을
인용하여 EBS를
분석합니다. **출제자의 시선으로.**

「무정」의 문학사적 의의

「무정」은 1917년 1월 1일부터 1917년 6월 14일까지 126회에 걸쳐, 당시 총독부의 기관지이며 유일한 국한문 신문이던 「매일신보」에 연재된 한국 최초의 근대 장편 소설로 평가되고 있다. 민족주의와 인도주의 정신에 입각한 민중 계몽을 담고 있는 이 작품은 우리 근대 문학사에서 기념비적인 작품이라고 평가되고 있다. 특히 이 작품은 신문학을 결산하는 획기적인 작품으로 이광수의 대표작에 해당된다. 「무정」을 현대 문학의 출발점으로 볼 수 있는 근거로는 근대적인 의식과 자아 각성이 보인다는 점, 서술이 비약적·추상적인 데서 한 걸음 더 나아가 구체적이고 세밀하다는 점, 선과 악의 이분법적 도식에서 탈피했다는 점, 그리고 구어체에 접근했다는 점 등을 들 수 있다.

「무정」의 문체 가운데 우선 주목해야 할 부분은 이 작품이 이광수의 다른 작품들과는 달리 순한글로 썼다는 점이다. 이광수의 새로운 언어 의식은 우리 문학사에서 충분히 주목할 만한 것이다. 이 작품에서는 순한글 문체를 사용할 뿐만 아니라 불가피하게 한자를 사용할 경우 그것을 괄호 속에 넣어 처리하고 있다. 이는 한문 문장의 어휘를 그대로 사용하여 국한문 혼용체로 글을 썼던 이전의 작품들과는 대조적이다.

계몽성을 그 밑바탕으로 하고 있는 「무정」의 주된 내용은 교육의 중요성, 조혼 제도의 문제점, 선각자의 사명과 그들이 사회에서 당하는 고난, 남녀평등에 대한 인식, 자녀 중심적 사고의 필요성, 그리고 수재민 구호를 매개로 한 민족에 대한 관심 등이다. 또 근대 문명에 대한 동경, 신학문에 대한 학구열, 새로운 자유연애에 대한 찬양, 그리고 기독교 신앙 등으로 집약되는 내용은 당시 독자에게 일체의 봉건적인 것에 대한 비판 의식을 심어주고 근대 문명을 전하는 복음서가 되었다고 할 수 있다.

「무정」 속 자유연애

「무정」의 가장 큰 주제라 할 수 있는 전근대와 근대의 대립은 여러 가지 측면에서 살펴볼 수 있는데 그중에서 형식과 선형의 자유연애는 다른 무엇보다 조선 사회의 변화 징후를 잘 보여 준다는 점에서 주목된다. 「무정」에서의 연애가 두 사람의 순수한 이성적인 끌림에 의한 것은 아니지만 자신의 욕망에 의한 선택임은 분명하다. 형식은 양반이자 재산가인 김 장로의 외동딸 선형과의 혼인을 통해 신분 상승을 꾀할 수 있다는 점에서, 선형은 조선의 선각자라 할 법한 형식이라는 괜찮은 신랑감을 얻었다는 점에서 이들의 만남은 교환 가치의 영역으로 이루어져 있다고 할 수 있다. 따라서 이들은 전통적 형태인 집안끼리 혼담을 주고받는 방식에서 조금 더 진일보한 면을 보여 준다.

물론 작품에서 선형의 의지는 중요하지 않다. 전근대적인 질서 속에서 여성에게 강요된 강력한 규범은 삼종지도였다. 결혼 전에는 아버지를, 결혼 후에는 남편을, 노후에는 아들을 따른다는 이 도덕률은 선형을 조종하는, 보이지 않는 원리로 작용한다. 그렇기에 그녀는 정신여학교를 우등으로 졸업한 재원임에도 불구하고 아버지의 명령에 순종하는 것이 가장 큰 미덕인 구질서의 테두리 안에 머무르는 모습을 보인다.

04.

나BS에는 실전 문제가 있습니다.

철저한 작품 분석, 평가원 개념 적용을 통해 이해한 내용을 확인할 수 있도록 실전 문제와 자세한 해설을 수록했습니다.

다음 글을 읽고 물음에 답하시오. [08.09.평가원]

아내는 너 밤새워 가면서 도적질하러 다니느냐, 계집질하러 다니느냐고 발악이다. 이것은 참 너무 억울하다. 나는 어안이 벙벙하여 도무지 입이 떨어지지를 않았다.

너는 그야말로 나를 살해하려던 것이 아니냐고 소리를 한번 꽥 질러 보고도 싶었으나 그런 긴가민가한 소리를 섣불리 입 밖에 내었다가는 무슨 화를 볼는지 알 수 있나. 차라리 억울하지만 잠자코 있는 것이 우선 상책인 듯싶이 생각이 들길래 나는 이것은 또 무슨 생각으로 그랬는지 모르지만 툭툭 털고 일어나서 내 바지 포켓 속에 남은 돈 몇 원 몇 십 전을 가만히 꺼내서는 몰래 미닫이를 열고 살며시 문지방 밑에다 놓고 나서는 그냥 줄달음박질을 쳐서 나와 버렸다.

여러 번 자동차에 치일 뻔하면서 나는 그래도 경성역을 찾아갔다. 빈자리와 마주 앉아서 이 쓰디쓴 입맛을 거두기 위하여 무엇으로나 입가심을 하고 싶었다.

커피. 좋다. 그러나 경성역 홀에 한 걸음을 들여놓았을 때 나는 내 주머니에는 돈이 한 푼도 없는 것을, 그것을 깜빡 잊었던 것을 깨달았다. 또 아뜩하였다. 나는 어디선가 그저 맥없이 머뭇머뭇하면서 어쩔 줄을 모를 뿐이었다. 얼빠진 사람처럼 그저 이리 갔다 저리 갔다 하면서……

– 이상, 「날개」 –

04. 〈보기〉를 바탕으로 (가)를 감상할 때, 적절하지 **않은** 것은?

〈보기〉

「날개」는 현대 문명과 불화를 겪고 있는 지식인의 내면세계를 '아내'와 '나'의 부조리한 관계에 빗대어 표현한 작품이다. 여기서 '아내'는 현대 문명을, '나'는 지식인의 내면세계를 상징한다. 같은 맥락에서 이 소설에 나타나는 사물들과 사건들 또한 상징적인 의미를 지닌다.

① 도적질하거나 계집질한다고 '아내'가 '나'를 의심하면서 따지는 것은 지식인의 내면세계에 대한 현대 문명의 위협적인 힘을 의미한다.

② '나'가 아내 몰래 집에서 나온 것은 현대 문명의 구속에 맞서고자 하는 지식인의 적극적인 대결 의지를 의미한다.

③ '나'가 '아내'에게서 완전히 떠나겠다고 생각하지 못하는 것은 현대 문명과 결별하기 어려운 지식인의 의식 상태를 의미한다.

④ 자신도 모르게 아달린을 먹어 왔는지도 모른다는 '나'의 의구심은 자기의 이성이 자신도 모르게 현대 문명에 길들여져 가는 데 대한 지식인의 두려움을 의미한다.

⑤ '나'의 머릿속에서 희망과 야심의 말소된 페이지가 번뜩인다고 한 것은 현대 문명에 대한 비판 의식을 회복하고 싶어 하는 지식인의 소망을 의미한다.

CONTENTS 이 책의 순서

Part 02 | 현대 산문

			나BS	수특
1	장마	윤흥길	8	15
2	고목	함세덕	14	24
3	사랑손님과 어머니	주요섭	20	32
4	놀부전	이근삼	24	36
5	무정	이광수	29	155
6	날개	이상	36	159
7	태평천하	채만식	42	163
8	사수	전광용	47	167
9	판문점	이호철	52	171
10	차나 한잔	김승옥	57	175
11	황홀한 실종	이청준	64	179
12	당제	송기숙	71	184
13	방울새	양귀자	78	188
14	새를 찾아서	김주영	82	192
15	새의 선물	은희경	86	196
16	산불	차범석	92	214
17	쥬라기의 사람들	이강백	98	219

실전 국어 전형태

			나BS	수특
18	동주	신연식	106	223
19	우리들의 블루스	노희경	112	227
20	찰밥	윤오영	118	233
21	화단	이태준	122	277
22	동백꽃	김유정	126	283
23	내 그물로 오는 가시고기	조세희	130	285
24	메밀꽃 필 무렵	이효석	134	289
25	메밀꽃 필 무렵	이효석 원작, 동희선·홍윤정 각색	141	290
26	도둑맞은 가난	박완서	146	306
27	먼 곳에의 그리움	전혜린	151	318
28	삼대	염상섭	154	321

정답과 해설

166

나 없이
EBS
풀지마라

EBS 수특 국어
완벽 대비!

실전 국어 전형태

Part 02
현대 산문

1 | 윤흥길, 장마

STEP
01 지문 분석과 OX문제

 나BS 수능특강 | 현대문학

“불쌍헌 것……”

혼잣말을 남기면서 외할머니는 내 곁을 떠났다. 구겨진 무명 치맛자락을 소리 없이 끌면서 마루로 나서는 외할머니의 뒷모습을 나는 실눈을 뜨고 바
1인칭 관찰자 시점　　　　　　　　　　　　　　　　　　　　　　　　　　　　　　　　　　　　　적과 맞서는 맨 앞의 전선
라보았다. 방금 그 중얼거림이 누구를 가리키는 것인지는 모른다. 불쌍한 사람은 내 주위에 너무 많았다. 우선 일선에서 전사한 외삼촌이 그렇고, 사실
외할머니의 말이 ‘나’를 의미하는지 외삼촌을 의미하는 것인지 모름.　　　　　　　　　　　　　　　　　외삼촌이 국군으로 6·25 전쟁에 참전했다가 전사함.
은 나 역시도 몹시 불쌍한 처지에 있었다. 「형사한테서 양과자를 얻어먹은 사건 이후로 나는 근 달소수간이나 줄곧 울안에만 틀어박혀 근신하면서 근
　　　　　　　　　　　　　　　　　　　　　　　　　　　친할머니　　　　　　　　　　한 달이 조금 넘는 동안
신할 것을 명령한 아버지와 용서할 권한을 가진 할머니의 눈치를 살피는 신세였다.」 그러나 가장 불쌍한 사람은 바로 외할머니 자신이었을지도 모른다.
「 」: 할머니는 ‘나’가 형사에게 과자를 얻고 인민군(북한군) 편이 된 삼촌의 정보를 알려 주었다고 생각하여 ‘나’를 미워함.　　　　　‘나’의 주관적인 생각
『마루 끝에 앉아서 구름에 덮인 건지산 근방을 바라보는 외할머니의 모습은 몹시도 허전해 보였다. 전사 통지서를 받던 날 저녁에 본 강하고 두렵던
　　　　　　　　　　　먼 곳만을 우두커니 바라보는 사람　　　　　　　　전쟁터에서 적과 싸우다 죽음.　　　　몹시 힘들고 고된 일
모습은 도무지 찾아볼 수 없었다. 이젠 시들 대로 시들어 먼산바라기로 오두마니 앉아 있는 초라한 할멈 하나가 있을 뿐이었다.」 고역에서 해방된 기분
『 』: 아들이 전쟁에서 싸우다 죽었다는 소식을 알게 된 후 달라진 외할머니의 모습 → 아들을 잃은 상실감이 드러남.　↳ ‘나’의 눈에 비친 외할머니 모습
은 그 측은한 모습으로 하여 금세 지워지고 말았다.
초라한 외할머니의 모습에 근신에서 풀려난 해방감보다 안타까움이 더 크게 느껴짐.

(중략)

《 》: 할머니와 외할머니 사이에 갈등이 발생한 이유가 요약적으로 제시됨.
《어머니나 이모는 그래도 괜찮은 편이었다. 무엇보다 우려되는 건 할머니와 외할머니 간의 불화였다. 외삼촌과 이모를 공부시키기 위해 살림을 정리
　　　　　　　　물건을 보자기에 싸서 꾸려 놓은 것　　　　　　　서사의 중심 갈등
해서 서울로 떠났던 외가가 어느 날 보퉁이를 꾸려 들고 느닷없이 우리들 눈앞에 나타났을 때, 사랑채를 비우고 같이 지내기를 먼저 권한 사람은 할머
　　　　　　　　　　　　6·25 전쟁이 발발하자 ‘나’의 집으로 피난을 옴.　　　　　　　　　　외가 식구들이 친가로 왔을 때, 그들을 가장 반긴 인물은 할머니였음.
니였다. 난리가 끝나는 날까지 늙은이들끼리 서로 의지하며 살자는 말을 여러 번 들을 수 있었고, 얼마 전까지만 해도 두 사돈댁은 사실 말다툼 한번
없이 의좋게 지내 왔다. 수복이 되어 완장을 두르고 설치던 삼촌이 인민군을 따라 어디론지 쫓겨 가 버리고 그때까지 대밭 속에 굴을 파고 숨어 의
　　　　　　　　　　　　　　　　　　　　삼촌이 인민군에 가담함.
용군을 피하던 외삼촌이 국군에 입대하게 되어 양쪽에 다 각기 입장을 달리하는 근심거리가 생긴 뒤로도 겉에 두드러진 변화는 없었다. 그러던 두 분
　　　　　　　　　　　　　할머니와 외할머니는 서로 다른 이념을 따르게 된 자식들로 인해 걱정이 생겼지만, 둘의 관계에 변화는 없었음.
사이에 얼추 금이 가기 시작한 것은 저 사건—내가 낯모르는 사람의 꼬임에 빠져 과자를 얻어먹은 일로 할머니의 분노를 사면서였다. 할머니의 말을
　　　　　　　　　　　　　　　　　　　　할머니와 외할머니의 갈등을 조장한 요소 ①
옮기자면, 나는 짐승만도 못한, 과자 한 조각에 삼촌을 팔아먹은, 천하에 무지막지한 사람 백정이었다. 외할머니가 유일한 내 편이 되어 궁지에 몰린 외
　　　　　　　　삼촌의 정보를 형사에게 넘겨주었다고 생각한 할머니가 ‘나’에게 한 비난
손자를 감싸고 역성드는 바람에 할머니는 그때 단단히 비위가 상했던 것이다. 다음으로 두 분을 아주 갈라서게 만든 결정적인 계기는 전사 통지서를
누가 옳고 그른지는 상관하지 않고 무조건 한쪽 편만 드는　　　　　　　　　　　　　　　　　　　　　　할머니와 외할머니의 갈등을 조장한 요소 ②
받은 그 이튿날에 왔다. 먼저 복장을 지른 쪽은 외할머니였다. 그날 오후도 장대 같은 벼락불이 건지산 날망으로 푹푹 꽂히는 험한 날씨였는데, 마루
　　　　　　　속으로 품고 있는 생각　　　　　　　　　　　　　　　　　　　　　　　산마루
끝에 서서 그 광경을 지켜보던 외할머니가 별안간 무서운 저주의 말을 퍼붓기 시작한 것이다.》
　　　　　　　　　　　　자식을 잃은 슬픔과 분노로 인한 외할머니의 행동

「“더 쏟아져라! 어서 한 번 더 쏟아져서 바웃새에 숨은 뽈갱이 마자 다 씰어 가그라! 나무 틈새기에 엎딘 뽈갱이 숯뎅이같이 싹싹 끄실러라! 한 번
　　　　　　　　　　　　　　　　　　　　　　빨갱이(공산주의자를 속되게 이르는 말) → 공산군인 빨치산을 의미함.
더, 한 번 더, 옳지! 하늘님 고오맙습니다!”」「 」: 국군인 아들이 죽었다는 사실을 알게 된 외할머니가 빨치산을 향한 저주의 말을 퍼부음.

소리를 듣고 식구들이 마루로 몰려들었으나 모두들 어리둥절해져서 외할머니를 말리는 사람이 없었다. 벼락에 맞아 죽어 넘어지는 하나하나의 모습

이 눈에 선히 보인다는 듯이 외할머니는 더욱 기가 나서 빨치산이 득실거린다는 건지산에 대고 자꾸 저주를 쏟았다.
　　　　　　　　　　　　　6·25 전쟁 시기에 각지에서 활동했던 공산군

“저 늙다리 예펜네가 뒤질라고 환장을 혔댜?”
할머니는 외할머니의 말이 자신의 아들(삼촌)을 향한 저주라고 생각함.

그러자 안방 문이 우당탕 열리면서 악의를 그득 담은 할머니의 얼굴이 불쑥 나타났다. 외할머니를 능히 필적할 만한 인물이 그제까지 집안 한쪽에
　　　　　　　　　　　분노에 찬 할머니의 행동과 모습이 묘사됨.　　　　　　　　　　　　　　　　　　　　세력이 엇비슷하여 서로 맞선

도사리고 있었음을 나는 뒤늦게 깨닫고 긴장했다.
　　　　　　　　　　　　　　　　　　　『 』: 할머니는 외할머니가 피난 온 외가 식구들을 받아 준 은혜도 모르고 배은망덕한 행동을 하고 있다며 그녀를 비난함.

『"여그가 시방 누 집인 종 알고 저 지랄이랴, 지랄이?"
　　　　지금　누구　줄

옆에서 흔들어 깨우는 바람에 갑자기 잠꼬대를 그친 사람처럼 외할머니는 멍멍한 눈길로 주위를 잠깐 둘러보았다.

"보자 보자 허니께 참말로 눈꼴시어서 볼 수가 없네. 은혜를 웬수로 갚는다더니 그 말이 거그를 두고 하는 말이고만. 올 디 갈 디 없는 신세 하도
　　　　　　　　　　　　　　　　　　　　　　　　　　　　　　　외할머니를 가리킴.　　　　　　　흉악스러운

불쌍혀서 들어앉혀 농계로 인자는 아도 으런도 몰라보고 갖인 야냥개를 다 부리네그랴. 미쳐도 곱게 미쳐야지, 그렇게 승악시런 맘을 먹으며는 댑대로
　　　　　　놓으니까 이제는　　　어른도　　　　　갖은　ᄂ 상상 밖의 말이나 행동 따위로 거드름을 피우며 정신을 어지럽게 하는 일

거그한티 날베락이 내리는 벱여."』
　　　　　　날벼락

당장 메어꽂을 듯한 기세로 상대방의 서슬을 다잡고 나더니 할머니는 사뭇 훈계조가 되었다.
　　　　　　　　　　　　　　강하고 날카로운 기세　　　　　　　　　타일러서 잘못이 없도록 주의를 주는 듯한 투

"아아니, 거그가 그런다고 죽은 자석이 살아나고 산 사람이 그렇게 쉽게 죽을 성부른가? 어림 반푼도 없는 소리 빛감도 말어. 인명은 재천이랬다고,
　　　　　　　　　　　　　　외삼촌　　　　　　　삼촌　　　　　　　　　　　　　　　　　　　관용 표현 → 사람 목숨은 하늘에 달렸다는 의미

다아 저 타고난 명대로 살다가 가는 게여. 그리고 자석이 부모보담 먼처 가는 것은 부모 죄여. 부모들이 전생에 죄가 많었기 땜시 자석놈을 앞시워 놓
　　　　　　　　　　　　　　　　　　　　　　　　　　　외삼촌이 죽은 것은 외할머니의 탓이라며 외할머니에 상처가 되는 말을 함.

고는 뒤에 남어서 그 고통을 다아 감당허게 맹근 게여. 애시당초 자기 팔자소관이 그런 걸 가지고 누구를 탓허고 마잘 것이 없어. 낫살이 저만치 예순
　　　　　　　　　　　　　　　　　　　타고난 운수로 인하여 어쩔 수 없이 당하는 일　　　　　　　　　　　　　　　　　　나이

줄에 앉어 있음시나 조께 부끄런 종도 알어야지."

"그려. 나는 전생에 죄가 많어서 아덜놈 먼첨 보냈다 치자. 그럼 누구는 복을 휘어지게 짊어지고 나와서 아덜 농사를 그 따우로 지었다냐?"
　　　　　　　　　　　　　　　　　　　　　　　　　　　　할머니의 말을 맞받아치는 외할머니 → 빨치산이 된 아들을 둔 할머니를 비난함.

하고 외할머니도 앙칼지게 쏘아붙였다.

"저놈으 예펜네 말허는 것 좀 보소이. 참말로 죽을라고 환장혔능개비. 내 아덜이 왜 어디가 어쩌간디그려?"

"생각혀 보면 알 것이구먼."
외할머니　다음에 제사
"저 죽은 댐이 지사 지내 줄 놈 하나 없응게 남덜도 모다 그런 종 아는가 분디……."
　　죽은 외삼촌이 외할머니의 유일한 아들이기 때문임.

"고만덜 혀 둬요!"
싸움을 말리는 '나'의 아버지
"우리 순철이는 끈덕도 없다, 끈덕도 없어. 무신 일이 생겨야만 쇡이 시연헐 티지만 순철이 갸는 쏘내기 새도 요리조리 뚫고 댕길 아여."
할머니의 아들이자 '나'의 삼촌　　　　　　　　　　　　속이　시원할　　　　　소나기 사이도

"어따 구만덜 허라니께요!" 하고 아버지가 한 번 더 짜증을 부렸다.

OX문제

01 갈등의 양상을 첨예하게 그림으로써 긴장감을 고조시키고 있다. [2007학년도 6월]　　　　　(O / X)

02 외삼촌과 달리 삼촌이 인민군에 가담하자, 외할머니는 '뿔갱이'를 향해 저주의 말을 퍼부었다.　(O / X)

03 서술 대상에 대한 요약적 서술을 통해 지금까지의 상황에 대한 정보가 제시되고 있다. [2021학년도 9월]　(O / X)

04 할머니는 죽은 외삼촌과 달리 자신의 아들은 죽지 않았을 것이라고 확신하고 있다.　　　(O / X)

05 서술자가 관찰자의 입장에서 사건을 객관적으로 전달함으로써 사실성을 높이고 있다. [2013학년도 6월]　(O / X)

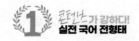

02 작품 해제

01 | 주제

6·25 전쟁으로 인해 발생한 한 가족 안에서의 이념적 갈등과 극복

02 | 특징

① 분단 상황을 축약해 놓은 듯한 가족의 모습을 통해 주제 의식을 표현함.
② 방언을 사용하여 이야기의 현장감을 높임.
③ 어른인 서술자가 과거를 회상하면서 어린아이의 시각으로 서술함.

03 | 작품 해제

이 작품은 어린 서술자인 '나(동만)'의 시선을 통해, 6·25 전쟁 중에 겪게 되는 집안 내의 좌우 이념 대립과 화해 과정을 보여 주는 소설이다. 전쟁에 각각 다른 진영으로 참전한 아들을 둔 친할머니와 외할머니의 갈등은 당대 민족적 참상을 닮아 있지만, 그들이 공유하는 토속적 신앙과 전통적 정서는 결국 이념을 초월한 민족 고유의 것이기에 이를 바탕으로 용서와 화해가 이루어진다.

04 | 등장인물

- '나'(동만) : 6·25 전쟁에 국군으로 참전한 외삼촌(길준)과 빨치산이 된 삼촌(순철)을 둔 어린아이로, 외할머니와 할머니(친할머니)의 갈등을 지켜보는 인물.
- 할머니 : 빨치산이 된 둘째 아들 순철에 대한 사랑과 정성이 매우 지극하며, 그가 집으로 돌아오기를 애타게 기다리는 인물. 무속 신앙을 굳게 믿는다.
- 외할머니 : 학생 운동을 하다 국군이 된 아들 길준이 전쟁에서 전사한 후, 공산 진영을 증오하게 된 인물. 할머니와 마찬가지로 무속 신앙을 믿는다.

05 | 상세 줄거리

서울에 살던 외할머니는 6·25 전쟁이 발발하자 아들 길준, 딸 길자와 함께 결혼한 딸의 집으로 피난을 내려와 사돈인 친할머니와 같이 살게 된다. '나'(동만)의 외삼촌 길준은 국군에 입대하고, 삼촌 순철은 인민군(북한군)을 따라 어디론가 도망가 버렸다.

지루한 장마가 계속되던 어느 날, 외할머니는 치아가 모조리 빠져 버리는 불길한 꿈을 꾸고 국군 소위인 아들 길준이 죽을 것을 예감한다. 이후 길준의 전사 통지서를 받은 외할머니는 충격을 받고, 빨치산을 향해 죽으라는 저주를 퍼붓는다. 할머니는 이를 빨치산이 된 본인의 아들 순철에 대한 악담이라고 생각하여, 외할머니를 내보내자고 노발대발한다. 이로 인해 두 할머니 사이의 갈등이 깊어진다.

한편 순철은 잠시 집에 돌아왔다가, 외할머니의 기척을 자신을 잡으러 온 이의 기척으로 오해하여 다시 도망친다. '나'는 동네에 있던 낯선 사내에게 양과자를 받아먹고 이러한 일을 아무런 생각 없이 사실대로 말한다. 그 뒤 아버지가 경찰에 끌려갔다 오고, 이 사건으로 '나'는 할머니에게 '삼촌을 팔아먹은, 천하에 무지막지한 사람 백정'이라는 비난을 받는다.

할머니는 무당에게 점을 본 후, 순철이 음력 유월 열엿새 아침에 올 것이라는 예언을 듣고 이를 굳게 믿는다. 할머니는 아들을 맞이하기 위해 음식을 장만하고 잔치를 준비하지만, 예언한 날이 되어도 아들은 나타나지 않고 그 대신 아이들이 던진 돌에 맞아 상처 입은 구렁이 한 마리가 집 안으로 들어온다. 이를 본 할머니가 쓰러지면서 집안이 발칵 뒤집히는데, 이때 외할머니가 기절한 할머니 대신 구렁이를 보호하고, 음식을 내어 주며 정성껏 달랜 후 동네 아낙의 말에 따라 머리카락을 태워 구렁이를 내보낸다. 깨어난 할머니는 이를 듣고 외할머니와 화해하게 되고, 얼마 후 숨을 거둔다.

유소년 전쟁 체험의 서사

유년기 전쟁체험 세대이자 70년대 분단 문학의 작가군에 속하는 작가 윤흥길은 유소년 서술자를 통해 전쟁으로 인한 위기를 민중적 화해를 통해 극복할 수 있음을 보여 주었다. 이러한 윤흥길의 작품 성향은 1950년대 이래로 전쟁체험과 그로 인한 후유증이 사회적으로나 문학적으로나 한국인의 의식에 중요하게 작용한 것과 관련된다. 물론 시간이 지남에 따라, 시간적 거리를 확보한 세대들은 전쟁을 보는 시각이 다를 수밖에 없었다. 이에 따라 각 세대들을 크게 전쟁 전 세대, 전쟁 후 세대, 유소년 체험 세대, 미체험 세대로 분류할 수 있는데, 가장 객관적이면서도 전쟁 경험에 대한 진실성을 가지고 있는 세대는 유소년 체험 세대일 것이다. 그들은 직접 전쟁에 가담하지 않은 제삼자였지만, 그들이 전쟁으로 인해 겪은 공포와 피해는 실존했기 때문이다. 따라서 한국 현대 소설에서는 이들의 전쟁 체험에 주목하게 되었는데, 소설 「장마」가 어린아이를 서술자로 삼은 것도 이와 같은 이유에서다. 주관적일 수밖에 없는 1인칭 시점이지만, 아이를 서술자로 설정함으로써 최대한 객관적인 시선을 유지하는 것이다. 전쟁에 대한 유소년 주인공의 공포와 피해, 그리고 그들의 시각을 통해 본 어른의 피해와 이념 대립의 참혹함은 그들의 회상을 통해 주로 서술되며, 일정한 거리를 두고 전쟁에의 체험을 직접적 혹은 간접적으로 드러낸다. 특히 전쟁의 이데올로기가 어른과 아이를 가리지 않았다는 점은, 가장 투명하면서도 극적으로 전쟁 비극의 실체를 고발한다. 전쟁의 불행은 가족의 죽음과 불안으로 인하여 체감되는 것인 동시에 어린 소년인 '동만'에게도 문득 찾아오는 것이다. 양과자로 아이를 유혹하여 가족을 배신하게 만드는 비극적인 순간은, 동심이 교활한 어른에 의해 훼손당하는 순간이자 또 다른 전쟁 피해자가 생기고 마는 순간인 셈이다.

민속 신앙과 갈등의 해결

「장마」의 배경은 한국 전쟁 당시로, 작가는 국가적 재난 상황에서 민중들이 폭력에 무방비하게 노출되었던 상황과 그로 인한 상처, 그리고 이를 치유해 나간 각각의 방식을 그려 내고자 했다. 이때 작품 속 인물들이 전쟁에서 입게 된 상처를 치유하는 중요한 수단은 민속 신앙이다. 「장마」에서 외할머니와 친할머니는 모두 민속 신앙의 신봉자로 나타난다. 꿈 때문에 상심하고 외삼촌의 죽음을 받아들이는 외할머니의 모습이나 삼촌 순철의 생사를 알기 위해 점쟁이를 만나고 그의 예언을 믿는 친할머니의 모습은 민속 신앙이 특정 종교의 차원을 넘어 일종의 생활 양식으로 공유된 보편적인 민족성이라는 사실을 짐작하게 한다. 이러한 민속 신앙은 두 인물이 화해하게 되는 결정적 계기를 제공하는데, 삼촌 순철이 돌아온다고 예언한 날 잔치를 준비했으나 사람 대신 구렁이가 한 마리가 나타난 사건이 이와 관련이 있다. 친할머니가 구렁이를 보고 기절한 것은 단순히 구렁이를 보고 놀라서가 아니라, 아들이 죽었고 그의 영혼이 구렁이의 모습으로 나타났다고 생각했기 때문이다. 타향에서 죽은 사람의 영혼이 동물이 되어 돌아온다는 윤회론적 민속 신앙은 친할머니뿐 아니라 외할머니도 이해하는 보편적인 것이었고, 이는 외할머니가 구렁이를 사람 대하듯이 하며 보내 주는 모습에서 잘 나타난다. 같은 신앙 안에서 이해와 공감을 통해 두 인물은 화해하게 되었고, 이승을 떠나지 못한 영혼을 의식을 통해 잘 떠나보냈다는 믿음으로 전쟁 통에 아들을 잃은 친할머니의 상처는 치유된다. 그리고 그들의 가족 또한 이러한 믿음을 인정하고 존중하는 모습을 보인다. 민속 신앙은 한국의 근대화 담론 속에서 미신으로 취급되며 위기를 맞이했지만, 민중 사이에서 생명력을 유지해 왔다. 이처럼 윤흥길이 민속 신앙을 분단 극복의 실마리로 제공한 것은 미신에 대한 맹신이 아니라 민중들의 공유 의식을 바탕으로 한 공동체의 가치에 대한 신뢰를 보여 주는 것이다.

다음 글을 읽고 물음에 답하시오. [10.수능.평가원]

#28. 동만네 집 전경(밤)

　동만 모의 진한 핏빛 울음소리 들리는데 빗속에 누워 있는 동만네 집 전경. 끝없이 쏟아지는 ㉠ 장맛비. (F. O.)

#29. 건지산 전경

　(F. I.) 한고비 숨을 돌려 보슬비 뿌리는 하늘. 멀리 회색빛 웅자를 자랑하는 ㉡ 건지산의 자태.

#30. 동만네 마당

　㉢ 완두콩 소쿠리를 무릎에 올려놓고 툇마루에 나와 앉은 외할머니. 부엌에서 이모가 ㉣ 밥상을 들고 힘겹게 나온다. 일손 멈추고 명하니 건지산을 바라보는 외할머니.

이모(길자): 진지 드세요.

친할머니: (밥상 받으며) 사부인은 좀 드셨능가?

이모: 통 안 드셔요. 한 숟갈두…….

친할머니: 에휴 쯧쯧…….

　(밥상을 받고 사르르 문을 닫는다. 다시 부엌으로 들어가 또 한상 들고 나오는 이모.)

이모: (외할머니 앞에 멎더니) 그래 진지 안 드셔요?

　(그저 넋 나간 듯 앉아 있는 외할머니. 이모 밥상을 들고 건넌방으로 간다.)

#31. 안채 건넌방

　머리를 질끈 동이고 자리에 누운 동만 모. 밥상 들고 들어 오는 이모 길자.

길자: 언니 식사해요.

　(엉거주춤 일어나 앉는 동만 모. 금세 눈물이 또 쏟아지며)

동만 모: 에유! 우리 길준이 뜨뜻한 밥 한 그릇 떳떳하게 끓여 주도 못하고. (밥상머리에 앉아 눈물을 찔끔찔끔 짠다.)

길자: 인제 고만 좀 해 둬요. 몸도 생각해야지.

동만 모: 에유! 느이 오라비 불쌍한 길준이…… 전쟁터에서 죽다니……. (방문 벌컥 열리며 뛰어드는 동만.)

동만: 밥 줘, 배고파.

길자: 어서 먹어라. 언니두 한술 떠요.

　(마지못해 밥숟갈을 드는 동만 모. 동만이는 벌써 아구아구 입에 퍼 넣고 있다.)

동만 모: 넌 좀 안 드냐?

길자: 생각 없어요.

동만 모: 엄니는?

길자: 통 안 잡수셔요.

동만 모: 에휴! 큰일이지라. 집안 꼴이 말이 아니구나.

길자: …….

동만 모: 나야 괜찮지마는 엄니가 얼매나 상심하실 것이냐? 삼대독자 외아들을 잃었으니…….

　(다시 눈물을 찔끔거리다가)

동만 모: 어서 누구를 양자로 데려다가 끊어진 대를 이어야지. 저리 큰일 아니냐.

길자: …….

　(꽁보리밥 한 그릇을 우걱우걱 비우며)

동만 모: 동만 아버지 점심 안 하셨제?

길자: 형부는 밭에 나가 계세요. 점심 내다 드려야죠.

동만 모: 내 대신 니가 고생이다. 에휴 에휴…….

　(밥숟갈 놓으며 다시 눈물 찔끔거리면서 드러눕는다.)

#32. ㉤ 마당

　툇마루에 고정된 물체처럼 먼 산 바라보고 앉은 외할머니. 동만이가 눈치를 힐끔힐끔 보며 조심스럽게 가까이 다가간다. 건지산을 향한 채 미동도 없는 외할머니의 눈길. 동만 손바닥을 펴서 외할머니 눈앞에 대고 뱅글뱅글 원을 그려 본다. 그제야 눈길 스르르 움직여 동만의 얼굴을 물끄러미 보더니 버릇처럼 완두콩을 다시 까기 시작한다. 부엌에서 이모가 대소쿠리에 점심을 담아 이고 사립문을 나간다. 냅다 따라 나가는 동만.

#33. 들길

　보슬비 뿌리는 들길. 포플러 나무 우뚝우뚝 치솟은 밭둑길을 나란히 가는 동만과 이모.

동만: 이모.

길자: 응.

동만: 우리 외삼촌 죽었제?

길자: …… 그래 전사하셨다.

동만: 전사란 게 군인이 나가 죽었다는 거제?

길자: ……그래.

동만: 왜 좀 더 숨어 있덜 않구 군인 나가 죽어?

길자: 무어?

동만: 외삼촌이 뒤란 대나무밭에 숨어 있지 않았능감? 피난 와서 내내 숨어 있덜 않았능감? 헌디 왜 좀 더 숨어 있덜 않고 군인 나가 죽어 뿌리능감?

길자: 그건……그게 아냐.

동만: 그게 아니랑께 뭐가 아녀? 외삼촌이 대숲에서 한 달 동안 잘 숨어 있덜 않았디야?

　(무어라고 설명하기가 곤란한 길자. 따라가며 고개를 갸웃해 보는 동만.)

- 윤흥길 원작, 윤삼육 각색, 「장마」 -

01. 윗글의 인물에 대한 설명으로 적절한 것은?

① 외할머니는 친할머니와 대화하기 싫어서 말문을 닫고 있다.
② 동만 모는 주변 사람들의 처지를 미처 헤아리지 못하고 있다.
③ 동만은 이모 길자를 통해 외삼촌의 사연을 확인하고 싶어 했다.
④ 이모 길자는 가족들과 잠시 떨어져 있고 싶어서 일부러 외출했다.
⑤ 친할머니는 사돈댁이 겪은 참담한 사건에 대해 관심을 보이지 않았다.

02. ㉠~㉤에 대한 감상으로 적절하지 <u>않은</u> 것은?

① ㉠은 '울음소리'와 뒤섞이며, 관객의 정서적 반응을 고조하는 역할을 하고 있군.
② ㉡은 원경으로 제시되어, 배경이 되는 공간을 확장해서 보여 주고 있군.
③ ㉢을 소품으로 먼저 제시한 이후, 이것을 다듬는 연기를 통해 외할머니의 내면 심리를 표현하고 있군.
④ ㉣은 카메라의 이동을 유도하는 기능을 하여, 가족들의 상황이 자연스럽게 화면에 포착되도록 돕고 있군.
⑤ ㉤은 같은 공간에 위치한 여러 인물들의 모습을 통해, 소통 부재의 상황이 해소되는 공간으로 기능하고 있군.

03. 〈보기〉를 바탕으로 #28~#32를 이해한다고 할 때, 적절하지 <u>않은</u> 것은?

<보기>

시나리오에서는 장면(scene)과 장면을 연계할 때, 이야기가 순조롭게 진행될 수 있도록 매개 요소를 상정한다. 매개 요소란 장면 A의 말미와 다음 장면 B의 서두를 이어 주는 '형식적 고리'를 가리킨다. 일반적으로 매개 요소는 두 장면 사이의 공통성이나 대립성을 활용한다. 공통성과 대립성은 인물의 성격, 연기(행위), 대사, 빛과 음향, 분위기 등의 측면에서 찾을 수 있다.

① #28에서 #29로 바뀔 때, 장맛비의 긴장과 보슬비의 이완을 대립적인 매개 요소로 사용하고 있다.
② #28에서 #29로 바뀔 때, 빛의 어두워짐과 밝아짐이라는 대립적 매개 요소를 활용하여 시간을 자연스럽게 전환하고 있다.
③ #30 말미에서 앉아 있는 외할머니와 #31에서 누워 있는 동만 모를 제시하여, 상실감을 상이한 방식으로 표현하고 있다.
④ #30과 #31에서 식사를 권유하는 대사를 반복하여, 외할머니가 있는 공간에서 동만 모가 있는 공간으로의 장면 전환을 매끄럽게 한다.
⑤ #31에서 #32로 바뀔 때, 이모 길자의 성격이 달라진다는 특성을 매개 요소로 활용하고 있다.

2 | 함세덕, 고목

STEP 01 지문 분석과 OX문제

[앞부분의 줄거리] 장마와 폭우로 마을 <u>가옥이 침수된</u> 어느 날, <u>친일과 고리대금으로 부를 축적해 온</u> 마을의 지주인 거복에게 삼대째 내려오는 오백 년
_{여름의 수재(장마나 홍수로 인한 재난)로 마을의 집들이 물에 잠김.}   _{부당하게 비싼 이자를 받는 돈놀이}

된 <u>행자나무를 처분할 것을 요구하는 사람들</u>이 찾아온다. <u>처남 영팔</u>은 이재민 수용소에서 지내면서 <u>생계를 꾸릴 밑천 마련을 위해</u> 행자나무를 팔 것을
_{은행나무로, 작품 제목인 '고목(오래된 나무)'을 가리킴.}   _{아내의 남동생}   _{ㄴ 재해를 입은 사람}   _{영팔은 재난의 피해자로서, 생계를 위해 행자나무 처분을 요구함.}

부탁하고, <u>청년 지도자 하동정</u>은 <u>수재민 구제금</u>으로 행자나무를 기부해 달라고 요청한다.
_{수재를 당한 사람들을 구제하는 돈}

    ■ : 거복에게 '행자나무' 처분을 요구하는 사람들
                                   『 』 : 돈을 모아 재산을 축적하는 것을 낙으로 삼음. → 재물을 탐하는 거복의 모습이 드러남.

거복 : 그걸 날더러 삼천 원에 팔라구? 『그야, 나두 돈은 탐나. 돈을 저 철괘에다 모는 것, 그리구 그 돈을 꺼내서 땅을 사는 것, 사실 그 밖에 나한테
                        _{죽은 사람이 생전에 이루지 못하고 남긴 뜻}

  낙이라는 건 없다.』 허지만 그렇다구 돈을 위해 <u>선조의 유지를 꺾을 순 없어.</u>
    _{행자나무를 나라를 위해 유익하게 쓰라는 할아버지의 유언 → 거복이 영팔의 부탁을 거절하는 표면적 이유}

영팔 : 허지만 매부, 『저 한 그루 나무로 <u>전재민</u>° 일가족이 <u>갱생</u>할 수 있다면 돌아가신 할아버님께서두 지하에서 만족하시지 않겠어요?』
    _{손위 누이의 남편}   _{거의 죽을 지경에서 다시 살아남.}   _{『 』 : 할아버지의 유언을 자신에게 유리한 방향으로 해석하여 설득함.}

거복 : 듣그럽다°. 그게 고인에 대한 손주로서의 예법이냐?

처 : 여보.

거복 : (뱉는 듯이) 가 다구 오늘은.

처 : 아-니 여보, 몇 달 만에 온 사람을……. (동생에게) 언짢게 생각 말어라.

영팔 : (일어서며) 누님, 그만 가 보겠우.

처 : 너두 어린애처럼, 가라구 했다구 금세 일어서니? 느이 매분 원체가 그런 분 아니냐?

영팔 : 또 가 봐야 할 곳두 있으니까……. (마루에서 내려와) 매부, 난들 어찌 할아버님의 유언 말씀을 모르겠소? 허지만 소문에 들으니까 매부가 <u>저 나</u>

  <u>물 이번에 비신답디다.</u> 기왕 비실 바에야 날 주시라구 한 거예요. 고향 떠난 지 십 년, 한땡 걸치구 자전거 끌구 댕기여, 장만한 세간 나부래기들 전
  _{거복은 오 각하에게 바둑판을 바치려고 행자나무를 베려는 계획을 세웠음.}   _{전쟁으로 재산을 다 잃음.}

  쟁통에 다 뺏기구, 그래두 해방되구 독립됐다구 고향이라구 찾어오니까, 『몸 부칠 집도 없구, 배급 쌀두 없구, 일자리두 없군요. 어린 새끼 늙은 강
                                      _{『 』 : 전재민으로서 가난한 처지에 있는 영팔네 가족의 상황}

  냉일 잘못 먹구 맹장염이 걸려 널부러졌지만 약 한 봉사 멕일 돈이 없어요. 에펜넨 못 먹어 <u>부황병</u>이 걸렸구…….』 몇 번이구 망설이다가 매불 찾어
                              _{영팔의 아내}   _{오래 굶주려서 살가죽이 들떠서 붓고 누렇게 되는 병}

  와 사정 얘길 한 거예요. (눈물이 쏟아져 나옴으로) 누님, 그만 가 보겠우. 안녕히 계슈.

(중략)

동정 : <u>정 그렇시다면, 저 행자나무라두…….</u>
_{거복이 수재민 구제금으로 낼 현금이나 물건이 없다며 동정의 요청을 거절하자, 대신 행자나무를 기부해 달라고 함.}

거복 : <u>(펄쩍 뛰며 괴성에 가까운 소리를 낸다.) 해, 행자나무를요?</u>
    _{행동 지시문, 말을 더듬는 연출로 당황스러워하는 거복의 태도를 드러냄.}   _{ㄴ 국민이 국가의 수요에 따라 농업 생산물이나 기물 따위를 의무적으로 정부에 내어놓음.}

동정 : (태연히) 네, <u>저 나무는 작년 이맘때 수국 아버지께서 자진해서 해군에 공출하기루 하셨든 게 아닙니까?</u> 그것 때문에 서울 해군 무관부에서 소
        _{일제 강점기 때, 거복은 일제에 행자나무를 바치려 했었음. → 과거 거복의 태도를 근거로 행자나무를 기부할 것을 요청함.}

  위가 내려왔구, 역장 군수, 경찰서장을 위시해서 군관민이 전부 나와 이 나무의 <u>장행</u>을 축하했든 것입니다. 막 빌려구 하든 참에 역사적인 <u>일황의</u>
       ■ : 시대적 배경이 드러나는 어휘   _{장한 뜻을 품고 먼 길을 떠남.}

  <u>정전 방송</u>이 있어, 군함 재료의 공출을 면하지 않았습니까? 그렇니까 그때 공출하신 셈치구, 기부해 주십쇼. <u>새로운 시대에의 온갖 장해물인 일제의</u>
  _{일황의 항복 선언(8·15 광복)}   _{ㄴ 행자나무가 일제 군함을 만드는 데 쓰일 뻔함.}   _{동정은 행자나무를 일제의 잔재라고 생각함.}

  잔재를 뿌리째 뽑아 버리는 것두 될 겸, 일석이조일 것입니다.

거복 : 하 선생, 저 나무는 할아버지께서 돌아가실 때 <u>나라를 위해서 유익히 쓰두룩</u> 하라고, 아버님께 유언하신 나무요.
할아버지의 유언 내용

동정 : 그 유언을 아버님께서 수국 아버지한테 계승시키고 돌아가신 건 아마 이 동래서 모르는 사람이 없을 겝니다. 허지만 수국 아버지께선, 『작년 공

출을 자진 신청하실 때두 <u>군수와 서장</u>한테 <u>나라</u>를 위해 써 달라구 하시지 안했습니까?』 『　』: 거복은 행자나무를 일제에 바치고 출세하려 했음.
일제 인물들　　해방 전이므로 일본을 의미함.　　　　　　→ 거복의 기회주의적인 모습

거복 : 그, 그땐 어떤 게 내 나란지 사실 분간을 못 했어요. 허지만 이렇게 해방이 돼서, <mark>내선일체</mark>란 새빨간 거짓말이구, 우리는 결코 일본 놈의 <mark>황국신</mark>
일제가 조선을 일본에 완전히 통합하고자 내세운 표어　　　　　　일본 제국의 백성

<mark>민</mark>이 아니라는 것을 확실히 알았오. 그렇니 이번에야말루 우리 대한 나라를 위해서 쓸 작정이요.

동정 : 「영팔 씨가 저 나무로 가구를 맹글어 갱생할 수 있고, 천여 명 수해 동포가 그 돈으로 구원될 수 있다면, 그야말루 할아버님 유언 말씀을 충실

히 이행하는 길이 아니겠습니까?」 「　」: 행자나무를 수재민들을 위해 쓰는 것은 할아버지의 유언을 충실히 지키는 일이라며 거복을 설득함.

거복 : 하 선생은 동포 동포 하시지만, 동포엔 전재민과 수재민만 있답디까? <u>공장 주인두 있구, 상인두 있고, 곽 교장 같은 목사두 있구, 순사 형사두</u>
거복이 관심을 두는 대상은 힘 있는 권력자들임을 알 수 있음.

<u>있구, 또 나 같은 지주도 있오.</u> 나는 이 사람들, 즉 다시 말하면 조선 삼천만 동포들을 다 같이 위해서 쓰구 싶단 말이요. (점점 흥분하여진다.) <u>목전</u>
눈앞

에서 잠깐 고생하는 전재민 수재민들만이 아니라, 삼천리 우리 금수강산에 사는 삼천만 대한 민족 전부를 위해서 쓰구 싶단 말이요. (하고 마루를
수재민이 아닌 권력 있는 사람들에게만 관심이 있지만, 이러한 자신의 뜻을 '삼천만 대한 민족 전부'를 위한 것이라며 거창하게 포장함.

친다.)

동정 : (얼떨떨하야) 삼천만 전부를요?

거복 : 그렇소. (자기 웅변에 스스로 감격하여) 삼천만 전부를 위하는 길이란 뭐겠소? 독립이요. <u>자주독립</u>이요. 이 독립을 완성시킬 수 있는 분은, 오즉
동정의 권유를 거절하는 표면적 이유

우리들의 <u>오남익</u> 각하 한 분뿐이요. 그래 나는, 오늘 오 각하의 내임을 기회로, 할아버님의 유언을 따라, 이 행자나무를 각하께 바치기루 했소. (하고
권력자

진땀을 씻는다.)

동정 : 저걸 갖다 뭘 하시게? 『　』: 수재민을 위한 행자나무 기부를 거절하는 실제 이유
→ 행자나무로 오남익을 위한 개인적 물건을 만들어 그에게 헌납함으로써 출세해 보려는 거복의 기회주의적인 태도가 드러남.

거복 : (더 한층 득의양양해지며) 『이번 각하께서 서울 시외에다 별장을 지신다 하오. 난 저 나무를 삼분해서, 밑뚱은 화로를 맹글구, 가운데는 바둑판

을 맹글구, 옷뚜머리하구, 가장군 장기를 맹글어서, 각하의 사랑에다 헌납을 할 작정이요.』

동정 : 각하께선 그런 기분, 조금두 반가워하시지 않을 겁니다.

*전재민 : 전쟁으로 재난을 입은 사람.

*듣그럽다 : 듣기 싫게 떠들썩하다.

OX문제

01	인물들의 다양한 체험을 삽화 형식으로 나열하고 있다. [2011학년도 9월]	(O / X)
02	역사적인 사건을 서술하여 시대 배경을 부각시키고 있다. [2015학년도 9월A]	(O / X)
03	동정은 거복에게 행자나무를 팔아 생계 밑천을 마련해 줄 것을 요청하였다.	(O / X)
04	과거 회상을 통해 인물 간의 갈등 해소 과정을 보여 주고 있다. [2021학년도 수능]	(O / X)
05	거복은 '할아버님의 유언'을 따라 행자나무를 '조선 삼천만 동포'인 수재민을 돕는 데 사용하기로 결정하였다.	(O / X)

STEP 02 작품 해제

나BS 수능특강 | 현대문학

01 | 주제

해방 직후 출세 지향적 인물의 욕망과 좌절

02 | 특징

① 중심 소재(고목)를 통해 인물 간 갈등을 드러내어 인물의 상황을 알 수 있게 함.
② 인물들의 대사에 방언을 사용하여 현실감을 더함.
③ 역사적 사건을 구체적으로 언급하여 해방 직후라는 시대적 배경을 드러냄.

03 | 작품 해제

이 작품은 1947년 4월 『문학』에 발표된 함세덕의 3막극으로, 봉건 의식과 일제 잔재를 없애 버리고 새로운 민족 국가를 건설하자는 주제 의식을 담고 있다. 작품의 제목이기도 한 '고목'은 구시대 잔재의 상징으로, 작품에서는 이를 매개로 해방 공간에서 서로 격렬하게 대립과 갈등을 일으키는 세력들 사이의 관계를 보여 주고 있다.

이 작품에는 상징 기법의 활용, 대립과 갈등, 전개의 치밀한 짜임새 등 서사를 다루는 작가의 능숙한 솜씨가 잘 드러나 있다. 특히 극의 후반부에서 가족과 이웃들이 거복을 향해 하나씩 포위하듯 좁혀 들어오며 그의 선택을 강요하는 장면은 무대의 공간성이 잘 드러나는 부분이다.

04 | 등장인물

- 박거복 : 친일을 했던 악덕 지주로, 오남익의 지지자이다. 기회주의자로서 오남익에게 접근하기 위해 집안 대대로 물려 내려온 뒤뜰의 고목을 사용하려고 한다.
- 오남익 각하 : 미군정 시대에 미국을 배경으로 권력을 잡은 반민족적이고 기회주의적인 권력자.
- 영팔 : 해방을 맞아 고국에 돌아오지만 이재민 수용소에서 궁핍하게 살아가는 거복의 처남. 생계를 이어 나갈 돈을 마련하기 위해 거복에게 고목을 팔 것을 부탁한다.
- 하동정 : 마을의 청년 지도자로, 거복의 고목이 수해 복구에 요긴하게 쓰일 수 있다며, 거복에게 고목을 수재민 구제금으로 헌납하기를 권유한다.

05 | 상세 줄거리

박거복은 마을의 대지주로 집안에 수대 째 내려오는 고목(행자나무)을 보물처럼 아끼고 있는 인물이다. 큰 폭우가 마을을 휩쓴 여름의 어느 날, 박거복의 처남 영팔은 행자나무를 베어 가난한 자신의 가족들을 위해 써 달라고 하고, 마을의 청년 지도자 동정은 행자나무를 베어 수재민을 위해 써달라고 한다. 하지만 박거복은 행자나무를 자신의 출세를 위해 쓰려고 마음먹었기 때문에 모든 청을 거절한다.

한편 해방 직후 미군정 아래에서 정치를 하던 기회주의자 오 각하가 마을을 방문하게 된다. 박거복은 이번 기회에 조상에게 대대로 물려받은 행자나무를 베어 바둑판을 만들어서 오 각하에게 바침으로써 더 높은 지위에 오르고 싶어 한다. 이에 오 각하가 마을에 오던 날, 거복은 어머니와 딸 수국을 대회장에 보내 행자나무 기부 의사를 자기 대신 전하라고 시킨다. 그러나 거복은 대회장에 다녀온 노모로부터 기부 신청도 하지 않고 대회장을 일찍 빠져나왔다는 이야기를 듣고 몹시 화를 낸다.

한편 자신이 재정 부장 자리에서 미끄러지게 된 것을 알게 된 거복은 오 각하에게 행자나무를 기부하기로 했던 것을 취소하고, 홧김에 수해 복구를 하고 있는 청년 단원들에게 행자나무를 기부하겠다고 말해 버린다. 얼마 후 정신을 차린 거복은 이내 자신이 한 말을 후회하고 없던 일로 하려고 하지만, 가족들과 이웃들의 힘에 떠밀려 결국 행자나무는 거복의 눈앞에서 베어진다.

03 논문으로 만나는 출제자의 시선

「고목」의 주제와 시대적 배경

함세덕의 희곡 「고목」은 광복 직후 한국 사회의 혼란과 이념 갈등을 중심으로 구성한 작품이다. 이 희곡은 진지한 사회 문제를 다루면서도 일부 장면에서는 희극적인 요소를 활용하여 관객의 흥미를 유도한다. 작품의 중심 상징인 '고목'은 오래되었고, 속이 썩은 나무로 묘사된다. 이러한 고목의 모습은 일제 강점기와 봉건 시대의 낡은 제도와 가치관을 떠올리게 한다. 결국 고목이 베어지는 장면은 그와 같은 낡은 잔재를 없애고 싶어 하는 작가의 의지를 보여 주는 장면으로 해석할 수 있다.

작품 속 인물인 '거복', '오 각하' 등은 모두 일제나 봉건 시대의 부정적인 요소와 연결되어 있다. 특히 '거복'은 끝까지 자신의 욕심을 버리지 못하고, 주변 사람들과 갈등을 일으키다가 결국 몰락하게 된다. 이러한 결말은 부정한 권력과 이기심의 종말을 상징한다.

이 작품은 1946년에 실제로 일어난 여러 사회 문제를 배경으로 삼고 있다. 토지 개혁, 여름 수해, 전재민(전쟁으로 재난을 입은 사람) 문제, 위조지폐 사건, 38선 문제 등이 그것이다. 특히 수해로 인해 사람들이 피해를 입고, 고목의 가치가 높아지면서 인물들 사이의 갈등이 심해지는 장면은 주제 의식을 효과적으로 드러낸다. 이러한 역사적 사건들은 작품의 사실성과 현실감을 높이는 동시에, 당시 사회가 겪은 혼란을 반영하는 장치로 기능한다.

「고목」의 창작 기법

「고목」은 무대 전환 없이 세 개의 막으로 구성되어 있다. 극의 주요 갈등은 '고목을 어떻게 사용할 것인가'라는 하나의 문제를 중심으로 전개된다. 이처럼 하나의 갈등을 따라가는 '단선적 갈등 구조'의 방식은 이야기의 빠른 전개와 주제의 명확한 전달에 효과적이다. 「고목」의 갈등은 단순히 개인적인 문제가 아니라, 사회 전체의 방향성과 연결되어 있다는 점에서 특징적이다. 고목의 용도를 둘러싼 갈등은 '이상적인 국가'에 필요한 가치를 떠올리게 한다. 인물들 간의 갈등은 배려, 정의, 공정함 같은 이상적인 사회의 덕목을 상징적으로 보여 준다. 과거의 대중극에서는 갈등의 원인이 편지, 돈, 신분 차이 등과 같이 주제와 직접 관련 없는 경우가 많았다. 그러나 「고목」에서는 갈등의 원인이 작품의 중심 주제인 '봉건과 일제 잔재의 청산'과 '이상적인 사회 건설'과 연결되어 있다. 이처럼 「고목」은 주제와 구성, 표현 방식이 유기적으로 연결된 희곡으로 평가된다.

STEP 04 나BS 실전 문제

다음 글을 읽고 물음에 답하시오. [교육청 기출 변형]

거복 하 선생, 나는 이번 수해에 관해선 다소 견해가 다르오.

동정 다르시다니요?

[A]
> **거복** 이번 수해는 그 사람들에게 좋은 시련이었다구 생각하오. 그렇게 산에 나무를 이발하듯 벼다 뗐으니, 수해가 안 날래야 안 날 수가 있겠소? 이번에 뼈아픈 경험을 해야만 또다시 나무를 비지 않을 거요. 그러니 반성할 기회를 주기 위해서라두 당분간 구조는 안하는 게 좋 듯 싶소.

동정 나무를 많이 빈 것이 이번 재해의 크나큰 원인의 하나이긴 하지만, 나무를 우리가 안 빌래야 안 빌 수 있었습니까? 일 년에 우리 군에 할당된 송탄유 공출량이 몇 석이었습니까? 가뜩 없는 산에서 대동아전쟁 기간 중 사 년을 두구 그 군용재와 송탄유재를 비어냈으니, 탓을 하신다면 공출을 강압한 일제와 그의 앞잽이 군수 서기놈들을 하셔야지. 무고한 이재민들한테 하실 건 아니라구 생각합니다.

거복 거지는 나라두 못 구한다구 했소.

동정 그야 전적으루 구할 수는 없겠지요. 허지만 당장의 연명을 하는 동안 앞이 또 트일 게 아닙니까? 그리구 이번 수해 동포들이란 거지와는 전연 성능이 다를 것입니다. 이 고경(苦境)만 넘겨주면 그 다음부터는 자력으로 생계를 이어 나갈 거예요.

[B]
> **거복** 하 선생, 나는 돈이 아깝거나 또는 내놓기 싫어서 이러는 건 아니오. 털어 놓구 얘기하면 돈이 없소. 돈이 없는 게 아니라 현금이 없소.

동정 현금, 아니라두 괜찮습니다. 동정을 표시하시면 그만이니까, 헌 옷이나 이불 샤쓰 같은 거라두…….

[C]
> **거복** 내 생활이 근검절약주의라, 뭐 한 가지 여벌이라군 우리 집에 없소.

동정 정 그러시다면, 저 행자나무라두…….

거복 (펄쩍 뛰며 기성(奇聲)에 가까운 소리를 발한다.) 해, 행자 나무를요?

동정 (태연히) 네, 저 나무는 작년 이맘때 수국 아버지께서 자진해서 해군에 공출하기루 하셨든 게 아닙니까? 그것 때문에 서울 해군 무관부에서 소위가 내려왔구, 역장 군수, 경찰서장을 위시해서 군관민이 전부 나와 이 나무의 장행(壯行)을 축하했던 것입니다. 막 빌려구 하든 참에 역사적인 일황의 정전 방송이 있어, 군함 재료로의 공출을 면하지 않았습니까? 그러니까 그때 공출 하신 셈 치구 기부해 주십쇼. 새로운 시대에의 온갖 장해물인 일제의 잔재를 뿌리째 뽑아 버리는 것두 될 겸, 일석이조일 것입니다.

[D]
> **거복** 하 선생, 저 나무는 할아버님께서 돌아가실 때 나라를 위해서 유익히 쓰두룩 하라고 아버님께 유언하신 나무요.

동정 그 유언을 아버님께서 수국 아버지한테 계승시키시고 돌아가신 건 아마 이 동네에서 모르는 사람이 없을 겁니다. 허지만 수국 아버지께선, 작년 공출을 자진 신청하실 때두 군수와 서장한테 나라를 위해 써 달라구 하시지 안했습니까?

거복 그, 그땐 어떤 게 내 나란지 사실 분간을 못했었소. 허지만 이렇게 해방이 돼서, 내선일체란 샛빨간 거짓말이구, 우리는 결코 일본놈의 황국신민이 아니라는 것을 확실히 알았소. 그러니 이번에야말루 우리 대한

나라를 위해서 쓸 작정이오.

동정 영팔씨가 저 나무로 가구를 맹글어 갱생할 수 있고, 천여 명 수해 동포가 그 돈으로 구원될 수 있다면, 그야말루 할아버님 유언 말씀을 충실히 이행하는 길이 아니겠습니까?

[E]
> **거복** 하 선생은 동포, 동포 하시지만, 동포엔 전재민과 수재민만 있답디까? 공장 주인두 있구, 상인두 있구, 곽 교장 같은 목사두 있구, 순사 형사두 있구, 또 나 같은 지주도 있소. 나는 이 사람들, 즉 다시 말하면 조선 삼천만 동포들을 다같이 위해서 쓰구 싶단 말이요. (점점 흥분하여진다.) 목전에서 잠깐 고생하는 전재민 수재민들만이 아니라, 삼천리 우리 금수강산에 사는 삼천만 대한민족 전부를 위해서 쓰구 싶단 말이요. (하고 마루를 친다.)

동정 (얼떨떨하여) 삼천만 전부를요?

거복 그렇소. (자기 웅변에 스스로 감격하여) 삼천만 전부를 위하는 길이란 뭐겠소? 독립이요. 자주독립이요. 이 독립을 완성시킬 수 있는 분은, 오직 우리들의 오남의 각하 한 분뿐이요. 그래 나는 오늘 오 각하의 내임을 기회로 할아버님의 유언을 따라, 이 행자나무를 각하께 바치기루 했소. (하고 진땀을 씻는다.)

동정 저걸 갖다 뭘 하시게?

거복 (더 한층 득양해지며) 이번 각하께서 서울 시외에다 별장을 지신다 하오. 난 저 나무를 삼분해서 밑둥은 화로를 맹글구, 가운데는 바둑판을 맹글구, 웃뚜머리하구, 가장군 장기를 맹글어서 각하의 사랑에다 헌납을 할 작정이오.

— 함세덕, 「고목」 —

01. 윗글을 무대에 올리기 위해 토의한 내용이다 적절하지 <u>않은</u> 것은?

① 시대적 배경과 어울리도록 '거복'과 '동정'의 의상을 준비해야겠어.

② '헌 옷, 이불' 등의 소품을 사용하여 '거복'의 가난한 형편을 암시해야겠어.

③ '동정'과 '거복'은 어조의 차이를 부각시켜 인물의 대립이 효과적으로 드러나도록 해야겠어.

④ '거복' 역을 맡은 배우는 지시문의 내용을 충실히 연기하여 과장된 행동을 드러내야겠어.

⑤ '거복'의 '행자나무'가 있는 공간을 무대로 설정하고, '행자나무'를 표현할 수 있는 무대 장치를 준비해야겠어.

02. '행자나무'의 기능으로 적절한 것은?

① 극적 분위기를 반전시키는 장치이다.
② 특정한 시대적 모습을 제시하는 소재이다.
③ 전통과 현대의 충돌을 보여 주기 위한 매개체이다.
④ 과거 사건을 환기하여 갈등을 해소하는 계기가 된다.
⑤ 인물 간 갈등을 드러내어 인물의 성향을 알 수 있게 한다.

03. 다음은 [A]~[E]에 나타난 '거복'의 말하기 방식을 정리한 것이다. ㉠~㉤ 중 적절하지 않은 것은?

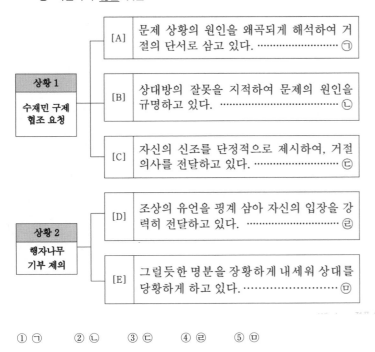

상황 1 수재민 구제 협조 요청	[A]	문제 상황의 원인을 왜곡되게 해석하여 거절의 단서로 삼고 있다. ········· ㉠
	[B]	상대방의 잘못을 지적하여 문제의 원인을 규명하고 있다. ········· ㉡
	[C]	자신의 신조를 단정적으로 제시하여, 거절 의사를 전달하고 있다. ········· ㉢
상황 2 행자나무 기부 제의	[D]	조상의 유언을 핑계 삼아 자신의 입장을 강력히 전달하고 있다. ········· ㉣
	[E]	그럴듯한 명분을 장황하게 내세워 상대를 당황하게 하고 있다. ········· ㉤

① ㉠   ② ㉡   ③ ㉢   ④ ㉣   ⑤ ㉤

3 | 주요섭, 사랑손님과 어머니

나는 그 아저씨가 어떤 사람인지는 몰랐으나 내게는 퍽 고맙게 굴고 또 나도 그 아저씨가 꼭 마음에 들었어요. 「어른들이 저희끼리 말하는 것을 들
옥희(1인칭 관찰자)   ↳ 사랑손님

으니까 그 아저씨는 돌아가신 우리 아버지와 어렸을 적 친구라고요. 어디 먼 데 가서 공부를 하다가 요새 돌아왔는데 우리 동리 학교 교사로 오게 되
'나'와 사랑손님 간의 관계 → 아빠의 옛 친구

었대요. 또 우리 큰외삼촌과도 동무인데, 이 동리에는 하숙도 별로 깨끗한 곳이 없고 해서 우리 사랑으로 와 계시게 되었다고요. 또 우리도 그 아저씨
　　　　　사랑손님이 '나'의 집 사랑방에 머물게 된 이유

에게서 밥값을 받으면 살림에 보탬도 좀 되고 한다고요.」　　　「 」: '나'의 서술을 통해 사랑손님에 관한 정보를 요약적으로 제시함.

　　　　　　　　　　　　　　　　　　　　　　　　　　　　■ : '나'를 향한 사랑손님의 애정을 보여 주는 소재

그 아저씨는 그림책들이 얼마든지 있어요. 내가 사랑에 가면 그 아저씨는 나를 무릎에 앉히고 그림책들을 보여 줍니다. 또 가끔 사탕도 주고요. 어
　　　　　　　　　　　　　　　　　　　　　사랑손님의 다정한 성격 간접 제시 ①

느 날은 점심을 먹고 살그머니 사랑에 나가 보니까 아저씨는 그때에야 점심을 잡수어요. 그래 가만히 앉아서 점심 잡숫는 걸 구경하고 있노라니까 아

저씨가

"옥희는 어떤 반찬을 제일 좋아하나?" 하고 묻겠지요. 그래 삶은 달걀을 좋아한다고 했더니 마침 상에 놓인 삶은 달걀을 한 알 집어 주면서 나더러
　　　　　　　　　　　　　　　　　　　　　　　　　　　사랑손님의 다정한 성격 간접 제시 ②

먹으라고 합디다. 나는 달걀을 벗겨 먹으면서 / "아저씨는 무슨 반찬이 제일 맛나우?" 하고 물으니까 그는 한참이나 빙그레 웃고 있더니

"나두 삶은 달걀."하겠지요. 나는 좋아서 손뼉을 짤깍짤깍 치고
　　'나'와 친해지려는 의도

"아, 나와 같네. 그럼, 가서 어머니한테 알려야지." 하면서 일어서니까 아저씨가 꼭 붙들면서

"그러지 말어." 그러시지요. 그래도 나는 한번 맘을 먹은 다음엔 꼭 그대로 하고야 마는 성미지요. 그래 안마당으로 뛰어 들어서면서
　　　　　　　　　　　　　　　　자신의 성격을 직접 제시함.

"어머니, 어머니, 사랑 아저씨두 나처럼 삶은 달걀을 제일 좋아한대." 하고 소리를 질렀지요.

"떠들지 말어." / 하고 어머니는 눈을 흘기십디다.

〈그러나 사랑 아저씨가 달걀을 좋아하는 것이 내게는 썩 좋게 되었어요. 그다음부터는 어머니가 달걀을 많이씩 사게 되었으니까요. 달걀 장수 노친
　　〈 〉: 사랑손님에 대한 어머니의 관심을 눈치 채지 못하는 '나'의 모습 → 어린아이 서술자의 한계

네가 오면 한꺼번에 열 알도 사고 스무 알도 사고 그래선 삶아서 아저씨 상에도 놓고 또 으레 나도 한 알씩 주고 그래요.〉 그뿐 아니라 아저씨한테 놀

러 나가면 가끔 아저씨가 책상 서랍 속에서 달걀을 한두 알 꺼내서 먹으라고 주지요. 그래 그 담부터는 나는 아주 실컷 달걀을 많이 먹었어요. 나는
　　　　　　　　　　사랑손님의 다정한 성격 간접 제시 ③

아저씨가 아주 좋았어요. 『마는 외삼촌은 가끔 툴툴하는 때가 있었어요. 아마 아저씨가 마음에 안 드나 봐요. 아니, 그것보다도 아저씨 상 심부름을 꼭
　　　　　　　　　　　『 』: 외삼촌의 심리에 대한 '나'의 추측

외삼촌이 하니까 그것이 하기 싫어서 그랬겠지요.』 한번은 어머니와 외삼촌이 말다툼하는 것을 들었어요. 어머니가

"야, 또 어데 나가지 말고 사랑에 있다가 선생님 들어오시거든 상 내가야지." 하고 말씀하시니까 외삼촌은 얼굴을 찡그리면서

"제길, 남 어데 좀 볼일이 있는 날은 반드시 끼니때에 안 들어오고 늦어지니……" 하고 툴툴하겠지요. 그러니까 어머니는
　　　　　　　　　　　　　　　　　　　　　　　　내외하다 : 남의 남녀 사이에 서로 얼굴을 마주 대하지 않고 피하다

"그러니 어쩌갔니? 너밖에 사랑 출입할 사람이 어데 있니?" / "누님이 좀 상 들구 나가구려. 요새 세상에 내외하십니까!"
　　　여성은 남성의 방에 출입할 수 없다는 봉건적 가치관　　　　　　　　　어머니와 달리 외삼촌은 근대적이고 개방적인 가치관을 지녔음을 알 수 있음.

어머니는 갑자기 얼굴이 빨개지시고 아무 대답도 없이 그냥 외삼촌에게 향하여 눈을 흘기셨습니다. 그러니까 외삼촌은 웃으면서 사랑으로 나갔지요.

(중략)

"옥희야." 하고 또 물으십니다. / "응?"

《"옥희는 언제나 언제나 내 곁을 안 떠나지. 옥희는 언제나 언제나 엄마하구 같이 살지. 옥희 엄마는 늙어서 꼬부랑 할미가 되어두 그래두 옥희는
　　　　　　　　　　　　　　　□ : 시대적 배경을 나타내 주는 소재
엄마하구 같이 살지. 옥희가 유치원 졸업하구 또 소학교 졸업하구, 또 중학교 졸업하구, 또 대학교 졸업하구, 옥희가 조선서 제일 훌륭한 사람이 돼두

그래두 옥희는 엄마하구 같이 살지. 응! 옥희는 엄마를 얼만큼 사랑하나?"》 《 》: '나'만을 바라보려는 어머니의 모습 → 사랑손님에 대한 마음을 정리하려는 의도

"이 만큼." 하고 나는 두 팔을 짝 벌리어 보였습니다.

"응 얼만큼? 응 그만큼! 언제나 언제나 옥희는 엄마를 사랑하지. 그리구 공부두 잘하구 그리구 훌륭한 사람이 되구······."

나는 어머니의 목소리가 떨리는 것으로 보아 어머니가 또 울까 봐 겁이 나서

"엄마, 이만큼 이만큼." 하면서 두 팔을 짝짝 벌리었습니다. / 어머니는 울지 않으셨습니다.
　　어머니가 울까 겁이 나 과장스런 행동을 하는 '나'의 모습
"응, 옥희 엄마는 옥희 하나면 그뿐이야. 세상 다른 건 다 소용없어, 우리 옥희 하나면 그만이야. 그렇지, 옥희야."
　　　　　　　　　　　　사랑손님에 대한 마음을 정리하고 옥희만을 위해 살기로 함.
"응!" / 어머니는 나를 당기어서 꼭 껴안고 내가 숨이 막혀 들어올 때까지 자꾸만 껴안아 주었습니다.

그날 밤 저녁을 먹고 나니까 어머니는 나를 불러 앉히고 머리를 새로 빗겨 주었습니다. 댕기도 새 댕기를 드려 주고 바지, 저고리, 치마 모두 새것

을 꺼내 입혀 주었습니다. / "엄마, 어디 가?" 하고 물으니까
　　　　　　　　　　남편의 유품으로, 남편이 죽은 후 뚜껑을 닫은 채 열지 않았었음.
"아니." 하고 웃음을 띠면서 대답합니다. 그러더니 풍금 옆에서 새로 다린 하얀 손수건을 내리어 내 손에 쥐여 주면서
　　　　　　　　　　　　　　　　　　■ : 사랑손님의 마음을 거절하는 뜻이 담긴 소재
"이 손수건 저 사랑 아저씨 손수건인데 이것 아저씨 갖다드리고 와, 응. 오래 있지 말고 손수건만 갖다드리고 이내 와, 응." 하고 말씀하십니다.

손수건을 들고 사랑으로 나가면서 나는 그 손수건 접이 속에 무슨 발각발각하는 종이가 들어 있는 것처럼 생각되었습니다마는 그것을 펴 보지 않고

그냥 갖다가 아저씨에게 주었습니다.

아저씨는 방에 누워 있다가 벌떡 일어나서 손수건을 받는데 웬일인지 아저씨는 이전처럼 다 보고 빙그레 웃지도 않고 얼굴이 몹시 새파래졌습니다.
　　　　　　　　　　　　　　　　　　　　　사랑손님의 심리를 간접적으로 제시 → 긴장, 불안감
그리고는 입술을 질근질근 깨물면서 말 한마디 아니하고 그 수건을 받더군요.

나는 어쩐 이상한 기분이 돌아서 아저씨 방에 들어가 앉지도 못하고 그냥 되돌아서서 안방으로 들어왔지요. 어머니는 풍금 앞에 앉아서 무엇을 그리

생각하는지 가만히 있더군요. 나는 풍금 옆에 와서 가만히 앉았지요. 이윽고 어머니는 조용조용히 풍금을 타십다. 무슨 곡조인지는 몰라도 어쩐 구슬
　　　　　　　　　　　　　　　　　　　사랑손님과 이루지 못한 사랑에 대한 슬픔을 달래는 모습
프고 고즈넉한 곡조야요.

밤이 늦도록 어머니는 풍금을 타셨습니다. 그 구슬프고 고즈넉한 곡조를 계속하고 또 계속하면서.

OX문제

01 이야기 내부의 서술자가 인물의 행위를 묘사하며 사건의 원인을 추리하고 있다. [2020학년도 9월] (O / X)

02 서술 대상에 대한 요약적 서술을 통해 서술 대상에 관한 정보가 개괄적으로 제시되고 있다. [2021학년도 9월] (O / X)

03 '나'는 '아저씨'를 마음에 들어 하지 않고 툴툴하는 외삼촌을 미워하게 되었다. (O / X)

04 '아저씨'에게 어머니의 '손수건'을 전한 '나'는 '아저씨'의 모습을 보고 기분이 이상해져 바로 안방으로 돌아갔다. (O / X)

05 시대적 배경을 드러내는 소재를 통해 시간의 역전을 보여 주고 있다. [2013학년도 6월] (O / X)

STEP 02 작품 해제

01 | 주제

사랑손님과 어머니의 애틋한 사랑과 봉건적 윤리 사이에서의 갈등

02 | 특징

① 1인칭 관찰자 시점을 통해 인물들의 심리를 간접적으로 드러냄.
② 어린 옥희를 서술자로 설정하여 참신함을 더함.
③ 개가를 금하는 봉건적 윤리관이 남아있던 시대적 분위기를 반영함.

03 | 작품 해제

「사랑손님과 어머니」는 어린아이의 순수한 시선을 통해 사랑손님과 어머니 사이의 미묘한 심리와 사랑을 그려 내고, 기존의 봉건적 가치관과 사랑의 갈등이라는 주제를 전하고 있는 작품이다. 어른들의 사랑을 이해하지 못하는 '나'의 천진난만한 행동이 두 인물 사이의 심리적 거리를 조절하는 기능을 하고 있으며, 두 인물 사이에 흐르는 감정이 어린아이의 눈을 통해 드러나 작품의 서정성이 고조되고 있다.

04 | 등장인물

- 나(옥희) : 명랑한 성격을 지닌 여섯 살 여자아이. 사랑손님과 친하게 지내며, 그가 아빠였으면 좋겠다고 생각한다. 나이가 어리고 순수해 사랑손님과 어머니 사이에 흐르는 애정을 파악하지 못한다.
- 어머니 : 결혼한 지 1년 만에 남편을 잃고 홀로 옥희를 키우는 인물. 사랑손님에게 연정을 품지만, 봉건적 가치관과 세상의 시선에 대한 두려움으로 사랑을 포기한다.
- 사랑손님 : 옥희 아버지의 옛 친구로, 옥희가 사는 동네에 교사로 부임하게 되어 옥희네 집 사랑방에 머문다. 옥희 어머니에게 사랑을 느끼지만 거절의 의미를 담은 손수건을 받은 후 집을 떠난다.

05 | 상세 줄거리

'나'는 어머니, 외삼촌과 함께 살고 있는 6살 여자아이로, '나'의 아버지는 '나'가 태어나기도 전에 돌아가셨다. 어느 날 돌아가신 아버지의 옛 친구가 '나'의 집에 찾아오고, '나'가 사는 동네의 학교 교사로 부임하게 되었다며 얼마간 '나'의 집 사랑방에 하숙하며 지내기로 한다. 사랑손님과 친해진 '나'는 사랑손님과 함께 뒷동산에 올라가 기차 구경을 하고 오는데, 이 모습을 본 유치원 친구들은 사랑손님을 아버지라고 착각하여 '나'와 아버지가 뒷동산에 갔다 왔다고 소리친다. 친구들이 외치는 소리를 들은 '나'는 순간 사랑손님을 아빠라고 불러보고 싶다고 생각해, 사랑손님에게 당신이 나의 아빠였으면 좋겠다고 이야기한다. '나'의 말을 들은 사랑손님은 얼굴을 붉히며 떨리는 목소리로 그런 말을 하면 못쓴다고 말한다. 하루는 유치원에 다녀온 '나'가 어머니를 골려 줄 생각으로 벽장에 숨는데, 어머니를 포함한 온 가족들이 '나'가 사라진 줄 알고 찾으러 다닌다. 그 사이 벽장 안에서 잠이 든 '나'는 잠에서 깬 후 캄캄한 벽장 안이 무서워 울고, 울음소리를 듣고 '나'를 찾은 어머니는 너 하나만 있으면 된다며 '나'를 껴안고 운다. '나'는 어머니를 울린 것에 대한 미안한 마음에 유치원에 있던 꽃병속의 꽃을 몇 가지 가져와 어머니에게 주고, 유치원에서 몰래 가져온 것이라 말하기 어려워 사랑손님이 주라고 한 것이라 거짓말한다. 이를 듣고 어머니는 얼굴을 붉히며 사랑손님이 준 꽃이라고 말하고 다니면 안 된다고 주의를 주고, 꽃을 정성껏 가꾸다가 꽃잎 한 장을 찬송가 갈피에 꽂아 둔다. 어느 날 사랑손님은 의문의 쪽지 한 장과 지난달 밥값이 담긴 봉투를 '나'에게 주고 어머니께 전해 달라고 하는데, 이를 받은 어머니는 며칠후 다니던 교회를 그만둔다. 어머니는 '나'에게 아버지가 갖고 싶냐고 물으며, 새 아버지를 가지면 세상이 욕한다고 착잡해한다. 그리고 '나'에게 손수건 하나를 주며 사랑손님에게 갖다 주라고 한다. 이를 전해 받은 사랑손님은 얼마 지나지 않아 집으로 돌아가겠다며 짐을 싸고, 어머니는 벽장속 아껴 놨던 달걀을 모두 삶아 사랑손님에게 준다. 사랑손님이 떠난 후 어머니는 찬송가 갈피에 꽂아 두었던 꽃잎을 버리라고 '나'에게 주고, 달걀도 더는 사지 않는다.

03 논문으로 만나는 출제자의 시선

나BS 수능특강 | **현대문학**

「사랑손님과 어머니」에 담긴 작가 의식

근대 의식이 성장함에 따라 자아의 해방을 이루고자 하는 움직임이 활발해졌는데, 당시 유행했던 자유연애 사상은 계급과 신분에 기반을 둔 봉건적 결혼 제도에 대한 반발이자 근대성의 표상(상징)이었다. 당연히 이 시기에는 사회적 소외 계층인 과부의 재가 문제가 그 핵심에서 논의될 수밖에 없었다. 가장 소외되어 있던 계층의 해방이야말로 진정한 자유 민주주의의 실현을 의미하는 것이기 때문이다. 그러나 과부 재가 금지법이 폐지되었음에도 사회 공동체에 내면화된 인습은 여전히 굳건하게 과부의 재가를 부정시하고 있었다. 소설 「사랑손님과 어머니」는 이러한 사회문화적 맥락 속에서 창작되었다.

'사랑손님'과 '어머니'는 근대적 중등 교육을 받은 현대 지식인이자 일제 강점기의 궁핍한 시대 상황에서도 특별히 경제적 어려움이 없는 소수 계층이었다. 또한 '사랑손님'은 먼 데 가서 공부를 하고 온 뒤 학교 교사라는 사회적 지도자의 위치에 놓여 있었고, '어머니'는 그녀의 가족이 직접적으로 가부장제를 부인하며 자아실현을 하도록 함을 실어 주고 있었다. 문제는 '사랑손님'과 '어머니'가 자유연애를 긍정하고 과부의 재가 문제를 사회적으로 해결하려던 시기에 만나 사랑을 하게 되었음에도, 사회적 지도층으로서 인습에 저항하기보다 봉건적 가치를 답습하며 무기력하게 기존 체제에 순응하고 말았다는 것이다.

이러한 사건 전개에는 주요섭의 작가 의식이 강력하게 작용하였다고 보아야 한다. 당시 작가는 근대 교육을 받은 현대적 지식인이라면 사회를 개척해 나가야 한다는 목소리를 내고 있었고, 특히 '사랑'을 불의에 대한 저항이라고 여긴 까닭에 자유연애의 장려와 여성 지위 향상에 대한 의지를 표명하고 있었다. 따라서 이 소설이 봉건적 관습과 결별하기 위하여 겪어야 할 내적 갈등을 묘사한 목적은, 당시 소수의 독자층이었던 지식인을 향해 '현대 지식인으로서 행해야 할 바람직한 선택과 실천이란 무엇이어야 하는가'라는 문제를 제기하고자 함이었다. 작품의 전개 중 옥희의 외삼촌을 통해 "요새 세상에 내외하십니까!"라고 던진 질문에 대한 해답은 결말에서 찾을 수 있는데, 근대성의 상징인 기차를 타고 연기처럼 사라진 '사랑손님'과 그것을 바라보며 황혼의 시간 속에 남겨진 창백한 '어머니'의 모습 등에서 작가가 말하고자 한 주제 의식이 내밀하게 함의되어 있음을 알 수 있다.

「사랑손님과 어머니」의 사회문화적 맥락과 작가의 삶, 작품 창작 경향을 살폈을 때 이 작품은 인간의 가장 근원적 욕망인 사랑조차도 개인이 자유롭게 선택할 수 없는 시대를 살아가야 하는 그릇된 현실을 자각했다면, 마치 도덕률인양 내면화된 관습에 매몰되는 것이 아니라 현대적 지식인으로서 인간 존엄을 실현하고 사회를 개혁하기 위해 저항해야 하지 않느냐는 작가 의식을 전달하고 있다고 볼 수 있다.

4 | 이근삼, 놀부전

STEP 01 지문 분석과 OX문제

나BS 수능특강 | 현대문학

무대가 밝아지면 동헌의 마루와 마당이 보인다. 아침. 주민들이 하나둘 모이기 시작한다. 개막 때 보았던 연기자 한두 명도 요즈음 옷차림으로 나타
<u>공간적 배경(관아)</u>　　　　　　<u>시간적 배경</u>　　　　　　　　　　　　　　<u>고전 소설인 「흥부전」을 소재로 한 뮤지컬 공연을 연습하는 상황임.</u>

나 주민들 틈에 낀다. 놀부가 풍금의 등에 업혀 나온다. 사람들이 다 모여 웅성거릴 때 암행어사 일행이 들어온다. 암행어사는 마루에 올라가 의자에
　　　　　　　　　<u>놀부의 아들</u>

앉는다.

고지기 : 주민 여러분! 암행어사이십니다. / 사람들이 놀라 머리를 숙인다.
<u>관아의 창고를 지키던 사람</u>

어사 : 현감과 그 졸도를 끌어내라. 이제부터 현감의 죄목을 공개한다.
　　　　　　　<u>부하</u>

주민들 : ……여자 목소리야, 여자야.
<u>암행어사를 여성으로 설정함. → 남성 중심의 사회 체제를 비판하기 위함.</u>

　　포졸이 현감과 이방을 끌고 나와 어사 앞에 앉힌다.

어사 : 네가 분명 현감이겠다? 너는 이방이고?

　　　　　　　　　　　　　　　　　　<u>정치, 도덕, 풍속 따위가 아주 쇠퇴하여 끝판이 다 된 세상</u>
현감 : ……아……니? 여자야? 암행어사가 여자? 원 살다 보니 별꼴 다 보겠네. 말세다, 말세!
　　　　<u>여성을 무시하는 태도가 드러남. → 당대 사람들의 보편적 인식</u>

어사 : 너 같은 자가 도처에서 백성을 괴롭히니 말세가 온다. 내 이처럼 백성들의 원성이 높은 곳은 처음 봤다. 네 죄목은 수십 가지에 달한다. 너도
　　　　　　　<u>이르는 곳</u>

　　잘 알 것이다.

현감 : 좀 생각해 봅시다. / 잠시 사이.

풍금 : (놀부 처에게) 어머니, 나 저 어사, 어디서 많이 본 것 같아요.

놀부 처 : 암행어사는 숨어 다니는 분이다. 네가 어디서 봐?

풍금 : 맞다, 맞아. 에미 제비! 그 깍시! 작은아버지 집에 둥지를 틀고 살던 제비. 그 제비예요. 제비가 어사가 됐어!
　　　　　　<u>제비가 어사가 된 상황임. → 원작인 「흥부전」과 다른 설정으로 전기성이 드러나며, 풍자의 효과가 강해짐.</u>

어사 : (풍금 쪽을 보며) 그쪽은 왜 소란한가? 자, 현감. 할 말이 있는가?

현감 : 왜 하필 나만 가지고 그래요? 현감이라는 관직은 다 그런 겁니다. 통치를 하려면 다소의 위법은 부득이합니다. 어사는 아직 어려서 잘 모르겠지
　　　　　　　　　　　<u>자신의 죄를 합리화하는 현감의 모습 → 부정부패를 일삼는 당대 권력자들에 대한 비판</u>

　　만 세상일이 곧이곧대로 법대로 되는 게 아닙니다. 어사, 우린 한배에 타고 있는 몸 아닙니까? 서로 도와야지 처벌하면 뭣해요? 우리들 세력만 약해
　　　　　　　　　　　　　　　　　　<u>나라의 녹을 받는 관직자임.</u>

　　지지. 내가 쫓겨나면 더 훌륭한 현감이 온다는 보장이 있습니까? 다 똑같은데. 아, 자진해서 주는 돈, 왜 마다합니까? 나 억지로 돈 내라고 한 적 없
　　　<u>대다수의 관리들이 부패해 있음을 보여 줌.</u>

　　습니다.

어사 : 그래? 그래서 내가 놀부에게 출두를 요구했다. 놀부, 돈을 자진해서 현감에게 주었나?
　　　　　　<u>현감의 죄를 입증하기 위해 놀부를 부른 상황임.</u>

놀부 : 몸이 불편합니다. 말이 잘 안 나와요. / **어사** : 잘 안 들린다.

풍금 : 제가 말씀드리겠습니다. 저…… 아들입니다. 한마디로 강탈당했습니다.
　　　　　　　　　　　<u>억지로 돈을 내라고 한 것이 아니라는 현감의 말이 거짓임을 밝힘.</u>

어사 : 현감, 부녀자 강탈에 대해서 물어볼까?
　　　<u>현감이 돈뿐만 아니라 부녀자까지 강탈했음을 알 수 있음.</u>

현감 : 과장입니다. 그런 걸 사람들 앞에서 왜 묻습니까. 창피하게.

어사 : 창피한 줄은 아는군. / **현감** : <u>무슨 팔자로 여자한테 걸렸을까!</u>
　　　　　　　　자신의 죄를 뉘우치지 않고 여성을 무시하는 태도로 일관하는 현감의 모습

어사 : 「다 그렇다는 말은 아니지만 남성들, 썩은 사람이 많아요. 당신들한테만 국정을 맡길 수는 없어요. 오죽했으면 주상 전하께서 예부터 안방과 부

　　억을 지키는 것이 본분이었던 우리 여성들을 밖으로 나오라 하셨겠나.」 자, 이 현감과 이방을 투옥하라.
　　　　　　　　「　」: 남성 중심 사회 체제에 대한 비판 의식이 드러남.

이방 : 잠깐만…… 말씀드릴 것이 있습니다.

어사 : <u>나는 시키는 대로 했을 뿐 죄가 없습니다. 이 말을 하고 싶지?</u>
　　　　　　　　이방이 자신의 죄를 합리화하는 발언을 할 것을 예상함.

이방 : 바로 그겁니다. / **어사** : 시끄럽다. 비겁한 자군. 자, 어서 두 죄인을 투옥해라.

　　포졸들이 두 사람을 끌고 나간다. 사람들이 야유를 한다. 새끼 제비가 날아온다.

어사 : (손을 흔들며) 그래, 곧 갈 거다.

　　놀부가 앞으로 나온다.

놀부 : 어사 나리! 잘하셨습니다. 근데, 제가 현감한테 강탈당한 돈, 도로 찾을 수 있습니까? 어떻게 번 돈인데요. 제발 제 돈 찾아 주세요. (주민들이

　　야유를 한다.) 저는 깨끗하게 돈을 벌었는데 (주민들 쪽을 보며) 저것들은 왜 나를 비웃는지 모르겠습니다.

　　주민들 속에서 "구두쇠", "노랑이", "심술쟁이"라는 소리가 들린다.
　　　　　　　속이 좁고 마음 씀씀이가 아주 인색한 사람을 낮잡아 이르는 말

어사 : 『(주민들에게) 돈 있는 사람을 괜히 비웃는 버릇은 좋지 않다. 너희들더러 누가 돈 벌지 말라고 했는가? 정직하게 열심히 일해 돈을 벌었다면

　　오히려 칭찬을 받아야 한다. 너희들도 분발해서 열심히 일해 돈을 벌어라.』 자, 이 모임은 끝났다. (어사가 마당으로 내려온다.) ……한 가족 간의 일
　　　　『　』: 정당한 부의 축적을 긍정하고 주민들에게 열심히 일을 해 돈을 벌 것을 권유함.

　　에 타인이 왈가 불가할 수는 없다. 그러나 듣건대 그대는 동생, <u>그 가난한 동생을 추방했다는데</u> 좀 심한 일 아닌가?
　　　　　　　　　　　　　　　이전에 놀부가 가난한 동생인 흥부를 집에서 쫓아냈음이 드러남.

놀부 : 추방이라뇨. 사람 만들려고 매질을 한 셈입니다. 마음은 아팠습니다. 대신 흥부는 지금 굉장한 부자가 됐습니다.

어사 : 네가 흥부를 보았는가? / **놀부** : 그게……, 음…… 형님, 고맙습니다. 하더군요.

어사 : 다행한 일이다. 어제 <u>좋지 못한 꿈</u>을 꾸었지? 얼굴에 나타나 있어.
　　　　제비의 다리를 일부로 꺾어 재물을 얻으려 하다가 제비 왕과 도깨비들에게 혼이 나는 꿈을 꿈.

놀부 : ……네, 창피한 꿈이죠. 그래서 피곤합니다. 늙어 가는 것도 서러운데 이젠 노욕에 미쳐 가는 것 같습니다. 돈은 있는데 더욱 벌고 싶으니…….
　　　　　　　　　　　　　　　늙은이가 부리는 욕심

어사 : <u>제비 다리를 꺾어서라도.</u> / **놀부** : 네? 이제 뭐라고 하셨습니까?
　　　　놀부의 죄를 알고 있는 어사

어사 : 오늘은 날씨가 참 좋다고. (풍금에게) 네가 아들이라 했지? 그 남자, 향실이라 했나? 불쌍한 애다. 그러나 똑똑하다. 잘 보살펴 주도록.
　　　　　　　　　　　　　풍금의 연인

놀부 : …… 내 그럴 줄 알았지. 밤에 담을 넘어 다니더니.

어사 : 아버지를 잘 모시고 부친이 벌어 쌓아 둔 재산 좋은 데 쓰도록.〈세상에 태양과 달이 있고, 양지와 음지가 있듯이 인간사는 세상에는 돈이 있는

　　사람, 가난한 사람, 병든 사람, 행복한 사람이 서로 부벼 대며 살고 있다. 우리는 어차피 더불어 살 수밖에 없는 운명이다. 서로 상부상조하며.〉
　　　　　　　　　　〈　〉: 바람직한 인간사의 모습을 제시함. → 더불어 살아가야 하는 공동체 사회임을 강조

놀부 처 : 훌륭한 말씀입니다. 다 늙기 전에 돈을 좀 쓰자고 그렇게 말을 했는데…….

어사 : 혼자만 쓰라는 말이 아니다.

　　어사가 걷는다.

풍금 : 어머니, 이게 어떻게 된 판입니까? 제비가 인간을 재판하고 설교를 해요. 참, 창피한 인간이 됐네요.

<u>동물인 제비가 인간을 훈계하는 상황 설정 → 인간이 짐승보다 못함을 드러내어 비판의 효과를 높임.</u>

음악이 깔리며 어사가 노래를 하고 주민들이 춤을 춘다.

어사 : 《"밤하늘에 반짝이는 무수한 별들 / 천년만년 별들은 변함이 없네 / 아름다운 별들은 우리의 소원 / 별들은 모여 산다 더불어 산다

그러기에 아름답고 영원하다 // 사람들아 사람들아 더불어 살자 / 너도나도 모여서 더불어 살자

저 먼 산의 높고 푸른 나무들 / 서로 기대고 의지해 더불어 산다 / 그러기에 아름답고 굳세어라

세상은 혼자서는 살 수가 없네 / 좋아도 싫어도 같이 산다 / 더불어 영원히 살아야 한다 / 정이랑 사람이랑 서로 나누고

감싸고 덮어 주며 더불어 살자"》 《 》: 더불어 사는 삶의 아름다움을 노래로 표현함. → 뮤지컬 공연의 특징

<u>바람 소리. 명멸하는 조명. 무대는 개막 때의 연습장으로 되돌아간다.</u> _{켜졌다 꺼졌다 하는}

조명의 변화를 통한 장면의 전환

연출가 : ……야, 오랜만이다. 다 모였어?

지휘자 : <u>300년 전의 세상</u>…… 단순한 줄 알았더니 복잡하군. 놀부가 큰소리치더니…… <u>욕심이 많은 건 사실이야. 그러나 악하진 않았어.</u>

_{놀부가 살았던 시절}   ^{놀부에 대한 지휘자의 주관적 평가}

_{놀부가 뮤지컬 공연에서 자신을 악하게 그린 것을 두고 억울하다며 자신의 이야기를 전해 준 상황}

연출가 : 놀부의 아들, 풍금이와 그 처녀, 향실은 어떻게 됐을까?

지휘자 : 영원히, 지금도 만나고 있겠지. 흥부는 어디서 뭘 하고 있을까?

연출가 : 〔그 베짱이. 베짱이는 영원히 베짱이야. 개미는 될 수 없거든. 흥부는 오늘날 살아 있다면…… 예술가야. 베짱이한테는 노래나 부르도록 내버

려둬야 해. 베짱이로 태어났는데, 흙을 파고 농사하라 해도 그건 무리야.〕 베짱이가 노래나 하며 살 수 있도록 사람들은 도와야 해. 결국 나…… 자

네들도 베짱이니까. 놀부가 그걸 몰랐어. _{〔 〕: 흥부에 대한 연출가의 주관적 평가}

지휘자 : 흠…… 놀부가 또 나타날 것 같아. 화를 내며.

연출가 : 그럴지도 모르지. 자, 우리 베짱이들, 노래나 부르고 오늘 연습은 끝냅시다.

음악이 깔리며 여태껏 소개된 노래의 부분 부분이 합창되며 막이 내린다.

OX문제

01 인물의 반어적인 발화를 제시하여 다른 인물의 의견에 대한 부정적 태도를 드러내고 있다. [2016학년도 6월B] (O / X)

02 전기적 요소를 활용하여 비현실적 장면을 부각하고 있다. [2013학년도 6월] (O / X)

03 놀부는 현감에게 돈을 자진해서 주었냐는 어사의 물음에 강탈당한 것이라고 이야기했다. (O / X)

04 연출가는 놀부가 욕심이 많은 건 사실이지만 악하진 않았다며 주관적 평가를 드러내고 있다. (O / X)

05 시간적 배경을 묘사하여 사건의 사실성을 높이고 있다. [2015학년도 9월AB] (O / X)

STEP 02 작품 해제

01 | 주제

권선징악과 바람직한 삶의 태도

02 | 특징

① 고전 소설 「흥부전」을 재해석한 뮤지컬 대본임.
② 원작에는 없는 새로운 인물과 사건을 삽입하여 새로운 주제 의식을 더함.
③ 극중극의 형식으로 액자식 구성을 취함.
④ 제비를 암행어사로 인격화하여 인간 세태를 풍자함.

03 | 작품 해제

이 작품은 고전 소설 「흥부전」을 소재로 하여 뮤지컬 공연을 준비하는 과정을 그려 낸 뮤지컬 대본으로, 극중극 형식을 취하고 있다. 작품 내에서 준비하는 뮤지컬 공연은 원작인 「흥부전」을 각색하여 놀부를 중심으로 사건을 전개하고 있는데, 권선징악이라는 원작의 주제와 대략적인 줄거리는 유지하면서도 원작에 없는 새로운 인물을 등장시켜 탐관오리의 횡포, 남성 중심 사회 체제에 대한 비판, 더불어 사는 삶의 중요성 등의 새로운 주제 의식을 더하고 있다는 것이 특징이다.

04 | 등장인물

- 어사 : 제비가 인격화된 인물. 백성을 수탈한 현감과 이방을 벌하고, 바람직한 인간의 삶의 태도에 대해 훈계한다.
- 현감 : 백성을 수탈하면서도 자신의 행위를 정당화하고 반성하지 않는 탐관오리로, 여성 비하적 태도를 보인다.
- 풍금 : 놀부의 아들로, 몸이 불편해 말을 제대로 못하는 놀부를 대신하여 돈을 강탈한 현감의 죄를 어사에게 고함.
- 놀부 : 놀부를 소재로 한 뮤지컬을 연습하는 과정에 난입하여 자신을 너무 악하게 그렸다며 자신이 겪은 이야기를 전해 주는 인물.

05 | 상세 줄거리

연출가와 지휘자가 배우들과 함께 뮤지컬 공연 준비를 한다. 그러던 중 갑자기 공연장에 놀부가 난입하여 자신을 너무 악하게 그렸다고 화를 내고, 300년 전 자신이 겪었던 일을 이야기해 주겠다고 말한다. 가난한 흥부를 구박하던 놀부는 흥부가 부러진 제비의 다리를 고쳐 준 후 부자가 되었다는 사실을 알게 된다. 이에 놀부는 일부러 제비의 다리를 부러뜨리는데, 이를 알게 된 제비 왕이 놀부의 꿈속에 도깨비들을 이끌고 찾아 와 놀부를 혼내 준다. 벌을 받은 놀부는 자신의 잘못을 반성하고, 다음 날 어사의 명으로 동원에 끌려간다. 어사는 놀부에게 현감의 죄에 대해 질문하는데, 놀부가 제대로 답하지 못하자 놀부의 아들인 풍금이 대신 백성들을 강탈한 현감의 죄에 대해 고발한다. 이를 들은 어사는 현감과 관련된 일행들을 옥에 가둔다. 이후 어사는 탐관오리의 횡포, 남성 중심 사회 체제에 대해 비판하고, 바람직한 삶의 태도에 대해 이야기한 후 백성들과 춤을 추며 노래한다. 춤과 노래가 끝나자 연출가와 지휘자가 다시 나타나 놀부와 흥부에 대해 평가를 내리며 막이 내린다.

작가론

1959년 미국 유학을 마치고 귀국한 이근삼의 「원고지」는 이듬해 1월에 공연되었다. 소실되기 전에 원각사 극장에서 공연된 이 작품은 '한눈에 보아도 새로운 작품'으로서, 실험적인 연극을 주도했던 김재형의 연출이었다. 「원고지」에 이어서 그는 「마왕은 죽기를 거부했다」(1961), 「거룩한 직업」(1961), 「위대한 실종」(1963), 「국물 있사옵니다」(1966) 등을 통해, 1960년대에 새로운 작풍(예술 작품에 나타난 작가의 독특한 개성이나 수법)으로 주목받았을 뿐만 아니라 연극계의 변화를 이끌었다.

그의 작품들은 소외된 현대인을 그린 풍자극들이 주류를 이룬다. 내용적 측면에서 그의 작품은 현대 설화극이고, 형식적인 측면에서는 희극류의 하나인 풍자극에 해당한다. 그가 등장하자마자 연극계의 관심을 이끌게 된 것은 이제까지 사실주의의 매너리즘에 식상함을 느끼던 관객들에게 이상과 같은 주제와 형식, 그리고 현대적인 방법의 새로움을 제공한 데서 기인한다.

이근삼의 작품에는 특정한 인물보다는 계층이나 부류를 상징하는 인물들이 등장한다. 작품 속 등장인물들은 평범하지만 그가 한 이야기에는 동시대 사람들이 겪은 삶의 이면, 아픔과 좌절, 부조리와 소망이 배어 있다. 그러니까 평범한 이야기가 아니라 사연이 있는 이야기들인 셈이다. 이근삼이 내세운 주인공들은 시대적으로 역행하는 정치와 벼락부자들이 주도하는 자본주의, 수단과 방법을 가리지 않고 출세에 매진하는 반윤리적 사회 속에서 소외당하고 한편으로는 소외를 이겨 내려는 사람들의 허우적거리는 몸짓과 쏟아내는 말투를 상징한다. 한국 사회에서 현대적 소외는 1960년대부터 심화되었는데, 이근삼은 이러한 소외를 부각시키기 위해 폭로와 징벌의 방식을 사용한다. 이근삼의 작품이 지니는 의의는 바로 이러한 비판적 작가 의식에 근거한다.

5 | 이광수, 무정

수능 국어 대비
실전 국어 전형태

01 지문 분석과 OX문제

 NBS 수능특강 | 현대문학

형식은 또 자기의 처지를 생각한다. 「선형은 과연 자기를 사랑하여 주는가. 자기는 선형에게 '부분적이 아니요 전인격적인 사랑'을 받는가. 아무리 좋
「 」: 선형과 약혼한 형식의 내적 갈등 → 사랑하는 사람과 결혼하고자 하는 자유연애 사상이 드러남.

게 생각하려 하여도 선형의 자기에게 대한 태도는 냉담한 것 같다. 이 약혼은 과연 사랑을 기초로 한 것일까.」
자신을 사랑하지 않는 것 같은 선형의 태도   ▓ : 근대적 가치관 ↔ ▓ : 봉건적 가치관

그날 저녁에 선형은 '예' 하고 대답은 하였다. 그러나 그 '예'가 무슨 뜻일까. '형식을 사랑합니다' 하는 뜻 일까. 또는 '부모께서 그렇게 하라 하시니
형식이 원하는 대답 → 사랑하는 사람과의 혼인을 의미함.

명령대로 합니다' 하는 뜻일까. 선형의 자기에게 대한 처지가 병국의 그 아내에게 대한 처지와 같음이 아닐까. 이렇게 생각하매 형식은 문득 불쾌한 생
부모님이 정해 주는 사람과의 혼인을 의미함.   봉건적 가치관에 따라 부모님이 정해 준 결혼을 함.

각이 난다. 『만일 선형이가 진실로 자기를 사랑하는 마음이 없이 부모의 말을 거역할 수가 없어서 그렇게 대답한 것이라 하면 이는 불쌍한 선형을 희
『 』: 사랑 없는 결혼은 선형과 자신 모두에게 불행한 결과를 가져 올 것이라는 형식의 생각이 드러남.

생함이라. 선형은 속절없이 사랑 없는 지아비의 밑에서 괴로운 일생을 보낼 것이요, 또 형식 자기로 말해도 결코 행복되지 아니할 것이라.』 남의 일생
남편   ↗ 사람으로서 마땅히 지켜야 하는 도리

을 희생하여서까지 자기의 욕심을 채움이 인도에 어그러짐이 아닐까. 이에 형식은 선형의 뜻을 물어보기로 결심하였다.
자신은 선형을 사랑하지만 상대가 그렇지 않다면 결혼은 선형의 삶을 희생시키는 이기적인 행동이므로 둘 다 행복할 수 없음.

그 이튿날은 마침 순애가 두통이 나서 눕고 선형과 단둘이 마주 앉을 기회를 얻었다. 영어를 다 가르치고 난 뒤에 형식은 있는 힘을 다하여
선형의 친구   형식과 선형이 사제지간임을 알 수 있음.

"선형 씨, 한마디 물어볼 말이 있습니다." 하고 형식은 고개를 숙였으나 선형은 고개를 들어 형식의 갈라진 머리를 보고 의심나는 듯이 한참 생각하

더니 / "무슨 말씀이야요?" 하고 살짝 얼굴을 붉힌다.

"제가 묻는 말에 똑바로 대답을 해 주셔야 합니다. 이러하는 것이 마땅합니다. 사랑하는 사람 사이에 꺼리는 것이 무엇이 있겠습니까." 하는 형식의

가슴은 자못 울렁울렁한다. 사생이 달린 큰 판결이 몇 초 안에 내리는 듯하다. 선형도 아직 이렇게 책임 중한 질문을 받아 본 적이 없으므로 형식의
선형의 대답에 따라 두 사람의 약혼이 깨질 수도 있기 때문임.

말에 무서운 생각이 난다. 그래서 어떻게 대답할 줄을 모르면서 간단히, "예" 하였다. 약혼하던 날 대답하던 '예'와 다름이 없는 '예'로다. 형식도 더 말
형식의 진지한 태도에 선형이 긴장함.   형식에게는 수동적으로 느껴지는 대답임.

하기가 참 어려웠다. 또 그 대답이 무섭기도 하였다. 그러나 선형의 참뜻을 모르고 의심 속으로 지내기는 더 무서웠다. 그래서 우선의 '사내답게' 하던
선형이 부모님의 명령에 따라 약혼한 것이라고 답할까 두려움을 느낌.

말을 생각하고 기운을 내어, 그러나 떨리는 목소리로
[ ] : 사랑과 결혼에 대한 형식과 선형의 인식 차이가 드러남.
→ 개인의 자율성과 사랑에 기반한 근대적 연애관을 실천하며 근대 초기 지식 청년들이 겪은 혼란과 갈등이 잘 나타남.

["선형 씨는 나를 사랑합니까?" 하고는 힘 있게 선형의 눈을 보았다. 선형도 하도 뜻밖에 질문이라 눈이 둥그레진다. 더욱 무서운 생각이 난다. 《실
상대방의 사랑을 확인하고 싶어 하는 질문이 선형에게는 낯설고 이질적이니 것임을 알 수 있음.

로 아직 선형은 자기가 형식을 사랑하는가 않는가를 생각하여 본 적이 없다. 자기에게는 그런 것을 생각할 권리가 있는 줄도 몰랐다. 자기는 이미 형식
선형은 신식 교육을 받은 신여성이었으나, 아직 구시대적이고 봉건적인 사고방식에서 벗어나지 못하였음.   ↳ 부모님의 뜻을 따르는 것이 당연하다고 여김.

의 아내다. 그러면 형식을 섬기는 것이 자기의 의무일 것이다. 아무쪼록 형식이가 정답게 되도록 힘은 썼으나 정답게 아니 되면 어찌하겠다 하는 생각
사랑보다는 아내로서의 의무를 더 중요하게 생각함.

은 꿈에도 한 일이 없었다. 형식의 이 질문은 선형에게는 청천벽력이었다.》 그래서 물끄러미 형식을 보다가
《 》 : 선형의 봉건적인 가치관이 드러남.

"그런 말씀은 왜 물으셔요?"

"그런 말을 물어야지요. 약혼하기 전에 서로 물어보았어야 할 것인데 순서가 바뀌었습니다. 그러나 이제라도 물어야지요."
약혼의 전제는 사랑이어야 한다는 형식의 근대적 연애관의 드러남.

선형은 잠자코 앉았다. / "분명히 말씀을 하십시오. 그렇다든지 아니라든지……."

선형의 생각에는 그런 말은 물을 필요도 없고 대답할 필요도 없는 것 같다. 이미 부부가 아니냐, 그것은 물어서 무엇 하려 한다. 그래서 웃으며
이미 결혼을 약속한 사이이므로 형식의 질문은 의미가 없다고 여김. → 봉건적 가치관에서 자유롭지 못한 선형의 모습

"왜 그런 말씀을 물으셔요?" / "하루라도 바삐 아는 것이 피차에 좋지요. 일이 아주 확정되기 전에……."
형식과 선형의 결혼

"에? 확정이 무슨 확정입니까."

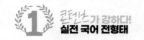
"아직 약혼뿐이지, 혼인을 한 것은 아니니까요. 그러니까 지금은 아직 잘못된 것을 교정할 여지가 있지요."
<small>아직 혼인한 것이 아니기에 서로 사랑하지 않는다면 약혼을 깨트릴 수 있다고 생각함.</small>

선형은 더욱 무서워서 몸에 소름이 끼친다. 형식의 말하는 뜻을 알 수가 없다.
<small>약혼이 깨질 수도 있다는 생각에 두려움을 느낌.　　　↳ 선형은 개인의 감정보다 부모님의 뜻에 따라 한 약혼 자체를 더 중요하게 여기고 있기 때문임.</small>

"그러면 약혼했던 것을 깨트린단 말씀입니까?" 하는 선형의 눈에는 까닭 모르는 눈물이 고인다. 형식은 그것을 보매 이러한 말을 낸 것을 후회하였

으나 / "예. 그 말씀이야요." / "왜요?"

"만일 선형 씨가 나를 사랑하시지 아니하면……." / "벌써 약혼을 했는데두?"
<small>결혼에는 사랑이 필요하다는 형식의 생각을 이해하지 못함.</small>

"약혼이 중한 것이 아니지요." / "그러면 무엇이 중합니까."

"사랑이지요." / "만일 사랑이 없다 하면?" / "약혼은 무효지요."
<small>사랑 없는 결혼은 하고 싶지 않다는 형식의 생각이 드러남.</small>

선형은 한참 생각하더니 / "그러면 선생께서는?" / "저야 선형 씨를 사랑하지요. 생명보다 더 사랑하지요."
<small>형식　　　　　　　　　　　　　　선형을 향한 자신의 마음을 강조함.</small>

"그러면 그만 아닙니까." / "아니요. 선형 씨도 저를 사랑하셔야지요."
<small>남편이 아내를 사랑해 주면 된다고 생각함.</small>

"아내가 지아비를 아니 사랑하겠습니까." / 형식은 물끄러미 선형을 본다. 선형은 고개를 숙인다.
<small>남녀 간의 사랑보다는 남편을 섬기는 아내로서의 도리를 말하는 것임.</small>

"그것은 뉘 말입니까." / "성경에 안 있습니까."

"그렇지마는 선형 씨는 어떻게 생각합니까…… 선형 씨의 진정으로는?"

"저도 그렇게 생각하지요." / "아내가 되었으니까 지아비를 사랑합니까, 또는 사랑하니까 아내가 됩니까."
<small>부부의 의무를 중시하는 태도</small>

이것도 선형에게는 처음 듣는 말이다. 그래서 자기도 무슨 뜻인지 모르면서 / "마찬가지 아닙니까."]

「'마찬가지'라는 말에 형식은 놀랐다. 그것이 어찌하여 마찬가질까. 이 계집애는 아직 그런 것을 생각할 줄 모르는구나 하였다.」 그래서 일언이폐지
<small>「 」: 연애와 관련한 봉건적인 가치관과 근대적 가치관의 차이를 구분하지 못하는 선형에 대한 놀라움이 드러남.　　　　　　　　　한마디로 그 전체의 뜻을 알고</small>

하고 / "한마디로 대답해 줍시오…… 저를 사랑하십니까." 하는 소리는 얼마큼 애원(哀願)하는 듯하다. '아니요'하는 대답이 나오면 형식은 곧 죽을 것
<small>선형을 많이 사랑하기 때문임.</small>

같다. 꼭 다문 선형의 입술은 형식의 생명을 맡은 재판관의 입술과 같다. 선형은 이제는 머리가 혼란하여 더 생각할 수가 없다. 형식의 비창한 얼굴을
<small>마음이 몹시 상하고 슬픈</small>

보매 다만 무서운 생각이 날 따름이다. 그래서 다만

"예!" 하였다. 형식은 한 번 더 물어보려 하다가 '예'가 변하여 '아니요'가 될 것이 무서워서 꼭 참고 갑자기 선형의 손을 쥐었다. 그 손은 따뜻하고
<small>여전히 형식의 마음과 말의 의미를 제대로 파악하지 못한 채 답함.　　　　　　선형이 자신을 거부할 수도 있다는 두려움에 다시 묻지 않음.</small>

부드러워서 마치 형식의 손에 녹아 버리고 마는 듯하였다. 선형은 가만히 있다. 형식은 한 번 더 힘을 주어서 선형의 손을 쥐었다. 그리하고 선형이가

마주 꼭 쥐어 주기를 바랐으나 선형은 고개를 숙이고 가만히 있다. 형식은 얼른 손을 놓고 집으로 돌아왔다. 왜 그렇게 갑작스럽게 나왔는지 형식도 모
<small>선형이 자신과 같은 마음이라고 표현해 주기를 바랐으나 형식의 바람과 달리 선형은 반응하지 않음.</small>

른다. 선형은 인사도 아니 하고 형식의 나가는 양을 보았다.

OX문제

01	서술자가 다양한 인물로 바뀌면서 인물 간의 갈등을 다각적으로 조명한다. [2019학년도 6월]	(O / X)
02	중심인물의 반복적인 동작을 강조하여 내적 갈등을 표면화한다. [2024학년도 6월]	(O / X)
03	동시적 사건들의 병치로 사건에 대한 서로 다른 관점을 드러내고 있다. [2022학년도 수능]	(O / X)
04	'형식'은 사랑하는 마음이 없는 결혼은 '선형'과 자신 모두를 불행하게 할 것이라고 여긴다.	(O / X)
05	'선형'은 자신이 진심으로 '형식'을 사랑하는지 여부를 중요하게 생각해본 적이 없다.	(O / X)

01 | 주제

자유연애 사상의 고취와 민족의 계몽

02 | 특징

① 우리나라 최초의 근대 장편 소설로 문학사적 의의를 가짐.
② 유교적 구질서를 탈피하여 이상주의적 가치관과 과학 문명을 수용하려는 의지가 엿보임.
③ 전지적 서술자가 상황에 대한 인물의 판단과 심리를 구체적으로 서술함.
④ 심리 묘사와 장면 묘사, 언문일치의 서술 등 현대 소설의 기법을 사용함.

03 | 작품 해제

「무정」은 1971년 1월 1일부터 6월 14일까지 『매일신보』에 연재된 이광수의 첫 장편 소설이다. 작가의 대표작이자 우리나라 최초의 근대 장편 소설로, 봉건적 도덕의식을 가진 박영채와 근대적 인간형인 이형식을 비롯한 여러 유형의 과도기적 인물을 설정하여 상호 갈등을 전개시킴으로써 전환기의 시대상과 가치관을 집약적으로 표현했다. 구체적이고 세밀한 서술 방식의 사용, 인물과 사건의 사실적인 묘사, 언문일치에 가까운 구어체의 사용 등은 이전 문학과 차별성을 갖지만, 작가가 작품 속에 깊이 개입되어 있고, 현실적인 문제를 계몽주의적 태도로 해결하려고 했으며, 서사의 과정과 결말 구조가 여전히 고전 소설의 면모를 보인다는 점은 한계로 지적되고 있다.

한편 이 작품은 민족주의 사상의 고취, 신교육의 필요성 역설, 자유연애의 강조, 근대화의 과제 제시 등 계몽적인 주제를 담고 있음에도 불구하고 삼각관계라는 흥미 있고 대중적인 인물 구조를 선택함으로써 대중성과 계몽성을 조화시키고 있다는 특징을 보이기도 한다.

04 | 등장인물

- 이형식 : 개인과 민족, 현실과 이상의 갈등 속에서 고뇌하는 개회기의 지식인. 김선형과 박영채, 신우선과 김병욱을 사상적으로 지도하는 교사로서의 위치에 있다.
- 김선형 : 기독교 집안의 개화한 신여성으로, 신교육은 받았으나 구시대적 관습에서 완전히 벗어나지는 못한 인물. 정신적으로도 미성숙한 상태이며, 형식을 통해 민족주의적 사상에 다가가지만 그것도 아직 내면화하지는 못한 상태이다.
- 박영채 : 봉건적 가치관을 지닌 여성. 병욱의 도움을 받아 근대적 가치관으로 변모하는 모습을 보인다.
- 김병욱 : 개화기의 전형적인 신여성으로, 반봉건적·진취적·이상주의적인 면모를 보인다.
- 신우선 : 지식인이지만 이형식과는 달리 방탕하면서 호탕한 성격을 지니고 있으며, 사회의 생리를 어느 정도 터득한 개성적 인물이다.

05 | 상세 줄거리

경성 학교의 영어 교사인 이형식은 김 장로의 딸 선형에게 영어를 가르치다가 사랑의 감정을 느끼게 된다. 그러던 중 형식에게 어린 시절 도움을 받았던 박 진사의 딸 영채가 찾아온다. 개화 운동가였던 박 진사는 고아인 형식을 데려다 키우고 딸 영채와 정혼도 시켰으나, 개화 운동이 실패로 돌아가 집안이 망하게 되자 형식과 영채는 사이가 멀어진다. 이후 누명을 쓰고 투옥된 아버지를 구하기 위해 영채는 기생이 되고, 형식은 기생이 된 영채를 아내로 맞이하지 못하는 죄책감과 선형에 대한 사랑 사이에서 심리적 갈등을 느낀다.

그러던 중 영채는 경성 학교의 배 학감의 계략에 빠져 순결을 잃은 후 유서를 남기고 자취를 감추고, 영채가 죽은 줄로만 안 형식은 김 장로의 청을 수락하여 선형과 약혼한다. 평양으로 가던 영채는 우연히 신여성인 병욱을 만나 자살을 단념하고, 자신의 봉건적인 사고를 버리고 병욱을 따라 일본에서 새 삶을 살기로 다짐한다. 병욱과 함께 동경 유학길에 오른 영채, 선형과 약혼 후 미국 유학길에 오른 형식을 기차에서 만나게 된다. 그들이 탄 기차가 삼랑진에 이를 즈음, 낙동강이 범람하여 수재민이 속출하자 네 사람은 자선 음악회를 열어 기금을 모은다. 이후 그들은 장차 조국을 위해 꼭 필요한 사람이 될 것을 다짐한다.

STEP 03 논문으로 만나는 출제자의 시선

「무정」의 문학사적 의의

「무정」은 1917년 1월 1일부터 1917년 6월 14일까지 126회에 걸쳐, 당시 총독부의 기관지이며 유일한 국한문 신문이던 『매일신보』에 연재된 한국 최초의 근대 장편 소설로 평가되고 있다. 민족주의와 인도주의 정신에 입각한 민중 계몽을 담고 있는 이 작품은 우리 근대 문학사에서 기념비적인 작품이라고 평가되고 있다. 특히 이 작품은 신문학을 결산하는 획기적인 작품으로 이광수의 대표작에 해당된다. 「무정」을 현대 문학의 출발점으로 볼 수 있는 근거로는 근대적인 의식과 자아 각성이 보인다는 점, 서술이 비약적·추상적인 데서 한 걸음 더 나아가 구체적이고 세밀하다는 점, 선과 악의 이분법적 도식에서 탈피했다는 점, 그리고 구어체에 접근했다는 점 등을 들 수 있다.

「무정」의 문체 가운데 우선 주목해야 할 부분은 이 작품이 이광수의 다른 작품들과는 달리 순한글로 쓰였다는 점이다. 이광수의 새로운 언어 의식은 우리 문학사에서 충분히 주목할 만한 것이다. 이 작품에서는 순한글 문체를 사용할 뿐만 아니라 불가피하게 한자를 사용할 경우 그것을 괄호 속에 넣어 처리하고 있다. 이는 한문 문장의 어휘를 그대로 사용하여 국한문 혼용체로 글을 썼던 이전의 작품들과는 대조적이다.

계몽성을 그 밑바탕으로 하고 있는 「무정」의 주된 내용은 교육의 중요성, 조혼 제도의 문제점, 선각자의 사명과 그들이 사회에서 당하는 고난, 남녀평등에 대한 인식, 자녀 중심적 사고의 필요성, 그리고 수재민 구호를 매개로 한 민족에 대한 관심 등이다. 또 근대 문명에 대한 동경, 신학문에 대한 학구열, 새로운 자유연애에 대한 찬양, 그리고 기독교 신앙 등으로 집약되는 내용은 당시 독자에게 일체의 봉건적인 것에 대한 비판 의식을 심어주고 근대 문명을 전하는 복음서가 되었다고 할 수 있다.

「무정」 속 자유연애

「무정」의 가장 큰 주제라 할 수 있는 전근대와 근대의 대립은 여러 가지 측면에서 살펴볼 수 있는데 그중에서 형식과 선형의 자유연애는 다른 무엇보다 조선 사회의 변화 징후를 잘 보여 준다는 점에서 주목된다. 「무정」에서의 연애가 두 사람의 순수한 이성적인 끌림에 의한 것은 아니지만 자신의 욕망에 의한 선택임은 분명하다. 형식은 양반이자 재산가인 김 장로의 외동딸 선형과의 혼인을 통해 신분 상승을 꾀할 수 있다는 점에서, 선형은 조선의 선각자라 할 법한 형식이라는 괜찮은 신랑감을 얻었다는 점에서 이들의 만남은 교환 가치의 영역으로 이루어져 있다고 할 수 있다. 따라서 이들은 전통적 형태인 집안끼리 혼담을 주고받는 방식에서 조금 더 진일보한 면을 보여 준다.

물론 작품에서 선형의 의지는 중요하지 않다. 전근대적인 질서 속에서 여성에게 강요된 강력한 규범은 삼종지도였다. 결혼 전에는 아버지를, 결혼 후에는 남편을, 노후에는 아들을 따른다는 이 도덕률은 선형을 조종하는, 보이지 않는 원리로 작용한다. 그렇기에 그녀는 정신여학교를 우등으로 졸업한 재원임에도 불구하고 아버지의 명령에 순종하는 것이 가장 큰 미덕인 구질서의 테두리 안에 머무르는 모습을 보인다.

다음 글을 읽고 물음에 답하시오. [22.예비.평가원]

[앞부분 줄거리] 박영채와 혼인하고자 했던 이형식은 영채가 죽은 줄로만 알고 김 장로의 청을 수락하여 김선형과 약혼한다. 그런데 선형과 미국으로 유학을 가기 위해 우선과 함께 올라탄 기차에서 형식은 영채를 만나고 충격을 받는다.

"나는 미국 가기를 중지할라네."

"응?"

하고 우선도 놀라며,

"어째?"

"㉠ 미국 가기를 중지할 테여……그것이 옳은 일이지……응, 그리할라네."

하면서 우선의 손을 놓고 차실로 들어가려 한다. 우선은 손을 잡아 형식을 끌어당기며,

"자네 미쳤단 말인가. 이리 좀 오게."

형식은 멀거니 섰다.

"㉡ 자네 지금 정신이 산란하였네. 미국 가기를 중지한다는 것이 무슨 소리려."

"아니! 저편은 나를 위해서 목숨까지 버리려고 하는데 나는 이게 무슨 일인가. 나는 선형 씨한테 이 뜻을 말하고 약혼을 파하겠네. 그것이 옳은 일이지."

"그러면 영채하고 혼인한단 말이지?"

"㉢ 응, 그렇지. 그것이 옳지."

"영채는 자네와 혼인을 한다던가."

"그런 말은 없어."

"만일 영채가 자네와 혼인하기를 싫다 하면 어쩔 텐가."

형식은 한참 생각하더니,

"그러면 일생 혼인 말고 지내지……절에 가서 중이 되든지."

우선은 마침내 껄껄 웃으며,

"지금 자네가 좀 노보세[上氣]했네*. 참 자네는 어린아일세. 세상이 무엇인지를 모르네그려. 행여 꿈에라도 그런 생각 내지 말고 어서 미국이나 가게."

"㉣ 그러면 저 사람을 버리고?"

"버리는 것이 아니지. 일이 이미 그렇게 되었으니까. 이제 그런 생각을 하면 무엇 하나. 또 영채 씨도 동경에 유학도 하게 되었고, 하니까 ㉤ 피차에 공부나 잘하고 장래에 서로 남매 삼아 지내게그려. 그런 어림없는 미친 소리는 다 집어치고……."

하면서 형식의 등을 툭 친다.

팔에 붉은 헝겊 두른 차장이 지나가다가 두 사람을 슬쩍 본다. 형식은 자리에 돌아와 뒤에 몸을 기대고 가만히 눈을 감았다. 선형은 조는지, 무슨 생각을 하는지 그린 듯이 기대어 앉았다.

형식의 가슴속에는 새로운 의문 하나가 일어난다.

[A]
대체 자기는 누구를 사랑하는가. 선형인가, 영채인가. 영채를 대하면 영채를 사랑하는 것 같고, 선형을 대하면 선형을 사랑하는 것 같다. 아까 남대문에서 차를 탈 때까지는 자기는 오직 선형에게 몸과 마음을 다 바친 듯하더니, 지금 또 영채를 보매, 선형은 둘째가 되고 영채가 자기의 사랑의 대상인 듯도 하다. 그러다가 또 앞에 앉은 선형을 보매 '이야말로 내 아내, 내 사랑하는 아내'라는 생각도 난다.

자기는 선형과 영채를 둘 다 사랑하는가. 그렇다 하면 동시에 두 사람을 다 같이 사랑할 수가 있을까. 남들이 하는 말을 듣거나, 자기가 지금껏 생각하여 온 바로 보건대, 참된 사랑은 결코 동시에 두 사람 이상에 향할 수 없는 것이어늘, 지금 자기의 마음은 어떠한 상태에 있나.

(중략)

[B]
그는 사랑이란 것을 인류의 모든 정신 작용 중에 가장 중하고 거룩한 것의 하나인 줄을 믿는다.

그러므로 자기가 선형을 사랑하는 것은 자기에게 대하여서는 극히 뜻이 깊고 거룩한 일이요, 자기의 동포에게 대하여서는 큰 정신적 혁명으로 생각한다. 그러므로 형식의 사랑에 대한 태도는 종교적으로 진실하고 경건한 것이었다. 사랑을 인생의 전체라고까지는 생각하지 않는다 하더라도 사랑에 대한 태도로 족히 인생에 대한 태도를 결정할 수 있다고 믿는다. 그러나 이제 생각하여 보건대 자기의 선형에게 대한 사랑은 너무 유치한 것이었다. 너무 근거가 박약하고 내용이 빈약한 것이었다.

형식은 오늘 저녁에 이것을 깨달았다. 깨달으매 슬펐다. 마치 자기가 인생 경력을 다 들여서 하여 오던 사업이 일조에 헛된 것인 줄을 깨달은 듯한 실망을 맛보았다. 그와 함께 자기의 정신의 발달한 정도가 아직도 극히 유치함을 깨달았다. 자기는 아직 인생을 깨달을 때도 아니요, 따라서 사랑을 의논할 때도 아님을 깨달았다.

그러므로 자기가 오늘날까지 여러 학생에게 문명을 가르치고, 인생을 가르친 것이 극히 외람된 일인 줄도 깨달았다. 자기는 아직도 어린아이다. 마침 어린 없는 사회에 처하였으므로 스스로 어른인 체하던 것인 줄을 깨달으매 스스로 부끄러운 생각도 난다.

형식은 생각에 이어 생각을 한다.

나는 조선의 나갈 길을 분명히 알았거니 하였다. 조선 사람의 품을 이상과, 따라서 교육자의 가질 이상을 확실히 잡았거니 하였다. 그러나 이것도 필경은 어린애의 생각에 지나지 못하는 것이다.

- 이광수, 「무정」 -

*노보세했네 : 일본어를 차용한 표현으로 '흥분했네'의 뜻임.

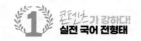
01. [A]와 [B]에 대한 설명으로 가장 적절한 것은?

① [A]의 자기 주도적 사랑의 가치는 [B]의 자기희생적 사랑에 의해 부인되고 있다.

② [A]에서는 사랑의 대상을 고민하고 있고, [B]에서는 사랑의 근거를 반성하고 있다.

③ [A]에서는 사랑에 대한 이성적 접근이, [B]에서는 사랑에 대한 감성적 접근이 이루어지고 있다.

④ [A]에서는 사랑의 현재적 상황에, [B]에서는 사랑의 미래에 대한 전망에 초점을 맞추고 있다.

⑤ [A]에서 사랑의 가치에 대해 의혹을 제기하는 것과 달리, [B]에서는 사랑의 가치에 대해 확신을 표현하고 있다.

02. ㉠~㉤에 대한 설명으로 적절하지 않은 것은?

① ㉠ : 영채에 대한 미안함 때문에 미국행을 포기하는 것이 옳다는 인식이 드러나고 있다.

② ㉡ : 영채에 대한 의리를 지키기 위해 선형과의 혼인 약속을 깨는 것이 비상식적이라는 인식이 드러나고 있다.

③ ㉢ : 영채와 혼인하기 위해서는 선형과의 약혼을 유지할 수 없으므로, 약혼을 파하는 것이 옳다는 인식이 드러나고 있다.

④ ㉣ : 영채를 버리고 미국행을 선택하는 것과 선형과 혼인하는 일이 동시에 이루어질 수 없다는 인식이 드러나고 있다.

⑤ ㉤ : 영채는 동경으로, 형식은 미국으로 유학 가서, 미래에는 새로운 관계를 맺는 것이 낫겠다는 인식이 드러나고 있다.

03. 어린아이와 어른을 이해한 내용으로 가장 적절한 것은?

① 어린아이가 윤리적으로 순결한 자라면, 어른은 윤리적으로 타락한 자이다.

② 어린아이가 권력에 복종하는 사회적 약자라면, 어른은 약자를 지배하는 권력자이다.

③ 어린아이가 새로운 풍습에 적응하는 자라면, 어른은 기존의 풍습에 얽매인 자이다.

④ 어린아이가 외부 세계의 충격에 위축되는 자라면, 어른은 외부 세계의 충격에 유연하게 대응하는 자이다.

⑤ 어린아이가 공동체의 이상을 관념적으로 받아들이고 있는 자라면, 어른은 공동체의 이상을 체득한 자이다.

04. <보기>를 바탕으로 윗글을 감상한 내용으로 적절하지 않은 것은?

───────── <보기> ─────────

'연애'라는 말은 20세기 초 조선에서 영어 'LOVE'의 번역어로 처음 등장했다. 연애는 단순히 남녀의 교제라는 행위가 아니라, 감정의 주체로서 개인을 전제한 근대적인 관념이었다. 따라서 연애는 개인에게는 자아를 자각하는 중요한 계기로 작용했고, 사회에는 자유로운 배우자 선택의 근거로 작용함으로써 가족 제도의 변혁을 유도했다. 「무정」이 창작될 무렵, 연애를 고민하고 실천하는 일은 근대적 삶의 실천으로 인식되었고, 소설은 '연애에 기초한 혼인'을 형상화함으로써 계몽성을 드러냈다. 나아가 「무정」에서는 '형식'이 연애와 관련된 개인적 경험을 통해 자기만의 새로운 진실을 발견한다. 사랑의 갈등을 겪는 가운데 스스로를 민족 계몽의 선각자로 자부했던 '형식'은 자신의 내면에서 결핍을 발견하게 되는 것이다.

① 사랑의 대상을 혼인의 대상으로 삼아야 한다고 고민하는 형식의 모습은, 연애에 기초한 혼인의 문제를 고민하는 개인을 형상화한 결과이겠군.

② 사랑의 대상이 누구인지 자문하는 형식의 모습은, 감정의 주체로서의 개인을 통하여 근대적 관념으로서의 연애를 서사화한 결과이겠군.

③ 사랑을 개인의 일로만 국한하지 않고 민족에 대한 정신적 혁명의 일환으로 생각하는 형식의 모습은, 근대적 삶의 실천으로서의 연애가 계몽성을 지녔음을 보여 주는군.

④ 인생의 사업이 하루아침에 헛된 것임을 깨닫고 실망하는 형식의 모습은, 연애의 실천에서 겪는 어려움이 근대적 자아의 자각에도 부정적으로 영향을 미치고 있음을 드러내는군.

⑤ 사랑의 진실을 확인함으로써 인생에 대한 자신의 깨달음을 성찰하는 형식의 모습은, 연애를 고민하는 개인적 경험을 통해 내면의 결핍이라는 새로운 진실에 접근하는 모습을 보여 주는군.

다음 글을 읽고 물음에 답하시오. [14.예비B.평가원]

차가 남대문에 닿았다. 아직 다 어둡지는 아니하였으나 사방에 반짝반짝 전기등이 켜졌다. 전차 소리, 인력거 소리, 이 모든 소리를 합한 '도회의 소리'와 넓은 플랫폼에 울리는 나막신 소리가 합하여 지금까지 고요한 자연 속에 있던 사람의 귀에는 퍽 소요하게 들린다. '도회의 소리!' 그러나 그것이 문명의 소리다. 그 소리가 요란할수록에 그 나라가 잘된다. 수레바퀴 소리, 증기와 전기 기관 소리, 쇠마차 소리……. 이러한 모든 소리가 합하여서 비로소 찬란한 문명을 낳는다. 실로 현대의 문명은 소리의 문명이라. 서울도 아직 소리가 부족하다.

[A] 종로나 남대문통에 서서 서로 말소리가 아니 들리리만큼 문명의 소리가 요란하여야 할 것이다. 그러나 불쌍하다. 서울 장안에 사는 삼십여만 흰옷 입은 사람들은 이 소리의 뜻을 모른다. 또 이 소리와는 상관이 없다. 그네는 이 소리를 들을 줄 알고, 듣고 기뻐할 줄 알고, 마침내 제 손으로 이 소리를 내도록 되어야 한다. 저 플랫폼에 분주히 왔다 갔다 하는 사람들 중에 몇 사람이나 이 분주한 뜻을 아는지, 왜 저 전등이 저렇게 많이 켜지며, 왜 저 전보 기계와 전화 기계가 저렇게 불분주야하고 때각거리며, 왜 저 흉물스러운 기차와 전차가 주야로 달아나는지……. 이 뜻을 아는 사람이 몇몇이나 되는가.

이렇게 북적북적하는 속에 영채는 행여나 누가 자기의 얼굴을 볼까 하여 가만히 고개를 숙이고 앉았다. 병욱은 혹 자기의 동창 친구나 만날까 하고 플랫폼에 내려서 이리저리 거닐다가 아무도 만나지 못하고 도로 차실로 들어오려 할 적에 누가 어깨를 치며,

"병욱 언니 아니야요?" 한다.

병욱은 놀라 돌아서며 자기보다 이태를 떨어졌던 동창생을 보았다.

"에그, 얼마 만이어!"

"그런데 어디로 가오?"

"지금 동경으로 가는 길인데……."

"왜, 어느 새에……여보, 그런데 좀 만나 보고나 가는 것이 아니라…… 그렇게 무정하오."하고 썩 돌아서더니, "아무려나 내립시오. 우리 집으로 갑시다." 한다.

"아니오. 동행이 있어서…… 그런데 누구 작별 나왔소?"

"응, 아니, 언니 모르셔요?"

"무엇을?"

"에그, 저런! 저 선형이 알지요. 선형이가 오늘 미국 떠난다오."

"선형이가 미국?"하고 놀란다. 그 여학생은 저편 이등실 앞에 사람들이 모여선 것을 가리키며,

"저기 탔는데…… 이번에 혼인해 가지고 양주가 미국 공부하러 간다오. 잘들 한다. ㉠ 다 미국을 가느니 일본을 가느니 하는데 나 혼자 이렇게 썩는구먼!"

병욱은 여학생을 따라 선형이가 탔다는 차 앞에까지 갔으나 너무 사람이 많아서 곁에 갈 수가 없다. ㉡ 선형은 하얀 양복에 맨머리로 창 밑에 서서 전송 나온 사람들의 인사를 대답하고, 그 곁 창에는 어떤 양복 입은 젊은 신사가 그 역시 연해 고개를 숙여 가며 무슨 인사를 한다. 전송인은 대개 두 패로 갈려서 한편에는 여자만 모이고, 한편에는 남자만 모여 섰다. 그 남자들은 모두 다 서울 장안의 문명하였다는 계급이다. 병욱은 한참이나 그것을 보고 섰다가 중로에서 선형을 찾아볼 양으로 그 차실 바로 뒤에 달린 자기의 차실에 올라왔다. 영채는 여전히 고개를 숙이고 앉았다. 아까 탔던 사람은 거의 다 내리고 새로운 승객이 거의 만원이라 하리만큼 많이 올랐다. 어떤 사람은 웃옷을 벗어 걸고, 어떤 사람은 창에 붙어서 작별을 하며, 또 어떤 사람은 벌써 신문을 들고 앉았다. 그러나 흰옷 입은 사람은 병욱과 영채 둘뿐이다. 병욱은 자리에 앉아서 방 안을 한번 둘러보고 영채더러,

"왜 그렇게 고개를 숙이고 앉았니?"

"㉢ 어째 남대문이라는 소리에 마음이 이상하게 혼란하여집니다그려. 어서 차가 떠났으면 좋겠다." 할 때에 벌써 종 흔드는 소리가 나고, "사요나라, 고키겐요우." 하는 소리가 소낙비같이 들리더니 차가 움직이기를 시작한다. ㉣ 어디서, "만세, 이형식 군 만세!" 하는 소리가 들린다. 두 사람은 깜짝 놀라 귀를 기울인다. 또 한 번, "이형식 군 만세!"하는 소리가 들린다. 지금 만세를 부르던 사람들이 두 사람의 창밖으로 얼른한다. 그것은 모시 두루마기에 파나마 쓴 패였다. ㉤ 병욱은 아까 선형의 곁에 있던 사람이 형식인 것과, 형식이가 선형의 지아빈 줄도 짐작하였다. 그러나 아무 말도 아니하였다.

영채는 형식이란 소리를 듣고 문득 가슴이 덜렁함을 깨달았다. 지금까지 아무쪼록 형식을 잊어버리려 하였으나 방금 같은 기차에 형식이 탄 것을 생각하매 알 수 없는 눈물이 자연히 떨어진다.

- 이광수, 「무정」 -

05. [A]에 대한 설명으로 적절하지 않은 것은?

① 보수적인 관점에서 동시대의 여러 가지 사회 문제를 비판하고 있다.
② 비유법과 열거법 등 다양한 표현법을 통해 주제 의식을 표출하고 있다.
③ 소리와 관련된 다양한 소재를 활용하여 변모된 시대상을 보여 주고 있다.
④ 서술자의 적극적인 개입을 통해 작가 자신의 주장을 직접 제시하고 있다.
⑤ 일상적 구어체에 가까운 산문적인 서술을 통해 이야기를 전달하고 있다.

06. ㉠~㉤에 대한 설명으로 적절한 것은?

① ㉠ : '여학생'은 상황 판단에 대한 무지로 자신이 희생양이 되었음을 한탄하고 있다.
② ㉡ : '선형'은 현실 도피를 꿈꾸는 자유로운 정신의 소유자로 묘사되고 있다.
③ ㉢ : '영채'는 구시대적인 권위나 특권에 대해 반감을 드러내고 있다.
④ ㉣ : '형식'은 개화된 젊은이들이 선망하는 인물로 형상화되고 있다.
⑤ ㉤ : '병욱'은 타인의 일에는 관여하기를 싫어하는 냉정한 인물로 그려지고 있다.

07. 〈보기〉를 참고할 때, 윗글에 나타나 있는 '기차'의 서사적 기능으로 적절하지 않은 것은?

〈보기〉

일제 강점기에 기차는 우리 민족에게 과거와 미래를 가르는 경계선으로 다가온다. 또한 기차는 공포와 동경의 대상이 된다. 민중들이 기차를 탄다는 것은 생활 터전으로서의 고향 상실이라는 공포를 불러일으키는 행위였다. 반면 문명개화에 앞선 특권 계층들은 기차를 통해 당시 사람들이 동경하던 외국 유학을 하거나 서구 문물을 수용할 수 있었다. 김동인도 지적하였듯이 이광수의 소설에서는 '기차에서의 우연한 만남'이 빈번하게 나타나며, 「무정」에서도 기차는 작품 구성의 주요한 장치로 활용되고 있다.

① 인물들이 사회적 계층과 위상을 보여 주는 수단
② 인물들에게 고향 상실감을 환기시켜 주는 매개체
③ 인물들의 만남을 통해 내적 갈등을 유발하는 장소
④ 인물들이 지향하는 서구적인 근대 문명개화의 상징물
⑤ 인물들이 과거에서 벗어나서 새 출발을 하게 해 주는 장치

6 이상, 날개

STEP 01 지문 분석과 OX문제

그렇건만 나에게는 옷이 없었다. 아내는 내게는 옷을 주지 않았다. 입고 있는 코르덴 양복 한 벌이 내 자리옷이었고 통상복과 나들이옷을 겸한 것이
_{'나'를 통제하는 아내의 모습이 드러남.} _{잠잘 때 입는 옷}

었다. 그리고 하이넥의 스웨터가 한 조각 사철을 통한 내 내의다. 「그것들은 하나같이 다 빛이 검다. 그것은 내 짐작 같아서는 즉 빨래를 될 수 있는
_{목까지 높이 올라온 옷깃}

데까지 하지 않아도 보기 싫지 않도록 하기 위한 것이 아닌가 한다.」 나는 허리와 두 가랑이 세 군데 다— 고무 밴드가 끼워 있는 부드러운 사루마다*
_{「 」: '나'는 아내가 자주 빨래를 하지 않기 위해 자신에게 검은빛을 띤 옷만을 입힌다고 추측함. → '나'의 부정적 상황이 드러남.}

를 입고 그리고 아무 소리 없이 잘 놀았다.

어느덧 손수건만 해졌던 볕이 나갔는데 아내는 외출에서 돌아오지 않는다. 나는 요만 일에도 좀 피곤하였고 또 아내가 돌아오기 전에 내 방으로 가
_{시간의 흐름} _{아내와 단절된 삶을 살고 있음.}

있어야 될 것을 생각하고 그만 내 방으로 건너간다. 내 방은 침침하다. 나는 이불을 뒤집어쓰고 낮잠을 잔다. 한 번도 걷은 일이 없는 내 이부자리는
_{화려한 아내의 방과는 대조적인 '나'의 공간 → 무능력한 '나'의 내면을 상징함.} _{무기력한 '나'의 삶을 보여 줌.}

내 몸뚱이의 일부분처럼 내게는 참 반갑다. 잠은 잘 오는 적도 있다. 그러나 또 전신이 까칫까칫하면서 영 잠이 오지 않는 적도 있다. 『그런 때는 아무
_{살갗 따위에 조금씩 닿아 자꾸 걸리면서}

제목으로나 제목을 하나 골라서 연구하였다. 나는 내 좀 축축한 이불 속에서 참 여러 가지 발명도 하였고 논문도 많이 썼다. 시도 많이 지었다.』 그러
_{『 』: 잠이 오지 않을 때 시간을 보내기 위해 '나'가 하는 행동을 묘사함. → '나'가 지식인임을 알 수 있음.}

나 《그것들은 내가 잠이 드는 것과 동시에 내 방에 담겨서 철철 넘치는 그 흐늑흐늑한 공기에 다— 비누처럼 풀어져서 온데간데가 없고 한참 자고 깬

나는 속이 무명 헝겊이나 메밀껍질로 띵띵 찬 한 덩어리 베개와도 같은 한 벌 신경이었을 뿐이고 뿐이고 하였다.》
_{《 》: 감각적이고 비유적인 표현을 통해 무기력하고 무의미한 삶을 살아가고 있는 '나'의 모습을 드러냄.}

그러기에 나는 빈대가 무엇보다도 싫었다. 그러나 내 방에서는 겨울에도 몇 마리씩의 빈대가 끊이지 않고 나왔다. 내게 근심이 있었다면 오직 이 빈
_{이불 속에서 많은 시간을 보내기에 '나'의 일상을 흔드는 '빈대'를 싫어하는 것임.}

대를 미워하는 근심일 것이다. 나는 빈대에게 물려서 가려운 자리를 피가 나도록 긁었다. 쓰라리다. 그것은 그윽한 쾌감에 틀림없었다. 나는 혼곤히 잠
_{정신이 흐릿하고 고달프게}

이 든다. / 나는 그러나 그런 이불 속의 사색 생활에서도 적극적인 것을 궁리하는 법이 없다. 내게는 그럴 필요가 대체 없었다. 「만일 내가 그런 좀 적

극적인 것을 궁리해 내었을 경우에 나는 반드시 내 아내와 의논하여야 할 것이고 그러면 반드시 나는 아내에게 꾸지람을 들을 것이고 — 나는 꾸지람

이 무서웠다느니보다도 성가셨다. 내가 제법 한 사람의 사회인의 자격으로 일을 해 보는 것도, 아내에게 사설 듣는 것도.」
_{「 」: 아내에게 종속된 삶을 살아가는 '나'의 모습이 나타남.}

나는 가장 게으른 동물처럼 게으른 것이 좋았다. 될 수만 있으면 이 무의미한 인간의 탈을 벗어 버리고도 싶었다.
_{게으르고 무기력한 '나'의 의식 상태}

나에게는 인간 사회가 스스러웠다*. 생활이 스스러웠다. 모두가 서먹서먹할 뿐이었다.
_{사회성과 일상성이 모두 결여된 '나'의 모습}

(중략)

여러 번 자동차에 치일 뻔하면서 나는 그래도 경성역을 찾아갔다. 빈자리와 마주 앉아서 이 쓰디쓴 입맛을 거두기 위하여 무엇으로나 입가심을 하고
_{'나'의 감정 상태를 드러냄.}

싶었다. / 커피—. 좋다. 그러나 경성역 홀에 한 걸음을 들여놓았을 때 나는 내 주머니에는 돈이 한 푼도 없는 것을 그것을 깜빡 잊었던 것을 깨달았
_{서구적인 문화 → '나'가 신문물을 즐기는 지식인임을 드러내는 소재임.}

다. 또 아뜩하였다. 『나는 어디선가 그저 맥없이 머뭇머뭇하면서 어쩔 줄을 모를 뿐이었다. 얼빠진 사람처럼 그저 이리 갔다 저리 갔다 하면서…….

나는 어디로 어디로 들입다 쏘다녔는지 하나도 모른다.』 다만 몇 시간 후에 내가 미쓰꼬시 옥상에 있는 것을 깨달았을 때는 거의 대낮이었다.
_{『 』: 목적성과 방향성을 상실한 '나'의 모습} _{일제 강점기에 서울 충무로에 있었던 백화점 이름}

나는 거기 아무 데나 주저앉아서 내 자라 온 스물여섯 해를 회고하여 보았다. 몽롱한 기억 속에서는 이렇다는 아무 제목도 불거져 나오지 않았다.
_{■ : '나'의 성찰} _{주체적이고 의미 있는 삶을 살지 못했음.}

나는 또 내 자신에게 물어보았다. 너는 인생에 무슨 욕심이 있느냐고. 그러나 있다고도 없다고도, 그런 대답은 하기가 싫었다. 나는 거의 나 자신의

존재를 인식하기조차도 어려웠다.
비주체적이고 무기력한 삶의 모습

허리를 굽혀서 나는 그저 금붕어나 들여다보고 있었다. 금붕어는 참 잘들도 생겼다. 작은 놈은 작은놈대로 큰 놈은 큰 놈대로 다— 싱싱하니 보기

좋았다. 내리비치는 오월 햇살에 금붕어들은 그릇 바탕에 그림자를 내려뜨렸다. 지느러미는 하늘하늘 손수건을 흔드는 흉내를 낸다. 나는 이 지느러미
금붕어 지느러미의 움직임은 굳어 있던 '나'의 의식을 깨우는 역할을 함.

수효를 헤어 보기도 하면서 굽힌 허리를 좀처럼 펴지 않았다. 등허리가 따뜻하다.
회색의 탁한

나는 또 회탁의 거리를 내려다보았다. 《거기서는 피곤한 생활이 똑 금붕어 지느러미처럼 흐늑흐늑 허비적거렸다. 눈에 보이지 않는 끈적끈적한 줄에
▨ : '나'가 자아를 회복하려는 시도를 하는 공간

엉켜서 헤어나지들을 못한다.》나는 피로와 공복 때문에 무너져 들어가는 몸뚱이를 끌고 그 회탁의 거리 속으로 섞여 들어가지 않는 수도 없다 생각하
《 》: 회탁의 거리에서 내려다본 피곤한 현대인의 모습을 묘사함.   체념적 인물의 태도

였다. / 나서서 나는 또 문득 생각하여 보았다. 이 발길이 지금 어디로 향하여 가는 것인가…….

그때 내 눈앞에는 아내의 모가지가 벼락처럼 내려 떨어졌다. 아스피린과 아달린.
순간적으로 나타나는 '나'의 환상 → 의식의 흐름 기법의 특징   해열제   수면제   아내를 믿고 싶은 마음

우리들은 서로 오해하고 있느니라. 설마 아내가 아스피린 대신에 아달린의 정량을 나에게 먹여 왔을까? 나는 그것을 믿을 수는 없다. 아내가 대체
매춘 일을 하는 아내는 감기에 걸린 '나'에게 아스피린 대신 아달린을 주어 잠들게 했는데, 이를 알게 된 '나'는 자신을 속인 아내에게 분노와 실망감을 느꼈음.

그럴 까닭이 없을 것이니. / 그러면 나는 날밤을 새우면서 도적질을, 계집질을 하였나? 정말이지 아니다.
아내가 자신에게 아달린을 주어 잠들게 한 것이 자신의 오해이기를 바람.

「우리 부부는 숙명적으로 발이 맞지 않는 절름발이인 것이다. 내나 아내나 제 거동에 로직(논리)을 붙일 필요는 없다. 변해(辯解)할 필요도 없다. 사
비정상적인 부부의 삶 → '나'의 삶이 아내에게 종속되어 있었음.   말로 풀어 자세히 밝힘.

실은 사실대로 오해는 오해대로 그저 끝없이 발을 절뚝거리면서 세상을 걸어가면 되는 것이다. 그렇지 않을까?」
아내와의 오해가 숙명적인 것이며, 굳이 풀어야 할 이유가 없다고 생각함. → '나'의 체념적 태도   「 」: 아내와 자신이 비정상적인 부부의 모습임을 인식함.

—그러나 나는 이 발길이 아내에게로 돌아가야 옳은가 이것만은 분간하기가 좀 어려웠다. 가야 하나? 그럼 어디로 가나?
이전의 삶으로 돌아가는 것에 대한 주저함이 나타남.   '나'의 정신적인 방황

이때 뚜—하고 정오 사이렌이 울었다. 『사람들은 모두 네 활개를 펴고 닭처럼 푸드덕거리는 것 같고 온갖 유리와 강철과 대리석과 지폐와 잉크가
▨ : '나'의 의식을 각성시키는 매개체   자신을 둘러싼 세상의 활력을 비유적으로 표현함.

부글부글 끓고 수선을 떨고 하는 것 같은 찰나, 그야말로 현란을 극한 정오다.』『 』: '나'가 활기찬 주변의 모습을 인식함. → 생활에 대한 의욕이 생기기 시작함.
오전과 오후의 경계로 새로운 세계로 탈출하기 위한 장치

나는 불현듯이 겨드랑이가 가렵다. 아하 그것은 내 인공의 날개가 돋았던 자국이다. 오늘은 없는 이 날개, 머릿속에서는 희망과 야심의 말소된 페이
'나'의 의식 전환 → 삶의 희망이 꿈틀거림.

지가 딕셔너리(사전) 넘어가듯 번뜩였다.
지식인으로서의 긍지, 희망, 야심 등이 다시 살아남.

나는 걷던 걸음을 멈추고 그리고 어디 한번 이렇게 외쳐 보고 싶었다.

날개야 다시 돋아라. / 날자. 날자. 날자. 한 번만 더 날자꾸나. / 한 번만 더 날아 보자꾸나.
▨ : 진정한 자아, 자유와 이상을 상징함.   종속되고 무력했던 삶에서 벗어나고자 하는 욕구와 의지

*사루마다 : 일본의 남성용 속바지. 허리에서 허벅지까지 덮는 속옷. / *스스럽다 : 수줍고 부끄러운 느낌이 있다.

OX문제

01 내면 의식의 서술을 통해 주인공의 성격을 드러내고 있다. [2015학년도 9월A] (O / X)

02 과거와 현재를 교차하여 인물이 겪는 인식의 변화를 드러내고 있다. [2025학년도 9월] (O / X)

03 이야기 내부의 서술자가 인물의 행동을 객관적으로 서술하고 있다. [2022학년도 6월] (O / X)

04 '나'는 미쓰꼬시 옥상에서 회탁의 거리를 내려다보며 무력했던 자신의 삶에서 벗어나고자 하는 의지를 드러내고 있다. (O / X)

05 '나'는 아내와의 오해를 풀고 싶어 하면서도 아내에게로 발길이 향하는 것은 주저하고 있다. (O / X)

STEP
02   작품 해제

01 | 주제

무기력한 삶과 자아 분열로부터 벗어나기 위한 존재의 내면적 욕구

02 | 특징

① 의식의 흐름 기법을 사용하여 주인공의 내면 심리를 중심으로 전개함.
② 상징적 소재를 활용하여 주제 의식을 드러냄.
③ 공간의 대조를 통해 인물들의 대조적인 삶의 모습을 보여 줌.

03 | 작품 해제

「날개」는 이상의 심리 소설로, 일제 강점기 무기력한 지식인의 전형인 '나'의 삶과 자아 분열의 양상을 그리고 있다. 매춘부인 아내에게 기생하여 살아가는 '나'는 주체성과 사회성이 결여된 상태이다. 무기력하고 종속적인 '나'와 상대적으로 우월한 위치에 있는 아내가 '윗방'과 '아랫방'의 대비를 통해 드러나고 있다. 비도덕적인 방법으로 돈을 버는 아내와 '나'가 아내의 방에서 벌이는 병적인 '오락'은 정상적인 사고방식으로 살아갈 수 없었던 혼란의 시대를 대변한다. '나'는 자신만의 '방'에 유폐된 상태였으나, 아내에게 받은 돈을 가지고 '미쓰꼬시 옥상'과 같이 트인 공간으로 탈출을 감행한다. '나'는 총 다섯 번의 외출을 하는데, 외출 시도가 거듭될수록 '나'는 사회성과 주체성을 회복하고, 자아를 되찾는다.

이 작품은 인간의 정신 속에서 계속해서 변화하며 이어지는 생각이나 감각을 그대로 서술하는 의식의 흐름 기법에 따라 서사를 전개했다. 인물의 감정이나 심리가 비논리적으로 이어지는데, 작가는 이 기법을 사용하여 '나'의 혼란스러운 내적 심리를 효과적으로 드러내고 있다.

04 | 등장인물

– 나 : 직업이 없고 경제적으로 무능한 지식인. 매춘으로 돈을 버는 아내에게 기생하여 무기력하게 살아간다. 아내가 자신에게 수면제를 주었다는 사실을 안 후, 아내가 준 돈을 두고 탈출하여 자신의 자아를 되찾으려는 시도를 한다.
– 아내 : 매춘으로 돈을 벌어 남편을 먹여 살리는 인물. 비윤리적인 행위를 하면서도 '나'가 외도를 했다고 의심하거나, '나'를 억압하는 모습을 보인다.

05 | 상세 줄거리

'나'는 경제력이 없고 무능한 지식인으로, 아내와 함께 살고 있다. 아내에게는 내객이 찾아오는데, 아내는 그때마다 '나'에게 은화를 주고, 나는 아내의 내객을 피해 외출을 한다. 그러던 어느 날 '나'는 내객과 함께 있는 아내를 목격한다. 이후에도 외출을 하던 '나'는 비를 맞고 감기에 걸리는데, 아내는 그런 '나'에게 아스피린을 준다. '나'는 아내가 줬던 아스피린이 실은 수면제인 아달린이었다는 것을 알고 충격을 받고 외출하여 미쓰꼬시 옥상에 올라간다. 그곳에서 자신의 삶을 돌아보던 '나'는 정오 사이렌이 울리자 날개를 달고 날아오르고 싶다는 욕구를 느끼게 된다.

STEP 03 논문으로 만나는 출제자의 시선

「날개」에 등장하는 '방'과 외출

「날개」에 등장하는 '방'은 '아내 방'과 '내 방'으로 분리되어 인물의 성격과 호응하는 구조를 가진다. 즉, 아내의 방은 밝고 해가 잘 들어오는 공간으로 외부를 향해 열려 있는 방이다. 아내는 이 열린 공간에서 사회적 활동을 하며 '나'를 억압한다. 이에 반해 '나'의 방은 해가 전혀 들어오지 않고, 습기가 차고 빈대가 들끓는 '안'의 공간이다. '나'는 그 공간 속에서 뒹굴며 '행복이니 불행이니 하는 그런 세속적인 계산을 떠난 가장 편리하고 안일한 절대적 무기력 상태'에 몰입한다. 그리고 이 내부의 공간에서도 '나'는 '안'인 이불 속에 위치해 있다. '나'는 외부와 차단된 공간에서 끝없이 안으로 파고들며 무기력한 행동을 반복할 뿐이다. 이런 점에서 '나'의 '외출'은 상징적인 행동으로 볼 수 있다. '나'는 외출은 무기력한 삶에서 벗어나고자 하는 시도이며 억압된 공간에서 개방된 공간으로 탈출을 하는 행동인 것이다.

겹으로 된 어항에서 느끼는 탈출할 수 없다는 절망적 의식

옥상 정원에 있는 금붕어를 들여다보는 시선은 아내의 어항에 있던 자신을 밖에서 들여다보는 시선이다. 오월의 햇살 속에서 한가로이 노니는 금붕어들은 싱싱하고 보기 좋다. 어항의 부정적 성격을 모르는 존재에게 어항은 참 좋은 것이다. 하지만 '나'는 이미 외출을 통해 '어항 밖의 개방적인 공간을 맛보았고, 어항 안에 있는 금붕어들은 나에게 지느러미로 '하늘하늘 손수건을 흔들'며 이별을 고하고 있다. 몸을 돌려 거리를 내려다보지만 아스팔트 도로의 분주함으로 회탁한 거리 역시 '피곤한 생활이 금붕어 지느러미처럼 흐늑흐늑 허비적'거리고 있다. 어항 밖이 다시 어항인 것이다. 줄달음박질 쳐서 탈출한 내가 다시 보이지 않는 줄에 엉켜서 헤어나지 못하는 금붕어 같은 존재들을 바라보며 그 '거리로 섞여 들어가지 않을 수도 없다'고 느끼는 것은, 어항과 같은 공간인 방('나'를 억압하는 근대 문명을 상징)으로부터 탈출했지만 그 바깥이 다시 어항과 같은 공간(도처에 널린 근대 문명들)이라는 인식, 절대 탈출할 수 없다는 절망적 인식에서 비롯된 것이다. 탈출했지만 탈출할 수 없다는, 영원히 갇혀 있다는 주인공 '나'의 상황 인식은 작가가 전하고자 하는 핵심적인 주제 의식이며, 그의 텍스트에 다양한 이미지로 변주되어 흩어져 있다. 그것은 '이상'의 시 '오감도'에 나오는 공포와 불안 속에서 탈출의 질주를 하는 13인의 아해들의 골목이 사실 뚫렸거나 막혔거나 다를 바 없는 상황 인식과 같은 것이다. 이러한 겹겹으로 유폐된 시공간은 작가 이상에게 근대 문명이 주는 공포이며 스트레스를 부각한다.

04 나BS 실전 문제

다음 글을 읽고 물음에 답하시오. [08.9.평가원]

아내는 너 밤새워 가면서 도적질하러 다니느냐, 계집질하러 다니느냐고 발악이다. 이것은 참 너무 억울하다. 나는 어안이 벙벙하여 도무지 입이 떨어지지를 않았다.

너는 그야말로 나를 살해하려던 것이 아니냐고 소리를 한번 꽥 질러 보고도 싶었으나 그런 긴가민가한 소리를 섣불리 입 밖에 내었다가는 무슨 화를 볼는지 알 수 있나. 차라리 억울하지만 잠자코 있는 것이 우선 상책인 듯싶이 생각이 들길래 나는 이것은 또 무슨 생각으로 그랬는지 모르지만 툭툭 털고 일어나서 내 바지 포켓 속에 남은 돈 몇 원 몇 십 전을 가만히 꺼내서는 몰래 미닫이를 열고 살며시 문지방 밑에다 놓고 나서는 그냥 줄달음박질을 쳐서 나와 버렸다.

여러 번 자동차에 치일 뻔하면서 나는 그래도 경성역을 찾아갔다. 빈자리와 마주 앉아서 이 쓰디쓴 입맛을 거두기 위하여 무엇으로나 입가심을 하고 싶었다.

커피. 좋다. 그러나 경성역 홀에 한 걸음을 들여놓았을 때 나는 내 주머니에는 돈이 한 푼도 없는 것을, 그것을 깜빡 잊었던 것을 깨달았다. 또 아뜩하였다. 나는 어디선가 그저 맥없이 머뭇머뭇하면서 어쩔 줄을 모를 뿐이었다. 얼빠진 사람처럼 그저 이리 갔다 저리 갔다 하면서…….

[A]

나는 어디로 어디로 들입다 쏘다녔는지 하나도 모른다. 다만 몇 시간 후에 내가 미쓰꼬시* 옥상에 있는 것을 깨달았을 때는 거의 대낮이었다.

나는 거기 아무 데나 주저앉아서 내 자라 온 스물여섯 해를 회고하여 보았다. 몽롱한 기억 속에서는 이렇다는 아무 제목도 불그러져 나오지 않았다.

나는 또 나 자신에게 물어보았다. 너는 인생에 무슨 욕심이 있느냐고. 그러나 있다고도 없다고도, 그런 대답은 하기가 싫었다. 나는 거의 나 자신의 존재를 인식하기조차도 어려웠다.

허리를 굽혀서 나는 그저 금붕어나 들여다보고 있었다. 금붕어는 참 잘들도 생겼다. 작은 놈은 작은 놈대로 큰 놈은 큰 놈대로 다 싱싱하니 보기 좋았다. 내리비치는 오월 햇살에 금붕어들은 그릇 바탕에 그림자를 내려뜨렸다. 지느러미는 하늘하늘 손수건을 흔드는 흉내를 낸다. 나는 이 지느러미 수효를 헤어 보기도 하면서 굽힌 허리를 좀처럼 펴지 않았다. 등허리가 따뜻하다.

나는 또 회탁의* 거리를 내려다보았다. 거기서는 피곤한 생활이 똑 금붕어 지느러미처럼 흐늑흐늑 허비적거렸다. 눈에 보이지 않는 끈적끈적한 줄에 엉켜서 헤어나지들을 못한다. 나는 피로와 공복 때문에 무너져 들어가는 몸뚱이를 끌고 그 회탁의 거리 속으로 섞여 들어가지 않는 수도 없다 생각하였다.

나서서 나는 또 문득 생각하여 보았다. 이 발길이 지금 어디로 향하여 가는 것인가를…….

그때 내 눈앞에는 아내의 모가지가 벼락처럼 내려 떨어졌다. 아스피린과 아달린*.

우리들은 서로 오해하고 있느니라. 설마 아내가 아스피린 대신에 아달린의 정량을 나에게 먹여 왔을까? 나는 그것을 믿을 수는 없다. 아내가 대체 그럴 까닭이 없을 것이니.

그러면 나는 날밤을 새면서 도적질을, 계집질을 하였나? 정말이지 아니다.

우리 부부는 숙명적으로 발이 맞지 않는 절름발이인 것이다. 나나 아내나 제 거동에 로직을 붙일 필요는 없다. 변해할 필요도 없다. 사실은 사실대로 오해는 오해대로 그저 끝없이 발을 절뚝거리면서 세상을 걸어가면 되는 것이다. 그렇지 않을까?

그러나 나는 이 발길이 아내에게로 돌아가야 옳은가. 이것만은 분간하기가 좀 어려웠다. 가야 하나? 그럼 어디로 가나?

㉠ 이때 뚜 ― 하고 정오 사이렌이 울었다. 사람들은 모두 네 활개를 펴고 닭처럼 푸드덕거리는 것 같고 온갖 유리와 강철과 대리석과 지폐와 잉크가 부글부글 끓고 수선을 떨고 하는 것 같은 찰나, 그야말로 현란을 극한 정오다.

나는 불현듯이 겨드랑이가 가렵다. 아하 그것은 내 인공의 날개가 돋았던 자국이다. 오늘은 없는 이 날개, 머릿속에서는 희망과 야심의 말소된 페이지가 딕셔너리 넘어가듯 번뜩였다.

나는 걷던 걸음을 멈추고 그리고 어디 한번 이렇게 외쳐 보고 싶었다.

날개야 다시 돋아라.

날자. 날자. 날자. 한 번만 더 날자꾸나.

한 번만 더 날아 보자꾸나.

– 이상, 「날개」 –

*미쓰꼬시 : 일제 강점기에 서울에 있었던 백화점 이름.

*회탁의 : 회색의 탁한.

*아달린 : 수면제의 일종.

01. 윗글의 서술적 특징과 효과를 〈보기〉에서 고른 것은?

─────〈보기〉─────

ㄱ. 독백적인 어조로 현실과 단절된 의식 상태를 표현하고 있다.
ㄴ. 단정적이고 객관적인 진술로 사건에 사실성을 부여하고 있다.
ㄷ. 회상의 기법을 사용하여 현재와 과거의 화해를 지향하고 있다.
ㄹ. 비유적 표현으로 인물의 생각과 인상을 구체적으로 제시하고 있다.

① ㄱ, ㄷ   ② ㄱ, ㄹ   ③ ㄴ, ㄷ
④ ㄴ, ㄹ   ⑤ ㄷ, ㄹ

03. ㉠에 관한 설명의 일부인 〈보기〉를 참고하여 윗글을 감상한 내용으로 적절하지 않은 것은?

─────〈보기〉─────

철학과 문학에서는 전통적으로 시간을 가리키는 말에 함축적인 의미를 부여해 왔다. 특히 독일의 철학자 니체는 '정오'를 각성과 재생의 시간으로 간주했다. '정오'는 인식의 태양이 가장 높이 솟아오른 때라는 것이다.

① '나'의 의식 상태는 ㉠ 이전과 이후로 나누어 볼 수 있겠군.
② '정오'의 사이렌 소리가 '나'의 생명력을 일깨운 것으로 볼 수 있겠군.
③ '정오'의 함축적 의미 때문에 ㉠을 경계로 어조와 분위기가 바뀐 것이겠군.
④ '나'는 '정오'가 되면서 자아의 문제에서 사회의 문제로 시선을 전환하게 되는군.
⑤ 이 작품은 시간의 물리적인 의미보다 심리적인 의미에 중점을 두고 읽어야겠군.

02. 일제 강점기에 미쓰꼬시 백화점은 서울에서 매우 높은 건물이었다. 이 사실에 비추어 볼 때, [A]에서 '미쓰꼬시 옥상'이 가지는 기능에 대한 설명으로 적절하지 않은 것은?

① '나'로 하여금 내면적 성찰을 시도하게 한다.
② '나'에게 이전과는 다른 삶의 태도를 갖게 한다.
③ '회탁의 거리'를 압축적으로 조감할 수 있게 한다.
④ '나'가 '회탁의 거리' 사이의 괴리감을 드러내 준다.
⑤ '회탁의 거리'를 부자유와 체념의 공간으로 인식하게 한다.

04. 〈보기〉의 설명을 바탕으로 윗글을 이해한 내용으로 적절하지 않은 것은?

─────〈보기〉─────

「날개」는 현대 문명과 불화를 겪고 있는 지식인의 내면세계를 '아내'와 '나'의 부조리한 관계에 빗대어 표현한 작품이다. 여기서 '아내'는 현대 문명을, '나'는 지식인의 내면세계를 상징한다. 같은 맥락에서 이 소설에 나타나는 사물들과 사건들 또한 상징적인 의미를 지닌다.

① 도적질하거나 계집질한다고 '아내'가 '나'를 의심하면서 따지는 것은 지식인의 내면세계에 대한 현대 문명의 위협적인 힘을 의미한다.
② '나'가 아내 몰래 집에서 나온 것은 현대 문명의 구속에 맞서고자 하는 지식인의 적극적인 대결 의지를 의미한다.
③ '나'가 '아내'에게서 완전히 떠나겠다고 생각하지 못하는 것은 현대 문명과 결별하기 어려운 지식인의 의식 상태를 의미한다.
④ 자신도 모르게 아달린을 먹어 왔는지도 모른다는 '나'의 의구심은 자기의 이성이 자신도 모르게 현대 문명에 길들여져 가는 데 대한 지식인의 두려움을 의미한다.
⑤ '나'의 머릿속에서 희망과 야심의 말소된 페이지가 번뜩인다고 한 것은 현대 문명에 대한 비판 의식을 회복하고 싶어 하는 지식인의 소망을 의미한다.

7 | 채만식, 태평천하

STEP
01 지문 분석과 OX문제

「옷은 안팎으로 윤이 지르르 흐르는 모시 진솔 것이요, 머리에는 탕건에 받쳐 죽영(竹纓) 달린 통영갓[統營笠]이 날아갈 듯 올라앉았습니다.
　　　　　　　　　　　한 번도 빨지 않은 새 옷　　　벼슬아치가 갓 아래 받쳐 쓰던 관　↳ 댓가지로 만든 갓끈

발에는 크막하니 솜을 한 근씩은 두었음 직한 흰 버선에, 운두 새까만 마른신을 조마맣게 신고, 바른손에는 은으로 개 대가리를 만들어 붙인 화류
　　　　크막하니　　　　　　　　　　　　　신의 둘레나 높이　　　　　　　　　　　　　　　　　　　　　고급 재료로 많이 사용되는 자단의 목재

개화장이요, 왼손에는 서른네 살배기 묵직한 합죽선입니다.」　　　　　　　「 」: 윤 직원 영감의 외양 묘사
개화기에 '단장(짧은 지팡이)'를 이르던 말　　얇게 깎은 겉대를 맞붙여서 살을 만든 부채

〈이 풍신이야말로 아까울사, 옛날 세상이었더면 일도(一道)의 방백(方伯)일시 분명합니다. 그런 것을 간혹 입이 비뚤어진 친구는 광대로 인식 착오를
　사람의 겉모양　↗ 도쿄·오사카　　　　　　　　　　　　　　　　몹시 탄식할

일으키고, 동경·대판의 사탕 장수들은 캐러멜 대장감으로 침을 삼키니 통탄할 일입니다.〉　　〈 〉: 서술자의 논평 → 윤 직원 영감의 외양을 반어적으로 드러냄.
겉으로는 윤 직원 영감의 치켜세우는 것처럼 보이지만 사실은 윤 직원의 외양을 조롱하는 것임.

　　　인력거에서 내려선 윤 직원 영감은, 저절로 떠억 벌어지는 두루마기 앞섶을 여미려고 하다가 도로 걸어 젖히고서, 간드러지게 허리띠에 가 매달린
　　　　　　　　　　　　　　　　　　　　　　　　　　옷의 앞자락에 대는 헝겊

새파란 염낭끈을 풉니다.
주머니의 아가리를 조였다 풀었다 하기 위하여 그 아가리 쪽에 구멍을 뚫고 꿴 끈　↗ 본인　　　　　　　　　　　　행동이나 말이 가볍고 조심성 없는 데가 있다

"인력거 쎅이(삯이) 몇 푼이당가?" / 이 이야기를 쓰고 있는 당자 역시 전라도 태생이기는 하지만, 그 전라도 말이라는 게 좀 경망스럽습니다.
　　　　　　　　　　　　　　　　서술자가 전면에 드러남. → 독자에게 상황을 직접 설명하고 평가함.

"그저 처분해 줍사요!"
인력거꾼이 값을 후하게 쳐달라는 의도로 한 말임.

　　　인력거꾼은 담료로 팔짱 낀 허리를 굽실합니다. 좀 점잖다는 손님한테는 항투로 쓰는 말이지만, 이 풍신 좋은 어른께는 진심으로 하는 소립니다. 후
　　　　　　　　　　　　　　　　　　　　　　　　　　　항상 하는 말투

히 생각해 달란 뜻이지요. / "으응! 그리여잉? 그럼, 그냥 가소!"
↳ 마음 씀씀이나 태도가 너그럽게　　　인력거꾼의 말을 빌미로 값을 치르지 않으려 하는 모습 → 윤 직원 영감의 인색한 태도가 드러남.

　　　윤 직원 영감은 인력거꾼을 짯짯이 바라다보다가 고개를 돌리더니, 풀었던 염낭끈을 도로 비끄러맵니다.
　　　　　　　　　　　　　　　　딱딱하고 거칠게　　　　　　　　　　　　　　　　　　붙잡아 매다

　　　인력거꾼은 어쩐 영문인지를 몰라 뚜렛뚜렛하다가, 혹시 외상인가 하고 뒤통수를 긁적긁적하면서……
　　　　　　　　　　　　　　　어리둥절하여 눈을 이리저리 굴리는 모양

"그럼, 내일 오랍쇼니까?" / "내일? 내일 무엇 허러 올랑가?"
　　　　　　　　　　　　　꼭 필요하지 않게　　　꽤 어지간한 정도로

윤 직원 영감은 지금 심정이 약간 좋지 못한 일이 있는데, 가뜩이나 긴찮이 잔말을 씹힌대서 적이 안색이 변합니다.
　　　　　　　　　　　　　　　　　윤 직원 영감은 자신의 말을 알아듣지 못하는 인력거꾼의 행동에 기분이 언짢음.

　　　그러나 이편 인력거꾼으로 당하고 보면, 무엇 하러 오다니, 외상 준 인력거 삯 받으러 오지요, 라는 것이지만 어디 무엄스럽게 그런 말을 똑바로 대
　　무례하게

고 하는 수야 있나요. / 그러니 말은 바른대로 하지 못하고, 그래 자못 난처한 판인데, 남의 그런 속도 몰라주고, 윤 직원 영감은 인제는 내 할 말 다

했다는 듯이 천천히 돌아서 버리자고 합니다.

　　　인력거꾼은, 이러다가는 여느 때도 아니요, 허파가 터질 뻔한 오늘 벌이가 눈 멀뚱멀뚱 뜨고 그만 허사가 되지 싶어, 대체 이 어른이 어째서 이러는
　　　　　　　　　　　　　　　　윤 직원 영감을 태우고 오느라 고생이 많았음을 의미함.

지는 모르겠어도, 그건 어찌 되었든지 간에 좌우간 이렇게 병신스럽게 우물쭈물하고만 있을 일이 아니라고 크게 과단을 내지 않을 수가 없습니다.
　　일을 딱 잘라서 결정함.

"저어, 삯 말씀이올습니다. 헤……." / 크게 과단을 낸다는 게 결국은 크게 조심을 하는 것뿐입니다.

"싹?" / "네에!" / "아니 여보소, 이 사람……." / 윤 직원 영감은 더러 역정을 내어, 하마 삿대질이라도 할 듯이 한 걸음 나섭니다.
　　　　　　　　　　　　　삯 이야기를 꺼내는 인력거꾼에게 도리어 화를 냄. ↳ 행여나 어쩌면

"…… 자네가 아까 날더러, 처분대루 허라구 허잖있넝가?" (중략)

"해가 서쪽으서 뜨겠구나?" / 윤 직원 영감은 아들의 이렇듯 부르지도 않은 걸음을, 더욱이나 안방에까지 들어온 것을 이상타고 꼬집는 소립니다.
아들 윤 주사를 못마땅해 하는 윤 직원 영감의 태도

"…… 멋 허러 오냐? 돈 달라러 오지?" / "동경서 전보가 왔는데요……."

《지체를 바꾸어 윤 주사를 점잖고 너그러운 아버지로, 윤 직원 영감을 속 사납고 경망스런 어린 아들로 둘러놓았으면 꼭 맞겠습니다.》
　　몸　　　　　　　　일본에서 경찰 사무를 맡아보던 관청

"동경서? 전보?" / "종학이 놈이 경시청에 붙잽혔다구요!" / "으엉?"　　　　　《 》: 서술자의 논평 → 윤 직원 영감의 경망스러운 모습을 풍자함.
　　　　윤 직원 영감의 둘째 손자　　　　　　　　　온돌

외치는 소리도 컸거니와, 엉덩이를 꿍 찧는 바람에, 하마 방구들이 내려앉을 뻔했습니다. 모여 선 온 식구가 제가끔 정도에 따라 제각기 놀란 것은
둘째 손자인 종학에게 큰 기대를 걸고 있던 윤 직원 영감이 놀라는 모습을 과장되게 희화화함.

물론이구요.

윤 직원 영감은 마치 묵직한 몽치로 뒤통수를 얻어맞은 양, 정신이 멍해서 입을 벌리고 눈만 휘둥그랬지, 한동안 말을 못 하고 꼼짝도 않습니다.
　　　　　　　　짤막하고 단단한 몽둥이

그러다가 이윽고 으르렁거리면서 잔뜩 쪼글트리고 앉습니다.
충격을 받은 윤 직원 영감의 모습을 본능적으로 자기방어의 자세를 취하는 동물처럼 묘사함.

"거, 웬 소리냐? 으응? 으응?…… 거 웬 소리여? 으응? 으응?" / "그놈 동무가 친 전본가 본데, 전보가 돼서 자세는 모르겠습니다."

윤 주사는 조끼 호주머니에서 간밤의 그 전보를 꺼내어 부친한테 올립니다. 윤 직원 영감은 채듯 전보를 받아 쓰윽 들여다보더니 커다랗게 읽습니

다. 물론 원문은 일문이니까 몰라보고, 윤 주사네 서사 민 서방이 번역한 그대로지요.
　　　　　　일본어로 쓴 글　　　서류를 대리로 작성하거나 글을 베끼어 쓰는 일을 업으로 하는 사람

"종학, 사―상 관계로, 경―시청에 피검!……이라니? 이게 무슨 소리냐?"
당시에 사상은 '사회주의 사상'을 의미했음.　　↳ 수사 기관에 잡혀감.

"종학이가 사상 관계로 경시청에 붙잽혔다는 뜻일 테지요!"

"사상 관계라니?" / "그놈이 사회주의에 참예를……" / "으엉?" / 아까보다 더 크게 외치면서, 벌떡 뒤로 나동그라질 뻔하다가 겨우 몸을 가눕니다.
　　　　　　　　　　　어떤 일에 끼어들어 관계함.

『윤 직원 영감은 먼저에는 몽치로 뒤통수를 얻어맞은 것같이 멍했지만, 이번에는 앉아 있는 땅이 지함을 해서 수천 길 밑으로 꺼져 내려가는 듯 정
　　　　　　　　　　　　　　　　　　　　　　　　　　　　　　　　　　　땅이 움푹 가라앉아 꺼짐.

신이 아찔했습니다.』 『 』: 충격이 점점 더 커지고 있는 윤 직원 영감의 모습을 비유적으로 표현함.

그러나 그것은 결단코 자기가 믿고 사랑하고 하는 종학이의 신상을 여겨서가 아닙니다.
윤 직원 영감이 종학의 소식을 듣고 충격을 받은 이유가 종학의 신변의 안정을 걱정해서가 아님을 알 수 있음.　　　　　　　　　남의 나라를 불법으로 쳐들어가거나 쳐들어오는

「윤 직원 영감은 시방 종학이가 사회주의를 한다는 그 한 가지 사실이 진실로 옛날의 드세던 부랑당패가 백 길 천 길로 침노하는 그것보다도 더 분
「 」: 윤 직원 영감이 사회주의에 적대감을 느끼는 이유 → 부랑당패는 기껏 화적패에 불과했으나, 사회주의는 빈부의 차이를 없애는 개혁을 추구하며 항일 운동을 병행했기 때문

하고, 물론 무서웠던 것입니다.」

〈진(秦)나라를 망할 자 호(胡: 오랑캐)라는 예언을 듣고서, 변방을 막으려 만리장성을 쌓던 진시황, 그는 진나라를 망한 자 호가 아니요, 그의 자식
　　　　　　　　　　　　　　　　　　　　　　　　　　　　　　　　　　　윤 직원

호해(胡亥)임을 눈으로 보지 못하고 죽었으니, 오히려 행복이라 하겠습니다.〉　〈 〉: 서술자의 논평
　종학　　　　　　　　　　　　　　　　　　　　　　　　　→ 윤 직원 영감을 진시황에, 종학을 호해에 비유하여 윤 직원 영감의 심리를 드러냄.

"사회주의라니? 으응? 으응?……"

윤 직원 영감은 사뭇 사람을 아무나 하나 잡아먹을 듯, 집이 떠나게 큰 소리로 포효(咆哮)를 합니다.
　　　　　　　　　　　　　　　　　　　　　　사나운 짐승이 울부짖는 소리

"…… 으응? 그놈이 사회주의를 허다니! 으응? 그게, 참말이냐? 참말이여?"

"허긴 그놈이 작년 여름 방학에 나왔을 때버틈 그런 기미가 좀 뵈긴 했어요!"
　　　　　　　　　　　　　　때부터

"그러머넌 참말이구나! 그러머넌 참말이여, 으응!……"

윤 직원 영감은 이마로 얼굴로 땀이 방울방울 배어 오릅니다.

"……그런 쳐 죽일 놈, 깎어 죽여두 아깝잖을 놈이! 그놈이 경찰서장 허라닝개루, 생판 사회주의 허다가 뎁다 경찰서에 잽혀? 으응?…… 오사육시
　　　　　　　　　　　　　　　　　　　　　　　　　　　　　　　형벌이나 재앙으로 비명에 죽고 다시 한 번 시신의 목을 벰. 몹시 저주하는 말

를 헐 놈이, 그놈이 그게 어디 당헌 것이라구 지가 사회주의를 히여? 부잣놈의 자식이 무엇이 대껴서 부랑당패에 들어?……"
　　　　　　　　　　　　　　　　　　　　　　　　윤 직원 영감이 돈을 최고의 가치로 여김을 알 수 있음.

아무도 숨도 크게 쉬지 못하고, 고개를 떨어뜨리고 섰기 아니면 앉았을 뿐, 윤 직원 영감이 잠깐 말을 그치자 방 안은 물을 친 듯이 조용합니다.

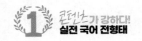

"…… 오죽이나 좋은 세상이여? 오죽이나……."
일제 강점기 시대를 '좋은 세상'이라 여기는 윤 직원 영감의 태도가 드러남.

윤 직원 영감은 팔을 부르걷은 주먹으로 방바닥을 땅 치면서 성난 황소가 영각을 하듯 고함을 지릅니다.
소가 길게 우는 소리

『"화적패가 있너냐아? 부랑당 같은 수령(守令)들이 있더냐?…… 재산이 있대야 도적놈의 것이요, 목숨은 파리 목숨 같던 말세(末世)년 다 지내가고
조선 시대 고을을 맡아 관리하던 관리   정치, 도덕, 풍속 따위가 아주 쇠퇴하여 끝판이 다 된 세상

오……, 자 부아라, 거리거리 순사요, 골골마다 공명헌 정사(政事), 오죽이나 좋은 세상이여…… 남은 수십만 명 동병(動兵)을 히여서, 우리 조선 놈 보호
보아라   고을고을   일본   군사를 일으킴.

히여 주니, 오죽이나 고마운 세상이여? 으응?…… 제 것 지니고 앉어서 편안허게 살 태평 세상, 이걸 태평천하라구 허는 것이여, 태평천하!…… 그런디

이런 태평천하에 태어난 부잣놈의 자식이, 더군다나 왜 지가 떵떵거리구 편안허게 살 것이지, 어찌서 지가 세상 망쳐 놀 부랑당패에 참섭을 헌담 말이
어떤 일에 끼어들어 간섭함.

여, 으응?"』   『 』: 일제 강점기의 현실을 '태평천하'로 받아들이는 윤 직원 영감의 현실 인식이 드러남.
                  → 일제의 통치 아래에서 개인적 이익을 얻었던 당대 친일 지주 계층인 윤 직원 영감을 풍자적으로 형상화함.

*방백 : 조선 시대에 둔, 각 도의 으뜸 벼슬. 또는 '도지사'를 예스럽게 이르는 말.

OX문제

01 서술자가 풍자적 어조를 활용하여 중심인물에 대한 비판적 입장을 드러낸다. [2024학년도 6월]   (O / X)
02 인물의 외양을 묘사하여 인물의 혼란스러운 심리 상태를 드러내고 있다. [2014학년도 수능B]   (O / X)
03 인력거꾼은 윤 직원 영감에게 '인력거 쌕'을 받지 않기 위한 목적으로 "그저 처분해 줍시요!"라며 말을 돌렸다.   (O / X)
04 비유적 진술을 통해 인물이 처한 상황을 부각하고 있다. [2013학년도 5월A]   (O / X)
05 윤 직원 영감이 동경에서 온 '전보'를 보고 놀란 이유는 자신이 사랑하는 종학의 '신상'이 걱정되었기 때문이다.   (O / X)

STEP 02 작품 해제

01 | 주제

일제 강점기 친일 지주 계층의 타락한 삶에 대한 풍자

02 | 특징

① 서술자가 경어체를 사용하여 판소리의 창자처럼 서술함.
② 편집자적 논평을 통해 서술자의 생각과 판단을 드러냄.
③ 반어, 비유, 과장 등을 통해 대상에 대한 풍자의 효과를 극대화함.

03 | 작품 해제

「태평천하」는 1938년 『조광』에 연재된 중편 소설로, 일제 강점기의 서울을 배경으로 지주이자 고리대금업자인 윤 직원 영감과 그 일가의 모습을 통해 당대 사회의 모순과 중산 계층의 부정적 인물을 풍자적으로 형상화한 작품이다. 특히 이 소설은 윤 직원 영감의 비윤리적인 성격이나 행동을 풍자하고, 서술자가 빈번하게 작품에 개입하여 인물이나 사건에 대해 논평한다는 점이 특징적이다. 한편, 일제 강점기의 현실을 '태평천하'라고 말하는 윤 직원 영감을 반어적이고 풍자적인 수법으로 묘사함으로써 당대의 바람직한 가치관과 현실 인식을 제시하고 있다.

04 | 등장인물

- 윤 직원(윤두섭) : 지주이자 고리대금업자로, 가산을 탕진하는 아들을 못마땅히 여기는 인물. 종학이 경찰서장이 될 거라는 기대와는 달리 사회주의 운동에 가담했다는 사실을 알고 충격을 받는다. 한편, 일제 강점기 시대를 '태평천하'라고 여기는 역사의식이 없는 인물이다.
- 윤 주사(윤창식) : 윤 직원의 아들로, 개화기 교육을 받은 세대로서 가치관을 상실하고 향락만을 추구하는 타락한 인물이다.
- 윤종학 : 윤 주사의 차남으로, 윤 직원이 가장 믿고 신뢰하는 인물. 하지만 윤 직원의 기대와는 달리 사회주의자가 된 청년이다.

05 | 상세 줄거리

윤 직원의 아버지인 윤용규는 노름으로 갑자기 큰돈을 번다. 그 돈으로 땅도 사고, 소작을 한다. 그러나 그는 구한말 화적패의 습격으로 인해 목숨을 잃는다. 윤 직원은 아버지를 잃은 후 세상을 원망하고 악착같이 재산을 축적하는 데 몰두하여 큰돈을 번다. 고리대금업으로 가산을 불린 그는 주위 사람들에게 인색하게 굴거나 한참 어린 기생 춘심에게 욕정을 품는 등 비윤리적인 행태를 일삼는다. 그의 아들인 창식은 한량으로 살면서 가산을 탕진하고, 맏손자인 종수 역시 군수가 되리라는 할아버지의 기대에 어긋나게 방탕하게 살아간다. 한편, 일본에서 유학 생활을 하고 있는 둘째 손자 종학은 윤 직원이 경찰서장이 되리라는 기대를 하고 있는 인물이다. 하지만 종학은 할아버지의 기대를 충족시켜 줄 것처럼 여겨졌으나, 결국 사회주의 운동을 하다가 피검된다. 윤 직원은 종학의 소식이 전해지자 좌절하면서 종학이 태평천하에 세상을 망쳐 놓을 부랑당패에 끼었다고 울부짖는다.

 STEP

03 논문으로 만나는 출제자의 시선

나BS 수능특강 | **현대문학**

「태평천하」에 나타난 부정적 인물

「태평천하」의 서술 방식에서 찾을 수 있는 가장 두드러진 특징 중의 하나가 바로 과장에 의한 인물 묘사와 이를 통한 희화화이다. 특히 작품 서두의 인물 소개 장면에서 윤 직원 영감에 대한 회화화는 우스꽝스러움을 넘어설 정도로 치밀하게 묘사한 후, 다시 이에 대한 서술자의 상반된 설명을 덧붙여 반어적으로 비판을 하고 있다. 이렇듯 「태평천하」에서 부정적인 인물들에 대한 묘사는 주로 이질적이거나 상반된 요소들을 기묘하게 결합시킨 형태로 그려진다. 따라서 윤 직원 영감에 대한 희화화된 묘사가 노리는 효과 또한 쉽게 파악이 되는데, 그것은 윤직원의 늙었지만 건장한 체격과 부유한 차림새에 대비되는 속 좁은 품성에 대한 비판이다.

「태평천하」에서 부정적 인물에 대한 희화화된 묘사와 비판은 비록 과장적이고 비일상적인 것의 형상화에 해당하지만, 그럼에도 식민지 대지주의 몰락 과정에서 나타나는 혼란과 타락상을 극단적으로 보여 주는 대표적인 사례에 해당한다고 볼 수 있다. 풍자의 대상이 되었던 윤 직원의 가족 구성원들은 경제적·윤리적으로 타락한 행태였지만, 그것은 실상 현실 변화에 적응하지 못하는 식민지 대지주의 몰락 과정을 상징적으로 보여 준 것이라 볼 수 있다. 결국 작가는 윤 직원 일가로 대표되는 식민지 대지주의 반봉건적 의식과 행태를 직접적으로 공격하고 풍자함으로써, 이들의 형성과 몰락 과정을 통해 일제 식민지하에서 자본주의화해 가는 조선의 모순적 현실의 은폐된 본질을 잘 드러낼 수 있었던 것이다.

「태평천하」의 구술적 서술 양식

채만식의 「태평천하」는 판소리 서사를 창조적으로 계승한 작품으로 볼 수 있다. 「태평천하」는 스토리 진행상의 연쇄성을 무너뜨리지 않고도 15개 장으로 장면을 단위화하여 각 장마다 긴장과 이완이라는 이중 구조로 서사를 전개한다. 즉, 풍자적인 인물치레나 상황 묘사로 정서를 환기시킨 다음 극적인 상황을 설정하여 긴장을 고조시키고 작중 현실을 정상적인 것보다 과장하여 표현함으로써 웃음을 촉발한다. 한편, 막대한 재산을 가진 대지주, 일도의 방백 같은 풍채의 노인이 푼돈을 아끼려고 인력거꾼과 다투는 모습을 아주 자세히 보여 주고, '이 이야기를 쓰고 있는 당자 역시 전라도 태생이기는 하지만, 그 전라도 말이라는 게 좀 경망스럽습니다.'라는 비판적 거리에서 바라보는 드러난 서술자의 시각까지 포함하여 향토색 짙은 방언으로 표현함으로써 웃음을 유발한다. 이러한 단위별 구조는 15장에 걸쳐 반복된 구조로 나타난다.

읽는 소설인 「태평천하」는 구연적 현장성이 전이된 구조, 즉 인물의 심리보다는 상황이나 장면의 인상이 더욱 강조되는 구조가 독자의 시선을 끌어 거리감을 없애 준다. 이러한 특징은 독자가 예상의 연쇄를 통한 극적 갈등을 따라 읽는 것이 아니라, 그때그때 상황적 의미와 인물 행동, 대사를 통한 골계적 해학이라는 미적 체험을 맛보게 하는 방법을 요구한다. 이러한 방법은 구술적 전통에 의해 구조화 되는데, 구연 시대의 구술적 전통을 담당했던 창자 대신 드러난 서술자가 등장한다. 즉, 서술자가 작품에서 '…입니다'의 경어체를 사용하여 독자에게 이야기를 직접 건네는 방식을 취함으로써 이야기 세계와 독자 사이에 중개자로 등장하는데, 이는 이야기 세계를 작가와 독자가 한 공간에 자리할 수 있게 하는 효과로 나타난다.

8 | 전광용, 사수

STEP 01 지문 분석과 OX문제

[앞부분 줄거리] 〈어린 시절 '나'와 B는 '곰'이란 별명을 가진 선생님이 내린 벌로 서로의 뺨을 때리며 처음 대결한다. 중학교에서도 같은 반이었던 '나'
　　　　　　　　　　　　　　선생님은 '나'와 B의 경쟁을 유발하는 벌을 내림. → '나'와 B의 대결 ①

와 B는 경희를 사이에 두고 신경전을 벌인다. 중학 졸업반이 되던 해 '나'는 경희와의 관계를 B에게 고백했으나 B의 대결 신청으로 공기총 사격을 하
　　　　　　　　　　　　　　　　　　　　　　　　　　　　　　B는 경희를 차지하기 위해 '나'에게 공기총 사격을 제안함. → '나'와 B의 대결 ②

다가 '나'의 귓바퀴에 상처가 남는다. 6·25 전쟁으로 셋은 헤어지게 되고, '나'는 새로 배속된 부대에서 우연히 B를 다시 만나게 되는데, 경희가 B의 아
　　　　　　　　　　　　　　　　　　　　　　　　　　　배치되어 종사하게 된

내가 되었음을 알고 배신감을 느낀다.〉 그 후 B가 모반(謀反)* 혐의로 구속되고, '나'는 B의 사형을 집행하는 사수로 지명된다.

　〈 〉: 어릴 적부터 지속적으로 B에게 패배감을 느낀 '나'의 상황이 드러남.

　흰 눈이 쌓인 산록(山麓)*의 바람 소리가 시리다. 그것은 바로 사형 집행장에서의 일임에 틀림없다. 나는 권총 사격에 몇 점, 카빈*에 몇 점, 엠 원*
　사형 집행장의 분위기를 묘사하여 '나'의 심리를 드러냄.

소총에는 몇 점 하는 명사수의 하나로, 나의 소속 부대에서도 알려져 있다. 그러나 나 자신이 이 사형 집행의 사수로 지명될 줄은 몰랐다. 또 그렇게
　　　　　　　　　　　　　　　　　　　　　　'나'가 B의 사형을 집행하는 사형수로 지명됨. → '나'와 B의 대결 ③

달갑지도 않은 일이다. 더욱이 일단 지명된 이상에는 피해 낼 도리가 없다. 아무도 이런 일을 선두에 서서 하겠다는 사람은 없다. 그것도 전기 장치로
　　　　　　　　　외부적 요인으로 인해 또 다시 B와 대결 관계에 놓인 '나'의 상황　　　사형 집행

된 집행장에서 단추 하나를 누르면 보이지 않는 곳에서 기계가 스스로 모든 일을 처리하여 주는 경우라면 몰라도, 이런 경우는 따분하기 짝이 없는 일
　　　　　　　　　　　　　　　　　　　　　　　　　　　　　　　　直接 사형을 집행해야 하는 경우

이다. 그렇지 않아도 「나는 전에 형무소에서 사형을 집행하는 관리들의 고역을 상상해 본 일이 있다. 그럴 때마다 소름이 끼쳐 그런 일을 어떤 불우한
　　　　　　　　　　　　　　　　　　　　　　　　몹시 힘들고 고되어 견디기 어려운 일

사람들이 직업으로 삼고 맡아 할 것인가 하고 동정했던 것이다.」 사실 그 경우의 죽는 사람과 죽이는 사람 사이에는, 개인적으로 생명을 여탈(與奪)할*
　「 」: 사형 집행의 책무를 맡은 것에 대한 '나'의 부정적 태도가 드러남.

하등의 이해관계가 없는 것이 거의 전부의 경우이기에……
아무런 이익과 손해

　지금 나의 경우는 약간 다르다. B가 오늘 집행되는 수형(受刑)의 당사자라는 것을 알았을 때 나는 순간― 그것은 참말 계량할 수 없는 눈 깜짝할 찰
　　　　　　　　　　　　　　　　형벌을 받음.　　　　　　　　　　　　　　　　　　　　　　　헤아릴

나였지만 ―복수의 만족감 같은 회심의 미소를 지을 뻔했던 것이다.《B의 얼굴에 겹쳐 경희의 모습이 떠올랐다. 그러나 그것들이 다 어릴 때부터의 벗
　　　　　　'나'가 평소에 B에게 대결 의식을 지니고 있었음을 알 수 있음.　　　　'나'가 사랑했던 여인이나 현재는 B의 아내

이었던 순진하고 아름다운 정에 얽매인 인간의 모습이 아니라, 언젠가 가족 동반에서 만난 당황하는 표정들이 점점 혐오를 느끼게 하던 그런 모습들인

것이다.》　　〈 〉: B가 수형자임을 알게 된 '나'는 'B'와 결혼한 경희의 모습을 떠올림.

　나는 눈을 떴다.
　사형 집행이 가까워짐.

　십 미터의 거리 전방에는 B가 서 있다. 목사의 기도는 끝났다. 유언(遺言)이 없느냐고 물었다. B는 고개를 가로저었다. 지금까지 한 번도 내 앞에서

졌다고 항복한 일이 없는 B다. 그렇게 서로 대결이 되는 경우는 늘 내가 양보하는 위치에 서게 되었었다. 오늘도 이 숨 가쁜 마지막 고비에서, B의 목
　　　　　　　　　　　　　　　　　　　　　'나'는 B에게 진 것을 자신이 양보한 것이라 여김.

숨을 앞에 놓고 B와 나는 여기 우리 둘이 한 번도 같이 와 본 적이 없는 눈 덮인 산골짜기에서 이렇게 대결하고 있는 것이다. 나를 알아보는 B의 눈
　　　　　　　　　　　　　　　　　　　　　　　　　　　　　　　　　　'나'가 사형 집행장에서 B와 마주한 것을 대결로 인식함.

은 조금도 경악의 표정은 없다. 일체의 체념이 나까지도 안중에 없게 하는가 보다. 그러면 나는 벌써 이 마지막 순간에도 이미 B에게 지고 있는 것이
대결이라 생각하는 '나'와는 달리 대결을 초월한 듯한 B의 태도 → '나'의 패배 의식을 자극함.　　　　　　　유언을 남기지 않은 B의 모습이 또 다시 '나'에게 패배감을 느끼게 함.

다.〈만일 내가 이 자리에 사수로 나타나지만 않았다면 B는 무슨 말이든 한마디 남겼을는지도 모른다. 적어도 경희에게만은 무슨 마지막 당부의 한마

디를 전하여 주고파 했을 것이 아닌가.〉　　〈 〉: '나'는 B가 자신을 이기기 위해 유언을 남기지 않은 것이라 생각함.

　『다섯 명의 사수는 일렬로 같은 간격을 두고 나란히 횡대로 늘어섰다. B의 손은 묶인 대로이다. 그의 눈은 검은 천으로 가리어졌다. 왼쪽 가슴 심장

위에 붙인 빨간 헝겊의 표지가 햇빛에 반사되어 더 또렷하다. 헛기침 소리 이외에는 아무의 입에서도 말이 없다. 다만 몸들의 움직임이 있을 뿐이다.」
　『 』: 사형장의 모습을 묘사함. → 사형이 집행되기 직전의 긴장감이 고조됨.

　B가 이적적인 모반 혐의로 구속되었다는 신문 보도를 본 얼마 후 나는 B의 집으로 경희를 찾아갔다. 이 근래의 B의 의식 상태에는 약간의 이상적
　　적을 이롭게 함.

인 징조가 나타나 발작적인 행동이 집 안에서도 거듭되었다는 사실은 이날 들은 이야기다. 《B는 나의 절친한 친구의 한 사람이었다고 나는 지금도 그

생각은 버리지 않는다. 그와의 개인적인 대결이 치열할수록 나는 그를 잊어 본 적이 없다. 내 삼십 년의 지나온 세월에 있어서 B는 내 마음속에 새겨

진 가장 오랜 친구였고, 접촉된 시간도 가장 긴 인간이기 때문이다. 나와 그는 이해관계를 초월하여 사귀어 왔다. 다만 경희의 경우를 비롯한 몇 고비

의 치열한 대결은 B와 나의 의식적인 적대 행위가 아니라, 환경적인 조건이 주어진 불가피한 운명 같은 것이 더 컸다고 나는 생각하고 싶은 것이다.》
　　《 》: B와의 이중적인 관계에 대한 '나'의 복잡한 감정이 드러남. → '나'와 B의 대결은 의지에 의한 것이 아닌, 외부적 요인에 의한 운명 같은 것이라 생각함.

그렇기 때문에 나는 나의 아끼던, 아니 현재도 아끼고 있는 유일한 친구이고, 그와의 어쩔 수 없는 대결이 거세면 거셀수록 그에 대한 관심이 더 강력
　　　　　　　　　　　　　　　　　　　　겉으로 드러나지 아니한 일의 속 내용

하게 작용했던 만큼, 「그의 혐의를 받는 죄상에 대한 내막은 이 이상 더 소상하게 늘어놓고 싶지는 않다.」
　　　　　　　　　범죄의 구체적인 사실　　　　　　　　　　분명하고 자세하게　　　「 」: B의 모반 혐의에 대해 자세히 알고 있지만 밝히고 싶지 않은 '나'의 심리

　나를 만난 경희는 시종 울기만 하였다. 그것은 오랫동안 떨어졌다가 만난 육친의 애정 같은 것이어서 그 자리에서는 그와 나 사이에 아무런 장벽도
　　　　　　　　처음부터 끝까지　　　　　　　　　　　　　　　　　부모, 형제, 처자를 통틀어 이르는 말

없는 것만 같았다. 경희는 남편인 B의 구출 문제보다도 나에 대한 자신의 변명 같은 호소로 일관하였다. 『사변 통에 나의 행방은 알 길이 없었고, 수복
　　　　　　　　'나'가 아닌 B와 결혼하게 된 경희는 '나'에게 미안한 감정을 지니고 있음.　　　　　　　　　　　　　잃었던 땅이나 권리 따위를 되찾음.

후에 우연히 만난 것이 나와 자기와의 과거를 가장 잘 아는 B였기에, 나의 생사에 대한 수소문을 서두르는 사이에 나의 소식은 묘연했고, B와의 결혼
　　　　　　　　　　　　　　　　　　　　　　　　　　　『 』: '나'가 경희를 만나지 못하던 시간 동인의 상황을 요약적으로 제시함.

이 정식으로 성립되었다는 것이다.』 나로서는 지금이라도 경희가 B를 버리고 나의 품으로 뛰어오겠다면 받아들일 수 있는 애정의 여신(餘燼)*이나 아량

이 없는 바도 아니었지마는, 몇 번이고 죽음에 직면했던 나로서, 〈경희의 행방에 대한 관심에 얼마 동안 적극적이 되지 못하였던 나 자신에 대한 자책
　　　　　　　　　　　　　　　트집을 잡아 거북할 만큼 따지고 듦.

이 이제야 더욱 거세게 싹터 나로 하여금 아무의 힐난(詰難)도 못 하게 만들었고, 오히려 경희에 대한 미안한 생각으로 가슴이 뿌듯해지게 하는 것이었
　　〈 〉: '나'는 적극적으로 경희의 행방을 찾지 못한 것에 대한 후회로 경희에게 미안함을 느낌.

다.〉 그러나 이미 때는 늦었다. B의 구명 운동이 우리 둘의 긴급한 일로 당면될 뿐이었다.
　　　　　　　　　　사람의 목숨을 구함.

　안전장치를 푸는 쇠붙이 소리가 산골짜기의 정적 속에 음산하다.

　나는 무심중 귓바퀴의 상처에 손이 갔다. 호두 껍데기처럼 까칠한 감촉이 손끝에 어린다. 지나간 조각조각의 단상들이 질서 없이 한 덩어리로 뭉겨
　　　공기총 사격을 했을 때 B가 쏜 총에 의한 상처

져 엄습해 온다. B와 경희와 곰과 공기총과, 걷잡을 수 없는 착잡한 감정이다.
　　　　　　　　사형 집행을 앞둔 '나'의 혼란스러운 심리가 드러남.

　"겨누어, 총!"

　구령에 맞추어 사수는 일제히 개머리판을 어깨에 대고 B의 심장에 붙인 붉은 딱지에 총을 겨누었다.
　　　　　　　　　　　　　총의 아랫부분

　순간 나는 내 정신으로 돌아왔다. 《최종에는 내가 이긴 것이라는 승리감 같은 것이 가늠쇠 구멍으로 내다보이는 B의 심장 위에 어린다. 그러나 나는
　　　　　　　　　　　　　　　　　　　　　　　B와의 대결 의식에서 벗어나지 못한 '나'의 모습

곧 나의 차디찬 의식을 부정해 본다. 어떻게 기적 같은 것이라도, 정말 기적 같은 것이 있어, 이 종언의 위기에 선 B를 들고 달아날 수는 없는 것인가
　　　　　　　다섯 손가락 가운데 둘째 손가락　　　　　　　　　　　　《 》: '나'의 상반된 심리가 드러남. → B와의 대결에서 이겼다는 승리감 + B를 구하고 싶은 간절함

고……》 방아쇠의 차디찬 감촉이 인지(人指)의 안 배에 싸늘하게 연결된다. 내가 쏘지 않아도 다른 네 사수의 탄환은 분명 저 B의 가슴의 빨간 딱지 표
　　　　　　　　사형 집행 직전의 고조된 긴장감을 감각적으로 표현함.

지를 뚫고 심장을 관통할 것이다.

　"쏘아!"

　구령이 끝나기가 바쁘게 일제히 '빵' 소리가 났다. 나는 아직 방아쇠를 당기지 않고 있는 것을 깨달았다. 지금 여기 B와의 최후 순간의 대결에서 나
　　　　　　　　　　　　　　　　　　　　　'나'는 내적 갈등으로 인해 총을 쏘지 못함.

는 또 지각을 하고 있는 것이다. 나는 이제나마 그와의 대결의 대열에서 제외되어서는 안 될 것 같다. 방아쇠를 힘껏 당겼다. 총신이 위로 튕겨 올라가

<small>총의 몸통 전체</small>

는 반동을 느꼈을 뿐이다. 화약 냄새가 코를 쿡 찌른다. 그때는 이미 B는 다른 네 방의 탄환을 맞고 쓰러진 뒤였다. 그는 넘어지면서도 끝까지 나에게

<small>B는 '나' 이외의 사수들이 쏜 탄환을 맞고 쓰러짐.</small>

이겼다고 생각했는지도 모른다. 총소리와 함께 나 자신도 그 자리에 비틀비틀 고꾸라졌다. 극도의 빈혈이었다.

<small>'나'는 B를 향해 총을 쏜 후 기절함.</small>

"이제 의식이 완전히 회복돼 가는가 봐요."

<small>기절했던 '나'가 깨어남.</small>

눈을 떴다.

옆에 경희가 서 있다. 찬 수건으로 내 콧등의 땀을 닦아 내고 있다. B와 나란히! 아니, B는 없다. 경희도 아니다. 무표정하게 싸늘한 아까의 간호원

<small>간호사를 경희로 착각함.</small>   <small>'나'의 혼란스러운 의식 상태.</small>

이다.

<small>정신이 흐릿하고 가물가물함.</small>

내가 이겼는지, B가 이겼는지, 내가 이겼어도 비굴하게 이긴 것만 같은 혼몽한 속에서 나는 다시 깊은 잠에 떨어졌다.

<small>'나'는 잠시 깨어나 환상과 현실 사이를 헤매다 다시 정신을 잃음.</small>

*모반 : 국가나 군주의 전복을 꾀함.
*산록 : 산의 비탈이 끝나는 아랫부분.
*카빈, 엠 원 : 개인 휴대용 무기의 일종인 소총의 이름들.
*여탈하다 : 주거나 빼앗다.
*여신 : 타고 남은 불기운.

OX문제

01	'나'는 B와의 '대결'이 거세질수록 그의 '죄상에 대한 내막'을 자세하게 밝히고자 하였다.	(O / X)
02	시간의 역전적 구성을 통해 사건을 입체적으로 조명하고 있다. [2013학년도 5월A]	(O / X)
03	간결한 문체를 사용하여 중심 사건의 긴장감을 높이고 있다. [2015학년도 9월A]	(O / X)
04	'나'는 자신이 쏜 총에 맞아 쓰러진 B를 보고 '극도의 빈혈'로 인해 쓰러졌다.	(O / X)
05	배경 묘사를 통해 인물의 내면 심리를 드러내고 있다. [2013학년도 수능]	(O / X)

STEP

02 작품 해제

01 | 주제

외부적 상황에 의해 운명적으로 반복되는 인물 간의 대결 의식

02 | 특징

① 1인칭 주인공 시점으로 '나'의 심리가 묘사됨.
② 역순행적 구성을 통해 사건을 입체적으로 전달함.
③ 간결한 문체를 사용하여 심리 전개를 속도감 있게 표현함.

03 | 작품 해제

「사수」는 어렸을 때부터 친구였던 '나'와 'B'가 끊임없이 대결하는 과정을 통해 인간의 본능적 대결 의식과 미묘한 경쟁 심리를 그려 낸 심리 소설이다. 6·25 전쟁 이후 모반 혐의로 사형수가 된 'B'의 사수로 나선 '나'가 그 충격으로 병원에 입원하여 과거를 회상하는 것으로 전개된다. 어린 시절부터 인연이 닿았던 친구이지만 동시에 경쟁 관계가 이어지던 두 인물의 관계가 '나'의 회상을 통해 반복적으로 제시되는 한편, 이런 대결 상황에 대한 '나'의 심리가 사실적으로 묘사된다. 한편, 6·25 전쟁이라는 시대적 배경은 인물 간의 경쟁 관계를 부각하는 소재로 활용되지만, 그 이전부터 잠재했던 숙명적 대결 의식이 더 근본적인 비극 요인이라는 점을 강조하고 있다. 이 작품은 역사적 현실 속에 놓인 인간의 내면세계를 치밀하게 탐구하는 작가의 문학 세계가 잘 반영된 작품으로 평가된다.

04 | 등장인물

- '나' : 어린 시절부터 B와 오랜 친구로 지내면서도 끝없는 경쟁 관계에 놓였던 인물. B는 단 한번도 '나'에게 항복한 적도 없고, '나'는 늘 양보하며 져 왔다는 패배감을 느끼곤 한다. 6·25 전쟁 이후 사수가 되어 사형수 B를 마주한다.
- B : '나'의 오랜 친구인 동시에 숙명적 적수. '나'와의 경쟁에서 늘 우위에 있었던 인물로, '나'의 연인이었던 경희를 아내로 맞이한다. 6·25 이후 모반 혐의로 사형당한다.
- 경희 : '나'가 사랑했던 여인이자 현재 'B'의 아내. '나'가 어린 시절부터 끊임없이 의식하던 인물로, 'B'와의 관계 속에서 미묘한 위치에 놓인다.

05 | 상세 줄거리

사형 집행장에서의 충격으로 정신을 잃고 쓰러졌다가 병원에서 눈을 뜬 '나'는 B와의 마지막 대결을 회상한다. 어릴 적부터 친구였던 '나'와 B는 학창 시절 '곰' 선생으로부터 서로의 뺨을 때리는 벌을 받았던 것으로 첫 대결을 벌인다. 이후 '나'를 좋아하던 경희를 포기하지 않았던 B는 '나'에게 공기총 대결을 제안한다. '나'는 그 대결에서 이겼으나 귓바퀴에 상처를 입는다. 그러던 중 한국 전쟁이 일어나 셋은 모두 헤어지게 되고, 이후 우연히 B를 재회한 '나'는 더없는 반가움을 드러냈으나 B는 머뭇거린다. 이후 '나'는 휴가 중 외출에서 공교롭게도 B의 가족을 보게 되고, B의 아내가 된 경희를 마주하게 된다. '나'와 약혼한 사이나 다름없던 경희를 차지한 B에게 '나'는 또다시 패배감을 느끼게 되고, 이내 B에게 배신감마저 느낀다.

'나'는 B가 모반 행위를 하였다는 사실을 알게 되고, B의 사형 집행을 맡은 사수가 되어 사형수가 된 B를 마주한다. 적수이되 오랜 친구였던 B에 대한 모순적인 감정으로 인한 혼란 속에서 '나'의 방아쇠는 뒤늦게 당겨졌고, '나'는 극도의 빈혈로 병원에 입원한다. 병원에서 깨어난 '나'는 B와의 관계가 일련의 회상으로도 명확해지지 않음을 느끼며 다시 깊은 잠에 빠진다.

나BS _ 나 없이 EBS 풀지마라

STEP
03   논문으로 만나는 출제자의 시선   나BS 수능특강 | 현대문학

한국 전쟁을 배경으로 한 「사수」의 우의적 특성

「사수」는 6·25 전쟁을 배경으로 한 작품으로, 당대의 현실과 그에 대한 작가의 문제의식을 우의적으로 표현한 작품으로 해석된다. 우선 작중에서 '나'와 B는 우연한 계기, 즉 '곰' 선생의 지시로 서로의 뺨을 때리는 벌을 받게 되면서 첫 대결을 마주하게 된다. '곰' 선생으로부터 벌을 받게 된 이들은 처음에는 뺨을 때리는 시늉만 했으나, '곰' 선생의 자극으로 인해 점차 감정이 격화되어 일면 적의(적대하는 마음)를 느끼게 된다. 이러한 상황은 '나'와 B는 남한과 북한에, 그리고 두 인물의 최초 싸움을 부추기는 '곰' 선생은 남북이 분열되기를 적극적으로 강요한 강대국에 대입해 볼 수 있다. 해방 이후 혼란을 틈타 한반도에 개입하였던 미국과 소련이라는 강대국이 각각 남한과 북한을 지원하며 갈등 구도를 극화시켰듯, '나'와 B도 뜻하지 않게 '곰' 선생의 강요에 의해 경쟁 구도에 놓이고 시간이 흐를수록 극단적 대립 관계로 치닫게 된 것이다.

최초의 경쟁이 외부적 요인에 의해 이루어지긴 했으나, 이들은 시간이 흐를수록 화해하기보다 각자의 세계를 안정적으로 구축하기 위해 서로를 부정하고 승리를 쟁취하기 위해 애쓴다. 두 인물은 경희를 두고 계속 갈등을 이어가는데, '나'와 약혼한 사이나 다름없던 경희가 결국 전란 속에서 B의 아내가 되었고 이후 '나'에게 속죄하는 듯한 태도를 보이는 것은 두 인물을 통해 남북한의 미묘한 대립이 이어지고 있음을 부각하는 것으로 볼 수 있다. B가 모반 혐의로 체포되어 사형수가 되고 '나'가 B를 사수의 자격으로 마주하는 비극적 상황은 경쟁을 반복하던 남북한이 이데올로기 대립의 심화에 따라 서로의 관계를 회복할 수 없는 지경에 이름을, 그리고 두 인물이 해결점을 찾지 못한 채 B는 다른 사수에게 죽고, '나'는 극도의 빈혈로 쓰러지게 된 것은 외부 세계로 인해 촉발된 분열이 승자가 없이 남북한 두 세계 모두에 비극적 결말을 가져다 줄 것임을 암시한다.

이처럼 이 작품은 전후 현실의 모순과 그 속에서 살아가던 인간들의 삶을 치밀하게 묘사하면서, 강대국에 의해 분열된 남북한의 비극을 우의적으로 비판한 작품이라 할 수 있다.

심리 소설로서 부각되는 표현상 기법

「사수」의 개인의 심리 묘사에 치중한다는 점에서 심리 소설로 평가받는다. 특히 과거 '나'와 B 간의 오랜 경쟁 관계를 '나'의 서술로 압축적이고 속도감 있게 제시함으로써, 길지 않은 분량임에도 B와의 운명적인 대결 의식에 놓였던 '나'의 심리를 설득력 있게 그려 내고 있다.

이 작품에서 심리 소설적 특징에 기여하는 또 다른 요소는 시간의 역전적인 구성이다. 역전적 구성은 사건의 결론을 먼저 제시하고 이러한 결과에 도달하게 된 경위를 그리는데, 이는 문제의 원인을 부각하기 위한 유용한 장치로 활용된다. 시간의 역전적 구성은 심리 묘사에 치중한 전광용의 작품에서 자주 등장하는 기법으로, 「사수」 또한 그 시작을 병원에 입원한 '나'로 제시하며 과거 회상을 통해 현재 상황의 원인을 조명한다. 즉 의식이 혼미한 상태의 '나'가 오랜 인연 속에서 경쟁을 이루던 B와의 미묘한 관계를 회상하며, 그와의 운명적 대결 의식과 그 원인을 탐구하는 것이 이 작품의 주요한 서사 구조를 보여 주는 것이다.

한편 이 작품은 장면을 파편적으로 배치하는 구성 방식을 활용하는데, 이는 특히 작중에서 현재의 순간과 과거의 장면이 교차하는 부분에서 나타난다. 이런 구성 방식은 인물의 경험적 행위와 서술자의 내면 의식이 중첩되는 것처럼 보이게 함으로써 과거 B와의 사건이 현재의 '나'에게 지속적인 영향을 주고 있고, 현재의 '나' 또한 과거 사건에서 벗어나지 못한 상태에 놓여 있음을 환기하면서 작품의 심리 소설적 성격을 부각한다.

한국 전쟁을 겪은 당대 많은 작가가 전쟁의 극한 상황 속에서 실존주의나 휴머니즘 같은 서구 사조에 함몰되었던 반면, 전광용의 「사수」는 서구 문학의 전형적인 서사 기법을 수용하면서도 6·25 전쟁이라는 특수한 상황 속 인물의 심리를 섬세하게 묘사했다는 점에서 높은 평가를 받는다.

9 | 이호철, 판문점

수능 국어 대비
실전 국어 전형태

STEP

01 지문 분석과 OX문제

나BS 수능특강 | 현대문학

[앞부분 줄거리] 1960년대 초 판문점에서는 남북의 관계 회복을 위한 회의가 이루어졌고, 다른 외국인 기자들과 함께 이 현장을 취재하던 진수는 그곳
■ : 민족 분단의 아픔을 상징하는 장소   남한 사람의 보편적 인식을 대변하는 기자
에서 북한 여기자를 만나 대화를 한다.

"참, 저 남북 교류를 어떻게 생각하세요?"
　　　판문점 회의의 주제

그녀가 또 이렇게 물었다.   「 」: 개인 간의 교류는 쉬울지 몰라도 남북의 교류는 어려울 것이라 생각함.
북한 여기자   → 남북 교류에 대한 진수의 회의적 입장이 드러남.

"네? 교류요? 글쎄…… 결국 이렇죠.「지금 당신하구 나하구 교류가 가능해지지 않았습니까. 참 간단하게……. 그러나 이런 걸 고집해서 모든 것이
　　　　　　　　　　　　　　　　　　　　개인 간의 교류

다 이런 투로 될 수 있다고 생각하는 건 너무 소박하구 낙천적인 생각이지요」, 우리의 경위라는 것은 조금 더 착잡해요.《결국 객관적인 조건이 문제지
　　　　　　　　　　　　　　현재 실제로 존재하거나 실현될 수 있는 성질　　　　　　　북한은 영어를 쓰지 않아 북한 여기자는 '리얼리티'의 의미를 모를 것이라 생각함.
요, 우리나라를 둘러싼 객관적인 정세의 리얼리티를 리얼리티대로 포착하는 것》…… 참 리얼리티라는 말은 모르겠군."
　　　　　　　　　　　정치상의 동향이나 형세　　　　　　　　　　　《 》: 남북 교류를 위해서는 주변 국가들의 정치적 동향을 잘 살펴야 함.
진수는 얘기가 신명이 나지 않는 듯 뜨적뜨적 이렇게 말하곤 씽긋 웃었다.
　　　　남북 교류에 큰 관심이 없기 때문임.
"사실주의의 그, 그것 말이지요?"

"네, 네, 결국 그런 것요, 그런 것과 관련이 있는 문제거든요. 민족의 양식이라는 것도 현실적인 조건 앞에서 요새 와선 좀 변모를 했어요. 현실은
　　　　　　　　　　　　　　　　　　　　　한민족이라는 의식과 통일에 대한 염원
어떻게 해 볼 도리가 없게 되어 있지 않아요?"
남북 화합은 국제 관계에 영향을 받는다는 의미임. → 남북의 노력만으로는 화합이 어렵다는 생각이 드러남.
　그러자 그녀가 달래듯이 말했다.   『 』: 주변 강대국에 휘둘리지 않고 남과 북이 주체적으로 행동해야 한다고 생각함.
　　　　　　　　　　　　　　　　　　　　　　　　　　　　→ 남북 교류에 대한 북한 여기자의 낙관적 입장이 드러남.
"그렇지가 않아요. 조금도 복잡하지도 착잡하지도 않아요.『지극히 간단하지 않아요? 당신도 자기 운명을 자기가 쥐고 있다고 생각하시지요? 그렇지
않으세요? 그렇지요? 그러니까 간단하지요, 패배 의식과 우유부단은 못써요, 문제는 간단한 걸 괜히 복잡하게 생각하려고 대들어요. 교류를 하면 교류
　　　　　　　　　　　　　　　　　　　　남북 교류에 회의적 입장을 드러낸 진수를 비판함.
가 되는 거야요.』"
　　　　　　　　자신에게 도움이 되는지를 따져 헤아림.
"《그러나 경우로서의 타산이 있어요, 그런 본질론이 통하지가 않아요, 그렇게 간단히 생각하는 건 당신들로서의 경우이고 이편 경우는 또 이편 경우
　　　　　남북 교류를 방해하는 내적 요소　　　　　　　　　　　　　　　　　　　　　　　북한　　　　　　남한
거든요, 이편 경우의 내력이 또 있어요, 철저한 현실주의가 작용하는 거지요.》사실상 막 하는 말로 먹느냐 먹히느냐 하는 측면 아시지요? 우리 조금
　　　　　《 》: 남북 교류에는 당위성보다는 현실적 이해타산이 더 영향을 미친다고 생각함.　　　　　　남북 관계를 대결의 관점으로 봄.
더 솔직해져야겠군요. 그 이외의 모든 것은 방법에 불과해요."

　그러자 그녀는 두 눈을 깜짝깜짝했다.
　　　　　진수의 생각에 놀라는 북한 여기자의 모습을 묘사함.
"요컨대 피할 까닭은 없어요. 어떻게 생각하세요? 정치의 표준이라는 걸 어디다가 두고 계시나요? 어느 특정된 개인의, 혹은 집단의, 감정적인 장애
남한이 북한을 흡수하거나 북한에 흡수되더라도 그 결과를 피해선 안 됨.　　　　　↳ 자유주의와 사회주의 중 어떤 것이 표준이라고 생각하는지를 물음.
라든가 타성에서 오는 고집이라든가 우선 그런 건 제거되어야 하지 않아요? 선택할 권리는 묻혀서 사는 일반에게 있어요, 그 사람들에게 선택할 기회
오래되어 굳어진 좋지 않은 버릇　　　　　　　　　　　　　　　　사회를 구성하는 일반 시민
와 자유를 주어야 해요."
일반 시민의 자유로운 선택에 의해 정치적 결정이 이루어져야 함.
　그녀는 얼굴이 붉어지면서 좀 강렬한 어조로 이렇게 말했다. 진수가 응했다.
　　　　　　　　　　　　　　　　　「 」: 북한 여기자가 주장하는 선택의 자유가 북한에는 없음을 비판함.
"그렇지요, 선택할 자유를 주어야지요, 아무렴요.「당신들은 줍니까, 당신들 세계에서 자유라는 건 어떤 양상을 지니는가요? 자유조차 강제당하는 건

아니요?」 설사 그것이 당신들이 얘기하는 진보적 민주주의가 표방하는 선택된 몇 사람의 일정한 양식으로서의 옳은 강제라고 가정하더라도 말이지요,
북한이 말하는 자유는 결국 소수의 독재임. → 북한의 강압적 정치 현실에 대한 비판이 드러남.

팍팍하고 죄여 오고…… 어때요? 거기서 견딜 만해요? 솔직히 말하세요."

진수는 조금 신랄한 데를 찌른 듯하여 비죽이 웃었다.

그러자 그녀는 발끈했다.

《 》: 개인적 자유보다는 사회의 전체적인 규범이 더 중요함.

"신념이 문제지요, 자유는 허풍선과 같은 허황한 것일 수가 없어요.《자유의 진가는 일정한 도덕의식과 결부가 되어서 비로소 발휘되는 거지요, 자유
실제보다 지나치게 과장하여 믿음성이 없는 말이나 행동   도덕, 윤리

이전에 정의가 있어요. 그렇지 않으면 자유는 이용만 당해요》, 빛 좋은 개살구지요, 우리의 모랄의 기본이 뭣인지 아세요? 우리 전체가 나갈 바 방향이
                                                    겉만 그럴듯하고 실속이 없는 경우를 비유적으로 이르는 말

야요. 개인은 거기 한데 엉켜 있어요, 그리구 이 속에서 자유요, 결국 신념이 문제지요, 당신의 생각은 나태 그것이야요, 타락되고 싶다는 말밖에, 놀
북한은 개인보다는 국가와 민족의 이념을 더 중시함.   개인의 자유만 중시하는 진수의 태도를 비판함.

고 싶다는 말밖에 아니야요, 자유에 대한 옳은 인식도 없고 일정한 신념도 없고, 있는 것은 임시 임시 그날그날의 자기와 희부연 자기밖에 없어요, 비
                                  남한의 자유는 현실의 욕구 충족에 불과하다며 남한 사회 전체를 비판함.

트적거리고 주저앉고 싶은 자기……."

"그럼 자기를 팽개치고 무엇이 남아요? 놀고 싶고 나쁜 짓 하고 싶은 자유란 최고급이지요. 사람은 원래 그렇게 생겨 먹었어요. 그것을 크낙한 관용
        개인의 자유와 권리가 중요함.   인간은 개인적 자유를 추구하는 본성을 타고남.   크나큰

으로서 받아들일 수 있는 사회가 있어요. 부피와 융통이 있는, 그런 것이 적당히 용서가 되면서도 전체로 균형이 잡혀 있는…… 참, 어느 것이 허풍선
남한은 개인의 자유를 우선시함.   개인의 욕망 추구가 어느 정도 인정되면서 전체적으로는 질서가 잡힌

이냐 따질까요? 자기조차 팽개쳐 버린 신념덩이가 허풍선이냐, 그렇지 않으면 적당히 자기를……."
                개인보다 국가와 민족을 중시하는 북한 체제를 비판함.

"천만에, 자기가 없이 어떻게 신념이 있을 수 있어요? 자기를 왜 팽개쳐요? 완벽하고 명료한 자기는 신념에 밑받쳐 있어야 해요, 그렇지 않고는 흐
            북한도 개인을 신경 쓴다며 진수의 의견을 반박함.   개인이 완벽해지기 위해서는 이념이 필요함.

늘흐늘하고 비트적거리는 자기의 검불만 남아요, 그리구 『당신의 자유에 대한 견해도 썩어빠진 거야요, 한마디로 썩어 빠진 거야요, 쉰 냄새가 나요, 곰

팡이 냄새가…… 어마아, 고런 논리가 어디 있어요?』"
                『 』: 개인의 자유만을 주장하는 진수의 생각을 비판함.

"있지요, 있구말구, 사람이 지니고 있는 내면의 부피와 깊이는 한이 없어요, 당신들은 사람도 어떤 효율의 데이터로 간주하구 있어요. 당신들 사회에
                    개인은 각자의 특성이 다름.   개인이 아닌 전체만을 생각하는 북한의 체제를 비판함.

서의 모랄의 질(質)이 대개 짐작이 되는데 일면적인 거지요."
                            북한의 획일성을 비판함.

"아니야요, 다만 지금 우리들의 현실이 다급해 있다 뿐이지요. 원인은 그것뿐이야요."

"참 도스토옙스키나 셰익스피어를 아시오? 어떻게 생각하시요?"

"알아요, 「도스토옙스키는 약간 자신을 희화화하여 놓고 필요 이상으로 비장한 몸짓을 하는 도시 소시민의 사변 철학이고, 셰익스피어는, 셰익스피어

는…… 시민 사회가 싹트기 시작하는 사회의 여러 모를 부피 있게 부각시켰어요」."
                        「 」: 전체주의의 폭력성을 비판한 소설가 도스토옙스키는 비판하고, 시민 사회를 옹호한 소설가 셰익스피어는 긍정함.

"무서운 추상이로군."
자신의 체제에 도움이 되는 사상은 받아들이고, 그렇지 않은 사상은 배척하는 북한의 경직성을 비판함.

진수가 이렇게 말했다.

"아니야요 본질이 그래요, 세부에 구애되지 말고 큰 윤곽으로 포착해야 해요."
                        개인보다는 전체가 중요함.

마침 좀 전의 그 외국인 여기자가 옆으로 지나가고 있었다. '오우 원더풀' 히쭉 웃으면서 이런 표정을 했다. 그리하여 잠시 얘기가 끊겼다.《좀 뜸하

다 했더니, 좀 전에 요란스럽게 지껄이던 안경잡이와 그 '누님'께선 같이 사진을 찍고 있었다. 그 누님은 그냥 키들거리고 웃었다.》회담 장소 건너편
                    《 》: 분단의 아픔을 상징하는 판문점을 관광지처럼 즐기고 있는 외국인들의 모습 → 분단의 비극성 강조

쪽 처마 밑에서는 양편 사람들 대여섯 명이 우르르 붙어서 실랑이질을 하고 있었다.
                    냉랭한 남북 회담의 분위기를 비유적으로 표현함.   ↗ 회담의 내용

들여다보이는 회담은 바야흐로 서릿바람의 도가니였다. 납치한 어부들을 당장 송환하라는 것이었다. 기본 내용을 알아서 그런지 자상한 내용은 들리

지 않고 그저 스피커 소리가 귀에 윙윙하기만 했다. 「저편은 울부짖고 이편은 전혀 무관심의 표정이고, 이편이 울부짖으면 저편엔 섬세한 야유조가 지
「　」: 서로 소통하고 공감하려는 의지가 없는 회담 참여자들의 모습을 묘사함.

나가고, 드디어 저편에선 책상을 두드리고, 순간 맞은편에 앉은 이편 사람은 시끄럽구면, 왜 이리 야단이여, 이쯤 조금 어리둥절한 눈짓을 하고, 비로소

스프링이 달린 쇠붙이 의자를 한번 들썩이고, 헛기침을 하고, 똑똑히 들으란 말이여, 별로 쓸모없는 소리지만, 이렇게 미리 다지기나 하듯이 상대편을

일순간 맞바로 쳐다보고, 그리곤 내리읽고…… 이번엔 스피커에서 영어가 울리고…… 서릿바람이 일고…… 이런 것의 연속이다.」

(중략)

동편 쪽에 세로 섰던 빛기둥도 어느새 사라지고 더욱 어두워졌다. 비로소 사람들은 머리를 들고 조용해졌다. 하늘을 올려다보고 혹은 들판을 내다보
소나기가 내리려고 날씨가 어두워짐. → 시간의 흐름

았다. 그러고는 정신을 차리듯이 수선대었다.

비가 쏟아지기 시작했다.

생철 지붕이 와당와당 와라랑 하자 울부짖던 스피커 소리가 아득해졌다. 망 위엔 보얀 빗물 안개가 서리고 하늘과 땅이 그대로 굵은 물줄기로 이어
음성 상징어를 통해 빗물이 지붕에 떨어지는 소리를 생동감 있게 제시함.

졌다. 순간 회담 장소 안에 앉은 사람들도 일제히 밖을 내다보며 눈이 휘둥그레졌다. 야하, 굉장한 소나기군, 모두 이렇게들 생각하는가 보았다. 그 놀
첨예한 갈등이 오가던 회담장의 분위기가 소나기로 인해 일시적으로 완화됨.

랍도록 일률적인 표정이 기묘한 역설을 의식하게 했다. 늘어선 경비원들이 처마 밑이나 조금이라도 비를 피할 수 있는 곳으로 피해 서고, 둘레에 서 있
소나기를 본 사람들의 반응이 놀라울 정도로 같음. → 남북 화합의 가능성이 있음을 암시함.

던 사람들도 하나둘 급기야 이리저리 엇갈리며 괴이한 소리를 내지르면서 막사로 뛰기 시작했다. 그 필사적인 분위기가 전염이 되어 모두가 와르르 헤

쳐졌다. 순간 진수는 덥석 그녀의 손을 잡았다. 그녀도 화닥닥 놀란 김이라 손을 잡힌 채 같이 뛰었다. 앞에 지프차가 가로 섰다. 진수는 그 문을 열고
■ : 진수와 북한 여기자가 가까워지는 공간

그녀를 올려 앉혔다. 그녀는 같이 뛰는 사람이 누구인지도 딱히 모르고 덮어놓고 올라탔다. 진수도 곧 지프차에 올라타자 문을 닫고 문고리를 채웠다.
엉겁결에 진수와 함께 지프차에 올라탐.

어마아, 비로소 그녀는 이런 표정이 되더니 문을 열고 와락 나가려고 하였다. 그녀의 손을 다시 잡았다. 그녀는 온 상판이 무섭게 찌그러지며 사무친
얼굴
진수가 자신을 남한으로 데려가기 위해 납치한 것이라고 오해함.

애걸 조로 바라보았다.

"안심해, 그편 차니까." / 진수가 이렇게 말했다.
북한 차를 탄 것이라며 북한 여기자를 안심시킴.

그녀는 무슨 암시나 받은 것처럼 활짝 피어나듯 웃었다. 그러나 사실은 거짓말이었다. 아직 어느 쪽 차인지 알지 못했다.

OX문제

01 비유적 표현을 활용하여 인물의 은밀한 행동 양상을 드러낸다. [2020학년도 6월]　　　　　　　　(O / X)
02 서술자가 특정 인물의 시선을 통해 인물의 특징을 관찰하여 알려 주고 있다. [2025학년도 9월]　　　(O / X)
03 공간의 이동에 따라 일어나는 사건을 통해 인물들의 외적 갈등을 심화하고 있다. [2021학년도 수능]　(O / X)
04 '진수'는 일반 시민에게 정치적 결정을 선택할 기회를 주어야 한다는 '북한 여기자'의 생각에 동의하였다.　(O / X)
05 '진수'는 개인의 자유보다 정의나 신념을 중시하는 북한 체제를 허풍선과 같다며 비판하고 있다.　　　(O / X)

STEP 02 작품 해제

01 | 주제

분단의 아픔과 고착된 이데올로기

02 | 특징

① 인물과 대화를 통해 첨예한 이념의 갈등을 드러냄.
② 비유적 표현을 사용하여 체제의 모순을 드러냄.
③ 인물의 상상을 통해 분단의 모순을 우회적으로 비판함.

03 | 작품 해제

「판문점」은 민족 분단의 비극을 상징하는 1960년대 초의 판문점을 배경으로 고착화된 남과 북의 이데올로기의 장벽을 밀도 있게 형상화한 소설이다. 이 작품은 분단의 당사자가 아닌 사람들에게는 단순한 관광지로 전락한 판문점을 공간적 배경으로 하여 현실의 비극성을 부각하고 있다. 또한 진정한 소통이 이루어지지 않는 진수와 북한 여기자의 모습과 날카로운 대립이 오고가는 회담장 내부의 모습은 이질적 국가 체제와 사고방식으로 인해 남북한의 갈등이 심화되는 현실을 보여 준다. 이를 통해 작가는 남한의 타락상과 북한의 경직성을 동시에 비판함으로써 분단의 모순된 현실을 고발하였다.

04 | 등장인물

- 진수 : 이데올로기보다는 개인의 자유를 중시하는 자유주의적 성향을 가진 인물. 북측 여기자와 남북 체제에 대한 이야기를 나누는 과정에서 개인에게 관용을 베풀지 않고 사람을 효율로만 판단하는 북한 체제를 비판한다.
- 북측 여기자 : 개인의 자유보다는 국가나 정의, 신념을 중시하는 인물. 남한은 자유로움을 가장한 나태한 사회라고 평가하며 남한 체제를 비판한다.

05 | 상세 줄거리

형의 집에 얹혀사는 신문 기자인 진수는 판문점에서 벌어지는 남북 회담을 취재하고자 판문점으로 향하는 버스를 탄다. 그는 몸조심하라고 당부하던 형님의 말이 생각났다. 버스 안에서 외국인 기자들의 웃음소리와 잡담은 이역(다른 나라의 땅)의 분위기로 무르익어 있었다. 그것은 집에서 형과 형수에게서 느껴지는 미묘한 이역감이 아니라 뚜렷한 이역감이었다.

진수는 판문점에 도착해 북측 기자들을 만나게 된다. 회담이 시작될 무렵 붉은 완장을 두른 북측 여기자가 진수에게 서울이 어떠냐며 말을 걸어오고, 이를 계기로 진수와 북측 여기자는 남북 체제에 대한 토론을 벌인다. 하지만 체제와 신념 문제 등으로 진수와 북측 여기자는 합의점 없는 대화를 주고받으며 갈등하게 된다. 그러던 중 갑작스럽게 소나기가 내리자 진수는 북측 여기자의 손을 잡고 지프차에 올라탄다. 엉겁결에 진수와 함께 차를 타게 된 그녀는 진수가 자신을 남한으로 데려가기 위해 납치한 것으로 오해하고 염려하는 기색을 보인다. 이에 진수는 농담을 하며 당황한 그녀를 안심시키고, 둘은 속내를 담은 대화를 나누며 가까워진다.

취재를 마치고 서울로 돌아오자, 형은 형식적인 질문을 하였고 진수는 괜찮았다고 대답했다. 진수는 제 방에 가서 잠을 청했으나 잠이 오질 않았다. 북측 여기자의 재잘대던 목소리가 지금도 귓가에 들리는듯했다. 그는 잠시 상상의 날개를 펴 보았다. 2백 년쯤 뒤 판문점이 사라지고 판문점이라는 단어는 고어가 되어 사전에서나 찾을 수 있을 그런 때를 상상해 보았다. 이 나라에 있었던 해괴망측한 잡물로 사람으로 치면 가슴패기에 난 부스럼 같은 거였다고 생각한다.

시간이 흘러 취재를 위해 다시 판문점에 간 진수는 경계심이 더 강해진 북측 여기자를 바라보며 씁쓸함을 느낀다.

분단 현실에 대한 이호철의 인식

「판문점」이 분단 문학의 정점으로 설 수 있었던 것은 이호철이 지니고 있는 역사의식 때문이다. 「판문점」은 민족 분단의 상황을 '문'이라는 이중적 의미로 풀어냈다는 점에서 주목할 만하다. 그러한 인식은 많은 작가들이 분단의 상황을 '장벽'의 이미지로 그려내고 있는 점과는 큰 차이를 드러내 주기 때문이다. 작가는 '문'의 속성을 통해 닫혀 있음에도 불구하고 언제든지 열릴 수 있다는 상황의 이중성을 암시하고 있다.

작가는 진수의 상상적인 생각을 통해서 분단의 상징적인 공간인 판문점을 '해괴망측한 잡물', '가슴패기에 난 부스럼'과 같은 존재로 진단함으로써 분단이 비정상적·병적인 상황이라는 의식을 표출시키고 있다. 또한 작가는 '판문점'을 역사 속에 있었던 한 시대의 산물로 규정하고 있다. 그것은 곧 '판문점'이 어느 시대인가 폐기될 대상일 뿐이라는 사실을 전제로 하고 있는 것이다. 다만 그 폐기의 노력이 우리 민족 안에서 주체적으로 이루어져야 한다는 것을 지적한다. 그리고 '판문점'과 '분단'의 문제를 한 시대의 공통된 산물로 파악하고 민족 스스로 주체성을 가지고 해결하려는 책임 있는 노력을 촉구하고 있기도 하다. 작가는 「판문점」을 통해 한 시대, 역사의 산물인 판문점을 없애는 일, 즉 분단을 극복하는 일은 우리 민족 자체적으로 해결해야 할 일이며, 분단을 그냥 방치했을 때 그것은 점점 더 굳어져 가는 현실이 될 뿐이라는 인식을 드러내고 있다.

「판문점」에서 나타난 이역·이질감

「판문점」은 분단 현실이 주는 이역·이질감과 상호 불통의 분위기를 짙게 환기시켜 주고 있는 작품이다. 주인공 진수와 위엄을 부리며 작위적인 진지성을 보이는 그의 형 사이에서 나타나는 미묘한 이질감과 거리감, 판문점으로 가는 버스 속에서 외국 기자들이 풍기는 이역 분위기, 판문점에서의 북쪽 경비원과 기자들의 모습과 쌀쌀한 인사 그리고 북쪽 여기자가 느끼게 하는 이역의 냄새 등이 이 소설을 지배하고 있다. 이러한 이역·이질감은 자본주의 사회 구조가 파생시킨 형식적 인간관계를 환기하고, 경계와 방어 태세로 말미암아 불통하는 남북 간의 장벽을 환기시켜 분단의 시대를 살아가는 개인과 사회의 분위기를 은연중에 드러내고 있다.

「판문점」에서 기대한 작가의 의도는 분단된 민족의 비극성을 극복하기 위한 근원적 에너지로서 이역감과 이질감을 초월한 민족애를 제시하자는 데 있다. 그리고 우리에게 주어진 편협하고 위압적이었던 금기의 세계를 깨뜨리고, 남북한의 의견 교류를 시도한 것이 이 작품이 지닌 문학적 의의라고 볼 수 있다.

10 | 김승옥, 차나 한잔

STEP 01 지문 분석과 OX문제

오늘 아침에도 그는 설사기 때문에 일찍 잠이 깨었다. 자리에서 일어나기가 싫어서 참을 수 있는 데까지 참아 보려고 했다. 그러나 배가 뒤끓으면서
<u>설사로 고생하고 있는 '그'의 상황이 제시됨.</u>

벌써 항문이 옴찔거려서 견디어 낼 수가 없었다. 휴지를 챙겨 들고 변소로 갔다. 어제저녁에 먹은 구아니딘이 별로 효과를 내지 못한 모양이다. 변소에
<u>설사약</u>

쭈그리고 앉아서 그는 자기의 배앓이에 대해서 생각해 보았다. <u>과식을 했다거나 기름진 것을 먹은 적도 요 며칠 안엔 없었다.</u> 있었다면 좀 심한 심리의
<u>'그'의 배앓이가 음식 때문이 아님을 알 수 있음.</u>

긴장 상태뿐이었다. 신문에서 자기의 연재만화가 요 며칠 동안 이따금씩 빠져 있었기 때문에 그는 나쁜 예감으로 불안해 있었던 것이다. 재미가 없었던
<u>배앓이의 실제 원인 → '그'의 만화가 근래 신문에 실리지 않았기 때문에 심리적으로 긴장함.</u>

것일까 하고 생각하며, 그래도 여전히 그날분의 만화를 그려서 가지고 가면, 문화부장은 여느 때와 똑같은 태도로 만화를 받아서 여느 때와 똑같이 열

심히 그것을 보고 나서 여느 때와 똑같이 아주 우스워서 못 견디겠다는 듯이 오랫동안 고개를 끄덕이며 껄껄거리고 나서,

"좋습니다. 아주 걸작입니다."
<u>이어지는 내용을 고려할 때 진정성 있는 칭찬이라고 보기 어려움.</u>

라고 말하는 것이었다. 그러면 그는, 문화부장의 태도에 다분히 과장이 섞인 것을 보면서도 역시 겨우 안심을 하고 묻는 것이었다.
<u>문화부장의 태도가 과장된 것임을 알면서도 그의 칭찬에 안도감을 느끼는 '나'의 모습</u>

"오늘 치는 빠졌더군요."

그러면 문화부장은 안경을 벗어서 양복 깃에 닦으면서, / "아, 기사 폭주 관계입니다."
<u>다른 기사의 양이 많아 '그'의 만화가 실리지 못한 것이라 이야기함.</u>

라고 간단히 대답하는 것이었다. 그 이상 더 물을 수가 없어서 그는 자신을 안심시켜 가며 데스크 위에 흐트러져 있는 경쟁지들과 일본에서 온 신

문들 그리고 통신사에서 배달된 유인물을 대강 훑어보고 나서 나오는 것이었고 <u>그다음 날 아침 신문을 보면 또 만화가 빠뜨려진 채 배달되곤 했다.</u> 오
<u>'그'의 만화가 누락되는 날들이 계속 이어짐.</u>

늘도 기사 폭주 때문일까 하고 문화면을 살펴보는 것이지만 썩 대단한 기사들이 실린 것도 아닌 데다가, '그렇다면, 그건, 만화가 꼬박 꼬박 나올 때엔
<u>기사 폭주 때문에 '그'의 만화가 실리지 못한 것이라는 문화부장의 말에 대한 신뢰도가 떨어짐.</u>

한 번도 기사 폭주가 없었단 말인가?' 하는 의혹이 생기는 것이었다.

■ : 해고 소식을 전하기 위해 건넨 형식적인 말
→ 진정성이 결여된 어법으로 도시의 비정한 인간관계를 상징적으로 드러냄.

[중략 부분 줄거리] 예감처럼 결국 그는 신문사에서 해고를 당하게 되고, 문화부장은 그에게 <mark>차나 한잔</mark>하자며 다방으로 데려가 위로 아닌 위로를 건넨

다. 그는 다른 신문사에 만화 연재를 부탁하러 가지만 그곳에서도 거절을 당하고, 선배 만화가 김 선생을 만나 술을 마시며 이야기를 나눈다.

"제가 군대 있을 때 말입니다." / 그는 말했다.

"남들은 제가 정훈으로 떨어졌다고 부러워했거든요. 편할 거라는 거죠. 그렇지만 전 말예요, 총대를 쥐지 않으니까 말이지요, 군인 기분이 안 났거든
<u>군인을 대상으로 한 교양, 이념 교육 및 군사 선전, 대외 보도 따위에 관한 일</u>　　　　　　　　<u>군인이 맡는 본질적인 업무를 하지 않은 '그'는 군인으로서의 기분을 느끼지 못함.</u>
요." / 그는 취해 오는 것을 느끼며 말했다.

「"아마 그때 총대를 쥔 사람들이 지금은 안정된 직장에들 앉아 있겠지요? 저는 항상 만화만 붙들고, 남들은 편하려니 부러워하지만 실상은 불안해서

어쩔 줄 모르고 말입니다."」「　」: 남들과 달리 안정적이지 못한 만화가의 길을 걷고 있는 자신의 처지에 대한 '그'의 심리 → 불안감

"그럴까?" / 김 선생이 말했다.

같이 어울려 다니는 사람의 무리
〈"술이 없으면 말야······." / 그들의 뒤쪽에 앉아 있는 패들의 하나가 소리쳤다.

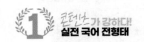

"인생이란 말야……." / "허, 또 나오시는군."　　　　〈 〉: '그'와 김 선생의 뒷자리에 앉은 무리의 대화

"허, 저 소리 듣기 싫어서 이젠 술 끊어야겠어." / 누군지가 소리쳤다.〉

『"문화부장이 차나 한잔하자고 하더군요."
'그'에게 해고 소식을 전한 인물(ⓐ)

　　그는 속으로는, 자기가 만화 연재를 부탁하러 갔던 문화부장을 생각하면서 말하고 있었다.
　　　　　일하던 신문사에서 해고당한 후 만화 연재를 부탁하러 갔던 다른 신문사의 문화부장(ⓑ)

"다방에 가서 그 양반이 그러더군요. 사람 웃기는 방법의 몇 가지 패턴을 안다고 곧 만화가가 되는 것이 아니다. 바로 그 양반이 그랬어요. 두꺼비
　　　　　　　　　　　　　　　　　문화부장(ⓐ)이 '그'의 만화가로서의 자질을 무시하는 발언을 함.

같은 눈알을 부라리면서 말입니다."
　　　　　　　　　　■ : '그'의 속마음이 직접 제시됨.

찻값을 앞질러 내 버리던 그 키가 작달막한 문화부장, 날 무척 무안하게 해 줬었지.

"그러면서 말입니다. 너는 미역국이다, 이거죠."
　　　　　　　'직위에서 떨려 나가다.'라는 의미의 관용 표현　　　　　　　　『 』: 김 선생에게는 ⓐ의 얘기를 하면서 마음속으로는 ⓑ를 떠올림.

자기네 사장이 얼른 뒈져 달라는 기도를 하라던 그 사람. 난 참 면목이 없어서 혼났지.』

"차나 한잔. 그것은 일종의 추파다. 아시겠습니까, 김 선생님?"
　　　　　　　　　환심을 사려고 아첨하는 태도나 기색

　　그는 혀가 잘 돌아가지 않았다. / "그것은 내가 그 속에서 성실을 다했던 하나의 우연이 끝나고……."

　　그는 술을 한 모금 꿀꺽 마셨다.

"새로운 우연이 다가온다는 징조다. 헤헤, 이건 낙관적이죠, 김 선생님?" 그는 김 선생이 방금 비워 낸 술잔에 취해서 떨리는 손으로 술을 따랐다.

　　"차나 한잔, 그것은 이 회색빛 도시의 따뜻한 비극이다. 아시겠습니까? 김 선생님, 해고시키면서 차라도 한잔 나누는 이 인정, 동양적인 특히 한국적
겉으로는 따뜻한 정을 보이는 것 같지만 실제로는 삭막하고 비정함을 나타냄.

인 미담…… 말입니다."

　　"그, 어린이 신문에 그리고 있는 거라도 열심히 하고 있게. 기다리면 또 뭔가 생길 테지."
어린이를 대상으로 하는 주간 신문에 '그'가 연재하고 있는 만화로, 우주의 용사 '아톰 X군'을 주인공으로 함.

　　김 선생이 술잔을 들면서 말했다. / "자, 드세."
　　　　　　'차나 한잔'이라는 문화부장(ⓐ)의 형식적 위로와 대비되는 김 선생의 진정성 있는 위로

　　그는 자기의 술잔을 잡으려고 했다. 잘못해서 술잔이 넘어져 버렸다. 그는 손가락 끝에 엎질러진 술을 찍어서 술상 위에 '아톰 X 군'의 얼굴을 그리

기 시작했다.

　　"자, '아톰 X 군', 차나 한잔하실까? 군과도 이별이다. 참 어디서 헤어지게 됐더라."
　　　　　　　　　　　　더 이상 만화를 그리지 않을 것임을 나타냄.

　　그는 그림을 그리고 있지 않는 다른 손으로 자기의 이마를 한번 찰싹 때렸다. 골치가 쑤셨기 때문이다.

　　"오, 화성인들의 계략에 빠져서 군이 포로가 되어…… 바야흐로 생명이 위험해져 있는 데서 '다음 호에 계속'이었군……. 미안하다, '아톰 X 군'……

사람들은 항상 그런 걸 요구하거든. 아슬아슬한 데서 '다음 호에 계속'."

　　그는 다 그려진 '아톰 X 군'의 얼굴을 다시 손가락 끝에 술을 찍어서, 지우기 시작했다.
　　　　　　　　만화가로서의 자신을 부정하려는 행동 → 현실에 대한 좌절

"미안하다. '아톰 X 군'. 어떻게 군의 힘으로 적진을 뚫고 나오기 부탁한다. 이제 난…… 힘이 없단 말야. 나와 헤어지더라도…… 여보게, 우주의 광

대하고." / 그러면서 그는 양쪽 팔을 넓게 벌렸다.

　　"어두운 공간 속에서 영원한 소년으로 살아 있게." / 그들은 밤늦도록 그런 식으로 술집에 앉아 있었다.

　　김 선생이 부축해서 태워 준 택시를 타고 그는 집으로 왔다. 택시 안에서 그는 술이 좀 깨어 있었다. 그는 택시에 탈 때 김 선생이 쥐여 준 서류용

봉투를 택시에서 내릴 때 그대로 두고 내렸다.

"또 술을 먹고 와서 미안하오." / 그는 방문을 열면서 아내에게 말했다.

"퍽 취하셨네요." / 아내는 남편이 반가워 껑충거리듯이 뛰어나왔다.

"배 아프시던 건 좀 어떠세요?" / "클로로마이신을 먹었어. 클로로마이신을 말야. 흉터가 있더군."
_{항생제의 일종}   _{약을 건넨 약사의 손에 큰 흉터가 있었음.}

"어디에 흉터가 있어요?" / "어디긴 어디겠어? 클로로마이신에지."

"정말 취하셨어요." 아내는 그를 이불 위로 눕혔다. 옆방에서 재봉틀 돌아가는 소리가 들려오고 있었다.
_{옆방 아주머니가 밤늦게까지 재봉틀 일을 하며 생계를 이어감. / 방음이 잘 안 된다는 점에서 '그'의 가난한 처지가 드러남.}

"어지간히 성실하게 사는 척하지?" / 그가 말했다.

아내는 자기의 손으로 남편의 머리카락을 쓸어 넘기고 있었다. 그때 옆방에서 방귀 소리가 둔하게 벽을 흔들며 들려왔다.

"그래도 별수 없이 보리밥만 먹는 신센데요, 네?"
_{옆방 아주머니가 성실하게 살면서도 가난한 처지를 벗어나지 못함을 의미함.}

《아내가 킬킬거리며 그의 귀에 대고 속삭였다. 그만해 두자, 아내야. 그는 갑자기 웃음이 터졌다. 하하하하……? 꽤 오랫동안 웃었나 보다. 아주머니
_{《 》: '그'의 속마음이 서술자의 진술과 구분 없이 혼재되어 나타남.}

가 지금 무안해하고 있나 보다. 재봉틀 소리가 그쳐 있었다. 돌려요, 아주머니, 어서 재봉틀 돌려요. 웃음소리가 잠꼬대였던 것처럼 할 수는 없나 하고

그는 생각했다. 그러면서 아까 낮에 버스 칸에서 자기에게 자리를 내주던 영감을 생각하였다. 아주머니, 그건 건강한 증거입니다. 돌려요, 어서, 돌려요.
_{배앓이를 심하게 하는 '그'에게 영감이 자리를 양보해 줬음.}

그사이에 재봉틀이 다시 돌아가는 소리가 들리고 있었다. 흥, 방귀 좀 뀌었기로서니 하며 입술을 삐죽 내민 아주머니의 얼굴이 보이는 듯하다. 그럼요,

아주머니, 방귀 좀 뀌었기로서니 재봉틀 소리를 죽여야 할 거까지는 없습니다. 돌려요, 어서요.》

그는 두 팔로 아내의 상반신을 껴안았다. 그러면서, 앞으로 자기도 아내를 때리게 되는지 알 수 없다는 생각이 문득 들었다. 그러자 앞으로 다가올,
_{경제적 불안정으로 궁지에 내몰리면 자신이 어떻게 변할지 모르겠다는 불안감이 듦.}

아직 확인되지 않은 수많은 날들이 무서워져서 그는 울음이 터질 뻔했다.
_{막막한 미래에 대한 공포감}

그는 아내를 껴안고 있는 자기의 팔에 힘을 주었다.
_{아내에 대한 마음이 변치 않게 하겠다는 의지}

OX문제

01 사건에 대한 중심인물의 내적 반응을 중심인물 자신의 목소리를 통해 제시하고 있다. [2023학년도 9월]   (O / X)

02 두 공간에서 동시에 일어나는 사건을 병렬적으로 배치하고 있다. [2023학년도 6월]   (O / X)

03 '그'는 "차나 한잔"이라는 말을 통해 삭막한 도시에서도 따뜻한 정을 느꼈다며 감사해했다.   (O / X)

04 '그'는 김 선생에게 만화 연재를 부탁하러 갔던 문화부장에 대해 말하면서 속으로는 해고 소식을 알린 문화부장을 떠올렸다.   (O / X)

05 인물 간의 대화를 통해 주인공이 처한 상황과 내면을 드러내고 있다. [2013학년도 9월]   (O / X)

02 작품 해제

01 | 주제

현대 사회의 비정함과 도시인의 비애

02 | 특징

① '차나 한잔'이라는 상징을 통해 도시의 비정한 인간관계를 보여 줌.
② 인물의 내적 심리가 작품 밖 서술자의 진술과 구분 없이 제시됨.
③ 3인칭 제한적 시점으로 특정 인물의 상황과 심리를 전달함.

03 | 작품 해제

「차나 한잔」은 1960년대 도시에서 만화가로 살아가던 '그'가 해고되는 과정을 통해 비정한 인간관계와 개인의 소외를 드러내고 있는 작품으로, '차나 한잔'의 상징성을 통해 주제 의식을 전달하고 있다. 갑자기 기울어진 가세 때문에 신문에 만화를 연재했던 작가의 개인적 경험담이 반영된 것으로 알려져 있으며, 인물의 내면 심리가 3인칭 서술자의 진술과 혼재되어 나타난다는 것이 특징이다.

04 | 등장인물

- 그 : 신문에 만화를 연재하며 살아가던 인물로, 어느 날 '차나 한잔' 하러 가자는 문화부장으로부터 해고 소식을 듣게 된다. 다른 신문사에서도 만화 연재 요청을 거절당하자 절망감과 불안함을 느낀다.
- 문화부장 : '그'가 만화를 연재하던 신문사의 문화부장. '그'에게 '차나 한잔' 하자는 형식적 위로를 건네며 해고를 통보한다.
- 김 선생 : '그'가 만화를 연재하던 신문사에서 근무하는 선배 만화가로, '그'와 함께 술을 마시며 진정 어린 위로를 건넨다.
- 아내 : 술에 취한 남편을 보살펴 따뜻한 인정을 느낄 수 있도록 하는 인물.

05 | 상세 줄거리

신문에 만화를 연재하며 생계를 이어가는 '그'는 며칠 간 자신의 만화가 신문에서 빠져 있자 심리적 긴장을 느끼며 배앓이를 한다. '그'는 자신의 만화가 빠진 것에 대해 문화부장에게 묻지만, 문화부장은 기사 폭주 때문이라며 시원치 않은 대답을 한다. 집에 돌아간 '그'는 오늘분의 만화를 구상하다가, 자신이 어린이를 상대로 하는 주간 신문에 연재하고 있는 만화의 주인공 '아톰 X군'을 떠올린다. 그리고 만화 일을 시작하게 된 자신의 과거를 회상하며, 주 수입원인 만화 연재를 못할 수도 있겠다는 불안을 느낀다. 다음날 신문사 편집국으로 향한 그는 자신의 예감이 맞겠다는 생각을 하고, 아니나 다를까 문화부장은 차나 한 잔 하러 가자며 '그'를 다방으로 데려가 해고 소식을 전한다. 문화부장과 헤어진 후 다른 다방을 찾아가 자신의 처지에 대해 골몰하던 '그'는 아직 연재만화가 실려 있지 않은 신문사 하나를 떠올리고, 그곳에 찾아가 자신의 만화를 연재해 달라고 요청해야겠다고 생각한다. 신문사로 향하는 버스를 탄 '그'는 배앓이가 심해져 고통스러워하는데 이를 본 영감이 '그'에게 자리를 양보해 준다. '그'는 버스에서 내리자마자 신문사의 건물 안으로 들어가고, 해당 신문사의 문화부장과 만나 이야기를 나눈다. 그러나 만화 연재를 요청하는 '그'에게 문화부장은 인색한 사장 때문에 만화 연재는 엄두도 못 낸다며 시답잖은 농담만 건네다 찻값을 먼저 계산하고 나가 '그'를 무안하게 만든다. 다방을 나온 '그'는 누구라도 좋으니 이야기를 나누고 싶다는 생각을 하고, 엊저녁 술을 사 준 선배 만화가인 김 선생을 불러낸다. '그'는 자신의 처지를 이야기하며 한탄하고, 김 선생은 '그'에게 위로를 건넨다. 취한 채 집으로 돌아온 '그'를 아내가 반갑게 맞이하고, '그'는 미래에 대한 불안함을 느끼며 아내를 껴안는다.

03 논문으로 만나는 출제자의 시선

「차나 한잔」에 나타난 심신 의학적 상상력

김승옥의 「차나 한잔」은 만화가 '이아무개'가 해고의 불안을 겪으면서 배앓이에 시달리는 이야기이다. 실제로 작가 김승옥은 대학생 시절 『서울경제신문』에 1960년 9월 1일부터 1961년 2월 14일까지 167일간 시사만화 「파고다 영감」을 연재했다. 또한 교내 신문 기자로 「학원만평」 등을 그리며 졸업 때까지 활동하기도 했다. 작가의 만화가로서의 실제 경험과 취직자리 하나 변변치 않던 1960년대의 시대적 분위기는 「차나 한잔」의 창작 배경을 이룬다. 이 소설의 주인공 만화가는 만화가 재미없다는 이유로 신문에 실리지 못하게 된다. 남을 웃겨야 하는 그가 남을 웃기지 못해서 울상을 짓는 곤경에 처하게 된 것이다. 곤경에 처하자 그의 몸이 먼저 격렬하게 반응한다.

그는 자신의 설사와 배앓이가 특별한 육체적 원인을 생각해 내기가 어려운, 심리적 긴장 때문이라고 자각하고 있다. 신문에 자신의 연재만화가 빠진 것에 대해 문화부장은 기사 폭주 때문이라고 가볍게 변명하지만, 주인공은 그 이유를 신뢰하지 못하고 불안해한다. 주인공의 상태는 단순한 설사가 아니라 몸과 마음, 그리고 삶의 전반에서 위기를 감지한 심신의 불안 상태였다.

배앓이를 고백하는 주인공에게 신문사의 문화부장과 다른 인물들은 '크로로마이신'을 복용해 보라고 권한다. 그 말을 듣고 주인공은 몇 번이나 반복적으로 이 약의 이름을 떠올리면서 다급하게 복용해야겠다고 다짐한다. 하지만 다른 신문사에 만화 연재를 부탁하자는 생각이 급해 당장 실현하지 못하고, 부탁을 거절당하고 나서야 약국에 들러 사 먹을 수 있게 된다. 이 소설에서 몇 번씩이나 언급되고 있는 항생제 크로로마이신은 1950년대 후반과 60년대 초반 다양한 증상에 효용이 있는 가정상비약처럼 홍보·인식되고 있었다.

소설 속에서 주인공은 주변 인물들의 강한 권유에 따라 설사와 복통을 멈추게 하려고 크로로마이신을 찾는다. 여기서 크로로마이신은 설사와 신경쇠약, 즉 심신 상관적 증상으로 고통 받는 우울한 남성 주체의 고통과 치유 의지를 구체화한 상징적 기호라 할 수 있다. 주인공의 배앓이와 설사, 불안과 신경과민 등은 직업적 불안정이라는 사회적 요인이 근본적인 원인이 되었다는 점에서, 이 약의 효과는 불행히도 제한적일 수밖에 없을 것이다. 크로로마이신에 흉터가 있더라는 주인공의 말은 일차적으로는 약사의 손에 있던 흉터를 가리키는, 취중의 무의식적 실언/농담이지만, 동시에 그 약으로도 자신이 온전히 치유되기 힘들 것임을 암시하는 말이기도 하다.

다음 글을 읽고 물음에 답하시오. [교육청 기출 변형]

편집국 안에 들어섰을 때, 그가 두려워하고 있던 예측이 이젠 어쩔 수 없게 된 것을 최초로 그에게 느끼게 해 준 것은 국내(局內)에서 심부름하는 계집애의 표정에서였다. 여느 때 그 계집애는 만화가를 만화 속의 인물과 똑같이 생각하고 있는 탓인지 그를 보기만 하면 웃음을 참지 못하고 고개를 돌리며 휙 가버리곤 하는 것이었는데, 그날은 제법 나붓이 '안녕하세요'를 하고 나서 미소를 띄운 채 그의 얼굴을 똑바로 올려다보는 것이었다.

그것이 극히 잠깐 동안이었지만 신경을 곤두세우고 있던 그에게 모든 걸 알 수 있게 해 주었다. 계집애가 자기를 올려다보던 맑은 눈 속을 살짝 스치고 가던 게 어쩌면 연민이 아니었을까 하고 생각하자 분노보다도 오히려 전신에서 맥이 빠져나가는 것을 그는 느끼면서 굳어진 얼굴로 문화부를 향하여 갔다.

자기들의 데스크 앞에 앉아 있던 몇 명의 기자들이 여느 때와 달리 유별나게 반갑게 인사할 때는 그는 이미 알고 있다는 듯이 자기도 덩달아서 지금 작별을 하듯이 정중하게 인사를 하고 있었다. 그리고 나서 잠시 동안 그는 자기가 어떻게 처신해야 될지 알 수 없었다. 흐르던 시간이 갑자기 끊어지면서 공백이 생기는구나 하는 생각이 알 수 없는 부끄러움과 함께 그를 엄습했다. 그러고 있는 그를 문화부장이 구해줬다.

㉠ "오늘치 만화 좀……."

하면서 문화부장은 손을 내밀었던 것이다. 그는 당황해졌다. 그가 짐작하고 있던 사태 속에서는 문화부장의 지금 얘기는 불필요한 게 아닌가. 그는 옆구리에 끼고 있던 서류봉투를 살그머니 좀더 힘을 주어 끼면서 땀이 송글송글 맺히고 빨개진 얼굴을 손바닥으로 닦으며 말했다.

㉡ "그려오지 않았는데요."

말하고 나서 그는 금방 후회했다. 어쩌면 자기의 짐작이란 게 얼토당토 않은 게 아닐까…… 자기의 신경과민으로 자기는 지금 큰 실수를 저지르고 있는 건 아닌지…… 그러나 문화부장의 다음 말은 그의 그러한 희망에 찬 기대를 산산이 부숴버렸다.

㉢ "그럼 알고 계셨군요."

문화부장은 자리에서 일어서면서 그에게 말했다.

"차나 한잔 하러 가실까요?"

할 얘기가 있다는 암시를 그에게 주면서 문화부장은 그의 앞장을 서서 걸어가기 시작했다.

"아주 섭섭하게 됐습니다. 퍽 오랫동안 함께 일해왔었는데……."

다방에 들어가서 자리에 앉자 문화부장은 그에게 말했다.

"저는 이형(李兄)을 두둔했습니다만…… 국장님도 이형의 만화에는 항상 칭찬을 하셨댔는데…… 그…… 독자들이 자꾸 투서를……."

"아니 사실 재미가 없었지요. 제 자신이 잘 알고 있었습니다만."

그는 문화부장이 우물쭈물하고 있는 게 미안해서 얼른 말을 받았다.

"아니지요. 독자들이 이형의 유머를 이해할 수 없었던 것뿐이지요."

[중략 줄거리] 신문사에서 해고당한 그는 다른 신문사의 문화부장을 찾아가 차 한잔 마시자고 권하며 만화 연재를 부탁한다. 그러나 문화부장은 신문사에 돈을 쓰지 않는 사장을 핑계로 부탁을 거절하고 찻값을 먼저 계산한다. 그는 만화가인 김선생을 만나 술을 마시며 자신에게 해고를 통보한 문화부장에 대해 이야기한다.

ⓐ "문화부장이 차나 한잔 하자고 하더군요."

그는 속으로는, 자기가 만화 연재를 부탁하러 갔던 ⓑ 문화부장을 생각하면서 말하고 있었다.

"다방에 가서 그 양반이 그러더군요. 사람 웃기는 방법의 몇 가지 패턴을 안다고 곧 만화가가 되는 것이 아니다. 바로 그 양반이 그랬어요. 두꺼비 같은 눈알을 부라리면서 말입니다."

찻값을 앞질러 내버리던 그 키가 작달만한 문화부장. 날 무척 무안하게 해 줬었지.

【A】 "그러면서 말입니다. 너는 미역국이다, 이거죠."

자기네 사장이 얼른 뒈져달라는 기도를 하라던 그 사람. 난 참 면목이 없어서 혼났지.

"차나 한잔. 그것은 일종의 추파. 아시겠습니까, 김선생님?" 그는 혀가 잘 돌아가지 않았다. "그것은 내가 그 속에서 성실을 다했던 하나의 우연이 끝나고……."

그는 술을 한모금 꿀꺽 마셨다.

"새로운 우연이 다가온다는 징조다. 헤헤, 이건 낙관적이죠, 김선생님?" 그는 김선생이 방금 비워 낸 술잔에 취해서 떨리는 손으로 술을 따랐다. "차나 한잔. 그것은 이 회색빛 도시의 따뜻한 비극이다. 아시겠습니까? 김선생님, 해고시키면서 차라도 한잔 나누는 이 인정. 동양적인 특히 한국적인 미담…… 말입니다."

㉣ "그, 어린이 신문에 그리고 있는 거라도 열심히 하고 있게. 기다리면 또 뭐가 생길 테지."

김선생이 술잔을 들면서 말했다.

"자, 드세."

그는 자기의 술잔을 잡으려고 했다. 잘못해서 술잔이 넘어져 버렸다. 그는 손가락 끝에 엎질러진 술을 찍어서 술상 위에 '아톰X군'의 얼굴을 그리기 시작했다.

㉤ "자, '아톰X군', 차나 한잔 하실까? 군과도 이별이다. 참 어디서 헤어지게 됐더라." 그는 그림을 그리고 있지 않는 다른 손으로 자기의 이마를 한번 찰싹 때렸다. 골치가 쑤셨기 때문이다. "오, 화성인들의 계략에 빠져서 군이 포로가 되어…… 바야흐로 생명이 위험해져 있는 데서 '다음 호에 계속'이었군…… 미안하다. '아톰X군'…… 사람들은 항상 그런 걸 요구하거든. 아슬아슬한 데서 '다음 호에 계속'."

그는 다 그려진 '아톰X군'의 얼굴을 다시 손가락 끝에 술을 찍어서, 지우기 시작했다. "미안하다, '아톰X군'. 어떻게 군의 힘으로 적진을 뚫고 나오기 부탁한다. 이제 난…… 힘이 없단 말야. 나와 헤어지더라도…… 여보게, 우주의 광대하고." 그러면서 그는 양쪽 팔을 넓게 벌렸다. "어두운 공간 속에서 영원한 소년으로 살아 있게."

– 김승옥, 「차나 한잔」 –

01. [A]에 대한 설명으로 가장 적절한 것은?

① 빈번하게 장면을 전환하여 긴박한 분위기를 조성하고 있다.
② 과거의 장면을 삽입하여 갈등 해소의 실마리를 제시하고 있다.
③ 인물의 말과 내적 독백을 교차하여 인물의 심리를 드러내고 있다.
④ 대화를 통해 상황에 대한 인물 간의 시각 차이를 드러내고 있다.
⑤ 동시에 일어난 두 사건을 병치하여 인물 간의 갈등을 부각하고 있다.

02. ㉠~㉤에 대한 설명으로 적절하지 않은 것은?

① ㉠ : '그'의 만화를 형식적으로 요구하고 있다.
② ㉡ : 자신의 해고를 짐작하며 '문화부장'에게 말하고 있다.
③ ㉢ : '그'가 만화를 그려 오지 않을 것을 이미 알고 있었음을 드러내고 있다.
④ ㉣ : 기다리면 새로운 일거리가 생길 것이라며 해고당한 '그'를 위로하고 있다.
⑤ ㉤ : '아톰X군'을 더 이상 그리지 않으려는 마음을 드러내고 있다.

03. ⓐ와 ⓑ에 대한 이해로 가장 적절한 것은?

① ⓐ는 해고 상황을 국장의 탓으로 돌려 책임을 회피한다.
② ⓑ는 만화가의 자질에 대해 말하며 '그'의 행동 변화를 유도한다.
③ ⓑ는 ⓐ와 달리 '그'에게 먼저 차를 마시자고 권한다.
④ ⓐ와 ⓑ는 모두 '그'의 능력을 인정하지만 '그'의 제안은 거절한다.
⑤ ⓐ와의 만남과 ⓑ와의 만남은 모두 '그'에게 부정적 감정을 유발한다.

04. <보기>를 참고하여 윗글을 감상한 내용으로 적절하지 않은 것은?

<보기>

이 작품은 만화가가 겪는 하루의 사건을 통해 1960년대를 살아가는 소시민의 생계에 대한 불안과 비애를 드러낸다. 작품에서 만화가는 만화를 충실히 연재함에도 불구하고 결국 해고를 당하고 새로운 일자리를 구하려 하지만 실패한다. 작가는 이 과정에서 인물의 상황과 심리를 우회적으로 드러내기 위해 비유적 표현, 역설적 표현 등을 활용한다. 또한 자신이 그리는 만화 속 가상의 인물에게 말을 하는 상황을 통해 인물의 심리를 드러내기도 한다.

① '그'가 '계집애'의 표정을 보며 '두려워하고 있던 예측이 이젠 어쩔 수 없게' 되었다고 느끼는 모습을 통해 해고로 인해 생계를 걱정하는 '그'의 불안을 드러낸다고 볼 수 있겠군.
② '그'가 자신의 해고를 '미역국'이라고 말하는 것은 해고당하는 상황을 비유적 표현을 통해 우회적으로 드러낸 것으로 볼 수 있겠군.
③ '그'가 자신의 해고를 '새로운 우연이 다가온다는 징조'라고 말하는 것은 자신을 해고한 신문사로부터 다시 만화 연재를 의뢰받게 되리라는 기대를 드러낸 것으로 볼 수 있겠군.
④ '그'가 '차나 한잔'의 의미를 '이 회색빛 도시의 따뜻한 비극'이라고 말하는 것은 해고를 당한 '그'의 비참한 심리를 역설적 표현을 통해 표현한 것으로 볼 수 있겠군.
⑤ '그'가 '아톰X군'의 얼굴을 술상 위에 그렸다 지우며 '힘이 없'다고 말하는 것을 통해 '그'가 처한 상황에 대해 느끼는 무력감을 드러낸 것으로 볼 수 있겠군.

STEP
01 지문 분석과 OX문제

ㄴBS 수능특강 | 현대문학

[앞부분 줄거리] 은행원인 윤일섭은 승진 탈락, 업무상의 과실 등으로 인해 남모를 곤욕을 치르면서 주변 사람들을 고의적으로 괴롭히는 장난, 거짓말
　　　　　　　　　　　　　　　　　　　　　　일섭이 병증을 앓게 된 원인　　　　　　　　　　　　　　　　　　　　　　　　일섭에게 생긴 이상 병증
등을 쉽게 멈출 수 없는 기이한 병증을 앓게 되고, 이를 치료하기 위해 정신과 의사인 손 박사에게 상담을 받게 된다. 「손 박사는 일섭의 욕망이 안으

로 들어가 안주하고 싶은 것이 아니라 사실은 밖으로 나가고 싶은 것이며, 실패의 기억으로 인해 자신의 욕망을 정직하게 시인하지 않은 채 안으로 들
　　　　　차례, 위치, 이치, 가치관 따위가 뒤바뀌어 원래와 달리 거꾸로 됨.
어가고 싶어 한다고 착각하는 사고의 전도, 즉 도착된 욕망을 갖게 된 것이라고 진단한다.」
　　　　　　　　　　　　서로 뒤바뀌어 어긋남.　　　　　　　　　　　　　　　　　　　　　　　　　「　」: 일섭은 문 안에서의 안정을 추구하지만, 손 박사는 밖으로 뛰어나가고
　　　싶은 욕망을 가진 일섭이 도착 증세를 보이는 것이라고 잘못 판단함.

"전 이제 어떻게 해야 합니까? 정말로 제게 그런 도착 현상이 일어나고 있는 게 사실이라면 전 그럼 이제부터 어떻게 해서 그런 장애를 해소시킬
　　　　　　　　　　　　　　　　　　손 박사가 진단한 내용
수가 있습니까?"

이야기가 그쯤 이르고 보면 일섭은 이제 제풀에 질문을 멈출 수가 없어졌다. 그리고 손 박사는 언제나 그러는 일섭을 환영했다.

"그야 윤 형의 질문 가운데에 해답이 들어 있지 않습니까. 바깥으로 나가고 싶은 윤 형의 참욕망을 윤형 스스로 정직하게 시인할 수 있도록 되어야
　　　　　　　　　　　　　　　　　　　　　　손 박사는 일섭이 밖으로 나가고자 하는 욕망을 가졌으며, 이를 스스로가 받아들여야 한다고 주장함.
지요. 그렇게 되기 위해서는 아마도 『우선 윤 형의 마음 가운데 깊이 자리 잡고 있는 그 불편스런 쇠창살부터 지워 없애야 할 겁니다. 윤 형의 마음
　　　　　　　　　　　　　　　　　　　　　　실제로 존재하지 않고 일섭의 의식에만 있는 것
가운데에 쇠창살이 남아 있는 한 윤 형에겐 언제나 안과 밖의 구분이 남아 있게 마련이고, 그 안과 밖이 뒤바뀌는 도착 현상은 언제든지 다시 재현될

가능성이 잠재하고 있는 것이니까요. 글쎄, 이 세상일이란 따지고 보면 모든 것이 그렇게 여기다 저기다 확연하게 구분이 지어져 있는 것만은 아니잖아

요. 윤 형은 은행 쇠창살 안에 앉아 있으면서도 사실은 그 바깥 사람들의 한 부분으로 그 속에 섞여 살고 있었던 셈이며, 그와 반대로 윤형이 지금 그

바깥 사람들 사이에 몸을 섞고 지내고 있다 하더라도 마음은 오히려 쇠창살 안에 갇혀 지내고 있었던 경우를 볼 수 있지 않습니까. 세상일엔 지금 윤

형한테서처럼 그렇게 분명한 구분을 지어 말할 수 없는 경우가 많지요. 윤 형이 지금 서 있는 곳 그곳이 창살의 안이거나 바깥이거나 윤 형은 항상 사
　　　　　　　　　　　　　　　　　　　　　　　　　　　　　창살의 안이든 밖이든 모두 사람들이 사는 세상이므로 그 구분은 의미가 없음.
람들과 함께 있는 것이요, 윤 형의 그 자유와도 또한 함께 있는 것이에요. 안과 밖을 그토록 분명하게 갈라놓고 있는 것은 다만 그 윤 형의 마음속에
　　　　　　　　　　　　　　　　　　　　　　　　　　　　　『　』: 손 박사는 창살 안과 밖으로 구분 지어 생각하는 일섭의 의식을 문제점으로 지적함.
숨어 있는 쇠창살뿐이라고 말할 수 있지요."』

「"하지만 제 마음속에 숨어 있다는 그 쇠창살이라는 것은 우리 주변에 현실로서도 존재하고 있는 것들이 아닙니까. 학교의 문이나 은행 창구 같은
「　」: 일섭은 실제 주변에 쇠창살이 있는 사례를 제시하며 손 박사의 의견에 동의하지 않음.　　　　　　　　　　　　　　　　　　일섭의 직장
데는 말입니다. 그것을 어떻게 제 마음속에서만 제거해 버릴 수 있습니까?"」

"사실을 사실대로만 인정한다면 그건 물론 병이 될 수 없는 것이지요. 윤 형은 그 사실을 너무 과장해서 받아들이고 있는 데에 문제가 있는 거지

요."

"제가 어떻게 사실을 과장하고 있습니까?"

"언제 기회가 있으면 다시 가 봐도 좋겠지만, 지금 여기서라도 그 윤 형의 은행을 한번 생각해 보세요. 그 은행이라는 데는 사실 쇠창살이 없습니다.
　　　　　　　　　　　　　　　　　　　현재 일섭이 일하는 공간의 모습을 떠올려 보라고 권유함.
혹 그런 데가 아직도 남아 있는진 모르지만 적어도 윤 형네 은행 점포 창구는 쇠창살이 아니라 유리 칸막이가 되어 있어요. 한데도 윤 형은 은행을 말

할 때마다 늘 그 창구의 쇠창살을 보고 있었어요. 그건 그 은행 창구가 아니라, 윤 형 자신의 마음속에 숨어 있는 쇠창살의 환영을 보고 있었던 것이

지요."

　손 박사는 어느 틈에 일섭의 옛 직장을 찾아가 창구의 모습까지 다 확인해 놓고 있었다. 못 당할 위인이었다. 그는 무엇보다 그의 마음으로부터 사

실을 과장해 받아들이고 있는 쇠창살의 존재부터 부숴 없애랬다. 그래서 다른 사람과 자신 사이를 갈라놓지 말고, 안과 바깥을 갈라놓지 않게 되도록

노력해 보라는 충고였다. 그 외에는 아무것도 문제 될 게 없다는 것이었다. 일섭이 차츰 자신의 병태로 인정하기 시작한 그 가학성 유희욕이라는 것에

어떤 병이 나타내는 증상이나 진행 단계　　　**남을 괴롭힘으로써 쾌감을 느끼는 것 → 일섭의 이상 병증**

대해서도 손 박사는 지극히 낙관적인 태도였다.

일섭의 이상 병증을 쉽게 해결할 수 있다고 생각하기 때문임.

　"그건 따로 염려할 일이 못 돼요. 윤 형에게 늘 그 안과 밖이 따로 있기 때문에 윤 형은 누군가가 윤 형을 밖으로 내쫓으려 하고 있는 것 같은 불

안한 자기 도착에 빠지게 되고, 그래서 윤 형은 그런 불안을 이기기 위해 상대방을 먼저 공격하게 된다는 점은 아까도 설명했지요. 그런데 윤 형의 그

런 자기방어 욕망이 윤형에겐 다른 일에서도 늘 그랬듯이 정면으로 떳떳하게 표현되질 못하고 은밀한 복수심으로 변형되어 나타난 것입니다. 상대방을

손 박사는 일섭이 타인으로부터 자신을 방어하는 과정에서 이상 병증이 생겼다고 생각함.

속이고, 상대방이 골탕을 먹고 낭패를 겪는 것을 보고 윤 형은 그 자기방어의 욕망을 간접적으로 만족시키고 있었던 격이란 말입니다. 쇠창살에서부터

일섭의 이상 병증은 마음속의 쇠창살에서 비롯된 것이라고 여김.

비롯된 이차 병증의 한 현상일 뿐이에요. 윤 형의 노력으로 그 마음속의 쇠창살이나 안팎의 도착증이 제거되고 나면 그런 외형적인 증상은 저절로 자

마음속의 쇠창살이 사라지면 그에 따른 이상 병증도 사라질 것이라 믿음.

취를 감추어 가게 될 겁니다."

　시일이 지나다 보니 손 박사의 말은 상당량 사실로 증명되어 가는 부분이 있었다.

　『일섭은 손 박사의 충고대로 자기 마음속의 쇠창살을 뽑아내는 데에 그런대로 정직한 노력을 기울였다. 그리고 이번에는 손 박사의 충고에 의해서가

　『 』: 일섭이 손 박사의 처방에 따라 마음속의 쇠창살을 없애기 위해 노력하자 병증이 호전됨.

아니라, 그 스스로의 노력으로 안과 밖의 경계선을 지우는 데 상당한 성공을 거두고 있었다. 손 박사의 장담대로 쇠창살의 그림자가 마음속에서 차츰

자취를 감춰 가자 그의 유희욕 역시 제풀에 점점 흥미가 떨어지기 시작했다. 전날처럼 불안스런 생각도 덜했고, 더군다나 누군가 주위 사람을 골려 주

는 따위의 장난에는 흥미나 쾌감을 느낄 수가 없게 되어 갔다.』

　그러자 어느 날 손 박사는 마침내 그를 집으로 돌아가라고 했다. 집에서 쉬면서 일주일에 한두 번 정도 병원으로 와서 자기를 보고 가기만 하면 된

입원 치료를 마치고 퇴원해도 될 정도로 좋아짐.

다는 것이었다.

　일섭은 입원 때처럼 별 군소리 없이 그날로 곧 병원을 나왔다. 그리고 손 박사의 당부대로 며칠씩 만에 한 번씩 병원을 찾아가 그를 만나곤 하였다.

　그런데 그게 문제였다. 퇴원 후에 몇 번째던가 병원으로 그 손 박사를 찾아가 만난 날이었다. 손 박사는 그날 일섭을 보자 이제 모든 게 잘되어 가

고 있다면서, 뭣하면 집으로 돌아가는 길에 창경원* 소풍이라도 잠깐 하고 가는 게 어떠냐고 친절한 충고를 덧붙였다. 손 박사로선 그쯤에서 아마 일섭

손 박사는 일섭에게 창경원 나들이를 권유함.

의 치료 효과를 한 번 더 확인해 보고 싶었던 모양이었다. 손 박사의 의도가 어떤 것이었든 일섭으로서는 어쨌든 고마운 조언이 아닐 수 없었다. 오랜

만에 바람이라도 좀 쐴 겸 창경원 문을 들어선 일섭은 거기서 비로소 손 박사의 음흉스런 음모를 깨달은 것이다. 그리고 그 손 박사의 교묘한 음모에

손 박사의 의도와 다르게, 창경원 소풍은 일섭에게 쇠창살이 현실에 분명히 존재한다는 것을 확인하는 계기가 됨.

감쪽같이 속아 온 자신을 다시 발견한 것이다.

(중략)

　사자 우리 앞에 몰려선 사람들은 터무니없이 모두 기가 잔뜩 죽어 있었다. 행여 녀석의 비위를 건드리게 되지나 않을까 걱정스러운 듯 한결같이 거

일섭은 사람들이 주눅이 든 채로 쇠창살 밖에 서 있다고 느낌.

동들이 조심스러웠다. 녀석이 마치 사람의 말을 알아들을 수 있기나 한 것처럼 녀석 앞에선 갑자기 목소리가 공손해지거나 아예 입을 다문 채 숙연스

런 표정으로 침착스레 우리 앞을 지나갔다. 어쩌다 녀석과 눈길이라도 마주치면 시선을 피하는 건 오히려 사람들 쪽이었다. 그건 아무래도 사람들의 녀

석을 구경하는 게 아니라 녀석 쪽에서 사람들을 구경하고 있는 격이었다. 그리고 그런 사정은 앞서의 원숭이 우리 앞에서도 물론 마찬가지였다. 거기서
<small>쇠창살 안에 있는 동물들이 오히려 인간보다 우위에 있다고 생각함.</small>

도 구경을 하는 쪽은 사람이 아닌 침팬지 쪽이었다. 원숭이들은 제 맘대로 짓궂은 장난질을 피워 대며 사람들을 골려 대고 있었다. 사람들은 그 원숭이

들의 조롱을 받고도 모욕감조차 느끼지 못한 채 바보처럼 히히거리고 있었다. 원숭이 우리 앞에선 바보처럼 멍청하게 웃고만 서 있던 사람들도 이 등

골이 섬뜩거리는 맹수류 앞에서는 감히 그럴 수조차 없는 꼴이었다.

결국 손 박사는 여태까지 윤일섭 자기를 속이고 있었던 게 분명했다. 마음속의 쇠창살을 부숴 없애는 게 치료법의 첩경이라던 손 박사의 처방은 전
<small>창경원의 동물 우리 앞에서 쇠창살의 존재를 다시 인식한 일섭은 손 박사가 자신을 속였다고 생각함.</small>   <small>지름길</small>

혀 엉터리없는 거짓말이었다. 손 박사가 뭐라고 궤변을 늘어놓고 있었던 세상에는 현실적으로 곳곳에 쇠 울타리들이 마련되어 있었다. 그리고 그것은 물
<small>손 박사는 쇠창살이 일섭의 마음속에만 있다고 했지만, 일섭은 세상에 쇠창살이 실재함을 확신함.</small>

론 그「쇠 울타리 안의 쾌적한 공간을 혼자 독차지하고 즐기려는 자들을 위한 영리한 고안이었다. 선택을 받은 자들은 그 안전한 쇠 울타리 보호 속에
<small>「 」: 일섭의 관점에서 쇠창살은 선택받은 자들의 안쪽 공간과 그로부터 쫓겨나 떠돌아야 하는 이들의 바깥 공간을 확고하게 나눌 수 있는 분계선임.</small>

서 기분 좋게 바깥세상 구경이나 하면서 살아가, 선택받지 못한 자들은 바깥으로 쫓겨난 채 선택받은 자들의 모욕적인 눈길 속에 우왕좌왕 방황을

계속하고 있는 게 현실이었다.」그것은 참으로 윤일섭으로선 커다란 각성이었다. 하물며 그 울타리의 안락한 보호가 사자 따위 들짐승에게까지 이르러

있음에랴.

손 박사도 실상은 그 선택받은 자들과 한 무리임이 분명했다. 손 박사에게도 자신의 쇠창살이 몰래 간직되어 오고 있었을 건 두말할 나위가 없었다.
<small>손 박사가 체제 안에 정착한 쇠창살 안의 사람이라고 확신함.</small>

손 박사에게 그것이 없다면 정상이 아닌 것은 윤일섭 자기가 아니라 오히려 그 손 박사 쪽이었다. 손 박사는 이를테면 자신의 쇠창살을 교묘하게 숨기
<small>손 박사가 자신의 쇠창살을 숨기면서, 일섭에게만 쇠창살을 부술 것을 강요했다고 생각함.</small>

면서 윤일섭 그에게만 그것을 부수라 꾀어 댄 셈이었다. 참으로 괘씸하고 가소로운 위인이 아닐 수 없었다. 손 박사가 그에게 자신의 쇠창살을 부수라

충동질한 것은 그를 그의 곁에서 내쫓으려는 음흉스런 꾐수 이외에 아무것도 아니었다. 더더구나 그 우리 너머 짐승에 대한 그의 정당한 분노를 아직
<small>일섭이 기득권층에 진입하지 못하도록 박사가 꼼수를 부렸다고 생각함.</small>

도 제 마음속의 쇠창살을 부수지 못한 병태의 하나라 단정하려 든다면, 그건 사람과 축생의 위신을 뒤바꿔 놓으려는 손 박사의 무서운 배신일 수밖에
<small>사람이 기르는 온갖 짐승</small>

없었다. 녀석을 결딴내 놓고 말겠다는 일섭의 단호한 결의는 손 박사가 대수롭지 않게 말해 버린 그 가학성 유희욕 같은 것일 수는 도저히 없었다.
<small>일섭은 쇠창살 안의 사자에게 골탕을 먹여야겠다고 결심함. → 안정된 사자의 모습에 대한 질투와 쇠창살을 없애라고 한 손 박사에 대한 불신이 표면화됨.</small>

*창경원 : 일제 강점기에, 창경궁 안에 동·식물원을 만들면서 불렀던 이름.

OX문제

01 이야기 외부의 서술자가 인물의 내면을 제시하여 인물이 처한 갈등 상황을 보여 주고 있다. [2022학년도 6월]   (O / X)

02 손 박사의 조언에 따라 창경원을 방문한 일섭은 사람들과 함께 원숭이와 사자를 구경하며 웃음을 터뜨린다.   (O / X)

03 공간 이동에 따른 인물의 내면 변화를 회상을 통해 제시하고 있다. [2022학년도 수능]   (O / X)

04 냉소적 어조를 통해 세태에 대한 비판적 태도를 드러내고 있다. [2014학년도 6월B]   (O / X)

05 일섭은 손 박사를 '선택을 받은 자'로 인식하면서 그에게 배신감을 느낀다.   (O / X)

02 작품 해제

01 | 주제

평화와 안정을 갈망하는 개인과 이를 억압하는 현실

02 | 특징

① 상징적인 소재('쇠창살')를 통해 체제라는 관념적인 내용을 형상화함.
② 이야기 밖의 전지적 서술자가 특정 인물의 시각에서 사건과 심리를 전달함.
③ 사회적 억압 속에서 살아가는 현대인의 모습을 보여 줌.

03 | 작품 해제

「황홀한 실종」은 정신병 환자인 윤일섭의 행동을 통해 안주를 욕망하는 개인과 그것이 실현되기 어려운 현실의 억압을 보여 주는 작품이다.

작품 속에서 윤일섭은 치열한 경쟁이 지배하는 자본주의적 질서 속에서 탈락, 배제되지 않기 위해 순응하며 살아가지만, 그러한 그의 모습은 체제 안에서조차 온전히 안주하지 못하는 현대인의 내면을 반영한다. 특히 '문 안쪽'에 들어가고자 하는 욕망은 체제의 보호 속에 더 깊이 들어가고자 하는 강박과 동시에, 그러한 안정을 결코 온전히 누릴 수 없는 현실의 억압을 상징적으로 보여 준다.

1976년에 발표된 이 작품은 1970년대 한국 사회의 불안과 억압적 구조를 환기하며, 기성 체제에서 소외되지 않기 위해 몸부림치는 현대인의 불안한 자아를 형상화하고 있다.

04 | 등장인물

- 윤일섭 : 은행원으로, 심리적으로 안과 밖을 나누어 보는 증세를 보인다. 손 박사의 처방에 따르자 이상 증세가 줄어드나, 동물 우리 안의 동물들을 보게 되면서 이상 증세가 강화된다.
- 손 박사 : 정신과 전문의로, 윤일섭의 병이 안이 아닌 밖으로 뛰어나가고 싶은 욕망에서 생긴 것으로 잘못 판단한다.

05 | 상세 줄거리

은행원 윤일섭은 반복된 승진 탈락을 겪으며 스트레스를 받은 후 남을 괴롭히며 쾌감을 느끼는 병증을 얻게 되고, 주변 사람들의 권유로 정신과 의사 손 박사를 찾아가 치료를 받게 된다.

윤일섭은 정신적으로 가상의 쇠창살을 강하게 의식하고 있으며, 강박적으로 쇠창살의 안과 밖을 갈라놓는다는 증상을 의사에게 얘기한다. 손 박사는 이러한 윤일섭의 의식이 사실은 안이 아닌 밖으로의 지향이라고 해석하면서 은행원으로서의 윤일섭이 은행 문 바깥의 자유를 갈망하고 있다고 진단하고, 자신의 논리를 일방적으로 나열하며 윤일섭을 설득하고 치료하려 한다. 윤일섭은 손 박사의 의견에 따라 마음속의 쇠창살을 없애기 위해 노력했고 증상은 많이 완화된다.

하지만 증상의 완화는 일시적이었다. 윤일섭은 대학 시절을 학생 시위로 혼란스러운 시기를 보냈고, 이후 은행에 취직하면서 은행이라는 체제 안에서 안정을 얻었지만, 은행에서의 반복된 승진 탈락 때문에 해고에 대한 불안감으로 강한 스트레스를 받은 것이었다. 즉, 문제의 원인을 제대로 치료하지 못한 것이다.

손 박사는 이러한 맥락을 제대로 파악하지 못한 채 자신의 논리를 강요하며 윤일섭을 치료하려 하고, 결국 윤일섭은 치료 도중 갑자기 실종된다. 이후 그의 아내와 직장 동료가 손 박사를 찾아와 윤일섭의 진짜 욕망은 오히려 문 안쪽의 안정과 보호에 있었다고 주장하며 손 박사와는 다른 견해를 피력하고, 손 박사의 진단이 잘못되었음을 지적한다. 이윽고 사라진 윤일섭은 동물원에서 사자를 내쫓고 그 자리를 차지하고 있는 모습으로 발견된다.

STEP
03 논문으로 만나는 출제자의 시선

불안한 현실로 인한 신경증 - 「황홀한 실종」

작가 이청준은 작품에 현실의 억압을 받고 정신적인 병을 겪는 인물들을 그려 내어 현대 사회에서 살아가는 사람들이 겪는 좌절과 그로 인한 고통을 드러낸다. 그는 사회 체제에 대한 단순한 비판이 아닌 개인적 좌절을 드러냄으로써 현대사회에서 살아가는 사람들이 겪는 의식과 관련된 문제를 다루며, 이를 통해 좀 더 현실적이고 가까운 우리 삶의 진짜 모습을 보여 준다.

그의 작품 「황홀한 실종」은 가벼운 정신적 문제를 겪던 주인공 윤일섭이, 정신과 의사의 치료를 받는 과정에서 오히려 더 심각한 상태로 빠져드는 과정을 그린 소설이다. 윤일섭은 직장에서 계속되는 진급 실패와 업무상의 실수 등으로 인해 현실에서 큰 스트레스를 받는다. 그는 불안한 현실로 인해 철창이라는 가상의 경계선을 만들어 낸 뒤, 그 경계선을 기준으로 안과 밖의 개념을 나눈다. 이런 사고방식은 경계선의 모순이라는 정신적 장애로 이어진다.

작품 속에서 윤일섭은 손 박사의 조언을 받아 치료를 받으며 점차 회복되는 듯 보인다. 하지만 우연히 들르게 된 동물원에서 그는 또 다른 깨달음을 얻게 된다. 그는 그곳에서 철창 같은 경계는 세상 어디에나 있으며, 그 안쪽은 이미 힘 있는 사람들이 차지하고 있다는 사실을 느낀다. 안에 있는 동물들마저 안락한 보호 속에서 바깥의 사람들을 구경거리로 여기고 있다고 인식한 윤일섭은 충격과 분노를 느낀다. 울타리 경계의 안으로 들어가고 싶어 하지만 매번 실패한 윤일섭은 그것이 안에 있는 사람들의 방해 때문이라고 생각하게 된다. 그는 안쪽 사람들은 바깥쪽의 사람들을 조롱하고 구경거리로 즐긴다고 믿고, 이에 대한 반감으로 점점 더 강한 공격성을 가지게 된다. 결국 그는 동물에게 허락된 공간, 즉 경계 안쪽으로 들어가면서 잘못된 방식으로 현실을 받아들이려 한다. 이는 거부된 현실을 자기 방식으로 극복하려는 왜곡된 행동이다.

작가는 이러한 윤일섭의 경계선 장애를 통해, 사회 구조 속에서 개인이 겪는 억압을 보여 주고 있다. 특히 근대 산업 사회 속 자본주의 체제 아래에서 기득권층에 의해 소외된 사람들의 모습을 드러낸다. 사회 속 안정된 조직에 들어가는 데 실패했지만 여전히 그 사회 안에 존재하면서도 배제된 사람들, 즉 소시민들이 겪는 소외감을 이야기하는 것이다. 이런 이야기를 통해 작가는 사회 체제 속에서 인간이 겪는 고립과 소외 문제를 사실적으로 그려 내고 있다.

STEP
04 나BS 실전 문제

다음 글을 읽고 물음에 답하시오. [교육청 기출 변형]

그의 대학 재학 시기 역시 학생 시위가 빈발하던 한일회담 진행기를 전후하고 있었다. 그런데 그 시위 이야기에 관한 그의 회상 가운데는 분명히 어떤 심상치 않은 의식의 도착 증세가 엿보이고 있었다. 그는 교문을 뛰쳐나가고 싶어 시위를 벌인 것이 아니라, 학교를 다시 들어가려고 시위를 벌였노라는 주장이었다. 그의 이야기는 언제나 교문을 뛰쳐나가려던 쪽이 아니라, 그 교문을 다시 들어가려고 했던 쪽에 기억의 초점이 맞춰지고 있었다. 교문을 나가려 했던 쪽은 아예 기억조차 들추려 하지 않거나, 그 자신도 어쩌면 그걸 까맣게 망각해 버리고 있는 것 같은 표정이었다. 기이한 의식의 전도였다.

하지만 윤일섭의 그런 도착은 그의 직장 생활에 대한 고충담과 불평 가운데서도 더욱 현저하게 드러났다. 그는 학교 시절 이야기에 한동안 열을 올리다가 종종 자신도 모르게 그 은행 시절까지 훌쩍 말을 비약해 버리는 일이 흔했는데, 그렇게 되면 일섭에게는 이미 자신의 사고로는 도저히 수습할 수 없는 심각한 혼란이 야기되곤 하였다.

"하지만 어떻게 보면 전 참 재수가 좋은 편이었어요. 우리는 끝끝내 그 교문을 맘대로 들어갈 수는 없었지만, 그 대신 전 그보다도 더 **비좁고 육중한 은행 문을 용케 들어갈 수 있었으니까요.** 무슨 뜻인지 아시겠습니까? 은행 문을 들어가서 생각하니 전 그때 교문을 들어가기 위해 그토록 심한 소동을 벌인 것이 사실은 그 화성인들이 지키고 있는 학교 문이 아니라 은행 문을 돌진해 들어가기 위한 사전 연습이 아니었던가 싶어지는군요. 아마 선생님은 그 기분 모르실 겁니다. 하하…… 뭐랄까…… 선생님은 은행이라는 데가 어떤 덴 줄 아십니까? 철창문을 가운데로 척 가로막아 놓고, 그 철창문 양쪽으로 한쪽에선 안으로 밀려 들어가고 싶어 호시탐탐 기회를 엿보고 있는 사람들과, 다른 한쪽에선 이미 그 철창문 안에다 자리를 잡아 놓고 바깥 사람들에게 기회를 주지 않으려 쉴 새 없이 틈입자들을 감시하고 그자들을 내쫓을 채비를 하고 앉아 있는 그런 사람들과의 살벌한 대치장 같은 곳이죠. 안쪽 사람들은 그 채비가 얼마나 대단한 줄 아십니까? 기회 있으시면 선생님도 언제 그 사람들이 싸움에 대비하고 있는 완벽한 포진을 한번 살펴보십시오. 맨 앞쪽 쇠창살가, 그러니까 바깥 사람들의 공격에 대비한 제일 방어선은 은행원들 중의 제일 쫄자들이 맡고 있어요. 그다음 제이선에서 그 쫄자들을 지휘 독전할 자리는 대리급 위인들이…… 그런 식으로 **완전한 피라미드 포진**이지요. 이렇게 되면 자리가 가장 위험한 곳은 쇠창살 밑의 쫄자들 처지임이 뻔하지요. 싸움만 벌어졌다 하면 제일 먼저 제물이 되어야할 친구들이 바로 그 작자들이거든요. 그래서 이 친구들은 틈만 나면 늘 한 발이라도 뒷줄 쪽으로 자리를 옮겨 앉고 싶어 안달 아닙니까. **승진**이라는 게 뭡니까. 승진이라는 게 바로 그 일선 창살 아래서 한 발이라도 **더 안전한 이선 삼선**으로 자리를 옮겨 앉게 되는 것 아닙니까. 우리는 누구나 그걸 바라지요. 그리고 좀처럼 해선 마음을 못 놓습니다. 싸움이 촉박하면 촉박해질수록 말입니다. 그런 점을 죄 알아차리고 보면 우리가 학교 시절에 그토록 열심히 시위를 벌이면서 소망한 곳이 어떤 곳이었는지 쉽게 짐작할 수 있지 않겠어요. 전 은행 사무실의 그 희한하고도 음흉스런 좌석 배치의 비밀을 알고 나서 비로소 그것을 깨달을 수 있었지요……"

걷잡을 수 없는 비약과 전도가 함부로 감행되고 있는 얘기였다.

손 박사는 그래 어느 날 마침내 윤일섭의 전 근무지 점포를 찾아가 본 일까지 있었다. **은행 점포의 좌석 배치**에 관한 이야기가 의외로 잦았던 데다 윤일섭의 그런 점포 얘기 가운데는 그에게도 분명하게 짚여 오는 것이 한 가지 있었기 때문이었다.

[중략 줄거리] 윤일섭의 증세가 '쇠창살'과 관련이 있다고 본 손 박사의 진단과 처방에 따라 병증이 호전된 윤일섭은 퇴원을 하게된다. 그러던 어느 날 윤일섭은 쇠울타리 속에 갇힌 동물원의 동물들을 보다가 손 박사의 진단과 처방에 의심을 품게 된다.

[A] ⎡ 결국 손 박사는 여태까지 윤일섭 자기를 속이고 있었던게 분명했다. ⑤ 마음속의 쇠창살을 부숴 없애는 게 치료법의 첩경이라던 손 박사의 처방은 전혀 엉터리없는 거짓이었다. 손 박사가 뭐라고 궤변을 늘어놓고 있었든 세상에는 현실적으로 곳곳에 쇠울타리들이 마련되어 있었다. 그리고 그것은 물론 그 쇠울타리 안의 쾌적한 공간을 혼자 독차지하고 즐기려는 자들을 위한 영리한 고안이었다. 선택을 받은 자들은 그 안전한 쇠울타리 보호 속에서 기분 좋게 **바깥세상 구경이나 하면서 살**아가고, **선택받지 못한 자들**은 바깥으로 쫓겨난 채 선택받은 자들의 모욕적인 눈길 속에 우왕좌왕 방황을 계속하고 있는 게 현실이었다. 그것은 참으로 윤일섭으로선 커다란 각성이었다. 하물며 그 울타리의 안락한 보호가 사자 따위 들짐승에게까지 이르러 있음에랴.

손 박사도 실상은 그 선택받은 자들과 한 무리임이 분명했다. 손 박사에게도 자신의 쇠창살이 몰래 간직되어오고 있었을 건 두말할 나위가 없었다. 손 박사에게 그것이 없다면 정상이 아닌 것은 윤일섭 자기가 아니라 오히려 그 손 박사 쪽이었다. 손 박사는 이를테면 자신의 쇠창살을 교묘하게 숨기면서 윤일섭 그에게만 그것을 부수라 꾀어댄 셈이었다. 참으로 괘씸하고 가소로운 위인이 아닐 수 없었다. 손 박사가 그에게 자신의 쇠창살을 부수라 충동질한 것은 그를 그의 곁에서 내쫓으려는 음흉스런 꾐수 이외에 아무것도 아니었다.

⎣ － 이청준, 「황홀한 실종」 －

01. [A]에 대한 설명으로 적절한 것은?

① 이야기 속 서술자의 자기 고백적 진술을 통해 내면을 제시하고 있다.
② 서술자가 관찰자의 입장에서 사건 이해에 필요한 단서를 제공하고 있다.
③ 이야기를 전달하면서 장면에 따라 서술자를 달리하여 사건을 입체적으로 전달하고 있다.
④ 요약적 진술로 사건의 경과를 드러내어 인물 간의 갈등이 해소되는 과정을 제시하고 있다.
⑤ 서술의 초점이 되는 인물의 시선으로 다른 인물의 언행에 담긴 의미를 해석하여 제시하고 있다.

02. ㉠에 대한 이해로 적절하지 <u>않은</u> 것은?

① ㉠은 윤일섭이 '쇠창살'과 관련해 '심각한 혼란'을 겪고 있다는 손 박사의 판단에 따른 것이다.
② ㉠은 '교문'에 대한 윤일섭의 왜곡된 기억이 '마음속의 쇠창살'과 관련이 있을 것이라는 손 박사의 생각을 드러내 준다.
③ 윤일섭은 자신을 '쇠창살' 밖으로 내몰려는 손 박사의 음모가 ㉠에 숨어 있다고 의심하고 있다.
④ 윤일섭은 손 박사가 자신은 정작 '쇠울타리' 안에 있으면서 ㉠을 내리고 있다고 생각하고 있다.
⑤ ㉠은 '쇠울타리'가 '쾌적한 공간'을 '독차지하'려는 자들을 위해 마련된 '영리한 고안'이라고 비판한 손 박사의 생각에 상응하는 것이다.

03. 〈보기〉를 바탕으로 윗글을 감상한 내용으로 적절하지 <u>않은</u> 것은?

〈보기〉

「황홀한 실종」에서 은행원인 윤일섭은 승진에서 여러 번 탈락한 후 '문 안쪽'에 대한 집착을 보이며 동물원의 쇠울타리 안쪽의 공간까지 넘보게 된다. 자기 스스로를 유폐하고자하는 이러한 행동은 치열한 경쟁이 펼쳐지고 있는 자본주의적 질서 속에 순조롭게 편입되지 못한 자아가 지니고 있는, 체제의 보호 속에 더 깊이 안주하고 싶어 하는 욕망과 그와 관련된 불안감을 형상화한 것이라고 할 수 있다.

① '비좁고 육중한 은행 문을 용케 들어갈 수 있었'던 것을 다행스럽다고 여기는 윤일섭의 태도에서, 체제의 보호를 받고 싶어 하는 자아의 모습을 엿볼 수 있겠군.
② '승진'을 '더 안전한 이선 삼선'의 자리로 옮겨 앉는 것이라고 생각하며 살아온 윤일섭의 모습은, 체제 속에 더 깊이 안주하고 싶은 자아의 욕망과 연결된 것이겠군.
③ '선택받지 못한 자들'의 처지를 생각하며 마음을 놓지 못하는 윤일섭의 모습에서, 체제로부터 밀려날 수 있다는 불안감을 엿볼 수 있겠군.
④ '바깥세상 구경이나 하면서 살'고 있는 현재의 자신을 과거 자신의 자리로 되돌려 놓아야 한다는 윤일섭의 각성은, '문 안쪽'에 대한 병적인 집착으로 이어진다고 볼 수 있겠군.
⑤ '은행 점포의 좌석 배치'를 '완전한 피라미드 포진'이라고 한 윤일섭의 말에서, 치열한 생존 경쟁이 펼쳐지고 있는 자본주의적 질서를 엿볼 수 있겠군.

12 | 송기숙, 당제

수능 국어 대비
실전 국어 전형태

STEP 01 지문 분석과 OX문제   LI BS 수능특강 | 현대문학

근래는 <u>색다른 풍속</u>이 생겨 무섬증이 덜했다. 그냥 밥만 내려 주는 게 아니고 도깨비를 불러 몇 가지 부탁을 하는 것이다.
가까운 요즈음   ↳ 마을 사람들에게 도깨비 흉내를 내게 한 후 그 도깨비에게 밥을 주며 부탁하는 풍속

"다리 밑에 도깨비들!" / "어이."

<u>제주</u>가 큰 소리로 부르면 다리 저쪽에서 대답한다. <u>미리 뽑아 거기 보내 놓은 녀석들이 도깨비 목소리로 가성을 써서 대답하는 것이다.</u>
제사의 주장이 되는 상제   도깨비 역할로 뽑힌 마을 사람들이 제사를 지내며 도깨비 흉내를 내는 것

"그동안 잘들 있었는가?" / "어이, 잘 있었네. 동네도 별일 없는가?"

"덕분에 동네도 별 탈이 없네. 금년에도 <u>당제</u> 지내고, 자네들 밥을 가져왔은게 차린 것은 없네마는 밥은 많이 가져왔은게 싸우지들 말고 오손도손
            마을 사람들이 마을을 지켜 주는 신인 동신에게 공동으로 지내는 제사

나눠 묵소." / "고맙네. 맛있게 묵을라네. 킬킬."

"요새 와서는 자네들도 철이 들었는가 으쨌는가, 다리 밑에 불도 안 쓰고 <u>사람 흘려 가는 일</u>도 없고, 그런일은 ^{아주}영판 잘한 일이네. 이 뒤로도 그런
                 다리 밑에 불이 보이는 것과 사람을 흘리고 다니는 것이 도깨비의 행위라고 생각한 마을 사람들의 인식이 드러남.

짓은 하지 말게."

"어이, 잘 알았네. 그렇지만 <u>동네일에 삐딱하게 구는 녀석</u>이 있으면 옛날 한몰 영감 끗고 댕기대끼 산으로 들로 끗고 댕기다가 바위틈에다 꼼짝 못
          마을의 평온을 위협하는 존재

하게 끼워 놀 것인게 안심하지 말게. 킬킬킬."

"어이. 우리도 조심할란게 그런 짓은 함부로 하지 말게. 그런디 이번에도 자네들한테 몇 가지 부탁이 있네. 이런 말은 자네들한테 할 말이 아니네마

는, <u>금년에도 쌀값이 말이 아니라 농촌 사람들은 죽을 맛이네.</u> 그 <u>쌀값 매기는 작자들</u> 말이여, 〈그 작자들이 어떤 작자들인가 쪼깐 알아 갖고, 그 작자
     떨어진 쌀값으로 인해 어려움을 겪는 농촌 사람들의 상황이 제시됨.   정부의 관료들

들을 옛날 한몰 영감 끗고 댕기대끼 방방곡곡 끗고 댕김시로 농촌 실정이 으짠가 한번 구경을 시켜, 그 작자들 눈탱이를 칵 쥐어박아 불란게 끗고 댕
                           실제의 사정이나 정세

길 적에는 우리 동네도 꼭 한번 끗고 오게.〉" 〈 〉: 도깨비가 농촌 사람들을 힘들게 만드는 '쌀값 매기는 작자들'을 혼내 주길 바라고 있음.
                        → 국가 정책에 대한 마을 사람들의 불만이 드러남.

"<u>알았네. 그 작자 끗고 댕김시롱 반 죽여 놓든지, 바위틈에 끼워 놓든지 할 것인게, 그리 알게.</u>"
                 도깨비가 농촌 사람들의 하소연을 들어 주는 존재로 인식됨.

"이 작자들이 농촌 사람들하고는 무슨 웬수가 졌는가 으쨌는가. 《즈그덜이 맨드는 텔레비·냉장고·전기다마·농약, 이런 것은 즈그들 기분 내키는 대로

값을 매김시로 말이여, 으째서 <u>촌놈들</u> 쌀값은 농사짓는 사람 따로, 값 매기는 사람 따로냐 이 말이여?》 무식한 놈 문자 속은 몰라도 말귀 돌아가는 짐
  《 》: 2차 산업의 상품은 생산자가 가격을 책정하지만, 1차 산업의 상품은 생산자가 가격을 책정할 수 없는 현실에 대한 불만을 표출함.

작은 있더라고, 우리도 테레비를 본게 알 만한 것은 대충 짐작을 하는디 말이여, 「즈그들이 맨드는 그런 물건들은 수출까지 해서 재미를 보고, 또 다른

나라 것을 절대로 수입을 못 하게 해 놓고 즈그들 것만 풀아서 두 벌 시별로 재미를 보거든. 그런디 으째서 쌀값이나 쇠고기값은 그것이 쪼깐 올라서

촌놈들이 재미를 볼라고 하면 그런 것은 수입을 하냐 이 말이여?」 「 」: 2차 산업을 키우기 위한 정부의 정책으로 인해 점차 소외되고 있는 1차 산업의 현실을 나타냄.

[중략 부분 줄거리] 댐 건설로 인해 마을이 <u>수몰</u>될 처지에 놓이자, 마을을 지켜 준다는 당나무에 욕심을 낸 외부인들은 이를 사기 위해 마을에 와 흥정
         물속에 잠길

을 벌인다.

"제 지내 오시던 걸 몰라서 드리는 말씀이 아닙니다. 『댐에 물이 차면 그때는 사람들이 집을 버리고 떠나듯이 당산 할머니도 떠나시지 않겠습니까?

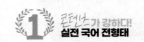

그러면 당나무도 빈집이나 마찬가지로 물속에서 썩고 말 텐데, 그냥 그렇게 썩는 것보다 목물*이라도 만들어 놓으면 오래 남을 테니 당나무로 보더라도
마을이 수몰될 상황에서 목물을 만드는 것이 당나무를 보전하는 일이라고 주장함.
그게 한결 낫겠지요.」 『 』: 목물 장수는 당나무를 팔게 하기 위해 자리실 영감을 설득함.

"허허. 남의 동네 당나무를 그렇게 염려해 주다가는 이 동네 강아지도 낼부터 금목걸이 걸고 나서겠구만."
목물 장수의 의도를 파악한 자리실 영감은 비꼬는 태도를 보임.

"그렇게 핀잔만 주실 일이 아닙니다. 호랑이도 죽으면 박제를 해서 잘 보이는 데다 진열해 놓지 않던가요. 그런 이치라 생각하면 그렇게 섭섭하게
동물의 가죽을 곱게 벗기고 썩지 아니하도록 한 뒤에 솜이나 대팻밥 따위를 넣어 살아 있을 때와 같은 모양으로 만듦.
생각하실 것도 없습니다."

"그럼 자네는 자네 할무니도 돌아가시먼 호랭이맨키로……."

다음 말은 너무 심하다 싶었던지 영감은 말을 삼키며 끙 매듭힘만 썼다. 목물 장수도 허허 웃었다.

"어서 가게. 그런 입 더 놀렸다가는 지벌*을 맞아도 크게 맞아. 장사하는 사람이 괜한 지벌 입지 말고 어서 돌아서!"

"수몰 지구에서 당나무를 많이 사 와 봤으니 말씀입니다마는, 50만 원이면 적은 돈이 아닙니다. 섭섭하시다면 20만 원 더 얹겠습니다. 잘 생각해 보
일정한 목적 때문에 특별히 지정된 지역
십시오."

"저 사람이 가라면 갈 일이제 지벌을 못 맞아서 어디가 많이 근질근질한 모냥이네. 〈지벌을 때리기로 하면 못 때리는 데가 없어. 자동차 바쿠는 그
당나무를 팔 마음이 없는 자리실 영감의 태도가 드러남. → 현실의 이익보다 전통적 가치를 중요시함을 알 수 있음.
것이 쐬고 고문께 거기는 못 때릴 것 같아?〉"
〈 〉: 당나무를 팔 것을 설득하는 목물 장수에게 지벌을 받으면 자동차 사고를 당할 수 있다고 말하며 악담을 퍼부음.

낯짝이 양푼 밑바닥으로 유들유들하던 목물 장수도 이 악담에는 눈을 흘겼다.
부끄러운 줄도 모르고 뻔뻔한 데가 있던　　지벌을 받는다는 자리실 영감의 말을 완전히 무시하지는 못한 목물 장수의 모습

며칠 뒤 또 한 사람이 왔다. 이 작자는 동백나무나 모과나무 같은 나무만 보고 다니는 게 목물 장수가 아니고 정원수 장수인 듯했다. 한참 동네를
정원의 꽃밭이나 수목을 가꾸는 일을 직업으로 하는 사람
싸대고 다니더니 이 작자도 당나무에 군침을 삼켰다. 자기는 30만원을 더 얹어 백만 원에 귀를 채우겠다는 것이다. 그걸 파 가자는 것은 아니겠고 역
여기저기를 분주히 돌아다니고
시 그런 속으로 목물점에 되팔아 넘기자는 수작인 듯했다.
정원수 장수의 목적 → 나무를 사서 목물점에 되팔려 함.

《허허. 말 죽은 원통보다 체* 장수 몰려드는 것이 더 속상하다등마는, 동네가 망조가 든께 체 장수에 갖바치에 벼라별 종자들이 다 꾀어드는구만."》
마을이 수몰을 앞둔 상황　　ᐧ당나무를 노린 사람들이 몰려드는 것　　　　　가죽신을 만드는 일을 직업으로 하던 사람

이 작자는 더 물풍스럽게 내쫓았다. 《 》: 속담 '말 죽은 데 체 장수 모이듯'을 사용하여 마을이 수몰될 상황에
성격이나 태도가 정이 없고 냉랭하며 퉁명스러운 데가 있게　　　　　자신의 잇속을 챙기려고 몰려드는 사람들에 대한 비판을 드러냄.

「돈이 백만 원이면 그 돈이 얼만디 그러시요? 거기다가 윗 당나무도 끼워 팔먼, 그것도 7, 8십만 원은 받을 텐께 그러면 2백만 원 가까운 돈인디.

저절로 굴러 들어온 돈을 발로 차 넘기잔 말이구만이라." 「 」: 전통적 가치를 인식하지 못하고 현실의 이익을 따르고자 하는 삼식이의 모습이 드러남.

삼식이라는 젊은이였다. / "뭣이 으짜고 으째? 물에 안 잠기는 윗 당나무까지 폴아묵자고?"
윗 당나무는 수몰 지구 밖에 있어 잠기지 않음.　　ᐧ팔아먹자고

자리실 영감이 담뱃대를 내지르며 고함을 질렀다.
■: 당나무의 공동체적 가치보다 금전적인 가치를 중요시하는 인물

"이런 일은 그렇게 외곬*으로만 생각하실 일이 아닐 것 같습니다."
단 하나의 방법이나 방향
이장도 덩달아 삼식이 편을 들고 나섰다.
삼식이의 입장에 동조하는 이장의 모습

「당나무가 물에 잠기면 당산 할무니도 나무에서 떠나고 말 텐께 아랫 당나무는 말할 것도 없고, 윗 당나무도 동네 있고 당나무 있제 동네 사람들은

다 떠나고 없는디, 당산 할아부지는 거기서 무얼 하실 것이요? 동네도 없는 당집에서 당산 할아버지가 무슨 중이라고 염불을 하실 것이요. 강태공이라
『 』: 마을이 수몰되어 동네 사람들이 떠나면, 당나무에 있다는 당산 할머니와 당산 할아버지도 떠날 것이라는 의견을 제시함.
고 낚시질을 하실 것이요?」

"허허. 아무리 동네가 망조가 들었다고 이것이 시방 먼 소리여? 인사불성도 유분수제 물에 안 잠기는 쌩 당나무까지 폴아묵자니, 이러다가는 조상

묏등 폴아묵자는 소리는 안 나올는지 모르겄구만. 허허."
무덤의 윗부분

자리실 영감은 기가 막혀 말이 안 나온다는 표정이었다.

"까놓고 말해서 묏등에는 조상 유골이나 있제마는, 당나무에 귀신이 붙었다고 한께 그런가 부다 하제, 당산 할아버지나 할머니가 있는지 없는지 누
당산 할아버지와 당산 할머니의 존재를 인정하지 않는 삼식의 모습

가 봤소?" / 삼식이는 말을 해 놓고 눈길을 돌렸다.

*목물 : 나무로 만든 물건을 이르는 말.
*지벌 : 신(神)이나 부처에게 거슬리는 일을 저질러 당하는 벌.

OX문제

01 방언과 구어적 표현을 사용하여 생동감 있게 이야기를 풀어가고 있다. [2010학년도 수능] (O / X)
02 제주는 도깨비에게 어려움을 겪는 '농촌 사람들'의 상황을 제시하며 '몇 가지 부탁'을 하고 있다. (O / X)
03 인물들 간의 대화를 통해 인물들 사이의 갈등을 제시하고 있다. [2015학년도 수능A] (O / X)
04 동시에 벌어진 사건들을 삽화처럼 나열하여 이야기의 흐름을 지연시킨다. [2019학년도 6월] (O / X)
05 삼식이는 외부인에게 '당나무'를 파는 것이 더 이익을 얻을 수 있는 방법이라 생각한다. (O / X)

01 | 주제

민속 신앙을 통한 수난 극복의 의지

02 | 특징

① 방언을 사용하여 사실성과 현실성을 부여함.
② 토속적 어휘를 사용하여 농촌 현실을 실감나게 드러냄.
③ 민속 신앙을 바탕으로 공동체 의식을 강조하여 분단 극복의 의미를 보여 줌.

03 | 작품 해제

「당제」는 1983년에 발표된 소설로, 감내골에 사는 한몰 영감 내외를 중심으로 일제 강점기로부터 6·25 전쟁을 거쳐 산업화 시대에 이르기까지 격변하는 근현대사 속에서 역사의 질곡에 따른 아픔을 극복해 나가는 사람들의 모습을 그린 작품이다. 당제, 도깨비 등의 민속 신앙을 통해 일제 강점기에서 6·25 전쟁, 근대의 산업화에 이르기까지 자신들이 겪어 온 아픔을 극복하며 공동체를 지켜 나가려는 감내골 사람들의 모습을 보여 준다.

04 | 등장인물

- 제주 : 도깨비에게 국가 정책에 대한 마을 사람들의 불만을 대표로 전하는 인물.
- 목물 장수, 정원수 장수 : 당나무에 욕심을 내는 외부인들로, 당나무를 사기 위해 자리실 영감을 설득하는 인물.
- 자리실 영감 : 물질적 가치보다 전통적 가치를 중요하게 여기는 인물. 당나무를 사기 위해 온 외부인들의 설득에 넘어가지 않고, 자신의 잇속을 챙기려고 몰려드는 사람들에 대한 비판적 태도를 드러낸다.
- 삼식이 : 전통적 가치보다 물질적 가치를 중요하게 여기는 인물. 당산 할머니와 당산 할아버지의 존재 자체를 부정하며 당나무를 외부인에게 팔자고 설득한다.
- 이장 : 전통적 가치보다 물질적 가치를 중요하게 여기는 인물. 당산 할머니와 당산 할아버지의 존재는 인정하지만 마을이 수몰되면 떠날 것이라며 당나무를 외부인에게 팔자는 삼식이의 입장에 동조한다.

05 | 상세 줄거리

감내골에 사는 한몰 영감 내외는 30년 전 6·25 때 의용군으로 나간 아들을 기다린다. 아들이 지리산 어딘가에서 죽었다는 소문에도 한몰 영감 내외는 아들이 북쪽에 살아 있다고 생각한다. 한몰 영감 내외는 예전에 한몰 영감이 징용에 끌려가서 죽을 뻔했을 때 미륵보살이 지켜 주어 살아 돌아왔다고 믿은 것처럼, 아들도 미륵보살의 보살핌으로 북쪽에 살아 있으며 언젠가는 돌아올 것이라 믿는다.

한편, 댐 건설로 인해 마을은 수몰될 처지에 놓이고, 마을을 지켜 준다는 당나무를 파는 문제로 마을 사람들 간에 다툼이 일어난다. 이에 한몰 영감은 마을에서 지내는 당제(마을의 신에게 드리는 제사)의 제주(제사의 주도자)가 되기를 자청하고, 당제를 지내면서 몇몇 마을 사람들은 서로 화해하게 된다. 감내골이 수몰되면 아들이 자신을 찾지 못할 것이 걱정된 한몰 영감은 도깨비들에게 아들이 자신을 찾아오도록 이끌어 줄 것을 부탁한다. 마을이 수몰된 후에도 한몰 영감 내외는 댐 근처 잿길에 오두막집 한 채를 짓고 자신들이 이곳에 산다는 안내판을 세워 아들을 기다리며 살아간다.

03 논문으로 만나는 출제자의 시선

「당제」에 드러난 현실 문제

송기숙은 한국 사회의 모순과 진실을 문학을 통해서 민중과 공유하기 위해 평생을 바쳤을 뿐만 아니라, 현실을 개선하기 위해 온몸으로 싸워 온 지식인이자 작가이다. 이런 의미에서 그의 소설은 그가 체험한 당대의 현실 세계와 일치한다. 따라서 그의 문학은 당대 사회와 그의 실천적 삶의 맥락에서 읽을 때 그 본질에 대한 이해가 가능할 것이다.

송기숙은 일제 강점기에 태어나 해방과 함께 6·25 전쟁, 5·18 광주 민주화 운동 등을 온몸으로 겪으며 살아온 시대의 산증인으로 당대의 사회 모순과 이와 결부된 그의 삶 자체가 작품의 소재이자 배경이 되었다. 그의 문학에서 처음부터 끝까지 한결같은 주제는 지배 계급에 의해 억압받고 소외된 민중이다. 작품에서 민중은 정치·경제·사회적으로 소외받는 계층이지만, 이 같은 소외 현상을 비판하며 개선하려는 낙관적인 생각을 지닌 인물들로 묘사된다.

1980년대에는 작품을 통해 이산가족 문제를 구체적으로 드러낸다. 그 중 「당제」에서는 남과 북에 헤어져 있는 가족의 문제를 형상화하여 고향이 수몰 지구가 되어 북에 있는 자식이 찾아올 수 없는 현실을 그리고 있다. 즉 가족이 모두 고향을 떠나야 하는 상황을 통해 고향을 상실한 이들의 삶을 형상화하고자 하였다. 「당제」에서 마을 사람 전체가 타의에 의해 고향을 떠나야 하는 상황을 보여 줌으로써, 1980년대에 온 가족이 떠나거나 마을 전체가 수몰 지구가 되어 완전히 고향을 상실하는 상황에 대해 심각성을 제기한다.

「당제」에 설정된 '도깨비'의 역할

송기숙의 「당제」는 풍부한 역사와 다양한 민속이 담긴 작품이다. 일제 치하부터 6·25와 수몰 등의 역사적 사건이 벌어지는 마을을 설정해 놓고 의병 운동과 징용, 인민 의용군 입대, 쌀값 하락과 농산물 수입 등 역사와 당제와 당나무 신앙 도깨비 섬기기 등의 민속을 다루고 있다.

「당제」에서는 민속을 소재로 차용하되 전통적 관념에 구조적으로 함몰되거나 제약받지 않고, 민속의 담지자(생명이나 이념 따위를 맡아 지키는 사람이나 사물)이자 계승자인 소박하고 건강한 민중 의식의 관점에서 사회와 역사를 비판적으로 바라본다.

도깨비는 인간이 흉내내기 어려운 초능력을 발휘하는 존재이다. 도깨비감투는 그것을 덮어쓴 사람을 남이 알아보지 못하게 하고, 도깨비 방망이는 나오라는 대로 무엇이건 한없이 만들어내는 물건이다. 「당제」에서의 도깨비는 사람을 홀리거나 도깨비 불을 켜고, 사람을 꼼짝 못하게 만들어 업고 먼 거리를 돌아다닐 수 있는 존재로 묘사된다. 이러한 능력으로 인해 「당제」에서 도깨비는 현실과 초현실을 잇는 매개적 역할을 하는 존재로 여겨진다.

한편, 도깨비 이야기는 민담이나 소설에서 공동체적 삶의 문제를 담아내고 이상적 공동체를 지향하는 면을 보여 준다. 「당제」의 후반부에서 한몰 영감이 도깨비에게 당부하는 것은 전쟁이라는 현실과 연관된, 지극히 사실적이고 현실적인 일로 드러난다. 한몰 영감은 아들이 간첩으로 내려올 가능성을 도깨비들에게 일러 주면서 "자네들은 이런 사정까지는 짚이 모를 것인께"라는 말로 불신을 드러내기도 하지만, 다리 아래의 도깨비들에게 아들의 일을 부탁한다. 또한 그 외 독백에는 이데올로기에 대한 비판, 인간 중심 사고, 생명에 대한 긍정, 잃어버린 자식에 대한 애정이 드러나는데, 아래의 내용에서 잘 드러난다.

'자네들한테 이런 말이라도 하고난께 속이 쪼깐 터진 것 같네. 사상이 뭣인가 모르제마는 그 사상이라는 것도 사람이 살자는 사상이제 죽자는 사상은 아닐 것인디, 피붙이들이 이로크름 생나무가지 찢어지듯 찢어져 삼십년을 소식 한 장 모르고 지낸대서야 그것이 지대로 된 사상이여.'

이 부분을 요약하면 갈수록 삶을 황폐하게 만드는 이데올로기나 전쟁, 개발의 폐단을 극복하고 싶다는 것이다. 달리 말하면 그것은 왜곡된 현실을 비판하면서 그 현실에서 벗어나 숨 쉴 수 있는 여지는 찾는 동시에, 나아가 공동체 사회를 회복하려는 기대이다. 즉, 「당제」에서는 도깨비를 통해 사람에 대한 비판과 현실 문제에 대한 기대를 드러내고 있는 것이다.

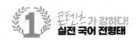

다음 글을 읽고 물음에 답하시오. [교육청 기출 변형]

"그 아이는 안 죽었소. 누가 내린 자식이라고 그리 쉽게 죽을 것 같소? 틀림없이 미륵보살님이 지켜 주고 계실 것이오."

"뭣이라고? 함께 갔던 친구가 하는 말인데, 그러면 그 녀석이 거짓말을 했단 말이여?"

"어젯밤 꿈에도 그 아이가 저 건너 미륵바위 곁에 서 있습디다. 꼭 옛날 당신이 징용 가셨을 때 미륵바위 곁에 서 계셨던 것맨키로 의젓하게 서서 웃고 있습디다."

한몰댁은 마치 남의 이야기하듯 차근하게 말했다.

"뭣이? 옛날 징용 갔을 적에 임자 꿈에 내가 미륵바위 곁에서 있었던 것맨키로?"

영감은 눈을 끔벅이며 할멈을 건너다봤다. ㉠ 그때 일은 너무도 신통했다. 탄광에서 갱도가 무너져 죽었다고 집에 사망 통지서까지 온 영감이 죽지 않고 살아왔던 것이다.

왜정 때 북해도 탄광에 징용으로 끌려갔을 때였다. 교대를 하러 갱으로 들어가려는데 갑자기 배탈이 났다. 평소 그를 곱게 보던 십장이 함바에서 쉬라고 했다. 그 뒤 한 시간도 채 못 되어 탄광은 수라장이 되고 말았다. 낙반 사고였다. 구조를 하느라 탄광은 벌집을 쑤셔 놓은 꼴이었다. 그러나 갱 사정을 손바닥 보듯 알고 있던 영감은 그들을 구출할 수 없다는 걸 잘 알고 있었다. 순간, 도망치자는 생각이 번개처럼 머리를 쳤다. 도둑놈은 시끄러울 때가 좋더라고 도망치기에는 이보다 좋은 기회가 없을 것 같았다. 더구나 자기가 갱 속에 들어가지 않았다는 것은 십장만 알고 있는데, 그도 갱 속에 들어갔으므로 자기가 없으면 갱에서 죽은 걸로 치부할 게 틀림없었다.

주먹을 사려쥐었다. 그러나 탈주는 목숨을 거는 일이었다. 잡히면 그대로 총살이었다. 광부였지만 전시 동원령에 따라 끌려왔기 때문에 그들의 탈주도 군인들 탈영과 똑같이 취급됐다. 그렇지만 여기 있으면 자기도 언제 죽을지 몰랐다. 전시물자 수급이 달리자 목표량 채우기에만 눈이 뒤집혀 안전 따위는 안중에도 없고, 몽둥이로 소 몰듯 몰아치기만 했다. 작업조건도 조건이지만 우선 밥이 적어 견딜 수가 없었다. 이판사판이었다. 예사 때도 지나새나° 궁리가 그 궁리였으므로 도망칠 길목은 웬만큼 어림잡고 있었다. 밤이 이슥하기를 기다려 철조망을 뛰어넘었다.

집에는 사망 통지서와 함께 유골이 왔다. 무슨 일인가 하고 나간 시어머니는 그 자리에서 짚단 무너지듯 까무러쳤다. 그러나 한몰댁은 어리벙벙한 표정으로 서 있었다. 아무래도 그게 자기 남편 유골 같지 않았고, 죽었다는 실감도 들지 않았다. 그 순간 전날 밤 꿈에 나타난 미륵보살이 떠올랐다. 미륵보살이 인자하게 웃고 있었고, 그 곁에 남편이 의젓하게 서 있었다.

"그이는 안 죽었소."

한몰댁은 시어머니에게 꿈 이야기를 하며 틀림없이 미륵보살님이 지켜 주고 계실 거라 했다. 그러나 시어머니는 그런 소리는 귀여겨듣지도 않고 시름시름 앓다가 그 길로 세상을 뜨고 말았다. 그렇지만 한몰댁은 눈물 한 방울 흘리지 않고, 그때까지 그래왔듯이 새벽마다 미륵바위 앞에서 더 정성스레 치성을 드렸다. 8·15가 되었다. 꿈결에 싸여 온 듯 남편이 살아왔다.

[중략 줄거리] 한몰 영감 내외는 6·25 때 의용군으로 나간 아들이 북쪽에 살아 있다고 믿으며 살아간다. 산업화에 의한 댐 건설로 마을이 수몰되기 전 지낸 마지막 당제가 끝나고 한몰 영감은 혼자 남아 도깨비들에게 아들의 안전을 지켜 달라고 부탁한다.

"자네들 사는 길속을 내가 잘 몰라서 하는 말인디, 만당 간에 그런 일이 있으면 우리 집 녀석한테 말을 전할 방도를 한번 생각해 보게. 천행으로 그런 방도가 있거든 그 녀석한테 이렇게 쪼깐 전해 주게. 자네 부모들은 둘이 다 무탈한께 그것은 하나도 걱정 말고, 혹간에 그쪽에서 간첩으로 내려가라고 하거든 죽으면 거그서 죽제 간첩으로는 절대로 내려오지 말더라고 전해 줘. 이쪽 남한에는 어디를 가나 골목골목 간첩 잡으라는 표때기 안 붙은 데가 없고, 군인이야, 경찰이야, 예비군이야, 더구나 삼천만 원, 오천만 원 상금까지 걸려 어느 한구석 발붙일 데가 없다고 저저이 일러줘. 아무리 지가 홍길동이라 하더라도 여그 와서야 어느 골목에 발을 붙일 것이며, 어느 그늘에 은신을 할 것인가? 없네, 없어. 발붙일 데가 없어."

영감은 손사래까지 치며 절레절레 고개를 짓는다.

"자네들한테 이런 말이라도 하고 난께 속이 쪼깐 터진 것 같네. 사상이 뭣인가 모르겠네마는, 그 사상이란 것도 사람이 살자는 사상이제 죽자는 사상은 아닐 것인디, 피붙이들이 생나무 가지 찢어지듯 찢어져서 삼십 년을 내리 소식 한 번 듣지 못하고 산대서야 그것이 지대로 된 사상이었어? 아무리 이빨 감시로 총 겨누고 있어도 이 꼴이라면 이제는 피차에 쪼깐……."

영감은 말을 뚝 그친다. 저쪽에서 플래시 불이 나타났다. 서울서 밤차를 타고 온 사람들 같았다.

"아이고, 사람이 오네. 나 가야겠네. 그럼 돌아온 한식날 보세."

영감은 담배꽁초를 짓이겨 끄고 부랴부랴 동네로 내닫는다. 이듬해 봄부터 댐에 물이 차기 시작했다. 산중턱까지 물이 찬 댐은 물빛이 유난히 푸르렀다. 멀리 바다로 날아가던 물새들도 푸른 물빛에 끌려 여기 내려앉아 자맥질을 하다 떠나고, 하늘에 떠 있는 흰구름도 제 아름다운 자태를 수면에 비춰 보며 한가롭게 멈춰 있기도 했다.

감내골 가는 장구목재 잿길은 재를 넘어 조금 내려가다가 물속으로 들어가 버린다. 동네가 없어졌으므로 댐을 막은 뒤부터 이 길을 다니는 사람은 거의 없다. 이따금 극성스런 낚시꾼들이나 바쁜 걸음을 칠 뿐이다. 새벽 장꾼들처럼 바삐 나대던 낚시꾼들은 느닷없이 앞을 가로막는 큼직한 안내판 앞에 우뚝 걸음을 멈춘다. 관광지 안내판 크기의 이 안내판을 읽고 난 낚시꾼들은 어리둥절한 표정으로 고개를 갸웃거리다가 눈을 옆으로 돌린다.

거기 오두막집이 한 채 있다. 싸리나무 울타리가 가지런하고 마당이며 토방이 여간 정갈하지 않다. 토방과 집터서리에는 벌통이 여남은 통 놓여 있고, 집 근처 네댓 마지기 밭에는 조그마한 남새밭을 내놓고는 모두 메밀을 갈아, 가을이면 하얗게 핀 메밀꽃이 따가운 햇살에 눈이 부실 지경이다.

발길이 바쁜 낚시꾼들이지만, 이 집을 보고 나면 고개를 갸웃거리다가 다시 안내판으로 눈이 간다. 안내판 한쪽 귀퉁이에는 호롱불이 걸려 위쪽이 시커멓게 그을려 있고, 그 곁에는 끄트머리에 창의비라 쓰인 비석도 하나 서 있다. 그들은 서툰 글씨지만 정성 들여 또박또박 쓰여 있는 안내판을 다시 읽는다.

"이 재 너매 잇든 감내골 동내는 저수지 땜을 마거서 한집도 업씨 모두 다 업써저불고, 거그 살든 부님이 어매 한몰댁 하고 아배 한몰 영감은 이집서 산다. 부님이 아배 이름은 김진구다."

– 송기숙, 「당제」 –

*지나새나 : 해가 지거나 날이 새거나 밤낮없이.

01. 〈보기〉에서 윗글에 대한 설명으로 적절한 것을 모두 골라 바르게 짝지은 것은?

〈보기〉

ㄱ. 방언을 사용하여 대화를 실감나게 전달하고 있다.
ㄴ. 사건이 반복되면서 인물 간 갈등이 심화되고 있다.
ㄷ. 배경 묘사를 통해 장면을 선명하게 제시하고 있다.
ㄹ. 주인공이 서술자가 되어 자신의 경험을 서술하고 있다.

① ㄱ, ㄷ　　　② ㄴ, ㄷ　　　③ ㄷ, ㄹ
④ ㄱ, ㄴ, ㄹ　　　⑤ ㄴ, ㄷ, ㄹ

02. ㉠에 대하여 '한몰 영감'이 회상했을 법한 내용으로 적절한 것은?

① '낙반 사고 이전에는 탈출을 감행할 생각을 하지 않았지.'
② '탈출을 결심하고도 동료에 대한 의리 때문에 괴로워했어.'
③ '갱도가 붕괴되었을 때 나도 동료들을 구하려 노력했었지.'
④ '탄광 사람들은 내가 갱도에서 죽었다고 생각했었을 거야.'
⑤ '내가 갱도에 들어가지 않은 것을 십장이 몰라 다행이었어.'

03. 〈보기〉를 바탕으로 윗글을 감상한 내용으로 적절하지 <u>않은</u> 것은?

〈보기〉

「당제」는 민족 수난의 역사와 산업화를 겪은 농촌을 배경으로 한몰 영감 내외와 마을 사람들이 경험한 아픔을 보여 준다. 아래와 같이 이 작품의 두 축은 '역사'와 '신앙'으로, 초월적 세계에 대한 믿음을 통해 현실의 문제들을 해결해 가고자 하는 사람들의 모습을 드러낸다.

| 역사(현실) | ········ | 신앙(초월적 세계) |

'미륵바위'는 개개인이 초월적 세계를 향해 직접적으로 기원할 수 있는 대상이고, '마을신'에게 제사를 지내는 '당제'는 두 세계를 매개하는 의식이다. '도깨비'는 두 세계의 매개자로서 마을 사람들의 일상과 함께 한다. 이처럼 소설은 현실의 삶이 초월적 세계와의 교류를 통해 지탱되고 이어져 감을 보여 주고 있다.

① 남편이 살아 있다는 '한몰댁'의 확신은 '꿈'이 소망을 이루어 주어 초월적 세계를 구현한다는 믿음에서 비롯된 것이겠군.
② '한몰댁'이 수난을 겪을 때 '미륵바위'를 찾은 것은 초월적 세계를 통해 현실의 문제를 해결하고자 한 것이겠군.
③ '한몰 영감'이 '도깨비'에게 아들을 부탁한 것은 현실과 초월적 세계가 교류하는 모습을 보여 주는 것이겠군.
④ '댐' 건설로 '감내골'이 물에 잠기게 된 것은 산업화 시대의 농촌 사람들이 겪어야 했던 아픔을 보여 주는 것이겠군.
⑤ '한몰 영감' 부부가 '안내판'을 세운 것은 초월적 세계에 대한 믿음이 그들의 삶을 지탱하고 있음을 보여 주는 것이겠군.

13 | 양귀자, 방울새

수능 국어 대비
실전 국어 전형태

STEP 01 지문 분석과 OX문제

나BS 수능특강 | 현대문학

황록색의 그늘로 덮여 있는 먼 산을 바라보다가 그녀는 문득 <u>오른쪽 눈꺼풀이 파르르 떨리는 것</u>을 느꼈다. 떨림은 이내 수초 간격으로 일정하게 반
　　　　　　　　　　　　　　　　　　　　　　　그녀가 겪고 있는 불안과 긴장 상태를 보여 주는 신체적 반응

복되었고 그녀의 오른쪽 시야에 잡히는 산과 나무와, 색색으로 치장된 간이매점들도 따라서 순간적인 경련을 일으키는 것처럼 보였다. 그녀는 손을 들

어 눈두덩을 지그시 눌러 보았다. <u>눈꺼풀의 경련이야말로 이미 오래전부터 그녀를 간섭해 온 익숙한 증상이었으므로 눈두덩을 압박한 몸짓 그대로라도</u>
　　　　　　　　　　　　　　　　내면의 불안을 해결하려고 노력하기보다는 익숙한 것으로 받아들임. → 무기력한 그녀의 모습

얼마든지 걸을 수 있기는 하였다.

기다란 <u>낭하</u>를 하염없이 걸었다는 느낌이 있었다. 그때도 <u>양쪽의 흰 벽과 침묵하는 천장이 수초 간격으로 경련을 일으켰고</u> 그녀의 손은 눈두덩을 짓
　　　　　건물 안에 다니게 된 통로　　　　　　　　　　　　　　　교도소의 중압감이 그녀의 불안감을 증폭시킴.

뭉개고 있었다. 그러나 면회실로 들어가는 도중에 낭하 따위는 없었다. 몇 개의 철문과 단호하게 고정된 눈초리들을 거쳤을 뿐이었다. <u>남편은 핏기 없</u>
　　　　　　　　　　　　　　　　　　　　　　　　　　　　　　　　수감자를 감시하는 교도관의 모습을 묘사함.

<u>는 얼굴이었고 반팔 수의 밑으로 희디흰 팔뚝이 선명하게 도드라져 보였다.</u>「네모반듯한 공간 안에서 그들은 확실히 둘로 갈라져서 모습을 내보이고
　　　　　　　감옥살이를 하며 초췌해진 남편의 외양을 감각적으로 묘사함.

있다. 그는 저쪽에, 그녀는 이쪽에. 한 겹 쇠망을 거두어 버릴 수도 있는 두 손을 깍지 끼워 잠재우고서 그녀는 맥없이 남편의 등 뒤, 약간의 얼룩과

손자국이 묻어 있는 잿빛의 벽을 쳐다보았다. 그 또한 아무 이유 없이 바닥에다 후후 입김을 불어 대고 그 입김을 발길질로 닦아 내고 있다는 몸짓을

해 보였다.」「 」: 그녀와 남편이 공간적 단절뿐만 아니라, 심리적으로도 단절되어 있음을 알 수 있음.

장식 없이 숫자판만 커다란 벽시계는 소리도 날카롭게 면회실을 울리고 그녀는 마침내 흰 벽의 얼룩 보기를 끝내고 남편을 본다. <u>우리 속에 갇힌</u>
　　　　　　　　　　　　　　　　　　　　　　　　　　　　두 사람의 딸　　　　　　　　　　　　교도소에 수감 중인 남편을 의미함.

<u>짐승의,</u> 그러나 <u>이제는 번뜩이지 않는 눈빛</u>으로 그 또한 그녀를 본다. 《지난번 경주의 감기는 다 나았는가, 라는 질문이 오면 한참 뒤에 그녀는 이제
　　　감옥살이를 하면서 무력해진 남편의 모습을 보여 줌. → 억압된 사회 속에서 점차 존재의 의미를 잃어가는 현대인의 모습을 암시함.

여름이 다 지났나 보다는 대답을 보낸다. 걱정하지 말고 마음 편히 지내라는 말이 쇠망을 건너오면 시골의 사촌 형님네에서 마늘이 왔다는 대답이 다

시 쇠망을 건너간다. 반들반들 닳아 있는 윤기 나는 나무 의자와 되풀이되는 헛손질의 쓴맛이 그녀를 사로잡을 즈음, 남편은 또 한번 마음 편히 지내라
　　　　　　　　　　　　　　　　　　　　　　　　　　　　　　　질문과 관계없는 대답을 서로 계속 주고받음.

고 당부하며 아주 커다랗게 그러나 사실은 지극히 미미하게 웃음을 한 조각 내어 미는 것이다.》 계속되는 헛손질이 끝나고 말았다는 뜻의 마지막 카드
　　　　　　　　　　　　《 》: 맥락에 맞지 않는 대화를 주고받는 그녀와 남편 → 소통이 부재하는, 형식적인 관계임이 드러남.

를 얼굴에 남기고 그는 들어온 문으로 다시 빠져나가고 그녀 또한 몸을 돌이켜 이쪽 세상으로 빠져나온다.

남편이 가족들로부터 차단되어 홀로 <u>저쪽</u> 담벼락 속으로 넘겨지게 되었을 때 <u>그녀는 아무런 대책도 가지고 있지 못하였다.</u> 나중에 가서야 이런 경우
　　　　　　　　　　　　　　　교도소　　　　　　　　　　　　　　　남편이 부재한 상황에서 살아갈 준비가 되어 있지 않았음.

에는 어떠한 특별 대책이 있었다 한들 아무런 도움도 얻지 못했으리라는 것을 알게 되기는 하였지만 처음에 그녀는 무력한 <u>스스</u> 때문에 크게 절망하

였다. 『애초부터 그는 아버지로부터 물려받은, 방이 많아 월세만으로도 최소의 <u>호구지책</u>을 해 나갈 수 있는 낡은 기와집 아래에 존재해 있던 사람은 아
　　　　　　　　　　　　　　　　　　　　　　　　　　　　가난한 살림에서 그저 겨우 먹고살아 가는 방책

니었다. 그는 이 세상의 모든 이들이 가능하기만 하다면 평등하게, 그리고 따뜻한 마음을 나누면서 살아야 한다고 생각하던 사람이었다.』
　　　　　　　　『 』: 남편의 성격이 직접 제시됨. → 아버지로부터 물려받은 재산이 있음에도 편안하게 안주하여 살지 않았으며, 모두가 평등한 세상에서 살기를 소망했음.

<u>그 생각이 어느 무렵부터인가 주장으로 바뀌었고</u> 이제 <u>그는 주장만을 신봉하는 것처럼 보여졌다.</u> 그렇기 때문에 그녀는 비어 있는 남편의 자리를 눈
　　사회 운동에 대한 남편의 생각이 신념으로 바뀜.　　　　　그녀가 남편을 온전히 이해하지 못했음을 알 수 있음.

여겨보지 않고 사는 법을 터득하고자 했다. 말하자면 그녀 스스로 남편의 자리를 비워 두고 있는 셈이었다.

[중략 부분 줄거리] 어느 늦은 가을 그녀는 기분 전환도 할 겸, 다섯 살 난 딸 경주를 데리고 과천의 동물원에 가게 된다.

가로세로 일 미터쯤의 유리 상자들이 벽을 따라 즐비하게 세워진 그곳은 들어서자마자 썩 좋지 않은 냄새를 풍겨 주었다. 새들의 오물이나 잠겨 있
　　　　　동물원 안에 위치한 조류원 → 교도소를 연상시킴.
는 실내 공기 탓이겠지만 냄새만으로도 이쪽 세상과 저쪽의 바깥 세상을 확연히 구분 짓게 한다. 그녀는 문득 남편을 생각했다. 냄새는, 특히 이런 유

의 퀴퀴한 냄새는 언제나 남편을 떠올리게 하였다. 「악취가 풍겨 오는 한은 어쩔 수 없노라고 그는 말하곤 했다. 이 세상의 썩고 있는 쓰레기들을, 막
　　　　　　　　　　　　　　　　　　　　　　악취 : 부조리하고 불의한 사회 현실
혀 있는 시궁창을 치우지 않고는 아무 일도 할 수 없다고 했다.」
　　　　　　　　　　　　　　　　「 」: 그녀가 악취를 맡으며 남편을 떠올린 이유 → 남편은 사회적 문제를 쓰레기에 빗대어 악취가 난다고 말하며 이를 없애기 위해 애썼음.

그녀는 이제 조류원 안에서 아무런 냄새도 맡지 못한다. 잠깐 사이에 후각은 마비되고 언제 냄새가 났었냐는 듯이 코는 말짱해져 큼큼거리던 짓도

멈추었다. 내맡겨지고 길들여지는 일에 익숙한 자들에게는 못견딜 일이라곤 별로 없는 것이다.
　　　　　　사회의 부조리, 억압에 저항하지 않고 점차 순응해 가는 무력한 현대인의 모습　　　　　: 동물원에 갇혀 생명력을 잃은 새들의 모습
그처럼 많은 새가 있었지만 어느 곳에서도 새소리는 들려오지 않았다. 박제되어 있는 듯한 동공과 차가운 발부리만이 일렬횡대로 즐비하게 늘어서
　　　　　　　　　　　　　　　　　　　　　　　　　　　　　　　　　　　　　옆으로 길게 줄을 지어 한 줄로 늘어선 대형
있을 뿐이다. 죽은 나뭇가지 위에 동그마니 얹혀져서 참새·콩새·종달새들이 유리 벽 바깥의 인간들을 노려보고 있다. 전깃줄에서, 때로는 미풍의 보리밭
　　　　　　　　　　　　　　　　　　　　　　　　　　　인간에 대한 반감이 느껴짐.　　　　　　　　　　약하게 부는 바람
이랑에서 정답게 울어 주던 바깥세상의 새들과는 전혀 닮지 않은 것처럼 보임은 무거운 침묵 때문인가. 고목의 둥치를 잘라 시멘트로 탄탄하게 붙박아
　　　　　　　　　　생명력 넘치는 동물원 밖의 새들과 대비되는 모습
놓은 가지마다엔 이파리 하나 매달리지 않았다. 새들은 두툼한 가지 끝에서 미동도 하지 않고 있다가 별안간 후드득 날아올라 다른 가지로 옮겨 앉는
　　　　　인위적으로 조성된 공간임을 알 수 있음.
다. 그러고는 이내 부동의 자세이다. 아이들은 유리 벽에 매달려 새들을 유혹하기 위해 손을 내밀기도 하고 후이익후이익 새 울음을 만들어 내기도 하

였다.

조류원의 중간쯤에서 그녀는 방울새를 만났다. 부리나 깃털의 색깔로 방울새를 알아낸 것은 물론 아니었다. 팻말을 통해 잿빛 깃털의 음울한 눈매를
　　　　　　　　　　　　　　　　　　　　　　　　동요 「방울새」의 가사　　　　　　　　　　　　생명력을 잃은 방울새
한 그것과 맞부딪히고 나서 그녀는 적잖이 실망을 한다. 방울새야 방울새야, 쪼로롱 방울새야. 노래를 부를 적마다 떠오르곤 했던 그 이슬 같은 느낌의
　　　　　　　　　　　　　동요에서 연상되는 맑고 밝은 느낌이 없었기 때문
청명함은 어디에도 없었다. 감춰지거나 은유되지 않고 곧이곧대로 드러나 있는 사실 속의 새 앞에서 그녀는 잠시 의아해한다. 그리고 이내 깨닫는다.
　　　　　　　　　　　　　　　　동물원에 갇혀 있는 방울새를 의미함.
《노래, 아마도 노래가 사라진 탓이었다. 방울 같은 목소리로 목청껏 노래를 부르고 있을 때만 그것은 방울새로 불려진다. 노래하지 않고 있는 방울새는

단지 잿빛 깃털을 가진 한 마리의 날것에 불과하였다.》 / "저 새가 바로 방울새란다."
　　　　《 》: 노래가 방울새의 정체성을 규정하는 중요한 요소임을 깨달음.
그래도 그녀는 딸애에게 가르쳐 주어야 했다. 한 소절 한 소절을 따라 부르게 하면서 노래를 가르쳐 주었듯이. 간밤에 고 방울 어디서 따 왔니. 쪼
　　　　　　　　　　　　　　　　　과거에 딸에게 「방울새」 노래를 가르쳐 주었음.
로롱 고 방울 어디서 따 왔니……. 글쎄, 어디서 따 왔을까. 방울이 어디에 있었는가를 경주는 물었고 그녀는 방울이 있었음 직한 곳을 찾기 위해 곰곰

생각해 보곤 했었다. 그곳은 어디에 있을까. 그리고 지금은 왜 방울을 따 오지 못한 것일까. 두터운 유리 벽 안에 갇혀서, 푸른 하늘 대신 시멘트 천장

을 이고 죽은 나뭇가지 위에 앉아 있는 한은 방울을 따올 수 없을 것이 분명했다.
　　　　　자유가 상실된 상태에서는 방울새가 노래할 수 없다고 생각함.
경주는 신이 나서 노래를 부르기 시작한다. 그녀와 마찬가지로 경주 또한 방울새를 보는 것은 처음이었다. 노래 속에서만 있었던 새를 눈앞에 두고

아이는 쨍쨍한 목소리로 노래를 부르고 있다. 동굴처럼 깊게 파 들어간 조류원 안에서 아이는 시방 노래와 만나고 있는 것이다.

"아, 방울새는 동굴에서 살고 있구나."
　　　　자유가 없는 억압된 공간 → 교도소를 연상시킴.
경주는 고개를 끄덕였다. 그녀는 갑자기 퍼뜩 놀라 아이를 쳐다본다. 그 말이 꼭 아빠는 동굴에서 살고 있구나 하는 말로 들린 까닭이었다. 한때는
　　　　　　　　　　　　　　　　　　　　　　　　　　　　　　　방울새와 남편이 동일시됨.
함께 산 적도 있었지만 지금은 없는 아빠가 아아, 여기 동굴 속에서 살고 있구나, 라고 아이가 소리친 줄로만 알았다.

이제 아이는 방울새 노래를 부를 때마다 저 먼 곳에 살고 있는 방울새를 생각할 것이다. 방울새 대신 노래를 불러 주면서, 방울새의 닫힌 입을 대신
　　　　　　　　　　　　　　　　　　　　　　　　　　방울새의 침묵은 억압된 현실 속에서 존재의 본질을 잃어가는 현대인의 모습을 상징함.
해 주면서 아이는 방울새를 떠올리겠지.

OX문제

01 공간적 배경의 변화를 통해 인물 간 대립의 원인을 드러낸다. [2020학년도 6월]　　(O / X)

02 서술자가 특정 인물의 시선을 통해 인물의 특징을 관찰하여 알려 주고 있다. [2025학년도 9월]　　(O / X)

03 인물 간의 대화를 삽입하여 갈등 해소 과정을 보여 주고 있다. [2021학년도 수능]　　(O / X)

04 '남편'은 아버지로부터 물려받은 재산을 자신의 신념을 실천하는 데 이용하였다.　　(O / X)

05 '그녀'는 잿빛 깃털의 음울한 눈매를 한 방울새를 보자마자 감옥살이를 하는 남편을 떠올렸다.　　(O / X)

STEP 02 작품 해제

01 | 주제

진정한 존재의 의의를 상실한 채 살아가는 현대인의 불안한 내면 의식

02 | 특징

① 서술자가 특정 인물의 시선을 통해 사건을 서술함.
② 동물원에 갇혀 생명력을 잃은 새의 모습을 통해 자유를 상실한 현대인의 모습을 드러냄.
③ 그녀와 남편이 주고받은 대화를 따옴표 없이 제시함.

03 | 작품 해제

「방울새」는 작가의 두 번째 연작 소설집인 『원미동 사람들』 속에 실려 있는 열한 편의 연작 단편 중 일곱 번째에 해당하는 작품이다. 이 작품은 억압된 현실 속에서 자유와 존재의 의미를 상실해 가는 현대인의 모습을 섬세하게 형상화하고 있다. 작가는 감옥살이를 하는 남편의 부재를 감내하며 살아가는 '그녀'의 시선을 통해, 자유를 박탈당한 존재가 침묵과 순응 속에서 생명력을 잃어 가는 과정을 정밀하게 포착해 내고 있다.

한편, 제목에도 등장하는 '방울새'는 그 상징성에 주목하여 이해할 필요가 있다. 놀이공원, 동물원, 조류원, 유리 상자 등 삼중, 사중의 담과 벽으로 둘러싸인 곳에서 살아가는 방울새는 표면적으로는 감옥에 갇혀 지내는 그녀의 남편인 것처럼 그려지고 있다. 하지만 폐쇄된 공간 속에서 자유를 박탈당한 채 살아가는 이미지에 주목해서 보면, 방울새는 자신들의 진정한 존재의 의의를 상실한 채 꿈과 희망을 잃고 살아가는 현대인을 상징한다고 할 수 있다.

04 | 등장인물

- 그녀 : 사회 운동을 하다가 투옥된 남편의 부재로 불안감을 느끼며 살아가는 인물. 방울새는 동굴에 산다는 딸의 말을 듣고, 동굴 같은 감옥에 갇혀 있는 남편을 떠올린다.
- 남편 : 모두가 평등한 세상에서 살기를 소망하며 사회 운동을 하다가 감옥살이를 하게 된다.

05 | 상세 줄거리

그녀는 사회 운동을 하다가 잡혀가 감옥살이 중인 남편을 면회하러 가지만 남편과 서로 의미 없는 질문과 답만을 주고받다가 집으로 돌아온다. 남편을 보고 온 후 마음이 무거워진 그녀는 어느 늦은 가을 기분 전환을 위해 딸 경주와 자신의 친구인 윤희, 윤희의 아들 성구와 함께 과천의 동물원에 간다. 그곳에서 그녀는 노래로만 알고 있던 방울새를 보게 된다. 그리고 '그녀'는 딸에게 저 새가 바로 방울새라고 가르쳐 준다. 그녀는 방울새는 동굴에 산다는 딸의 말을 듣고 동굴 같은 감옥에 갇혀 있는 남편을 떠올린다. 그러고는 내일모레쯤 남편을 면회하러 가야겠다고 결심한다. 집으로 돌아오는 길에 그녀는 지난번과 달리 이번에는 남편을 찾아가 자신이 꾼 끔찍한 구더기 꿈을 포함하여 자잘한 일상사를 자세히 이야기해 주겠다고 마음먹는다.

STEP

03 논문으로 만나는 출제자의 시선

「방울새」 속 이야기의 초점

「방울새」는 남편이 없는 그녀와 윤희가 아이와 함께 동물원 나들이를 가는 이야기를 전면에 배치함으로써 사회 운동을 하다가 투옥된 남성의 사연을 은연중에 제시한다. 작품은 먼저 자식의 손을 잡고 동물원에 온 두 엄마의 공통점을 부각하며, 그녀와 윤희를 동일한 입장으로 제시한다. 이러한 구도 속에서 '세상의 모든 이들이 가능하기만 하다면 평등하게, 그리고 따뜻한 마음을 나누면서 살아야 한다고 생각하던' 남편이 감옥살이를 하면서 그와 떨어져 지내게 된 그녀의 사정은, 이혼한 윤희의 사정과 동일한 선상에 놓여 있는 것처럼 보인다. 그러나 마음 편하게 동물원을 구경하는 윤희와 달리, 그녀는 동물원이라는 공간에서 남편이 갇혀 있는 감옥을 떠올리게 된다. 작품은 서사가 진행될수록 동물원보다는 동물원에서 무의식적으로 남편을 떠올리는 그녀의 내면에 집중한다. 이로 인해 그녀가 실제로 머무르고 있는 동물원의 이야기는 점점 뒤로 물러나며, 소설의 초점은 점점 그녀와 남편의 이야기로 옮아간다.

「방울새」의 그녀에게서 나타나는 우울

「방울새」의 그녀, 「한 마리 나그네 쥐」의 그, 「원미동 시인」의 몽달씨, 「마지막 땅」의 강노인은 모두 극심한 우울증에 시달리는 사람들이다. 이들은 분노, 불안, 공포, 권태, 무력감 등의 감정이 적나라하게 드러나 있다는 점이 특징이라 할 수 있는데, 이는 주인공들이 자신의 문제를 아직 합리적인 방식으로 해결하지 못하고 있음을 보여 준다. 이들은 사회적 폭력의 희생자이지만 작가는 이들의 희생 과정이나 그 내용보다 그 이후 이들의 일상에 초점을 맞춘다. 이것은 불가항력적 상황에 처한 개인의 도시적 일상에 주목함으로써 이들의 문제를 평범한 이웃의 문제로 끌어오는 소설적 장치라 볼 수 있다.

「방울새」에서 그녀는 시국 사건으로 투옥된 남편으로 인해 무기력하고 권태로운 생활을 보낸다. 투옥된 남편과 마찬가지로 그녀 역시 자신을 원미동의 낡은 한옥에 가두어 두고 있는 것이다. 여고 동창인 윤희의 성화에 못 이겨 사람들로 북적이는 놀이동산에 와서도 그녀는 미아보호소에 갇혀 있는 아이들, 동물들의 '구멍 뚫린 허기와 채워지지 않은 식욕'만을 보고 느낄 뿐이다. 모처럼 도심의 공원이라는 열린 공원에 나와 있음에도 그녀에게서 공원의 활기나 사람들의 에너지는 포착되지 않는다. 놀이공원은 그녀에게 추억을 만드는 장소가 아니라 지루함과 피곤함, 퀴퀴한 냄새와 허기만이 널려 있는 무의미한 공간이다. 이처럼 그녀에게 도시는 모든 존재를 가두어 놓는 곳이다. 그러다가 우연히 들어간 조류관에서 새들의 '무거운 침묵'을 마주하게 된 그녀는 마침내 노래를 잃어버린 새란 더 이상 새가 아니라 '한 마리의 날것'임을, 자신들이 '노래를 잃어버린 새'와 마찬가지임을 깨닫는다. 그리고 '이 세상의 썩고 있는 쓰레기들을, 막혀 있는 시궁창을 치우지 않고는 아무 일도 할 수 없다'고 말하던 남편의 말을 어렴풋이 이해하게 된다.

14 | 김주영, 새를 찾아서

STEP 01 지문 분석과 OX문제

나BS 수능특강 | 현대문학 ●

[앞부분 줄거리] '나'는 답사 여행을 떠나는 모임에 늦지 않기 위해 택시를 잡아타고 약속 장소에 도착했지만 답사 일행이 탄 버스를 놓치고 만다. 강원도 양양의 선림원 사지에 가기로 했던 답사 일행을 쫓기 위해 '나'는 택시를 타고 휴게소를 들르며 답사 일행을 찾는다. 답사 일행을 찾지 못한 채 묵을 곳도 없이 밤을 보내던 '나'의 사정을 들은 청년들은 답사 일행과 그들이 탔던 버스를 찾아 주겠다며 나서게 된다.

███ : 과거와 현재를 연결하는 소재

청년 중에 한 사람은 두루마리 화장지 두 개를 잇대어 놓은 크기만 한 "<u>덴찌</u>"를 갖고 있었다. 매표소에 있던 것을 그대로 들고 온 듯했는데 그 손전
'손전등'을 의미함.
등은 새 전지를 갈아 끼운 지도 오래되지 않아서 매우 밝았다. 청년은 주차장의 어둠 속에 도열해 있는 관광버스들의 소속 회사 표지와 번호판을 손전
등을 휘적거리며 빠른 걸음으로 찾았다. 낙산에서도 청년은 그 손전등을 켜서 휘젓고 다녔었지만 그것이 내 시선에 하나의 존재로 느껴지기는 <u>설악산</u>
공간적 배경
<u>주차장</u>에서였다. 내게 심어진 손전등의 위력은 결정적인 것이었다. <u>그것만 있으면 새를 찾을 수 있었고 손쉽게 잡을 수도 있는 것이었다.</u> 그러나 <u>그 시</u>
과거 회상 → 어린 시절의 '나'와 누나가 손전등으로 새를 잡던 일을 떠올림.
<u>절의 덴찌보다 몇십 배의 밝은 촉광을 가지고 있는 손전등을 청년은 가지고 있었지만 버스는 찾지 못했다.</u> 버스는 새보다 몇백 배의 부피를 더하고 있
강한 빛의 손전등이 있어도 버스를 찾지 못함.
는데도 그랬다.
《 》: 과거 장면 제시(액자식 구성, 역순행적 구성)   어떤 일을 시도하였다가 아무 소득이 없이 일을 끝냄.
《<u>어느 날 밤, 누나와 나는 한 충격적인 일을 발견하게 되었다.</u> 거의 매일이다시피 <u>새집을 후리러 다녔지만 누나와 나는 언제나 허탕이었다.</u> 그날도
'나'와 누나가 새를 잡을 수 있는 방법 → 다른 곳이 아닌 '나'의 집에도 새집이 있다는 것   새를 잡으려 노력했지만 매번 실패함.
역시 <u>덴찌꾼</u>들의 분탕질에 허탕을 치고 새벽에 집으로 돌아오는 길이었다. 집으로 들어서는 순간, 나는 그것을 발견했었다. 구태여 덴찌꾼들을 저주하
손전등을 이용해 새를 잡은 사람들을 의미함.
거나 타박할 까닭이 없다는 발견이 그것이었다. 그것은 간단했다. 바로 우리 집도 새들이 곧잘 깃을 트는 초가집이었고, 초가집인 이상, 필경 여느 집들
결국
처럼 대여섯 군데의 새집은 있을 것이라는 일이었다. 우리 집도 덴찌꾼들의 순례 목표에 포함되어 있어 마땅하다는 결론에 이른 것이었다. 역시 내 생
여러 곳을 찾아다니며 방문함을 비유적으로 이르는 말
각이 옳았던 것은 내 말을 듣고 난 누나가,

"우약꼬, 니 말이 딱 맞따대이. 우약꼬, 내가 입때까지 고걸 생각 못 했대이, 니 말이 맞대이."

<u>사립짝</u>   함부로 가까이 다가가 접촉함.
<u>우리 집인 이상 우선 삽짝을 닫아걸어서 덴찌꾼들의 범접을 딱 잘라서 거절하고 누나와 내가 조용히 그리고 은밀하게 새집을 후릴 수가 있지 않은</u>
덴찌꾼들이 들어오지 못하게 집의 문을 닫음.
가. 그 <u>간단하면서도 보장된 성과</u>를 발견한 우리는 흥분했다. 그리고 우리는 우리 집에서 살고 있는 새들을 후리는 일에 착수했다. 우선 윗방의 문을
집에 있는 새집에서 새를 잡는 것
활짝 열었다. 너무 어두웠기에 방에 켜 둔 불빛을 이용하자는 심산에서였다. 역시 내가 누나의 무등을 탔다. 예상했던 것처럼 우리집의 이엉의 켜에도
새집들이 들어 있었다. 두 번째까지는 허탕을 쳤지만 <u>세 번째의 집에서 나는 새를 잡았다.</u> 살아 있는 새와의 첫 번째 만남은 충격적이었다. 「내가 세
여러 번의 시도 끝에 새를 잡는 것이 성공함.   「 」: 새를 잡는 과정을 구체적으로 묘사함.
번째의 구멍 집에 손을 깊숙이 집어넣자마자 손끝에 와 닿는 뭉클한 온기는 분명 새의 깃털이었다. 신선하다고는 볼 수 없는 그 온기가 감지되는 순간
나는 누나가 얘기했던 대로 무작정 콱 움켜쥐었다. 거의 찰나의 순간이었다. 그리고 그 상황에선 누나가 말해 준 대로 꽉 움켜쥐는 방법밖에 달리 요지
부동의 방법이 있을 수 없었다. 그러나 첫 번째의 만남이란 언제나 방법이 서툴게 마련이고 그래서 실패의 확률은 높게 도사리고 있는 법이었다. 그리
고 새는 눈으로 침입자를 노려보고 있었을 터였지만 내 무기는 눈이 없는 손이었다. 내가 새의 깃털을 꽉 움켜쥐는 순간, 나는 손바닥이 물어뜯기는 듯
한 따끔한 충격을 동시에 받은 것 같았다. 착각이었는지도 모를 그 아픔에 나는 소리치면서 구멍 집에서 손을 빼냈고 내가 손사래를 치는 동안 새는

구멍 집을 빠져나오고 말았다. 그 순간 나는 잠시 허공에 떠 있었다. 내가 구멍 집에서 얼떨결에 손을 빼내어 흩뿌릴 때와 놀란 새가 구멍 집에서 빠

져나온 것과 누나가 무등 태우고 있던 나를 내던지듯 내려놓고 방문 앞으로 다가가 문을 닫은 것은 거의 동시의 일이었다. 물론 나는 그 와중에 허공
누나에게 업혀 있던 '나'가 거칠게 바닥에 떨어짐.

을 헛디디면서 마당으로 나가 뒹굴었다. 누나는 닫은 방문을 뒷짐을 진상태에서 단속하고 돌아선 자세에서 마당으로 나뒹구는 나를 바라보았으나 달려
방에 들어간 새를 가둬 두는 것이 동생을 부축하는 것보다 중요한 일이었기 때문임.

와서 부축할 의향은 전연 없어 보였다. 그런 야멸스러운 외면은 내가 누나를 알고 난 이후 처음 겪는 일이었다.」놀란 상태에서 나는 누나의 고함 소리
남의 사정을 돌보지 않고 제 일만 생각하는 모습 → 새 잡기에 집중한 누나의 모습

를 들었다.

"새 잡았대이." / 그것은 사건이었다. 그러나 새가 누나의 손에 들려 있는 것은 아니었다. / "새가 방으로 들어갔대이."

누나가 새를 잡았다고 단정 지어 말한 것은 그 때문이었다. 물론이었다. 나도 그걸 믿었다. 방 안으로 들어간 새를 놓칠 리는 없었다. 더구나 새가
방에 갇힌 새를 잡기만 하면 되기 때문임.

방으로 날아들었다는 것은 얼살을 먹어서* 온전한 방향 감각을 잃고 있었다는 증거였다.》

(중략)
두 편이 어지럽게 뒤섞여서 승패를 가름할 수 없을 만큼 치열하게 다툼.

어둠 속에서 보이지 않는 새와의 숨 가쁜 혼전은 그때부터 시작되었다. 우리는 놀란 새가 뛰거나 버둥거리는 소리의 중심에다 무작정 우리들의 몸뚱
어두운 방 안에서 새를 잡기가 힘든 상황

이를 날려 덮쳤다. 그러나 그때마다 새가 나래를 퍼덕이는 소리는 전연 엉뚱한 곳에서 들려오곤 했었다. 그러면 우린 다시 일어나 그 소리의 중심부에

다 레슬링 선수처럼 아낌없이 몸을 던졌다. 새가 퍼덕이는 소리보다는 우리들의 팔다리가 벽과 방구들에 부딪치는 소리가 더 크게 들렸다. 무릎이며 팔

꿈치와 뒤통수 같은 곳이 아리거나 쓰렸고 온 몸뚱이는 물을 뒤집어쓴 듯이 땀으로 젖어 있었다. 그리고 그러한 새와의 혼전은 긴 시간으로 이어졌다.

그러나 새는 아직 잡히지 않았다.

그때 문득 우리는 새의 날개깃 소리가 들리지 않고 있다는 것을 깨달았다. 누나가 말했다. / "영구야, 가만있어 보래이."
어느 순간부터 새가 방 안에 없음.

누나는 어둠 속을 더듬거려서 내 두 손을 꼭 잡아 쥐었다. 누나의 손은 잿불에 묻었다 꺼낸 고구마같이 뜨거웠고 코에서는 단내가 풍겼다. 새는 없
새를 잡으려 전력을 다한 누나의 모습을 비유적으로 표현함.

었다. 형용만 보이지 않았던 것이 아니라 소리조차 들리지 않았다. 언제 그런 불상사가 빚어졌는지 몰라도 열려 젖혀진 방문 밖으로부터 희미한 그믐달
열린 문으로 새가 도망감. → '나'와 '누나'는 방 안에 가둔 새를 잡기 위해 노력했지만 실패함.

이 새어들고 있었다. 벌써 새벽이었다.
☐ : 과거 사건과 현재 사건의 시간이 유사함.

우리 네 사람은 답사 일행을 찾기를 포기하고 설악산 입구 여관촌에서 곧장 승용차를 돌려서 오색으로 돌아왔다. 그때가 새벽 3시 반이었다. 해가
현재의 '나'와 청년들   ↳ 과거에 새를 애타게 찾던 일과 유사함.

뜰 시각은 아직도 두 시간 이상을 기다려야 했다. 청년들의 권유대로 매표소 안으로 들어가 졸면서 해뜨기를 기다리기로 했다. 한계령 계곡의 새벽은
답사 일행을 찾는 것에 실패하고 매표소에서 아침을 기다리기로 함.

몹시 추웠다.

*얼살을 먹어서 : 뜻밖의 일을 갑자기 당해 정신을 가다듬지 못하는 상태가 되어.

OX문제

01	과거와 현재를 매개하는 경험을 제시하여 사건의 원인을 분석하고 있다. [2018학년도 수능]	(O / X)
02	청년이 가진 손전등의 전지가 낡아서 '나'는 결국 어둠 속에서 버스를 찾지 못했다.	(O / X)
03	누나가 방 안으로 들어간 새를 가두고 새를 잡았다고 말하자 나는 그 사실을 믿지 않았다.	(O / X)
04	구체적인 묘사로 인물이 처한 긴박한 상황을 실감나게 보여 주고 있다. [2006학년도 6월]	(O / X)
05	액자 구조를 통해 서로 다른 이야기가 가진 유사한 의미를 강조하고 있다. [2014학년도 수능A]	(O / X)

STEP 02 작품 해제

01 | 주제

무엇인가를 애타게 찾아가는 과정으로서의 삶과 그 의미

02 | 특징

① 현재의 '나'가 일행을 찾는 과정에서 과거의 경험을 떠올리는 액자식 구성으로 서사가 진행됨.
② 과거와 현재를 연결하는 소재('덴찌')가 활용됨.
③ 인물의 행동을 중심으로 사건의 진행 과정을 현장감 있게 서술함.

03 | 작품 해제

이 작품은 선림원 사지로 먼저 떠난 답사 일행을 찾기 위해 길을 나선 '나'가, 새를 잡으려고 헤매던 자신의 유년 시절을 떠올리는 과정을 통해 삶의 의미를 되새기게 하는 이야기다. 작가는 '새'를 잡으려 애썼던 과거의 '나'와 '답사 일행'을 애타게 찾는 현재의 '나'를 통해, 인간의 삶이란 본질적으로 무엇인가를 끊임없이 찾아가는 여정임을 보여 준다. 이 여정은 때로 실패하거나 허무하게 끝나기도 하지만, 그러한 과정을 통해 우리는 살아 있음을 느끼게 된다. 즉, 작가는 삶이란 애타게 무언가를 찾는 반복적인 과정이며, 그 과정 자체가 존재의 의미라고 말하고 있는 것이다.

04 | 등장인물

– '나(영구)' : 놓쳐 버린 답사 일행을 찾는 과정에서, 어린 시절에 누나와 함께 새를 잡으려다가 실패했던 경험을 떠올린다.
– 누나 : 온 힘을 다해 방 안으로 들어온 새를 잡기 위해 노력하지만 새를 잡는 것에 실패한다.
– 청년들 : '나'가 답사 일행을 찾는 일을 도와주는 인물들.

05 | 상세 줄거리

'나'는 선림원 사지로 떠나는 답사 여행에 참가하기 위해 약속 장소로 향한다. 하지만 도착했을 때는 이미 답사 일행이 출발한 후였다. 지각한 '나'를 기다리지 않고 버스는 떠나버렸고, '나'는 일행을 따라잡기 위해 급히 택시를 타고 휴게소를 들르며 일행을 찾는다. '나'는 밤이 되도록 낙산과 설악산 주차장을 뒤졌지만 끝내 그들이 탄 버스조차 발견하지 못했다. 묵을 곳도 없는 채로 방황하던 중, 주차장 매표소 불빛 아래 술을 마시던 청년들을 만나게 되었고, 그들에게 사정을 설명하며 함께 일행을 찾기를 시도한다.

'나'는 일행을 찾던 도중 어린 시절 누나와 함께 새를 잡으러 다녔던 기억을 떠올린다. 어머니를 일찍 여읜 '나'에게 열한 살이나 많은 누나는 어머니 같은 존재였다. '덴찌(손전등)'가 없던 '나'와 누나는 부잣집 아이들처럼 새를 쉽게 잡을 수 없었고, 결국 새를 한 마리도 손에 넣지 못했다. '나'와 누나는 초가집에 새들이 자주 깃드는 점을 생각하여 방 안에 새를 가두는 데엔 성공했지만, 끝내 잡지는 못했다. 그날 밤 어둠 속에서 새를 잡으려 안간힘을 쓰던 우리의 모습은 현재의 '나'의 모습과 겹쳐진다.

결국 답사 일행을 찾는 것에 실패한 '나'는 답사 일행을 쫓는 것을 단념하고 목적지였던 선림원 사지로 향한다. '나'는 고요한 절터에 앉아 한동안 똑같은 풍경을 바라본다. 그러던 중 한 마리의 새가 나뭇가지에 앉아 있다가 어느 순간 솔방울로 변하는 것을 본다. 절터를 내려와 계곡 길을 따라 다시 걷던 중, '나'는 마침내 일행을 만난다. 그들은 '나'보다 먼저 출발했지만 오히려 '나'보다 늦게 도착한 것이었다.

03 논문으로 만나는 출제자의 시선

「새를 찾아서」에 등장하는 '새'의 상징성

작품에서 '새'는 삶의 생명력, 아름다움, 그리고 자유로운 영혼을 상징하는 핵심 이미지로 제시된다. 화자와 누나는 어린 시절 '새'를 잡으려 애쓰는데, 이는 단순한 놀이를 넘어 살아 있는 아름다움을 손에 넣고자 하는 인간의 본능적인 욕망을 보여 준다. 이때 이들이 원하는 것은 죽은 새가 아니라, 살아 있는 새를 직접 손에 쥐는 것이었다. 이는 생명을 해치지 않고 온전히 체험하고자 하는 마음, 즉 삶의 본질적인 아름다움을 그대로 느끼고자 하는 태도를 드러낸다.

특히 과거에 있었던 '새 잡기' 사건은 단순한 추억으로 그치는 것이 아니라, 현재 화자의 삶과 연결되는 상징적 장면으로 기능한다. 어린 남매가 손전등도 없이 어두운 산속에서 밤새 새를 찾다가 결국 실패한 경험은, 현재의 화자가 자유롭고 이상적인 삶을 추구하면서도 그것을 쉽게 얻지 못하는 상황과 겹친다. 이 장면은 이상적인 가치를 얻기 위한 긴 방황과 실패, 그리고 그 속에서도 꺼지지 않는 열망을 보여주며, 인간 존재의 근원적인 갈망을 표현한다.

결국 화자가 동경하는 것은 '새처럼 자유롭게 나는 삶'이며, 이때의 '새'는 그가 추구하는 삶의 이상, 즉 자유롭고 아름다운 존재로서의 삶을 상징한다고 볼 수 있다. 과거의 경험은 단지 회상의 대상이 아니라, 지금도 화자의 내면 깊숙이 남아 그를 움직이는 원동력으로 작용하고 있으며, 이를 통해 과거와 현재는 유기적으로 연결된다. 이러한 상징 구조 속에서 '새'는 단순한 대상이 아니라, '나'의 내면적 여정을 드러내는 데 중요한 역할을 하며, 작품 전체를 관통하는 존재 의미를 지닌다.

「새를 찾아서」의 구조와 성격

「새를 찾아서」에서 어린 시절 '나'와 누나가 어두운 산속에서 손전등도 없이 새를 잡겠다고 밤새워 헤매는 장면은 단순한 추억이 아니라 현재의 '나'를 비추는 상징적 장면이다. 새를 잡지 못하고 돌아온 그 밤은, 결국 자유롭고 아름다운 어떤 것을 얻기 위해 노력하지만 쉽게 닿을 수 없는 현실과 유사하다. 이처럼 과거의 헛된 시도와 방황은 이상을 추구하는 삶에서 겪는 어려움과 그럼에도 계속 이어가는 집요함을 보여 주며, 동시에 그 열정이 현재까지도 '나'를 움직이고 있음을 암시한다. 이러한 구성은 과거와 현재의 서사를 유기적으로 엮어내며, 인물의 내면적 갈등과 성장을 더욱 선명하게 드러낸다.

한편, 현재 시점에서 '나'는 선림원 사지로 떠나기 위해 길을 나서지만 일행과 엇갈리며 혼자 남게 된다. 그러나 '나'는 쉽게 포기하지 않고 계속해서 길을 나서며, 양양에서 오색, 낙산, 설악산으로 끊임없이 이동한다. 이러한 반복적인 '떠남'의 여정은 단순한 여행이 아니라 일상과 기존 질서로부터 벗어나고자 하는 강한 내적 열망의 표현이다. 이는 새를 잡기 위해 온 방을 뛰어다니던 어린 시절의 모습과 자연스럽게 연결되며, 현실 속에서 자유로운 삶과 진정한 자아를 찾기 위한 분투로 확장된다.

결국 '새를 잡으려는 시도'와 '일행을 찾아 떠나는 여정'은 모두 '자유롭게 나는 삶'에 대한 주인공의 갈망을 상징한다. 작품 외적으로는 이러한 '떠남'의 서사가 독자가 끝까지 긴장감을 잃지 않고 이야기를 따라가도록 하는 장치로 작용하며, 작품 내적으로는 '나'가 기존의 삶에서 벗어나 진정한 자아를 찾아가는 중요한 전환점이 된다. 이처럼 '새'와 '떠남'은 모두 화자의 내면을 투영하는 상징으로 기능하며, 작품 전체의 주제를 심화시키는 데 핵심적인 역할을 한다.

STEP 01 지문 분석과 OX문제

나BS 수능특강 | 현대문학

<u>허석이 나오는 순간 운명의 여신이 한 번 더 미소를 짓는 것처럼 느껴지는 걸 보니</u> 사랑에 빠졌을 때 운명이나 행운을 들먹거리게 되는 것은 꽤나
사랑에 빠진 '나'의 모습

보편적인 일인 모양이다.

허석은 내가 마루에 앉아 있는 것을 보고는, 진희 아직 안 잤구나, 하면서 옆에 나란히 앉는다. 《무릎 위에 얹힌 그의 손이 참 예쁘다. 키가 커서 그

런지 손가락이 참 길다는 생각이 든다. 저 손가락으로 기타 줄을 퉁길 것을 상상하니 어쩐지 그의 옆모습이 낭만적으로 보인다.》
《 》: 허석의 외형적 특징을 관찰하는 '나'는 그에게 호감을 느낌.

허석은 별을 보는지 잠시 아무 말이 없다. 마당 구석에 있는 도토리 감나무의 가는 가지가 어둠 속에서 가볍게 흔들린다. 허석이 그쪽으로도 얼핏

고개를 돌려 본다. <u>그 몸짓이 어딘지 쓸쓸해 보이는데</u> 그 쓸쓸함이 왜 이런 감정을 불러일으키는 것인지, <u>나는 난데없이 애틋한 기분이 된다.</u>
허석은 교제하던 '나'의 이모와 헤어짐.　　　　　　　　　　　　　　　　　　　　　　　　　　쓸쓸해하는 허석에게 더 마음이 가는 '나'의 모습

그렇게 쓸쓸해 보이는 채로, 애틋한 채로 우리는 한참이나 말없이 밤하늘만 보고 있다. 흐르는지 멈췄는지 시간에 대해서는 전혀 알 수가 없다.

갑자기 허석이 낮은 목소리로 "진희야" 하고 부른다. 내가 그의 낮은 목소리만큼이나 조용하고 느린 동작으로 그를 향해 몸을 돌리는데 갑자기, 갑

자기 그의 팔이 내 어깨를 가만히 감싸안는 게 아닌가. 《그의 팔이 너무도 무거웠다. 아니 사실은 그의 팔이 무거운 것이 아니었다. 모든 신경이 어깨

로만 가 있어서 내 몸 전체가 온 힘을 다해 그의 팔 하나를 받치고 있는 듯했기 때문에 무겁게 느껴지는 것뿐이었다.》 무거운 팔 하나를 그렇게 내 어
　　　　　　　　　　　　　　　　　　　　　　　　　　　　　　　　　《 》: '나'의 모든 신경이 자신의 어깨를 감싼 허석의 팔에 집중됨.
　　　　　　　　　　　　　　　　　　　　　　　　　　　　　　　　　→ 허석에게 느끼는 '나'의 설렘과 긴장감이 드러남.

깨에 올려놓고 그가 여전히 밤하늘을 보며 꿈속처럼 말한다.

"며칠 동안 즐거웠는데, 벌써 헤어지게 됐구나."
허석이 '나'가 사는 마을을 떠나게 되었음을 알 수 있음.

처음에는 그가 무슨 말을 했는지 귀에 들어오지도 않는다. 「소가 풀을 통째로 삼키듯이 그의 목소리만을 통째로 삼켜 버린다. 조금 후에야 소의 밥

통에서 도로 끄집어내져 씹히는 풀처럼 그의 말을 도로 새김질 해 보자 그제서야 그의 말뜻이 머리에 들어온다. 헤어지게 됐구나, 라고.」
　　　　　　　　　　　　　　　　　　　　　　　　　　　　　　　　　　「 」: 허석의 갑작스러운 이별 통보를 이해하는 '나'의 모습을 감각적으로 형상화 함.

"언제 가는데요?" / "응. 내일."

<u>허석의 짧은 대답은 내 가슴을 짧게 찌른다. 그러면, 허석이 떠난다는 말인가?</u>
허석이 내일 떠난다는 사실에 놀란 '나'의 마음을 표현함.

나에게 있어 이별의 고통을 느끼는 것과 그 <u>이별에 대한 항체가 분비되는 것</u>은 거의 동시에 이루어진다. 『음식물이 들어가자마자 침이 분비되는 것
　　　　　　　　　　　　　　　　　　　이별의 아픔을 이겨내기 위한 방어 기제

과 같다. 이별이 닥쳐왔다는 것을 깨닫자 그것을 녹여 없애기 위해 내 마음속에서는 또 내가 두 개로 나뉘어진다.』
　　　　　　　　　　　　　　　　　　　　　　　　『 』: 이별을 인식하는 순간 이별의 아픔을 이겨내기 위해 방어 기제가 본능적으로 반응한다는 것을 음식 섭취에 빗대어 표현함.

<u>허석을 향한 감정이 너무나 강렬해져 있는 참이라서</u> 지금 이 순간 나를 '<u>보여지는 나</u>'와 '<u>바라보는 나</u>'로 분리하기란 쉽지가 않다. 그러나 나는 가까
허석을 사랑하는 감정이 커진 '나'의 상황　　　　　　　　　　　　　　거짓된 자아　　　진실된 자아

스로 성공한다. 진짜 나로부터 분리되어 나온 나가 허석에게 말한다. 전혀 아쉽지 않은 것처럼 <u>짐짓 명랑한 목소리로.</u>
'보여지는 나'　　　　　　　　　　　　　　　　　　　　　　　　　　마음으로는 그렇지 않으나 일부러 그렇게

"<u>우리 고향 어떠셨어요? 인상 좋았지요?</u>"
'나'는 애써 태연한 척하며 허석에게 말을 건넴.

내 어깨 위에 얹은 허석의 팔에 약간 힘이 들어간다. 허석이 앉은 채로 내 쪽으로 몸을 돌렸기 때문이다. 그 바람에 나는 조금 안긴 자세가 되어 허

석의 눈을 마주 본다. 내 눈을 똑바로 쳐다보며 허석이 부드러워 보이는 입술을 움직여 말한다. / "응. 특히 진희 넌 잊지 못할 거야."
　　　　　　　　　　　　　　　　　　　　　　　　　　　　　　　　'나'에 대한 사랑의 감정에서 비롯된 말이 아닌, 어린 동생과 헤어지는 아쉬움을 드러낸 허석의 말임.

《나는 그다음에 그가 나를 와락 안아 버리나 않을까 하고 상상했다. 그러면 얼마나 행복할까 하는 생각과 함께 한편 그때 마침 삼촌이나 이모가

나오면 어떻게 할까, 화들짝 팔을 풀고는 괜히 어깨를 턴다든가 하면서 은밀한 짓을 들킨 사람의 무안함을 무마해 본다? 그건 너무 유치한 짓이다. 그

렇다고 "우린 사랑하니까 상관없어요"라고 하면서 계속 포옹을 하고 있을 자신은 없고…… 어떻게 시치미를 떼야 하나, 그 궁리까지 하고 있었다.〉
〈 〉: 허석이 자신에게 사랑을 표현하는 낭만적 상황이 벌어진 것을 상상하는 '나'의 모습이 드러남.

그러나 그런 생각은 할 필요가 없었다. 그는 나를 와락 안아 버리지는 않았다. 대신 내 어깨 위에 얹었던 팔을 쳐들더니 가볍게 등을 몇 번 토닥이
'나'가 상상한 일은 벌어지지 않음.

는 것이었다. 그런 다음 몸을 일으키고는 "내일 아침에 보자" 하면서 다시 삼촌 방으로 들어가려 하였다. 아니 들어가려다가 다시 나와서 신발을 신는

다. 역시 변소 쪽에 볼일이 있는 모양이다.

(중략)

허석이 그렇게 떠나 버린 후에도 내 마음의 평정은 쉽게 되찾아지지 않았다. 나는 염소와 하모니카의 실루엣에서 도저히 벗어날 수가 없었다.
허석을 쉽게 잊지 못하고 있는 '나'의 모습   '나'는 이전에 우연히 길에서 목격했던 하모니카를 불던 남자를 허석이라고 인식하고 허석에게 반하게 되었음.

바람이 제법 차가워졌을 무렵 어느 날 나는 정말 우연히 제방 길을 걷게 되었다. 지난여름에는 일부러 이 길을 피해 다녔던 것인데 그 이후 습관이
물가에 쌓은 둑의 길 → '염소와 하모니카의 실루엣'을 처음 목격했던 장소   ↳ 허석을 떠올리게 하는 장소를 일부러 피했음을 알 수 있음.

되어 제방 길 쪽으로는 거의 걸음을 하지 않았기 때문에 참으로 오랜만에 나와 보는 길이었다.

처음 허석을 만나던 날처럼 노을이 짙게 내려 깔리고 있었다. 《그 길을 터덜터덜 걸어가며 나는 처음 허석을 만나던 순간이 마치 어제 일처럼 또렷
허석을 처음 만났을 때와 유사한 시간적 배경 → 허석을 떠올리게 함.

이 기억되는 것에 고통을 느끼고 있었다.》 《 》: 허석에 대한 감정을 정리하지 못한 '나'의 내면 상태를 보여 줌.

「그런데 참 어이없는 일이었다. 허석이 하모니카를 불었던 바로 그 자리에 누군가가 서 있었다. 허석처럼 키가 컸다. 그 옆에는 염소까지 묶여 있었

으며 게다가 그 염소의 흰 털이 노을에 붉게 물들어 있었다. 나는 삶이 나를 조롱하는 데 대해 화가 났다. 왜 내게 허석과의 만남을 이처럼 생생하게
과거의 허석과 비슷한 모습의 '누군가'를 발견. → '나'가 허석이라고 인식했던 '염소와 하모니카의 실루엣'의 정체가 허석이 아님을 암시함.

기억시키려는 것인가. 왜 그때와 똑같은 상황을 내 눈앞에 연출하여 일껏 벗어나려고 애쓰는 염소와 하모니카의 실루엣을 더 깊이 각인하는가. 화가 난

나머지 나는 삶에 맞서서 삶을 비꼬아 주기 시작했다. 그렇다면 하모니카는 없는가? 기왕 모든 것을 재현하려면 하모니카까지 갖추지 않고? …… 거기

까지 생각했을 때 끔찍한 일이 벌어졌다. 그 키 큰 남자가 주머니에서 하모니카를 꺼내 불기 시작했던 것이다. 기억하건대 허석을 처음 만났던 날 들었

던 바로 그 멜로디였다. 순간 그 남자가 허석이 아닌가 하는 생각으로 내 얼굴에는 피가 몰렸다. 한 발 가까이 가서 보니 노을을 배경으로 하모니카를

불고 있는 그의 옆에서 염소가 짧은 다리를 버팅기며 줄이 묶인채 이쪽저쪽으로 고갯짓을 하고 있었다. 염소와 하모니카의 완벽한 실루엣이 그의 옆모

습을 감쌌다. 그러나 물론 허석은 아니었다.」   「 」: '나'가 과거 제방 길에서 보았던 '염소와 하모니카의 실루엣'의 정체가 허석이 아니었음을
깨닫게 되는 과정에서 느끼는 '나'의 심리를 자세하게 묘사함.

그제서야 나는 삶의 경고를 깨달았다.

경악한 나는 하모니카를 불고 있는 남자 쪽으로 마구 달려가 보았다. 그렇다. 가까이 가서 보니 더욱 모든 것이 명백했다. 그날 하모니카를 불던 사
하모니카를 부는 남자의 정체를 확실하게 확인하기 위한 '나'의 행동

람도 바로 이 사람이었다. 허석이 아니었다. 하모니카와 염소의 실루엣은 허석의 것이 아니라 바로 이 낯선 남자의 것이었다. 내 사랑이 이 이미지에서

비롯된 것이라면 나는 마땅히 허석이 아닌 이 더러운 낯빛의 구부정한 아저씨를 사랑했어야 하는 것이었다. 그런 거였다.
'나'가 믿고 있었던 환상의 정체

멍하니 서 있는 내게 하모니카 아저씨가 말했다.

"너 하모니카 소리 좋아하는 모양이구나. 몇 살이니? 귀엽게 생겼구나. 이리 가까이 와 봐, 아저씨한테. 자, 어서."

제방 길 옆에 문둥이가 산다느니 폐병 환자가 산다느니 하는 말이 헛소문만은 아니었다. 나는 뒤도 안 보고 도망을 쳐야 했다. 집에 가까이 와서야
나병(나병균에 의하여 감염되는 만성 전염병)을 앓고 있는 사람

나는 내가 울고 있다는 것을 알았다. 삶에게 조롱당한 것이 분해서만은 아니었다.
하모니카를 부는 남자가 허석이 아니었다는 사실에 충격을 받은 모습

『우는 나를 보면서 나는 아직 내게 사랑에 대한 환상이 남아 있었음을 알았으며 내 몸속에 물기로 남아 있는 그 환상을 마지막 한 방울까지 짜내어
『 』: '나'는 자신이 했던 사랑이 환상에 의한 것이었음을 깨닫고 환멸을 느낌.
→ 사랑에 대한 '나'의 성숙 과정이 드러남.

배설시켜 버리기 위해서 울 수 있는 한 실컷 울었다.』

OX문제

01	허석이 떠난다는 말을 들은 '나'는 애써 태연한 척을 하며 아무렇지 않게 행동했다.	(O / X)
02	주변 인물이 서술자가 되어 주인공의 행동과 심리를 제시하고 있다. [2015학년도 9월B]	(O / X)
03	비유적 진술을 통해 인물이 처한 상황을 부각하고 있다. [2013학년도 5월A]	(O / X)
04	인물 간의 대화를 삽입하여 갈등 해소 과정을 보여 주고 있다. [2021학년도 수능]	(O / X)
05	'나'는 허석이 떠난 후 '마음의 평정'이 되찾아지지 않아 그를 떠올릴 수 있는 '제방 길'을 찾아갔다.	(O / X)

STEP 02 작품 해제

01 | 주제

어린아이의 시선으로 바라본 어른들의 삶과 '나'의 성장 과정

02 | 특징

① 1인칭 주인공 시점을 통해 어른들의 삶을 관찰하면서 성장해 가는 '나'의 성장담을 서술함.
② 감각적 표현을 통해 '나'의 내면 심리를 자세하게 묘사함.
③ 어린아이의 시선으로 어른들의 세계를 바라봄.

03 | 작품 해제

「새의 선물」은 30대 중반을 넘긴 주인공 '나'가 12살 무렵의 어린 시절을 회상하여 어린아이의 눈으로 바라본 어른들의 세계와 자신의 내면적 성장 과정을 형상화한 소설이다. '나'는 감나무 집에서 살아가는 이모, 삼촌, 이웃들의 삶을 자신의 시선에서 관찰하면서 그들의 삶에 감추어진 허위를 냉소적인 시선으로 파헤친다. 또한 자신을 '바라보는 나'와 '보여지는 나'로 분리하여 자신을 방어하기 위한 수단으로 삼고자 한다. 이모의 사랑을 목격하고 자신 역시 사랑을 경험하면서 겪은 사랑의 재인식과 이를 통한 내면적 성장의 과정을 섬세하게 보여 준다.

04 | 등장인물

- '나(진희)' : 삼촌 친구인 허석에게 사랑의 감정을 느끼는 12살 무렵의 어린아이. '염소와 하모니카의 실루엣'의 정체가 허석이 아닌 것을 깨닫고 환멸을 느낀다.
- 허석 : '나'의 삼촌의 대학 친구로, '나'의 이모와 사귀게 되지만 결국 헤어지게 된다.

05 | 상세 줄거리

'나(진희)'는 여섯 살 때 엄마를 잃고 시골에 있는 외할머니에게 맡겨진다. '나'는 자신을 '보여지는 나'와 '바라보는 나'로 분리하여 스스로가 성숙하다고 여기면서도 겉으로는 자신의 어른스러움을 숨기고 삼촌, 이모와 외할머니 집에 세 들어 사는 이웃들의 삶을 관찰하며 자기 나름대로 그들의 삶을 이해하며 지낸다. '나'의 이모는 경자 이모의 소개로 알게 된 군인 이형렬과 펜팔을 시작한다. 그러던 중 서울서 유학을 하던 삼촌이 친구인 허석과 함께 외할머니의 집에 머무르게 된다. '나'는 허석을 길에서 우연히 목격했던 하모니카를 불던 남자로 인식하면서 그에게 강한 사랑을 느낀다. 하지만 '나'는 허석이 첫사랑에 실패한 이모와 교제를 시작했다는 것을 알고 번민에 빠진다. 얼마 후 마을에서 일어난 폭발 사고가 빌미가 되어 허석은 이모와 결별하고 마을을 떠나게 된다.

허석을 더 이상 만날 수 없음을 받아들이고 지내던 어느 날 '나'는 하모니카를 부는 남자의 모습을 다시 목격한다. '나'는 자신이 허석이라고 믿었던 '염소와 하모니카의 실루엣'의 정체가 실은 더러운 낯빛을 한 구부정한 아저씨였음을 확인한다. 이에 '나'는 자신에게서 사랑을 불러일으킨 이미지의 실체를 깨닫고서 환멸을 느낀다. 이후 '나'는 자신을 데리러 온 아버지를 만나 외할머니의 집을 떠난다.

STEP

03 논문으로 만나는 출제자의 시선

「새의 선물」에 드러난 '나'의 방어 기제

「새의 선물」의 구조는 처음 프롤로그와 마지막 에필로그를 포함하여 24장으로 나뉘어져 있다. 프롤로그와 에필로그에서 강진희는 소도시 전문 대학에 자리 잡고 있는 30대 중반으로 성장한 어른의 모습이며, 나머지 22장은 12살 진희가 1년 동안 겪었던 일을 회고한 것이다. 즉, 작중 화자는 12살 소녀로, 어머니의 죽음과 아버지의 부재로 할머니 댁에 머물면서 어른들의 삶을 관찰하고 경험한 이야기이다. 그 과정에서 진희는 어른들 삶의 관찰을 통한 냉소적 시선을 통하여 진희로 하여금 주체적인 삶을 살아가게 한다.

진희는 부모의 부재로 인한 심리적 상처를 극복하기 위한 대응 방식으로 '보여지는 나'와 '바라보는 나'로 자신을 분리한다. 여기서 '바라보는 나'는 진정한 주체로 고유한 자신을 외부로부터 지켜 간다. 반면 삶을 이끌어가는 것은 '보여지는 나'이다. '보여지는 나'는 타인의 시선을 의식한 객관화된 나이기 때문에 진정한 주체는 아니다. '보여지는 나'는 심리적 상처를 감추기 위한 방어 기제이며 타자화된 주체인 것이다. 진희는 세상으로부터 주체성을 보존하는 방법으로 '바라보기', 즉 '관찰'을 선택한다. 곧 관찰은 세계로부터 거리를 두는 자기방어의 방법이자 관찰을 통해 세계를 배워가는 주체성 확립의 방식이었다. 삶에 대한 거리두기는 진희의 나이에 맞지 않는 냉철한 통찰력을 보여 준다.

진희는 '사람의 감정이란 언제 변할지 모르며, 상대가 나를 사랑할 때 내가 행복해 진다면 상대의 사랑을 잃을 때는 불행해진다는 것과 같으므로 상실감에 대비해야 한다.'라며 자신이 사랑과 삶을 냉소하고 있음을 스스로 밝힌다. 여기에는 '영원하고 유일한 사랑은 없다'는 전제가 깔려있는데, 사랑에 대한 냉소는 어린 시절 진희의 모습에서도 나타난다. 진희가 가장 가까이에서 관찰하며 대리 체험을 하게 되는 사람은 이모이다. 12살 진희와 21살 이모는 허석이라는 한 인물을 두고 사랑에 빠지지만, 결국 두 사람 모두 상처만 간직한 채 사랑이 끝난다. 이 경험을 통해 진희는 '영원하고 유일한 사랑'을 냉소하게 된다. 진희가 결정적으로 사랑에 대한 냉소를 지니게 된 것은 자신의 유일한 사랑이라고 믿었던 허석과의 운명적 만남이 한낱 우연이며 환상이라는 것을 알았기 때문이다. 어린 진희가 경험과 관찰을 통해 내린 사랑에 대한 결론은 '환상이 하나하나 깨지는 것이 바로 사랑이 완성되어 가는 과정'이며 '사랑은 배신에 의해 완성' 된다는 것이다.

다음 글을 읽고 물음에 답하시오. [교육청 기출 변형]

한동안은 누가 나를 쳐다보고 수군거리기만 해도 엄마 이야기라고 지레짐작했으며 남에게 그것을 눈치채이기 싫어서 짐짓 고개를 숙여 버리곤 했다. 그러나 바로 그렇게 남에게 관찰 당하는 것을 싫어했기 때문에 나는 **누구보다 일찍 나를 숨기는 방법**을 터득했다.

누가 나를 쳐다보면 나는 먼저 나를 두 개의 나로 분리시킨다. 하나의 나는 내 안에 그대로 있고 진짜 나에게서 갈라져 나간 다른 나로 하여금 내 몸 밖으로 나가 내 역할을 하게 한다.

내 몸 밖을 나간 다른 나는 남들 앞에 노출되어 마치 나인 듯 행동하고 있지만 진짜 나는 몸속에 남아서 몸 밖으로 나간 나를 바라보고 있다. 하나의 나로 하여금 그들이 보고자 하는 나로 행동하게 하고 나머지 하나의 나는 그것을 바라보는 것이다. 그때 나는 남에게 '보여지는 나'와 나 자신이 '바라보는 나'로 분리된다.

물론 그중에서 진짜 나는 '보여지는 나'가 아니라 '바라보는 나'이다. **남의 시선으로부터 강요를 당하고 수모를 받는** 것은 '보여지는 나'이므로 '바라보는' 진짜 나는 상처를 덜 받는다. 이렇게 나를 두 개로 분리시킴으로써 나는 사람들의 눈에 노출되지 않고 나 자신으로 그대로 지켜지는 것이다.

진짜의 나 아닌 다른 나를 만들어 보인다는 점에서 그것이 위선이나 가식일지도 모른다는 생각을 한 적은 있다. 꾸며 보이고 거짓으로 행동하기 때문에 나를 두 개로 분리시키는 일은 나쁜 일일지도 모른다고 생각했던 것이다. 그러나 내가 '작위'라는 말을 알게 된 뒤부터 그런 의혹은 사라졌다. 나의 분리법은 ⓐ <u>위선</u>이 아니라 ⓑ <u>작위</u>였으며 작위는 위선보다 훨씬 복잡한 감정이지만 엄밀한 의미에서 부도덕한 일은 아니었다.

그러므로 이제 내가 아는 **어른들의 비밀**을 털어놓는 데에 나는 아무런 거리낌도, **빚진 마음**도 갖고 있지 않다.

[중략 부분 줄거리] 이모는 군인인 이형렬과 펜팔을 하게 되고 할머니의 눈을 피해 편지 전하는 일을 '나'에게 시킨다.

그러나 일단 그 관문만 지나면 어려운 단어나 비유법 없이 평이한 문장이 죽죽 나열되므로 아주 읽기가 편하다는 것이, 짧다는 사실과 함께 그의 편지의 장점이었다.

내용을 간추려 본다면 대강 이런 이야기였다.

[A]

나, 이형렬은 서울에서 사업을 하는 이 아무개 씨의 2남 1녀 중 막내로 태어났다. 나이는 22세. 대학에서의 전공은 토목과. 누나는 시집을 갔고 형은 가업을 물려받기 위해 아버지의 회사에서 사회 경험을 쌓는 중이다. 장래 소망은 전공을 살려 토목 회사에 취직을 하거나 공부를 계속하여 교수가 되는 것이다. 하지만 고리타분하게 살고 싶은 마음은 조금도 없으며 결혼을 빨리 해서 가정을 이룬 다음부터는 아내와 함께 테니스도 치고 여행도 다니며 즐겁게 살 계획이다. 다룰 줄 아는 악기는 하모니카이고 취미는 오토바이 타기인데 애인을 뒷자리에 태우고 숲길을 쌩 달려 보는 게 오랜 꿈이었지만 아직 애인이 없어서 그렇게 해보진 못했다. 그동안은 공부밖에 몰랐고 아직 그럴 때가 아닌 것 같아서 여자를 사귀지 않았기 때문이다. 영옥 씨의 사진을 받아 보고 특히 눈이 아름답다고 느꼈다. 그리고 그동안 영옥

씨의 편지를 받아 볼 때마다 어쩌면 이렇게 순수한 마음을 가졌을까 깜짝 놀라고 말았다. 아름답고 순수한 영옥 씨를 알게 된 것은 신의 은총이다……

이모가 편지를 쓰는 시간은 대개 할머니가 잠든 밤이었다. 할머니는 저녁 설거지를 마치고 들어오면 연속극을 듣기 위해 라디오 앞에 앉곤 했다. 하지만 초저녁잠이 많아서 그 좋아하는 연속극을 언제나 끝까지 듣지 못하고 코를 고는 것이었다. 할머니는 귀로 듣기만 하면 되는 라디오인데도 연속극 시간에는 다른 일을 모두 폐하고 꼭 그 앞에 바짝 앉아 굳이 라디오를 쳐다보면서 연속극을 듣곤 했다. 그렇게 보고 있지 않으면 그 사이에 이야기가 그냥 지나쳐 버리기라도 한다는 듯이 라디오에서 눈길을 떼지 못했다.

그러면서도 정작 중요한 대목에서 할머니 쪽을 쳐다보면 대개는 곤하게 잠이 들어 있기 일쑤였다. 내가 할머니를 흔들면서 "할머니, 할머니! 들어 보세요. 지금 드디어 그 딸이 엄마 하고 만났어요. 지금요!"라고 연속극의 진행 상황을 설명해 주면 그토록 중요한 순간에 잠이 들어 버렸다는 데 무안해진 할머니는 전혀 졸지 않았던 사람처럼 목소리를 높게 내며 "나도 안다, 알아" 하고 눈꺼풀에 힘을 주지만 조금 있다 보면 어느새 또 푸푸, 하는 일정한 리듬의 숨소리를 내며 도로 잠들어 있었다.

할머니의 초저녁잠이 그렇게 깊었기 때문에 이모는 마음껏 금지된 편지를 썼고 나는 그동안 이모가 우리 미장원에서 빌려온 『선데이 서울』을 뒤적이고 있다가 이모가 맞춤법이나 표현에 대해서 물어 오면 자문관 역할을 해 줄 수 있었다.

이모가 이형렬에게 보내는 편지는 대충 이런 식으로 이형렬이 이모에게 보내는 편지와 사이좋은 대구를 이루었다.

[B]

나, 전영옥은 경찰 고위직에 있었던 전 아무개 씨의 1남 1녀 중 막내이다. 오빠는 현재 법대 3학년이고 어머니가 농업과 건축업(가겟집 세놓은 일을 표현할 고상한 말을 찾던 이모는 집과 관계된 직업 중에 이 말이 가장 무난하다고 생각했다)에 종사한다. 아버지가 6·25 때 순직하여서 국가 유공자 집안이다. 나이는 21세. 서울에 있는 대학에 합격했지만(이 사실은 나도 처음 듣는 일이었지만 이모가 원서를 낸 것까지는 사실이라고 얼굴을 붉혀 가며 주장했기 때문에 더 이상 진위를 가리지 않기로 했다) 어머니 곁을 떠날 수 없어 학업을 포기하고 고향에서 영어를 가르치고 있다. 성격이 조용하여 취미는 독서와 음악 감상이고 장래 소망은 현모양처. 남자친구는 전혀 없으며 기회는 많았지만 집안이 엄격하여 교제를 해 보지 못했다. 좋아하는 계절은 가을, 좋아하는 꽃은 '나를 잊지 마세요'라는 꽃말을 지닌 물망초. 그리고 이상적인 남성형은 변함없이 나를 아껴 주는 진실한 남성.

그러나 이모의 편지가 언제까지나 이런 입문 단계에 머물렀던 것은 아니었다. 시간이 지날수록 이모의 편지는 점점 센티 멘털하게 변해 갔다. 그러더니 그리움이라는 단어가 이따금 눈에 띄고 애틋한 구절이 많아진다 싶을 무렵부터 더 이상 편지를 보여 주지 않았다. 그때부터는 표현에 대한 자문도 구하지 않았고 그런 **형식적인 포장을 극복할** 만큼은 **이형렬과의 관계**가 발전한 것인지 맞춤법을 물어 오는 일도 거의 없어졌다. 이제 그에

게서 온 편지도 보여 주지 않았다.

그래도 편지를 전해 주는 일은 여전히 내 소관이었으므로 나는 여전히 **이모의 비밀을 혓바닥 밑에 감추고 있는 셈**이었다.

- 은희경, 「새의 선물」 -

O1. [A]와 [B]의 서술상 특징에 대한 설명으로 가장 적절한 것은?

① [A]와 달리 [B]는 간추린 편지의 내용에 서술자가 알고 있는 관련 내용을 덧붙이는 방식으로 서술하고 있다.

② [B]와 달리 [A]는 서술자가 편지의 내용에 대해 의문을 제기하는 방식으로 서술하고 있다.

③ [A]와 [B]는 모두 서술자가 편지의 내용에 논평을 곁들이는 방식으로 서술하고 있다.

④ [A]와 [B]는 모두 편지 속에 숨겨진 비밀을 서술자가 하나씩 밝혀 가는 방식으로 서술하고 있다.

⑤ [A]는 서술자의 시선으로 편지 내용을 간추리고 있고, [B]는 인물의 시선으로 편지의 내용을 서술하고 있다.

O2. 윗글에 대한 이해로 적절하지 않은 것은?

① '나'는 남들이 엄마 이야기를 하는 것에 대해 자신이 신경 쓰고 있는 모습을 들키고 싶어 하지 않았다.

② '나'는 이형렬의 편지가 짧으면서도 어려운 단어가 없어서 읽기에 편하다고 느꼈다.

③ 할머니의 초저녁잠은 이모가 할머니의 눈을 피해 마음껏 편지를 쓰는 데 도움이 되었다.

④ 이모는 이형렬의 사진을 보고 그의 외모가 자신의 이상형에 가깝다는 것을 편지에 솔직하게 표현하였다.

⑤ 이모는 편지에 애틋한 표현이 많아진다 싶을 무렵부터 편지의 표현에 대해 '나'에게 자문을 거의 구하지 않았다.

O3. 〈보기〉를 바탕으로 윗글을 감상한 내용으로 적절하지 않은 것은?

─────〈보기〉─────

「새의 선물」의 주인공은 열두 살밖에 안 된 소녀이지만 아이답지 않은 시선으로 어른의 세계를 관찰한다. 이 과정에서 자신의 내면을 감춘 채 어른들의 가식적인 세계를 드러내는 것이 부도덕하다고 생각하지 않는다. 이것은 성장 과정에서 자신에게 호의적이지 않은 주변 세계로부터 자신을 방어하는 수단과 관련이 있다.

① '누구보다 일찍 나를 숨기는 방법'을 터득했다고 한 것은, '나'가 자신의 내면을 어른들에게 보여 주지 않기 위해 일찍부터 노력해 온 결과로 볼 수 있겠군.

② '남의 시선으로부터 강요를 당하고 수모를 받는'다고 느끼는 것은, '나'가 자신을 둘러싼 세계에 대해 결코 호의적이지 않다고 인식하는 것과 관련이 있겠군.

③ '어른들의 비밀'을 털어놓는 데 '빚진 마음'이 없다고 한 것은, '나'가 자신이 한 행위를 부도덕한 것이 아니라고 여겼기 때문이겠군.

④ 이모의 편지에 대해 '형식적인 포장을 극복'했다고 평가하며 '이형렬과의 관계'가 깊어졌으리라고 짐작한 것은, '나'가 아이답지 않은 시선으로 어른의 세계를 관찰했음을 보여 주는 것이겠군.

⑤ '이모의 비밀을 혓바닥 밑에 감추고 있는 셈'이라고 한 것은, '나'가 어른과 서로의 비밀을 공유하는 것이 자기를 방어하는 수단이 될 수 있다고 생각했기 때문이겠군.

O4. ⓐ와 ⓑ를 통해 '나'를 이해한 내용으로 가장 적절한 것은?

① '나'는 '보여지는 나'가 받았던 상처가 ⓐ를 통해 치유될 수 있다고 생각한다.

② '나'는 ⓐ로 인해 발생한 의혹을 '바라보는 나'와 '보여지는 나'로 '나'를 분리함으로써 해소하고자 한다.

③ '나'는 ⓑ로 인해 '바라보는 나'와 '보여지는 나' 사이의 내적 갈등이 심화될 수 있다고 생각한다.

④ '나'는 '나 아닌 다른 나'를 만든 것을 ⓐ가 아닌 ⓑ로 규정함으로써 심리적 부담감에서 벗어나게 된다.

⑤ '나'는 ⓐ보다 복잡한 감정인 ⓑ가 '나 아닌 다른 나'에 대한 주변의 비난을 더 많이 받게 할 수 있다고 생각한다.

16 | 차범석, 산불

STEP 01 지문 분석과 OX문제

[앞부분 줄거리] 6·25 전쟁 중, 젊은 남자는 거의 다 죽거나 끌려가 주민 대부분이 여인네들인 <u>마을</u>에서 점례는 시어머니 양 씨와 시할아버지 김 노인
시대적 배경   공간적 배경

을 모시고 산다. 전직 교사이면서 지금은 탈출한 <u>빨치산</u>인 규복이 이 마을에 숨어들자 점례는 그를 대밭에 숨겨 준 후로 규복과 몰래 사랑을 나누지만,
6·25 전쟁 전후에 각지에서 활동했던 공산당 부대

이 일이 최 씨의 딸 사월에게 발각된다. 사월의 협박에 점례는 규복을 사월에게 양보하지만, 점례와 사월은 규복을 두고 갈등한다. 결국 사월은 규복의

아이를 갖게 되고, 마을에 들어온 국군은 대밭에 불을 지르기로 결정한다.

사병 A : 여러 아주머니들도 잘 아시겠지만 <u>앞으로 대대적으로 공비를 소탕하기 위해서는 공비들이 숨을 수 없게 해야 합니다.</u> 그리고 비행기에서 내
대밭에 불을 지르기로 한 이유 → 공비 소탕 작전을 수행 중이기 때문

려다볼 때 환히 보일 수 있어야만이…….

(군중들은 그 참뜻을 알았다는 듯 수긍을 한다.)

양 씨 : 그렇지만 저 대밭만은 안 돼요. <u>우리 조상 대대로 지켜 내려온 대밭을 내 눈앞에서 불사르다니 그게 될 말이오.</u> 차라리 나를 죽이고 나서 해
양 씨가 대밭에 불을 지르는 것에 대해 반대하는 이유

요.

사병 B : (딱하다는 듯) 몇 차례 설명하면 알겠소? (사병 A에게) 자, 가세.

(두 사람이 <u>우편</u> 대밭 쪽으로 가려고 하자 <u>점례가 길을 가로막는다.</u>)
오른편   대밭에 가지 못하게 하기 위함. → 사랑하는 사람인 규복이 대밭에 숨어있기 때문

점례 : 가까이 가서는 안 돼요. / **사병 A :** 당신은 또 뭐야?

점례 : (빌면서) 그 대밭만은 태우지 말아요. 그걸 잃어버리면 우린 다 죽어요. <u>우리 식구를 살리려거든 대밭을 살려 주세요.</u>
생계를 이유로 들어 대밭을 불태우지 말 것을 사정함.

(점례의 진실한 태도에 모두들 절박감을 느낀다.)

사병 A : <u>군대는 명령에 따라 움직이는 겁니다. 개인적인 사정으로 군 전체의 뜻을 움직이게 할 수는 없으니까요.</u> 저리 비키시오.
군인들은 점례의 애원에도 군대의 특성을 이유로 들며 단호한 태도를 보임.

점례 : 제발! 소원이에요. (하며 매달리자 양 씨는 사병 B에게 매달린다.)

양 씨 : 여보시오! 당신네 집에선 제사도 조상도 모르오? 제발 우리 사정 좀 봐줘요. 내 <u>아들</u>이 팔아서 장사하겠다고 조를 때도 내가 싫다고 우긴 대밭
양 씨의 아들은 공산군들의 지배를 받을 때 반동자로 몰려 도망쳐 현재 생사를 알 수 없음.

이에요. 그런데 이렇게…….

사병 B : (휙 뿌리치며) 어서 가……. (하며 급히 뛰어가자 사병 A도 급히 뒤를 따른다.)

점례 : (미칠 듯이) 안 돼요! 거기 들어가면 안 돼요!
　　　　　　대밭에 숨어 있는 규복을 지키려는 태도

양 씨 : 아이고! 우리 집이 망한다! 우리 집이……. (하며 덤비자 옆에서들 말린다.)

(잠시 후 총소리가 연달아 일어나자 대나무에 불붙는 소리와 함께 연기가 퍼져 나온다. 점례와 양 씨는 넋 나간 사람처럼 말없이 뒷걸음을 쳐 간다.

거기엔 절망이라기보다 공허감이 더 짙다.)
　　　소중한 대상이 사라지는 것을 봄으로써 느끼는 공허감

쌀례네 : 정말 아까운 대밭이었는데…….

이웃 아낙 을 : 이게 얼마 있으면 죽순이 한창일 터인데…… 아깝지…….

이웃 아낙 갑 : 어이구…… 우리 살림은 하나씩 없어지기만 하고 느는 것은 나이뿐이니…….

(하늘엔 불꽃이 모란보다 더 곱게 물들어 간다. 여기저기서 사람들이 모인다. 훨훨 타오르는 불길 앞에서 그저 혀만 차고 있는 허탈한 얼굴들.)
불꽃으로 아름다워진 하늘의 모습과 현실 상황이 대비됨. → 비극성 심화

점례 : (갑자기 일어서며) 선생님! 선생님! 안 돼요. (하며 뛰어가려 하자 몇 사람이 붙들고 말린다.)
　　　　　　대밭에 숨어 있는 규복이 위험해지자 절규하는 점례의 모습

쌀례네 : 참어! 점례! 정신을 차리라니까. / **점례** : 나도 같이 타 죽을 테야. 대밭으로 보내 줘.

양 씨 : (이제 지칠 대로 지쳐서) 아이구, 이 자식아. 이럴 줄 알았으면 차라리 그때 네 말대로 팔아나 버릴 것을.

(이때 "저놈 잡아라.", "누구야." 하며 외치는 군인들의 목소리. 그와 함께 총소리가 연달아 일어난다. 모두들 겁에 질려서 오른편으로 물러간다. 점례
　　　　　규복이 쫓기는 상황을 음성과 소리만으로 처리함. → 희곡의 특징
는 그 자리에 서 있다.)

「**쌀례네** : 무슨 소리야? / **이웃 아낙 을** : 누가 있었나 보지?」 (이때 방에서 김 노인이 나온다.)
　「　」 : 마을 사람들은 대밭에 규복이 숨어 있다는 사실을 몰랐음을 알 수 있음.

김 노인 : 오늘은 귀가 신통히도 잘 들리는구나. 무슨 사냥이냐? 멧돼지 고기에 소주는 제맛이다만…….
　　　　□ : 상황에 맞지 않는 발화를 통해 사건의 긴장감을 이완시켜 주는 인물

(이때 사병 A와 B가 총에 맞아 의식을 잃은 규복을 질질 끌고 나온다. 군중들 사이에 새로운 파동이 퍼진다. 규복을 마당 복판에 눕힌 다음 사병은
　　　　　　　　　　　　　　　예상하지 못했던 일에 대한 마을 사람들의 동요
군중을 휘돌아본다.)

사병 A : 이 사람이 누구요?

(아무도 대답이 없다.)

사병 B : 이 마을 사람이 아니오?

이웃 아낙 갑 : <u>우리 동네에서 사내 냄새가 없어진 지는 벌써 이태나 된걸요.</u>
2년
6·25 전쟁으로 인해 남자들이 모두 죽거나 끌려갔기 때문

(사병 두 사람은 이상하다는 듯이 고개를 갸우뚱거리며 뭐라고 수군거린다.)

이웃 아낙 을 : 정말 귀신 곡할 일이지. 그 대밭 속에 사내가 숨어 있었다니. / 이웃 아낙 갑 : 혹시 산에서 내려온 사람이 아닐까?

(사병 A가 급히 한길 쪽으로 퇴장한다.)

사병 B : <u>대밭에다 움을 파고 오랫동안 살아온 흔적이 있는데 아무도 모른단 말이오?</u>
마을 사람들 중 누군가가 도와 준 것이라고 추측함.

(서로가 고개를 좌우로 젓는다. <u>점례는 멍하니 내려다보고만 있다.</u>)
규복을 잃은 것에 대한 충격

양 씨 : 우리 대밭에 사내가? (점례에게) 너도 못 봤지? / 점례 : (고개만 저을 뿐 대답이 없다.)
규복을 숨겨 준 것에 대해 사실대로 이야기하지 못함.

쌀례녜 : 이상한 일이지……. (하다 말고 양 씨에게 눈짓을 하자 그것이 무슨 전염병처럼 퍼져 최 씨에게 집중된다.)
최 씨의 딸 사월이 임신했다는 소문을 들은 마을 사람들이 사월을 의심함.

<u>(아까부터 반신반의의 상태에 있던 최 씨는 자기에게로 시선이 집중되고 있음을 의식하자 화를 낸다.)</u>
최 씨도 사내와 사월의 관계에 대해 의심하고 있었음.

최 씨 : 왜 나만 보고 있어? (사이) 옳지. 내 딸이 이 사내하고 정을 통했단 말이지? 좋아. 그럼, 내가 데리고 나와서 결판을 지을 테니. (하며 사월이 이름을 부르며 자기 집으로 들어간다.)

(이때 가까이 와서 시체를 들여다본 김 노인이 무릎을 탁 치며 소리를 지른다.)

김 노인 : 이놈은 바로 새로 들어온 머슴이구먼. / 일동 : (약속이나 한 듯) 머슴?

양 씨 : (큰 소리로) 아버님 아는 사람이에요? / 김 노인 : 응…… 우리 집 머슴 아니냐?
노망하다 : 늙어서 망령이 들다
양 씨 : 노망했어, 노망! 우리가 머슴 부릴 팔자예요?

(일동은 크게 웃는다. 이때 최 씨의 비명 소리가 들리며 그녀가 밖을 내다본다.)

최 씨 : 사람 살려요! <u>우리 딸이…… 우리 딸이…….</u> / **쌀례네** : 사월이가?
　　　　　　　　<small>사월에게 무슨 일이 생겼음을 암시함.</small>

(군중들, 우 하니 그쪽으로 몰려간다. 최 씨의 통곡 소리가 높아 가고 아기 우는 소리도 간간이 들린다.)

이웃 아낙 갑 : 양잿물을 먹었어? 저런…….
　　　　　　　　<small>사월이 양잿물을 마시고 스스로 목숨을 끊음.</small>

<u>(점례는 말없이 규복의 시체 옆에 다가와서 손발을 반듯이 제자리에 놓는다.)</u>
　　　　　　　　<small>규복에 대한 점례의 애정이 행동을 통해 드러남.</small>

사병 : 손을 대지 마요.

점례 : (거의 무표정하게) 내가 손을 댔다고 시체가 되살아나서 말을 하진 않을 거예요. <u>모든 것은 재로 돌아가 버렸으니까…….</u> (하며 서서히 일어선
　　　　　　　　　　　　　　　　　　　　　　　　　　　　<small>규복을 잃은 점례의 상실감과 허무함이 드러남.</small>
다.)

<u>(하늘이 피보다 더 붉게 타오르자 규복의 얼굴에도 반영되어 한결 처참하게 보인다.</u> 멀리서 까치 우는 소리. 마루 끝에 앉아 있던 김 노인이 또 밥
　　　　　　<small>장면의 비극성 심화</small>
을 재촉한다.)

김 노인 : 밥은 아직 멀었냐? 오늘은 귀가 터진 것 같구나.

(최 씨의 곡성이 높아 간다.)

(막)

OX문제

01　무대 밖에서 현재 진행되고 있는 사건을 청각적 효과를 활용하여 전달하고 있다. [2012학년도 수능]　　　(O / X)
02　상황에 어울리지 않는 대사로 웃음을 유발하여 극의 비극성을 심화한다. [2013학년도 6월]　　　(O / X)
03　사병으로부터 대밭에 불을 지르기로 한 이유를 들은 마을 사람들은 그럴 수 없다며 모두 반대했다.　　　(O / X)
04　이웃 아낙 갑과 을은 모두 대숲에 숨은 사내의 정체에 대해 알지 못한다.　　　(O / X)
05　구체적 시대 상황을 설정하여 내용의 사실성을 높이고 있다. [2014학년도 6월A]　　　(O / X)

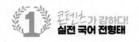
02 작품 해제

01 | 주제

이념의 대립에 희생되는 인간의 삶과 사랑

02 | 특징

① 대표적인 사실주의 희곡에 해당함.
② 전쟁의 폭력성과 인간의 애정과 욕망이라는 이중적 주제를 형상화함.
③ 극적 장면에서 '김 노인'을 등장시켜 일시적으로 긴장을 이완시킴.

03 | 작품 해제

「산불」은 민족 분단과 이데올로기의 갈등을 조망한 작품으로, 6·25 전쟁으로 희망을 상실한 젊은이들의 애정과 욕망을 사실적으로 표현하는 사실주의 희곡이다. 극의 제목이기도 한 '산불'은 우연하게 공비가 된 규복이 비참하게 죽는 계기이자, 점례와 사월이 사랑하는 이를 잃으며 양 씨가 조상 대대로 내려오는 대밭을 잃는 원인이 된다. 이는 6·25 전쟁으로 인한 우리 민족의 비극을 상징하며, 이러한 비극적인 결말은 전쟁의 잔인함과 이데올로기의 허상을 고발하는 작가 의식을 드러낸다.

04 | 등장인물

- 점례 : 남편이 반동자로 몰려 과부가 된 인물. 자신의 집 부엌으로 숨어든 규복을 대밭에 숨겨 주고 그와 사랑에 빠진다.
- 사월 : 남편이 빨갱이로 몰려 죽어 과부가 된 인물. 점례와 규복의 사이를 알고, 점례를 협박해 규복을 상대로 욕망을 해소한다. 규복이 총에 맞아 죽자 양잿물을 마시고 죽는다.
- 규복 : 전직 교사로, 공비의 소굴에서 탈출하여 점례의 집 부엌으로 숨어든다. 점례의 도움으로 대밭에 숨어 살며 점례와 사랑에 빠지지만 사월에게 들켜 삼각관계를 이룬다. 이후 대밭에 불을 지른 국군의 총에 맞아 죽는다.
- 양 씨 : 점례의 시어머니이자, 공산군에게 반동자로 몰려 도망친 아들의 생사를 알지 못하는 이념 대립의 희생양. 이념적 적대감으로 최 씨와 대립한다. 대밭을 지키려 하나 실패한다.
- 최 씨 : 사월의 어머니이자, 국군에게 사위를 잃은 이념 대립의 희생양. 이념적 적대감으로 양 씨와 대립한다.

05 | 상세 줄거리

소백산맥의 어느 산골 마을에 사는 이장 양 씨의 며느리 점례는 젊은 과부이다. 그리고 양 씨와 항상 반목하는 최 씨에게도 젊은 과부인 딸 사월이 있다. 어느 날 밤, 공비의 소굴에서 탈출한 전직 교사 규복이 점례의 집 부엌으로 숨어든다. 점례는 그를 대밭에 숨겨 주고, 두 사람 사이에 사랑이 싹튼다. 그러다 사월이 규복과 점례의 밀회를 목격하고 점례를 협박하여 규복을 차지한다. 사월은 규복의 아이를 임신하게 되는데, 사월이 임신했다는 소문이 빠르게 퍼진다. 얼마 후 공비 토벌 작전이 시작되어 양 씨 소유인 대밭에 불을 질러야 하는 상황이 벌어진다. 양 씨와 점례가 반대하며 국군에게 사정하지만 결국 대밭은 불타게 된다. 규복은 불타는 대밭에서 뛰쳐나오다 국군의 총에 맞아 죽고 사월은 양잿물을 마셔 스스로 목숨을 끊는다.

03 논문으로 만나는 출제자의 시선

나BS 수능특강 | 현대문학

「산불」의 주제 의식

「산불」은 1951년 겨울부터 이듬해 봄, 소백산맥 줄기에 있는 시골 마을이 배경이다. 전쟁의 소용돌이 속에 고통 받는 하층민의 애환과, 그 속에서 좌절되는 빨치산의 사랑과 죽음을 비극적으로 그려 내었다. 1막이 주로 마을 사람의 집단적인 고통과 갈등을 다루었다면 2막부터는 주로 여성들의 내면적 고통과 갈등을 다루었다. 1막의 갈등은 첫 장면에 집약되어 있다. 양 씨와 최 씨가 곡물 추렴 문제로 싸움을 벌이는데, 이것은 안온한 산골 마을의 정경과는 거리가 먼 갈등의 장이다.

양 씨와 최 씨는 서로 이웃해 있으면서도 대립한다. 싸움의 발단은 표면적으로 최 씨의 곡물 추렴이 적은 데에 있지만, 그 이면에는 빨치산의 강제성을 띤 곡물 추렴으로 인해 더욱 궁핍해진 산골의 살림살이에 있다. 그러나 그 싸움은 급기야 사상 문제로 번져 그들 각자의 가정과 마을 전체가 비극적 불행에 직면할 수밖에 없었던 원인이 밝혀진다. 양 씨의 아들은 반동자로 몰려 도망친 후 생사를 알 수 없다. 딸 귀덕이는 전쟁의 공습에 정신을 잃어 바보가 되었고, 며느리 점례는 과부 신세를 면치 못하고 있다. 유일한 남자인 김 노인은 노망하여 육체적 노동을 할 수 없을 뿐더러, 걸식증 환자처럼 식량을 축내는 인간이다. 최 씨의 딸 사월이는 남편이 빨갱이로 몰려 죽자 갓난애를 키우며 자신의 신세를 비관한다. 이 밖에도 이웃 아낙들을 통해 전해지는, 집단 학살된 가족들의 이야기는 마을 사람들이 모두 전쟁으로 인해 깊은 상처를 안고 있음을 보여 준다. 이런 점을 통해 작가의 시선이 하층 민중들에게 놓여 있음을 알 수 있다.

고통 받는 민중에 대한 동정적 시선은 2~4막에서 여성들의 욕망으로 내면화된다. 이 작품에서 여성 문제가 부각되는 것은 이 마을이 과부촌의 성격을 띠고 있다는 점에 있다. 전쟁 자체가 남성들의 노동에 대부분 의존하여 수행되므로 남성들이 절대적으로 필요하다. 노약한 김 노인을 제외하고 마을 전체가 과부나 처녀로 이루어졌다는 사실은 전쟁이 이 마을에 안겨 준 고통의 크기를 짐작케 한다. 이 작품에서 국군과 빨치산은 모두 남성으로 등장하여 지배자로 군림하고, 남성들의 지시에 따르는 여성들은 피지배자로 남는다. 힘에 의존하여 강자의 논리를 관철시키는 전쟁은 힘센 남성과 연약한 여성이라는 보수적 전통의 굴레를 강화한다. 따라서 남성의 부재는 암암리에 여성의 존재를 변화시키는데, 특히 젊은 여성에게서 두드러지게 나타난다.

'사월', '점례', '쌀레네'의 세 명의 여성은 모두 전쟁으로 인해 남편을 잃어버린 피해자들이다. 그들의 대화 속에 자주 등장하는 '과부'와 '시집'이란 용어는 과부가 된 불행한 현실과 그들의 일탈 욕구를 반영한다. 20대 과부들이 모여 나누는 성에 관한 대화는 무의식 속에 억눌려 있던 성적 욕망의 발현이다. 전쟁의 상황 속에 더욱 궁핍해진 생활, 남편의 사망과 이별, 생계를 책임져야 하는 부담, 전통적 사회에서 억압되는 육체적 결핍, 전쟁으로 인해 예측할 수 없는 미래에 대한 암울함 등 보상받을 수 없는 한계 상황 속에서 욕망을 억제하며 삶을 살아나가고 있는 것이다. 이 작품에서는 작가의 여성들에 대한 다양하고도 섬세한 관찰력이 돋보이는데, 이는 여성들의 억압된 성적 욕망과 남성에 대한 사랑이라는 새로운 주제적 변화를 보여 주게 된다.

차범석의 사실주의 희곡

한국 희곡사에서 차범석의 비중은 매우 크다. 그는 1930년대 유치진의 희곡을 계승해 한국 사실주의 희곡의 계보를 이었으며, 50년대 한국 전쟁을 거치고 60년대 이후부터 그가 생존했던 기간 동안 동시대의 삶의 문제를 사실적으로 그려 낸 대표적인 희곡 작가이기 때문이다. 특히 그의 대표작인 「산불」은 사실주의 희곡의 최고작이라는 평가를 받은 이후 많은 이론가들이 이 평가에 대체로 공감함으로써 차범석은 해방 이후 대표적인 사실주의 희곡 작가로 자리매김하였다.

작가는 '애정의 원색'을 통해 '적나라한 인간의 모습'을 드러냄으로써 '잃어버린 인간성'을 탐색하기 위해 「산불」을 집필했다고 말한다. 이로 볼 때 「산불」은 전후 이데올로기 문제가 끝나지 않았던 당대의 사회상을 충실하게 반영한 정통 사실주의 작품이면서도, 인물들을 일정한 환경 속에 배치하고 그 안에서 벌어지는 삶의 양태를 통해 인간의 존재 양상을 제시한 작품이라고 볼 수 있다.

17 이강백, 쥬라기의 사람들

STEP

01 지문 분석과 OX문제

나BS 수능특강 | 현대문학

[앞부분 줄거리] 탄광 사고의 유일한 생존자 만석은, 「노조 지부장으로부터 사고의 원인이 가스 누출 때문이 아니라 고의로 폭발물을 터뜨린 동료 때문
　　　　　　　　　가스 누출로 폭발이 일어나 다섯 명의 광부가 죽고 만석만 살아남음.　　　　　　　　　　　　　　광산에서, 갱 안에 뚫어 놓은 길

이라고 진술하면 특별 대우를 해 주겠다는 제안을 받는다.」 이에 광부 박 씨는 동료들을 규합해 갱도 입장을 거부하며 진상 규명을 요구하고 도지사에
　　　　　「 」 : 사고의 원인이 갱(땅굴) 내부에 있다는 것이 밝혀지면 본사에서 탄광을 폐쇄시킬 수 있기에 생존자인 만석을 이용해 사고의 원인을 조작하고자 함.

게 탄원을 하려 한다. 한편 광부 자녀들이 다니는 학교에서 일부 학생들이 차별을 당하는 사건이 발생했고, 불만을 품은 학생들이 시위의 뜻으로 무너
　　　　　　　　　　　　　　　　　　　　　　합창단에 들어가지 못한 학생들이 합창단복을 입은 합창단원들을 부러워하며 자신들의 처지에 좌절감을 느낌.

진 갱도에 들어간다. 만석은 이 아이들이 가스에 중독될 것을 염려하며 아이들에게 위험을 알리고자 아들을 갱도로 들여보낸다.

소장 : (일어나며) 쯧쯧, 빌어먹을! 나, 가겠어!

광부 박 씨 : 앉으십쇼, 소장님. 저두 앉을 테니까. (식탁 의자에 마주 앉으며 천안댁에게) 소장님이 속이 좋질 않으신 모양이야. 해장국 좀 얼큰하게

　　해서 가져오라구.

천안댁 : (퇴장한다.)

소장 : 자넨 마누라도 있으면서 술집에서 먹구 자나?

광부 박 씨 : 하던 이야기나 마저 합시다.
　　　　　　탄광 사고의 처리와 관련된 이야기　　　　　　　　　┌ 손해를 크게 볼 것은 생각하지 않고 당장 마음에 안 드는 것을 없애려고 그저 덤비기만 하는 경우를 의미함.
소장 : 쥐 잡으려다 장독 깬 사람 있어. 빈대 밉다구 홀랑 집 태워 먹은 사람도 있구. 여봐, 박 씨. 자네가 지금 그 꼴이야. 옳고 그른 것 가릴려다가
　　적은 이익이나마 얻으려고 한 일이 도리어 큰 손실을 입게 되었음을 의미함.　　　　■ : '광부 박 씨'를 가리킴. → 작은 것을 얻으려다가 큰 손실을 입게 되는 상황을 속담을 통해 표현함.
　　결과가 뭐겠어? 탄광만 문 닫는 거지! 모두들 일자리를 잃고 굶게 되면, 그 옳다는 것이 밥 먹여 줘?
　　　　　　　　　　　　광부들의 생계를 빌미로 삼아 사건을 은폐하고자 함. → 계산적이고 교활한 성격이 드러남.
광부 박 씨 : 그럼 소장님은 이번 사고 처리가 옳다구 생각하십니까? 만석이를 시켜서 얼버무리려고 하는데, 그건 형편없이 낡아 빠진 수작이에요!
　　　　　　　광부 최 씨가 고의로 사고를 냈다고 사고의 원인을 조작하는 것　　　　　　　　　　　　　탄광 사고를 처리하는 회사의 방식에 불만을 표함.
소장 : 나도 그 점엔 동감이야. 지부장은 머리가 좋아야 하는 건데…… 쯧쯧, 빌어먹을! 이젠 지부장을 갈아 치워야겠어!
　　　　잘못된 사고 처리 방식을 지부장의 탓으로 돌림.

　천안댁, 해장국과 술을 두 사람 앞에 갖다 놓는다.

천안댁 : 명탯국을 끓였구먼유. 얼큰하게 고춧가루를 풀어서 드셔유.
　　　　　　　　　　　■ : 소장이 박 씨를 회유하기 위한 수단 → 현실적 이익을 상징함.
소장 : (광부 박 씨의 잔에 술을 따르며) 지부장은 자네가 하라구.
　　　　　　　　　　　박 씨에게 지부장 자리를 제안하며 회유함.
광부 박 씨 : (소장의 잔에 술을 따른다.) 난 옳지 못한 건 참지를 못하는 성미입니다.
　　　　　　　　　　　　　　　소장의 제안을 단호하게 거절함.
소장 : 소신껏 잘해 봐, 힘닿는 데까지 밀어줄 테니까.

광부 박 씨 : 노조 지부장은 광부들이 뽑는 겁니다. 소장님이 임명하는 자리가 아니에요!

소장 : 지금까지 난 단 한 번도 그 자릴 강제로 떠맡긴 적이 없어. 다만 나는 지부장 자격이 있을 만한 사람에게, 선거에 나가 보는 게 어떠냐구 권유

　　했을 뿐이지.

천안댁 : 옆에서 듣자니까 소장님이 지부장을 하라고 권하는 모양인데유, 뭘 망설여유? 받아들이셔유!
소장의 편에 서서 박 씨를 부추김.

광부 박 씨 : 가만있어, 천안댁은!

천안댁 : 흥정은 붙이구 싸움은 말리랬어유!
좋은 일은 도와주고 궂은일은 말리라는 말 → 지부장이 되는 것은 좋은 일이므로 권한다는 의미임.

소장 : (광부 박 씨에게 손을 내밀며) 도지사께 드린다는 탄원서, 그걸 내놔. 그럼 지부장 선거에 자넬 나가 보라구 권유하지.
탄광 사고의 진상 규명을 요청하는 글 → 소장이 박 씨를 회유하려는 이유

천안댁 : 어서 꺼내 드리셔유. 어서유!

광부 박 씨 : (호주머니에서 봉투를 꺼내 식탁 위에 놓는다.) 이번 사고 처리는 어떻게 하실 겁니까?
박 씨의 태도 변화가 나타남. → 자신의 이익을 위해 소장의 편에 서려고 함.

소장 : (봉투를 집어 들고) 지금 와서 사고 원인을 바꿀 수도 없잖아? 그걸 바꾸면 광부들이 우습게 알아서 아무것도 못 해.
최 씨가 고의로 폭발물을 터뜨려 사고가 발생한 것이라는 기존의 입장을 고수하고자 함.

광부 박 씨 : 그럼 만석이의 말이 필요하겠군요?
만석이 유일한 생존자이기 때문에 그의 거짓 증언이 필요한 것임.

소장 : 물론이지. 어젯밤 만석이가 찾아왔더군. 자네를 설득시켜 달라는 거야. 『갱 속에 있는 칠복이를 타일러서 아이들을 데리고 나오게 해 주면, 만석
박 씨의 아들
인 이번 사고가 고의적으로 터뜨린 다이너마이트 때문이었다고 말하겠다는 거야.』
『 』: 만석은 박 씨가 자신의 아들을 설득해서 갱도에 들어간 아이들을 데리고 나오면 거짓 증언을 하겠다고 말함.

광부 박 씨 : 나한테 왔을 때 하곤 전혀 다르군요. 내가 칠복이를 설득시켜 주면 자긴 사실대로 말하겠다 그럽디다.
아이들을 데리고 나올 수 있도록 도움을 주면 사고의 원인이 가스 누출 때문임을 밝히겠다고 함. → 만석이 아이들을 구하기 위해 각자가 원하는 답을 해줬던 것임을 알 수 있음.

소장 : 나하고는 시간과 장소까지 정해 놨어. 오늘 낮 열두 시에, 14번 갱 앞에서 말을 하겠대. 모든 광부들을 모이라구 해서 그 말을 듣도록 해야지.

이번 사고 처리는 그것으로 끝을 맺자구. (일어서서 천안댁에게 돈을 주며) 잘 먹었어, 천안댁. 속이 확 뚫리는걸!
사건의 진실을 은폐할 수 있게 된 것에 대한 만족감

천안댁 : 고마워유, 소장님.

소장 : (광부 박 씨에게) 자네두 일어서지. 문밖에서 기다리는 사람이 있어.

광부 박 씨 : 누군데요?

소장 : 만석이야. 자네와 함께 칠복이한테 가겠다는군.

<mark>천안댁, 관객들에게 말한다.</mark>
■ : 등장인물이 자신의 상황을 관객들에게 직접 제시하는 서술자의 역할을 함.
→ 관객들의 극 몰입을 방해하여 상황에 대한 비판적 시선을 유도함.

천안댁 : 난 흥정을 붙이는 데는 타고난 재주가 있는가 봐유. 자식 많은 홀아비와 과부 짝지어 주는 중매도 잘 하지만유, 광부 박 씨가 하루아침에 지
부장이 된 것도, 사실은 내 덕을 본 거예유. 박 씨는 나한테 외상값이 많어유. 그냥 광부 짓 해서는 평생 가야 못 갚을 만큼유. 그래서 난 그 외상값
자신이 소장의 편에 서서 박 씨를 부추겼기 때문에 박 씨가 지부장이 된 것이라 생각함.
못 받을까 봐 걱정했었는데, 지부장이 됐으니 그런 걱정은 안 해도 되겠구먼유.
소장과 박 씨를 적극적으로 중재했던 이유가 박 씨에게 받을 외상값 때문이었음을 알 수 있음. → 사건의 진실보다 자신의 이익을 중시하는 천안댁의 속물스러운 면모가 드러남.

(중략)

만석 : 정말…… 난 아무 말도 할 수가 없습니다.
사고의 원인을 무엇으로 말할지 아직 정하지 못함.

광부 박 씨 : 뭐야? 괜히 오해받게 만들지 말구 사실을 말해!
탄광 사고의 원인이 광부 최 씨의 고의에 의한 것이라는 거짓 증언

지부장 : 말해 버려, 어서!

소장 : 말해!

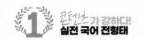
광부들 : 무엇 때문에 말 못 한다는 거야? 만석이, <u>사실</u>을 말해!
  탄광 사고의 원인이 가스 누출이라는 진실

지부장 : 말하라구!

광부 박 씨 : <u>사실대로 말해!</u>
  지부장의 편에 서서 만석에게 거짓 증언을 종용함.

소장 : 말하라니까!

만석 : 사실은…… 사고 원인은…… 죽은 그 사람들의 책임이 아니라 살아 있는 사람들…… 그러니깐…… <u>나 때문입니다. 내가 잘못했기 때문에…… 갱</u>
  탄광 사고의 책임을 자신에게로 돌림.
  <u>속에서 사고가 일어나 광부들이 죽은 겁니다.</u>

지부장 : 그건 사실이 아냐! 만석이, 왜 자네가 일부러 뒤집어쓰나?

광부 박 씨 : (광부들에게) 오 그랬었군! 만석이 녀석이 응큼하게 여태껏 제 잘못을 숨겼어!

만석의 처 : 아녜요! 제 남편은 살아 돌아왔다는 것밖엔 아무 잘못도 없어요!

  ▨ : 사고의 책임을 만석으로 몰고 감.
    → 만석의 거짓 진술이 자신들에게 해가 되지 않는다고 판단했기 때문

광부들 : (만석에게) 어떻게 된 거야? 사실대로 말해!

소장 : 쯧쯧, 빌어먹겠군! (광부들에게) 들었잖아, 모두들! 제 입으로 자기 때문에 생긴 사고랬어. 그런데 더 이상 무슨 말이 필요해!

  만석, 관객들에게 말한다.

만석 : 그러자 서서히…… 14번 갱 속에서…… <u>내 아들이 비틀거리며 나왔습니다. 그러고는 나에게 말했습니다. 지금 갱 속 깊숙이, 아이들은 정신을</u>
  만석은 갱도로 들어간 아이들에게 가스 중독의 위험성을 알리고자 자신의 아들을 갱 속으로 보냈었음.
  <u>잃고 쓰러져 있다고. 갑자기, 사실을 말하라고 외치던 사람들이 물을 끼얹듯 조용해졌습니다. 뒤이어 누가 먼저라고 할 것 없이 광부들은 갱 속으로</u>
  아이들이 가스에 중독되었음을 알림.
  <u>들어가기 시작했습니다.</u> (무대, 어두워진다. 광부들의 캡 등으로부터 불빛이 비춰진다.) 이렇게 14번 갱의 작업은 가스 중독된 그 아이들을 구해 내
  아이들을 구하기 위해 탄광 사고와 관련된 사실에 대한 추궁을 멈추고 갱도로 들어감.
  는 것으로부터 시작되었습니다. (어둠 속. 갱도를 따라 늘어선 광부들이 아이들을 한 명씩 건네는 동작을 한다.) 나는 내 아들을 껴안았습니다. 갱 속

  깊숙이 들어갔던 내 아들…… 그 애는 내 팔에 안겨서 축 늘어졌습니다. 여러분, <u>이 자랑스런 아들을 껴안고서…… 사실은…… 사실은, 아버지로서</u>
    아이들을 구출하는 데 큰 도움을 준 아들을 자랑스러워 함.
  <u>가슴 뿌듯하게 기쁘다는 것을 말씀드리고 싶습니다!</u>

01 인물의 직업과 공간적 배경을 짐작하게 하는 단어를 사용하고 있다. [2008학년도 수능] (O / X)
02 소장은 극중 인물과의 대화를 통해 다른 인물의 등장을 예고한다. [2014학년도 9월AB] (O / X)
03 관용 표현을 이용하여 등장인물의 생각을 효과적으로 전달한다. [2009학년도 9월] (O / X)
04 '만석'은 갱도로 들어간 아이들을 구하기 위해 '소장'의 바람대로 탄광 사고의 책임을 자신에게로 돌렸다. (O / X)
05 '광부 박 씨'는 일자리를 잃게 될 거라는 '소장'의 협박에 못 이겨 사고의 진실을 은폐하는 데 협력하였다. (O / X)

STEP 02 작품 해제

01 | 주제

이익을 위해 진실마저 은폐하려는 인간의 부도덕성에 대한 비판

02 | 특징

① 1980년에 일어난 탄광 노동 쟁의 사건이었던 '사북 사태'를 소재로 함.
② 잘못을 뉘우칠 줄 모르는 인물들의 부정적인 모습을 적나라하게 보여 줌으로써 독자들의 비판적 시선을 유도함.
③ 등장인물들이 각 장의 마지막에서 자신의 상황을 관객에게 직접 제시하는 서술자의 역할을 함.

03 | 작품 해제

「쥬라기의 사람들」은 탄광촌을 무대로 자신의 이익만을 추구하는 소장과 지부장, 사고에 대한 거짓 증언을 강요당하는 만석, 그리고 이와 관련된 광부들의 모습을 통해 인간의 탐욕과 이기심, 양심적 행위의 가치를 형상화한 희곡이다.

작가는 문명화된 사회에 살고 있으면서도 석탄이 만들어지던 선사 시대인 '쥬라기'와 같이 어둡고 암담한 삶을 살아가고 있는 광부들을, 또한 그러한 상황 속에서 벗어나기 어려운 모순에 처한 탄광촌 가족들의 실존적인 모습을 독특한 시각으로 담아내고 있다. 또한 잘못을 저질렀으면서도 뉘우칠 줄 모르는 인물들의 부정적인 모습을 적나라하게 보여 줌으로써 관객들의 비판적인 시선을 유도하고 있다.

04 | 등장인물

- 만석 : 탄광 사고의 유일한 생존자. 소장의 거짓 증언 요구에 처음에는 흔들리지만 이후 양심을 지키는 모습을 보인다.
- 광부 박 씨 : 지부장 자리를 약속하는 소장의 회유에 넘어가 탄광 사고의 진실을 은폐하는 일에 협력한다.
- 소장 : 탄광 작업의 지연을 막고 책임을 회피하기 위해 탄광 사고의 진실을 은폐하고자 하는 인물.
- 천안댁 : 탄광 사고의 진실 규명보다는 자신의 경제적 이익에만 관심이 있는 속물적인 인물.

05 | 상세 줄거리

영동 탄광 14번 갱에서 가스 누출로 폭발이 일어나 다섯 명의 광부가 죽는 사고가 발생한다. 지부장과 소장은 사고의 책임을 회피하기 위해 사고의 유일한 생존자인 만석을 이용하여 사고의 원인을 가스 누출이 아닌 광부 최 씨의 고의에 의한 것으로 조작하고자 한다. 많은 돈과 편한 일자리를 제공하겠다는 지부장의 제안에 만석은 양심과 현실의 이익 사이에서 갈등한다. 폭발 사고로 인해 불안해진 광부들은 도지사에게 사고의 원인을 밝혀 달라는 탄원서를 제출하고자 하고, 소장은 광부들을 대표하는 광부 박 씨를 만난다. 소장은 광부 박 씨에게 새로운 노조 지부장의 자리를 약속하고, 이에 박 씨는 소장의 편에 서 다른 광부들이 탄원서를 제출하지 못하게 방해한다.

한편 광부 자녀들이 다니는 시골 학교에 부임한 여교사는 자신의 열등감을 만회하기 위해 합창단을 만들고, 경연 대회에서 입상하고자 한다. 합창단에 들지 못한 아이들은 합창단복을 입은 아이들을 보며 소외감을 느끼고 이로 인해 아이들 사이에서 패싸움까지 벌어지게 된다. 아이들은 시위의 뜻으로 무너진 14번 갱에 들어가 어른들이 들어오지 못하도록 협박한다. 아이들이 가스에 중독될 것을 염려한 만석은 아이들에게 위험을 알리고자 자신의 아들 진욱을 먼저 갱 안으로 들여보낸다. 이후 만석은 다른 광부들을 갱 안으로 들여보내기 위해 그들 앞에 서서 가스 폭발 사고의 책임은 자신에게 있다고 선언한다. 그 순간 갱 안으로 들어갔던 아들이 비틀거리며 나와 아이들이 가스에 중독되었음을 알리고, 광부들은 나머지 아이들을 구조하기 위해 갱 안으로 들어간다. 만석은 쓰러진 아들을 자랑스러워하며 눈물을 흘린다.

STEP 03 논문으로 만나는 출제자의 시선

「쥬라기의 사람들」 속 관객을 향한 대사

「쥬라기의 사람들」은 13장을 제외한 모든 장의 마지막 장면에서 등장인물 중 한 인물이 관객에게 직접 대사를 한다. 이 대사는 넋두리, 변명, 자랑 등 모두 자신을 변호하는 내용이다. 이는 관객이 무대 위에서 전개되는 사건이나 인물의 감정 이입을 통해 동화되는 전통극과 차별화하기 위한 장치일 수 있다. 즉 브레히트 서사극에서처럼 환영을 제거하고 무대에 대한 거리두기를 통한 비판적 사고를 기대하려는 의도로 해석할 수 있다. 그러나 「쥬라기의 사람들」의 관객 대사는 발화자의 탐욕과 이기심, 그에 대한 변명을 보여 줌으로써 관객들에게 세상의 갈등 요인이 무엇인지에 대해 반성할 수 있는 계기를 제공하기보다는 모순 자체를 강조하는 성격이 강하다.

「쥬라기의 사람들」 1장에서 광산 사고가 발생한 다음 소장은 수습 방법을 찾느라 고민한다. 이때 노조 지부장이 사태를 수습하기 위해 사고가 죽은 광부들 중 한 광부의 실수로 발생했다는 거짓 증언을 하자고 제안한다. 광산에 안전시설이 제대로 설치되어 있지 않아 생긴 사고로 사람들이 죽었음에도 불구하고 소장은 노조 지부장의 제안에 동조하며, 관객들에게 사고의 원인이 광부의 실수라며 합리화하는 대사를 한다. 또한 자신의 처리 방법이 남은 광부들과 가족들을 위한 최선임을 강조한다. 관객은 소장의 대사를 통해 먹고사는 것이 진실과 정의보다 우선하는 자본주의 현실을 생소하게 인식할 수 있는 계기를 제공받게 된다. 일상의 삶에서는 한 번도 심각하게 생각해보지 않았던 일에 대해 구체적으로 성찰할 수 있기 때문이다.

Memo

다음 글을 읽고 물음에 답하시오. [교육청 기출 변형]

지부장 소장님, 문제는 두 가지 아닙니까? 첫째는 보상금 문제. 둘째는 감정적인 문제죠. 사고가 일어나면 언제나 사상자에 대한 보상금 액수 때문에 말썽이구요. 또 광부들의 격앙된 감정 때문에 애를 먹거든요. 이 두 가지 문제를 어떻게 해결하느냐에 따라서 14번 갱의 작업이 빨라지느냐 아니면 늦어지느냐가 달린 거죠.

소장 늦어져서는 안 돼, 절대로!

지부장 그렇다면 이번 사고는 고의적인 사고라고 해야 합니다.

소장 …… 고의적인 사고라니?

지부장 이를테면…… 갱 내에서 지켜야 할 안전수칙을 어겨서 생긴 사고라든가…… 가령 어떤 광부가 금지된 성냥을 켰다…… 더구나 그 성냥으로 다이너마이트에 불을 붙였다면…… 물론 자기 목숨을 일부러 끊어 버릴 각오를 하지 않고서는 그럴 리가 없겠지만 말입니다…….

소장 ㉠ 그게 무슨 소리야? 어떤 병신 같은 자식이 스스로 자기 목숨을 끊어!

지부장 ㉡ 하지만 사람이란 죽고 싶은 경우도 있거든요. 산다는 게 무의미하다든가, 불치의 병에 걸려 괴롭기만 하다든가, 가난에 쪼들려서 살 맛이 없다든가…… 그런 사람을 이번 사망자 중에서 찾아내는 거죠.

소장 그렇지만 지부장…… 죽은 사람이 어떻게 스스로 다이너마이트를 터뜨려 사고를 낸 거라구 말할 수 있나?

지부장 물론 죽은 사람은 말하지 못합니다. 그러니깐 산 사람을 말하도록 해야지요. 돈을 좀 준다든가, 힘든 일을 쉬운 일로 바꿔준다든가…… 그렇게 해서 마치 사고 현장에서 목격한 것처럼 말하도록 하는 겁니다.

[중략 부분의 줄거리] 소장과 노조 지부장은 생존자인 만석을 이용해 상황을 무마하려 하고 만석은 갈등한다. 사고로 인해 불안해진 광부들이 사고 원인을 밝혀 달라는 탄원서를 제출하려 하자 소장은 광부들을 대표하는 광부 박 씨를 만난다. 소장은 광부 박 씨를 새로운 노조 지부장으로 만들어 주겠다고 하며 탄원서를 제출하지 못하게 한다.

지부장 (광부들에게) 만석이가 믿지 못할 말을 하거든 절대로 작업하지 마!

광부 박 씨 ㉢ 작업은 오늘부터 해야 돼! (만석에게) 사실을 말하라구, 만석이!

지부장 만석이, 사실을 말해 버려!

소장 쯧쯧, 빌어먹을! 말하라니까!

광부들 (만석에게 몰려 가며) 말해, 만석이!

지부장 사실을 말해!

광부 박 씨 사실을 말하라구!

소장 말해, 사실을!

광부들 만석이, 사실을 말하라니까!

만석 ㉣ 여러분, 14번 갱의 사고 원인은…… 그런데 난 아무 말도 할 수가 없습니다.

소장 쯧쯧, 빌어먹겠군, 사실대로 말하면 될 것 아냐!

광부들 사실대로 말해! 만석이, 사실을 말하라니까!

만석 정말…… 난 아무 말도 할 수가 없습니다.

광부 박 씨 뭐야? 괜히 오해받게 만들지 말구 사실을 말해!

지부장 말해 버려, 어서!

소장 말해!

광부들 ㉤ 무엇 때문에 말 못 한다는 거야? 만석이, 사실을 말해!

지부장 말하라구!

광부 박 씨 사실대로 말해!

소장 말하라니까!

[A]
만석 사실은…… 사고 원인은…… 죽은 그 사람들의 책임이 아니라 살아있는 사람들…… 그러니깐…… 나 때문입니다. 내가 잘못했기 때문에…… 갱 속에서 사고가 일어나 광부들이 죽은 겁니다.

지부장 그건 사실이 아냐! 만석이, 왜 자네가 일부러 뒤집어쓰나?

광부 박 씨 (광부들에게) 오 그랬었군! 만석이 녀석이 응큼하게 여태껏 제 잘못을 숨겼어!

만석의 처 아녜요! 제 남편은 살아 돌아왔다는 것밖엔 아무 잘못도 없어요!

광부들 (만석에게) 어떻게 된 거야? 사실대로 말해!

소장 쯧쯧, 빌어먹겠군! (광부들에게) 들었잖아, 모두들! 제 입으로 자기 때문에 생긴 사고랬어. 그런데 더 이상 무슨 말이 필요해!

– 이강백, 「쥬라기의 사람들」 –

01. 윗글의 '사실'에 대한 설명으로 적절하지 **않은** 것은?

① 만석이 말한 '사실'을 광부들은 신뢰하지 못한다.
② 만석이 말한 '사실'은 지부장이 원했던 '사실'이 아니다.
③ 광부 박 씨와 소장이 만석에게 바라는 '사실'의 내용은 같다.
④ 소장은 만석이 말한 '사실'을 통해 상황을 마무리하려 한다.
⑤ 지부장은 만석이 말한 '사실'을 이용하여 지위 상승을 꾀한다.

02. 〈보기〉를 참고로 [A]에 담긴 작가의 의도를 파악하였다. 가장 적절한 것
은?

─────── 〈보기〉 ───────

　탄광촌의 매몰 사고를 배경으로 하고 있는 이 작품은 현실 상황에 대
처하는 인간들의 다양한 모습을 보여 준다. 특히, 잘못을 저질렀으면서도
뉘우칠 줄 모르는 부정적인 모습을 적나라하게 보여 줌으로써 독자들의
비판적인 시선을 유도한다.

① 다수의 횡포에 무기력하게 굴복하는 인간의 나약함을 비판하고자 한다.
② 자신을 위해 다른 사람을 이용하는 인간의 탐욕과 이기심을 비판하고자
한다.
③ 자신과 이해관계가 없는 일에는 무관심한 인간의 소시민성을 비판하고자
한다.
④ 고압적인 태도로 아랫사람들을 대하는 권위주의적 사고방식을 비판하고자
한다.
⑤ 감정에 치우쳐 객관적인 진실을 외면하려고 하는 인간의 어리석음을 비판
하고자 한다.

03. 연출자가 ㉠~㉤에 대해 연기를 지시할 때 적절하지 않은 것은?

① 소장은 호기심이 생긴다는 듯 지부장에게 다가서며 ㉠을 말하세요.
② 지부장은 침착하면서도 설득적인 어조로 ㉡을 말하세요.
③ 광부 박 씨는 만석에게로 시선을 옮기며 ㉢을 말하세요.
④ 만석은 관객이 긴장감을 느낄 수 있도록 대사의 속도에 유의하며 ㉣을 말하
세요.
⑤ 광부들은 만석의 태도가 답답하다는 듯한 표정을 지으며 ㉤을 말하세요.

18 │ 신연식, 동주

STEP 01 지문 분석과 OX문제

S#78 취조실

동주에게 바짝 다가서는 특고.
　　　　　일제가 정치 운동이나 사상 운동을 단속하기 위하여 둔 경찰

　　　　　　　　　　어떤 일에 주장이 되어 행동하는 사람　　　　　동주의 사촌
특고 : 교토 조선인 유학생 사건의 주동자는 너지? 니가 교토로 찾아와서 송몽규를 부추긴 거 맞지?
재교토 조선인 학생 민족주의 그룹사건 → 조선의 독립과 민족 문화의 수호를 선동했다는 죄목으로 동주를 체포해 취조하고 있는 상황임.

동주 : (멍하게 보다가) 아니요.

(중략)

　　　　　　〔 〕: 과거 장면 → 역순행적 구성임을 알 수 있음.
〔S#81 6첩방
다다미(일본식 돗자리)가 여섯 장 깔린 작은 방

　회의 중인 몽규.

몽규 : 「(빼곡히 적은 조선인 유학생 명단을 펼쳐 보이며) 제국 대학 출신 포함해 법학과, 의과 장교 시험을 치를 조선인 학생들이 절반만 합격해도 3,

　40명 이상 조선인 장교들이 나오고, 훈련소 의무대 장교로 들어가면 교토 지역 조선인 장교들이 어디로 배치되는지도 알 수 있을 거야.」
　　　　　　　　　　　　　　　　　　　　　　　　　　　　「　」: 교토 조선인 유학생 사건을 계획하는 몽규 → S#81이 과거 장면임을 알 수 있음.

학생 2 : (시간을 확인하고) 가야겠는데……

　자리에서 일어서는 몽규 일행.

S#82 하숙집 안방 앞

　통화 중인 동주.

　↗ 릿쿄 대학에서 동주와 함께 수업을 듣던 일본인 여학생. 동주의 조력자.
쿠미 : (목소리) 교토로…… 제가 갈게요. 영국 출판사에 편지도 보냈어요. 영문 번역이 끝나면 바로 보내 주기만 하면 돼요.
　　　　　　　　　　　　　　　　　　　동주의 시집 발간을 위해 적극적으로 나섬.
동주 : 영국 출판사 주소를 주시면 영문 번역본도 제가 보내도 돼요. / 쿠미 : (목소리) 교토 가서 연락할게요.

　전화를 끊는 동주……. 몽규 일행들이 계단을 우르르 내려온다.

동주 : 어디 가? / 몽규 : 모임이 있어.

동주 : (계단을 오르며) 기다려. 나도 금방 준비할게. / 몽규 : 니가 굳이 안 와도 되는 모임이야.

조선인 유학생 사건으로부터 동주를 소외시킴.

학생 1, 2와 나가는 몽규.

S#83 6첩방

《 》: 몽규 일행으로부터 소외된 동주가 느끼는 쓸쓸함과 외로움이 나타남.

《커튼이 쳐진 창문 앞으로 오는 동주. 커튼을 살짝 열면 골목 사이로 사라지는 조선인 유학생과 몽규의 뒷모습……. 회의의 흔적이 남아 있지 않게

깨끗해진 6첩방. 방 안이 텅 비어 있다. 책상 아래에 몽규가 사용한 펜이 떨어져 있다. 몽규의 펜을 집는 동주.》

시를 쓰려는 동주의 모습을 묘사함.

쉽게 씌어진 시 (동주 목소리)

윤동주의 시 「쉽게 씌어진 시」를 내레이션 형식으로 제시하여 그의 심리와 정서를 효과적으로 전달함.

공간적 배경 → 구속과 억압의 현실

창밖에 밤비가 속살거려 / 육첩방은 남의 나라,

시간적 배경 → 암울한 현실, 자아 성찰의 시간

자신의 노트에 시를 쓰는 동주. / 창밖으로 비가 내린다.

자신의 삶을 성찰하려는 행동

텅 빈 다다미방 안으로 비가 들이친다.

시인이란 슬픈 천명인 줄 알면서도 / 한 줄 시를 적어 볼까,

일제 강점기라는 암담한 현실에 직접 저항하지 못하고 시를 쓸 수밖에 없는 지식인으로서의 자신의 처지에 대한 성찰

창문을 닫는 동주.

『땀내와 사랑내 포근히 품긴 / 보내 주신 학비 봉투를 받아

대학 노트를 끼고 / 늙은 교수의 강의 들으러 간다.』

『 』: 현실에 안주하는 모습

[인서트] : 영화에서 화면과 화면 사이에 다른 화면을 끼워 넣는 기법
→ 동주가 살아온 과거의 삶을 삽입하여 내레이션으로 제시되고 있는 「쉽게 씌어진 시」에 대한 관객의 이해를 도움.

쿠미와 전차를 타는 동주. / 효치 교수의 수업을 듣는 동주……. 뒤편에 앉은 쿠미를 돌아본다.

S#84 은밀한 회합 장소/중회합

계단을 오르는 몽규의 발걸음……. 학생들의 발걸음이 이어진다. 노크 소리와 함께 조심스럽게 문이 열리고……. 몽규가 회합 장소로 들어서자……

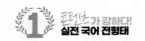

10여 명의 학생들이 몽규 일행을 맞이한다.

생각해 보면 어린 때 동무들 / 하나, 둘, 죄다 잃어버리고
일제의 탄압에 의해 동무를 잃어버린 상실감

[인서트]

「용정 들판을 뛰어놀던 익환과 동주, 몽규. / 연희 전문 시절 같이 수업을 듣고 어울렸던 여진과 몽규, 처중…….」
북간도의 지역   「 」 : 북간도에서의 유년 시절부터 경성에서의 대학 시절까지를 회상함.

가라앉는
나는 무얼 바라 / 나는 다만, 홀로 침전하는 것일까?
무기력한 삶에 대한 회의감

[인서트]

6첩방에서 홀로 시를 쓰는 동주.

몽규가 학생들 중심에 선다. 몽규 주변으로 모이는 학생들……. 품에서 조선 혁명 선언문을 꺼내서 읽는 몽규.
교토 조선인 유학생 사건의 주동자는 몽규임이 드러남.

몽규 : 《조선을 깨우기 위해서 우리에게 필요한 것은, 혁명이다. 혁명만이 일본을 쫓아낼 유일한 방법이고……. 그 혁명을 위해 우리가 할 일은 깨어 있

는 민중 하나하나가 폭탄이 되어 불합리한 체제를 타도하고. 인류가 인류를 억압하지 못하고, 국가가 또 다른 국가를 수탈하지 못하게 몸을 날리는
어떤 대상이나 세력을 쳐서 거꾸러뜨리고

것이다.》
        《 》 : 무장 투쟁을 통해 일본과 같은 제국주의의 횡포를 막고자 함. → 식민지 지식인으로서 부조리한 현실에 적극적으로 대응하려는 인물의 성격이 드러남.

몽규 주변에 모인 학생들이 저마다 비장한 각오를 다진다.

S#85 6첩방

창문을 닫고 빗소리를 들으며 시를 쓰는 동주.

인생은 살기 어렵다는데

시가 이렇게 쉽게 씌어지는 것은 / 부끄러운 일이다.
        자아 성찰의 결과 → 암울한 현실에 적극적으로 저항하지 못하는 자신의 삶에 대한 부끄러움

커튼을 다시 젖혀서 창밖을 보는 동주.

『육첩방은 남의 나라

창밖에 밤비가 속살거리는데.』]
『 』: 1연의 반복·변주 → 현실에 대한 재인식

S#86 취조실

빗소리가 들린다.

서로 마주 보고 있는 특고와 동주.

<u>*등불을 밝혀 어둠을 조금 내몰고,*</u>
일제에 대한 저항 의지
↗ 자아 성찰의 과정을 통해 성숙한 이성적 자아
<u>*시대처럼 올 아침을 기다리는 최후의 나,*</u>
화자가 소망하는 시대(조국의 광복)가 올 것이라는 확신이 드러남.

특고 : 너는 송몽규의 그림자밖에 안 되는 인물이니……, 모든 일을 송몽규에게 돌려도 이상하지 않지. 송몽규의 인생을 따라다니면서 그 이유도 목적
몽규와의 사이를 이간질해 동주의 자백을 받아내고자 함.
도 모르고 살았어? 부끄럽지 않나?

특고가 동주의 얼굴 가까이 다가와 무섭게 몰아붙인다.

서명란에 <u>히라누마 도쥬</u>라는 이름이 써 있다.
창씨개명을 한 동주의 이름

↗ 현실적 자아
나는 나에게 작은 손을 내밀어
내면적 자아
눈물과 위안으로 잡는 <u>최초의 악수</u>.
분열된 두 자아의 화해 → 내적 갈등의 해소

<u>동주가 두 손의 깍지를 낀다. 있는 힘껏.</u>
S#78에서 멍하게 취조를 당하던 동주의 모습과 대비됨. → 자아의 통합을 통한 인물의 내면 변화를 보여 줌.

OX문제

01	인물의 회상 장면을 통해 사건 해결의 실마리를 과거에서 찾고 있다. [2019학년도 수능]	(O / X)
02	사건의 발생 순서에 따라 장면이 연결되고 있다. [2012학년도 6월]	(O / X)
03	인물 간의 대화를 통해 인물이 겪은 사건의 비현실적인 면모를 드러내고 있다. [2020학년도 9월]	(O / X)
04	'동주'는 암울한 현실에 적극적으로 맞서지 않고 시를 쓰는 자신의 삶에 부끄러움을 느꼈다.	(O / X)
05	'몽규'는 조선인 유학생 사건을 주도하여 일본의 제국주의에 맞서고자 하였다.	(O / X)

STEP
02 작품 해제

01 | 주제

윤동주의 비극적 삶과 인간적 고뇌

02 | 특징

① 현재와 과거를 교차하는 방식으로 사건을 전개함.
② 윤동주의 시를 내레이션의 형식으로 제시하여 동주의 심리와 정서를 효과적으로 전달함.
③ 화면을 흑백으로 처리하여 관객의 몰입도를 높임.

03 | 작품 해제

「동주」는 2016년에 개봉한 영화의 시나리오로, 일제 강점기의 엄혹한 현실에 치열하게 맞선 윤동주와 그의 사촌이자 독립 운동가였던 송몽규, 두 청년의 삶을 조명하고 있다. 이 작품에서는 청년 윤동주가 일제 강점기라는 부정적 상황 속에서 겪어야만 했던 슬픔과 고뇌뿐만 아니라 송몽규와의 관계 속에서 느낀 인간적인 감정 등을 잘 그리고 있다.

한편 이 작품은 성찰과 부끄러움을 바탕으로 시대의 아픔을 노래한 윤동주와 독립 운동에 뜻을 두었던 송몽규의 삶을 흑백 화면, 윤동주의 시 내레이션을 통한 음향 효과, 시간의 역전적 구성과 빈번한 화면 전환 등을 통해 보여 주어 영화에 대한 관객의 몰입과 공감을 이끌어 냈다.

04 | 등장인물

- 동주 : 일제 강점기를 살아간 청년 지식인이자 문학도. 일본 유학 중 영국 출판사를 통해 시집을 발간하고자 하였으나, 형무소에 끌려가 취조를 받고 생체 실험을 당하다 비극적인 죽음을 맞이한다.
- 몽규 : 일제 강점기를 살아간 청년 지식인. 동주와 사촌지간으로 일본 유학 중 조선인 학생 독립운동을 주도하다 일본 경찰에 체포된다.
- 쿠미 : 릿쿄 대학에서 동주와 함께 수업을 듣던 일본인 여학생. 동주의 시집 발간을 위해 적극적으로 나선다.
- 특고 : 일본 형사로 조선인 학생 독립운동의 주도자가 누구인지를 밝히기 위해 동주와 몽규를 취조하고 고문한다.

05 | 상세 줄거리

1943년 윤동주와 송몽규는 일본에서 독립운동을 한 혐의로 체포되어 조사를 받는다. 특고 경찰은 동주에게 몽규와의 관계를 물으며 죄를 추궁하고, 동주는 형무소에 갇혀 지난 시절을 회상한다.

동주와 몽규는 만주 명동촌에서 태어나고 자란 사촌지간이다. 동주는 정지용과 백석의 시를 읽으며 시인을 꿈꾸고, 몽규는 신춘문예에 콩트가 당선되어 마을 어른들의 자랑이 된다. 이념과 정치에 관심이 많은 몽규는 중국에 있는 독립운동 단체를 찾아가지만 일본 경찰의 감시 대상이 되어 고향에 돌아온다. 동주는 몽규에게 연희 전문학교로 진학할 것을 제안하고, 둘은 함께 경성으로 유학을 떠난다. 연희 전문학교에서 몽규는 동주, 여진, 처중과 뜻을 모아 우리 민족의 문화와 정신을 담은 문예지를 만들고자 한다. 한편 동주는 여진의 소개로 그토록 만나고 싶어 하던 정지용 선생을 만나고, 그의 권유로 몽규와 함께 일본으로 유학을 떠나게 된다.

교토 제국 대학에 입학한 몽규는 더욱 독립운동에 매진하게 되고, 릿쿄 대학에 입학한 동주는 그곳에서 일본 제국주의를 반대하는 다카마스 교수와 후카다 쿠미라는 여학생과 인연을 맺게 된다. 다카마스 교수는 동주에게 시를 써 볼 것을 권하고, 쿠미는 동주의 시집 발간을 도와주고자 한다. 조선 유학생을 모아서 혁명을 일으키려 했던 몽규는 비밀 회합 장소가 발각되어 일본 경찰에 체포되고, 동주는 미행을 당한다. 동주는 자신의 시집 번역 및 출간을 돕던 쿠미를 만나기 위해 다방으로 향하고, 쿠미가 물어본 시집의 제목을 냅킨에 적으려는 순간 형사들에게 붙잡혀 형무소로 끌려간다. 몽규와 동주는 형무소에 갇혀 취조를 당하고, 실험 도구가 되어 정기적으로 생체 실험을 당하게 된다. 동주의 아버지와 몽규의 아버지가 면회를 하러 오지만, 몽규는 아버지에게 동주는 이미 죽었으며 자신도 얼마 살지 못할 거라고 말한다.

논문으로 만나는 출제자의 시선

나BS 수능특강 | **현대문학**

「동주」의 시간 구성

영화 「동주」의 시간은 플래시백*을 통해 동주의 최후의 장소인 형무소의 시간으로부터 기억을 회상하는 방식으로 구성된다. 후쿠오카 형무소에 잡혀 있는 동주가 고등계 형사의 심문에 대응하는 동안 작가는 시간을 조작하여 송몽규와 동주의 관계, 송몽규가 꾸민 조선인 유학생 사건에 동주가 연루된 이유나 명동, 용정, 경성, 도쿄, 교토에서의 그의 행적들을 하나씩 드러낸다. 또한 작가는 의도적으로 극의 전개를 관객의 기대와 다르게 하고, 사건의 해결 실마리를 지연시키거나 관객이 극 중 주인공의 패배를 목격하도록 한다. 가령 동주가 문학적으로 성장하는 시간이 펼쳐지는 대신, 그의 시집 출간이 지연되는 동안 그를 둘러싼 일본 경찰의 수사망이 좁혀져 오고, 그를 후원하고자 하는 사람들의 도움에도 불구하고 구속되어 생체 실험을 당하며 몸은 점점 병들어 가는 모습 등이 제시된다. 영화의 이러한 구성은 관객의 감정을 소비하도록 시간을 조작한 것이다. 「동주」처럼 현재와 과거의 시간을 오가게 하는 구조는 관객이 의미의 파편들을 능동적으로 구성하도록 한다. 또한 과거의 시간 속에서 명동촌을 보여 주거나 연희 전문학교 시절, 그리고 교토와 동경을 보여 주는 것은 장소가 갖는 상징적 의미들을 극대화하여 관객의 공감과 감정 이입을 강화하고자 한 것이다.

*플래시백 : 영화나 텔레비전 따위에서 장면의 순간적인 변화를 연속으로 보여 주는 기법. 긴장의 고조, 감정의 격렬함을 나타내는 데 효과적이며, 과거 회상 장면을 나타내는 데도 쓰인다.

「동주」에 배치된 윤동주의 시

영화 「동주」에서 윤동주의 시는 총 14편이 배치되어 있다. 이 작품들은 대부분 대중에게 잘 알려진 윤동주의 대표작들로, 영화의 내용과 어우러져 인물의 감정이나 상황을 감성적으로 관객에게 전달한다. 예컨대 문학 진학을 반대하는 아버지와 동주의 고뇌를 보여 주는 장면에서 제시되는 시 「내일은 없다」는 집안의 반대에 부딪혀 낙담한 동주의 내면을 드러내며, 연희 전문학교로 가는 기차 안에서 제시되는 시 「새로운 길」은 희망을 갖고 진학하는 동주의 심정을 드러내고 이동 장면과 겹쳐져 서정성을 더한다. 이처럼 영화 「동주」에서 윤동주의 시는 서정적 감성을 더하고, 영화의 내용을 더욱 효과적으로 전달하는 데에 기여한다.

한편 여러 장면과 영화 속 시간에 걸쳐 제시되는 「쉽게 씌어진 시」는 세상에 대응하는 동주의 내면과 그 변화의 분기점을 드러내는 데에 활용된다. 영화 속에서 이 시는 동주가 자신의 내면을 들여다보는 시 창작의 순간을 보여 주며, 동시에 그의 시가 쉽게 씌어진 시가 아니라는 것을 역설적으로 말해 주고 있다. 즉 "이런 세상에 태어나서 시를 쓰기를 바라고 시인이 되기를 원했던 게 너무 부끄럽"다는 동주의 저항은 식민지하의 조선인으로서 겪어야 하는 비극마저도 부끄러워해야만 했던 한 청년의 내면을 역설적으로 드러내는 것이다.

19 | 노희경, 우리들의 블루스

STEP
01 지문 분석과 OX문제

나BS 수능특강 | 현대문학

S#11. 은희의 방 안 + 거실, 낮.

미란, 음료수병에 꺾어 온 들꽃을 꽂아, 은희의 책장 앞에 하나 두고,

*점프 컷)
영화 편집 기법으로, 두 개 이상의 컷이 부자연스럽게 이어지도록 일부러 잘라서 편집한 것

《미란, 들꽃 병을 식탁에 놓는, 그러다 한쪽에 놓인 차를 발견하고, 차를 마시려, 주전자에 물을 담아, 가스레인지에 올리고, 불을 켜고, 식탁에 앉아,

바람에 나부끼는, 창가를 보는, 편안한, 그러다, 무심히, 옆을 보면, 서류 사이에 정리된(미란이 정리해 놓은) 일기장이 보이는, 미란, 그걸 무심히 꺼내

보며,》 《 》 : 극 갈래의 특징인 해설 → 미란의 행동을 시간의 흐름에 따라 제시함.

미란 : 이것도 일기장인가⋯⋯ (하고, 보다, 웃으며, 읽는) <u>오늘은 갈치가 물이 너무 좋아, 오전에 떨일 쳤다. 갈치가 잘 팔리니, 은대구, 백조기도 덩달</u>
미란이 소리 내어 읽고 있는 은희의 일기장 속 내용
<u>아 잘 나갔다. 비싸도 생선은 물 좋은 걸 사야 한다. 다시 한번 다짐! 크크크⋯⋯.</u> (웃으며, 일기장을 넘기면)

은희 : (E)* 오늘은 인권이랑 한판 붙었다. <u>미란이가 언제 오냐고, 계속 묻는다.</u> 미친놈처럼. 고등어가 안 팔려 버려서, 속상한데, 그놈까지, 짜증 나게.
서울에 사는 미란이 제주로 돌아온다는 사실을 알게 된 친구(인권)의 반응

미란 : (편안하게, 다시, 일기장을 넘기며) 이날은⋯⋯ 갈치가 잘 팔렸군⋯⋯ 이날은 민어가 잘 팔렸고⋯⋯ 흐흐흐⋯⋯ 이게 일기장이야, 아님, 생선 거

래 일지야⋯⋯ 암튼 열심히 살아⋯⋯ 이뻐, 우리 은희⋯⋯ (그러다, 다시, 일기장을 넘기는데)
은희가 생선 가게 사장으로서 열심히 일한 내용을 읽은 미란의 반응 → 은희에 대한 미란의 애정이 드러남.

은희 : (E) 푸릉마을의 영원한 스타, 나의 베프, 고미란이가 삼 년 만에 푸릉마을에 떴다.

미란 : (웃으며, 기대되는) 어제 꺼네⋯⋯.

미란 : (일기장을 보고, 읽는) 「미란이가 오면, 푸릉마을 사람들은 죄다 신이 나고 좋아 죽는다. 옥동 삼촌은 미란만 보면 죽은 동이가 살아온 것처럼

이뻐하고, 춘희 삼촌은⋯⋯ 스무 살에 술 먹고 고랑에 빠져 죽은 작은아들 만영이가 사랑한 미란이가 며느리처럼 느껴져 애달파하고⋯⋯.」 (맘이 짠

해지는, 눈으로 읽다, 뭔가 가슴이 철렁하는) 「 」 : 푸릉마을 사람들은 모두 미란을 반긴다는 사실을 알 수 있음.

은희 : (E) 근데 나는 어떤가⋯⋯ 남들에게 말하는 거처럼 정말 미란이가 나의 절친인가? 친군가? 걔가 보고 싶고, 반갑고 그리운가?
미란에 대한 은희의 생각이 일기장에 드러나 있음.

미란 : (느낌이 이상해지는, 놀라고, 슬프기도 한)
은희가 평소에 자신을 어떻게 생각하고 있었는지를 알게 된 미란이 복잡한 감정을 느낌.

S#29. 은희의 집 안, 낮.

은희, 쓰레기통을 뒤져, 일기장을 꺼내, 식탁으로 와서, 볼펜 들어, 일기를 쓰는,

시간이 흘러, 미란과 은희의 관계가 전과 같지 않아졌음을 짐작할 수 있음.
은희 : (E) 미란이가 내 인생에서 완전히 나갔다. 근데⋯⋯ 기분이⋯⋯.

은희, 무심히, 옆의 꽃병 보는데, 미란이 생각이 나는, 고개 들어, 집 안을 보면, 미란이가 집 안을 치우는 모습이 보이는(상상), 커튼을 혼자 힘들게

다는 모습도 보이는, 미란이가 생각나는, 은희, 답답한, 옆에 전화기를 들어, 연락처에서 미란일 찾아, 가만 노려보듯 보는,

미란 : (E) 널…… 세상에서 가장 오래 보고 젤 아는 이 친구가 말해 준다. 너…… 그닥…… 의리 있는 년, 아냐.
은희는 과거에 미란이 자신에게 한 말을 떠올리고 있음.
은희 : (전화기를 던지고, 속상한, 후후 한숨을 쉬고, 벌떡 일어나, 방으로 들어가는)
미란이 한 말을 떠올린 은희는 그에 대한 부정적인 반응을 보임.

S#30. 달리는 은희 차, 아침.

은희, 답답하게 운전해 가는,

은희 : (속상하고, 화나, 구시렁) 뭐 내가…… 그닥…… 의리 있는 년이…… 아냐?
은희는 미란의 말에 분해 하고 있음.

*점프 컷〉

은희, 열받아, 차를 길가에 세우고, 숨을 후후 고르는, 생각할수록 열받는,

은희 : (구시렁) 지가 감히…… 어떻 나한티…… (하고, 전화기 들어, 미란에게 전화를 하는데, 안 받는, 다시 전화해도, 음성 메시지로 넘어가는, 끊고,
미란에게 하고 싶은 말이 있어 전화를 걸지만, 미란은 전화를 받지 않음.
차를 운전해, 공항으로 가며, 전화해 말하는) 민군아, 나 서울 간다이. 가게 대충 너가 꾸리라!
은희는 미란에 대한 분한 마음을 억제하지 못하고 직접 미란이 있는 서울에 가서 말을 하려 함.

S#34. 룸 안, 낮.
미란이 운영하는 마사지 가게
미란, 들어와, 보면, 은희, 마사지 침대에 엎어져 있는, 맨몸에 수건을 덮고 있는,

미란 : 죄송합니다. 손님, 늦었습니다. (하고, 찜질 된 수건을 꺼내) 조금 뜨겁습니다. (하고, 손님의 등에 덮여 있는 수건을 벗기다, 은희의 등을 보는

순간, 뭔가 이상해, 발을 보고, 손을 보면, 은희구나 싶은, 뭔가 맘이 짠해지는, 가만 맘 추스르고, 은희의 몸을 정성스레 닦는)
거친 손발을 보고 손님이 고된 일을 해 온 은희임을 알아차림. → 미란은 은희의 거친 손발을 안쓰러워하고 있음.
은희 : (다짜고짜, 화난, 속상한, 눈가 붉은) 내가 무사 의리가 어신(없는) 년이라?
무슨   미란이 예전에 은희에게 한 말
미란 : (닦아 주며, 따뜻하고, 차분히) …… 따지러 왔냐?

은희 : (속상하고, 분한, 눈가 붉은, 일어나려 하며) 너 목걸이도 돌려주고,

미란 : (못 일어나게 눕히는, 맘이 짠한) 그냥 따져, 입은 열려 있잖아.
고려·조선 시대에, 궁중에서 청소 따위의 잔심부름을 담당하던 여자 종
은희 : (속상해, 눈물 나는, 참고) 『의린 너가 없지게, 이 새끼야! 너가 늘 나를 만만히 보고… 무수리 취급하고. 일 년 전! 너 그랬지! 너 세 번째 이혼

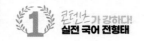
했을 때, 나가 너 연락이 안 돼 걱정돼, 죽어라 제주에서 서울까지 한달음에 달려왔을 때, (속상한) 너가이…… 술 처먹고 니 친구들 앞에서…….』
은희가 서울로 올라온 이유　　　　　　　　　　　　　　　　　『　』: 은희는 미란에게 말하지 못하였던 과거에 서운했던 일을 언급함.

미란 : (은희가 터지는 게 고마운, 등이며, 손이며, 발이며, 닦아 주며, 그러나 차분히) …… 내가 내 친구들 앞에서 뭐랬는데?

은희 : (눈가 붉어, 속상한) 나는, 너가이 오라면 오고, 가라면 가는, 세상 만만한 년이라고이…….
　　　　　　　　　　상처가 되었던 과거 미란의 말

미란 : ……. / **은희** : 어떵 너가 날, 그렇게 꼬붕처럼, 무수리처럼, 하녀처럼…….
　　　　　　　　　　　　　　　　　　부하

미란 : (눈가 붉어, 차분히) 꼬붕, 무수리, 하녀는…… 아니고…… 니가 만만한 건, 사실.
　　　　　　　　　은희를 무시한 건 아니지만 편하게 생각한 건 사실이라는 의미

은희 : (다시 일어나려 하며) 뭐라?

미란 : (다시 눕히며, 차분히, 따뜻하고, 서글프게) 야, 새끼야…… 내가 이 세상에서…… (왈칵하지만, 참는) 만만한 사람이…… 너밖에 더 있냐? (침대에

　올라가, 등을 마사지하며) 부모도 형제도 나 이혼한 거 가지고, 싫어하고, 부끄러워하고, 딸년조차 차가운 시어머니처럼 한없이 어려운데…… 내가 이
　　　　　　　　　　　　　　　　미란의 좋지 못한 가정 환경과 그로 인한 외로움이 드러남.
　세상에서 너 하나만은 만만히 생각하고, 편하게 생각하면, 안 되냐? 새끼야……. (하는데, 눈물이 은희 등에 뚝 떨어지는)
　　　　　미란에게 '만만하다'라는 것은 가장 편하게 의지할 수 있다는 의미임.

은희 : (눈물이 느껴지는, 속상한, 맘 아픈) …….
　　　　미란이 눈물을 흘리고 있음을 알고 마음 아파함.

미란 : (눈물 손등으로 닦고, 오일 발라, 마사지하며, 말하는, 처지지 않게) 호식이가 어려서 내가 너한테 한 짓을 말하드라…… 내가 너한테 얻어먹는
　　　　　　　　　　　　　　　　　　미란은 학창 시절 은희에게 했던 말을 기억하지 못하고, 친구에게 전해 들음.
　주제라고 했다고…… 내가 그래서 그랬어. 난 어려서라 잘 기억은 안 나지만, 만약 내가 그렇게 말했다면, 그년은, 진짜 미친…… 천박한 년이라
　　　　　　　　　　　　　　　　　　　　　　　　　　　　　　　　　　　　　　　과거 자신의 모습을 반성함.
　고…….

은희 : (맘이 조금 풀리는, 속상한, 눈물이 바닥에 떨어지는, 그래도 맘 아프게 묻는) 내가 무사 의리 없는 년이라…….

미란 : 의리가 없는 년은 맞지. / **은희** : (일어나려 하면)

미란 : (눕히고, 마사지는 힘 있게 하며, 맘 아픈) 니가 만약 의리가 있다면…… 나한테, 서운하다, 상처받았다, 말했어야지. 오늘처럼 이렇게 와서……
　따지고, 내가 잘못 인정 안 하고, 미안하다 사과하지 않으면, 머릴 뜯었어야지, 인정이처럼. 그래야, 그게 의리지 이 새끼야…… 모르는 남처럼 가슴
　　　　　　　　　　남편과 미란의 관계를 의심했던 인정처럼, 자신의 뜻을 숨기지 않고 말해야 한다는 의미임.
　에 원한 품는게 의리가 아니야…….
미란이 생각하는 진정한 의리는 친구끼리 자신의 마음을 솔직히 말하는 것임.

은희 : (수긍이 가는) …….

미란 : 내 말이 맞지, 너 의리 없는 거…… 맞지?

은희 : (맘이 풀린) 지랄…… 뭐, 먹고살기 힘든디…… 너 머릴 뜯잰 서울까지 오겠냐.

미란 : 오늘은 왜 왔냐?

은희 : (한풀 꺾인) 우리 우정 쓰레기통에 버려도…… 맘이 안 편해, 왔다게, 새끼야.

미란 : (짠해, 웃고, 팔꿈치로 세게 어깨를 마사지하며) 의리 있는 년. / **은희** : 악!

미란 : (다시, 진중하게 마사지하며, 차분히) 몸이 돌이야…… 이 몸으로…… (맘 아픈, 참고, 짐짓 가볍게) 손님, 이러다 중풍 맞아요, 뇌 질환 오시

　고…… 오늘 스케줄 어떠세요? 바로, 제주 가시나요?

은희 : (한풀 꺾인, 투박한) 너한티, 원한 풀잰 하면 2박 3일은 풀어야 하는디, 오늘 제줄 어떵 가크냐. 모레 갈거여! 너, 단단히 맘먹으라, 내 원한 다
　　　　　　　　　　　　　　　　　　제주에 바로 가지 않고 미란과 함께 서울에서 3일간 머물겠다는 의미임.
　받을람.

미란 : (고마운, 진지하게, 마사지하며, 처지지 않게) 네네…… 그럼 시간도 많으신데. 마사지는 풀 코스로……(맘 아픈, 참고, 짐짓 가볍게) 손님 몸이 너무 굳으셔서…… 제가 이대론 그냥 가신다고 해도…… 못 보내겠네요…….

은희 : (미란의 맘이 느껴지는, 손힘도 느껴지는, 고단도 느껴지는, 짠한) 맨날 신간[*] 편히 카운터나 보는 줄 알아신디.
　　　　　　　　　　　　　　　　미란이 손님들을 직접 마사지하지 않고 편하게 카운터에서만 일을 한다고 생각했었음.

미란 : (땀나는, 마사지에 집중하며) 대학 나와, 이 일 하며 신간 편히? 웃기고 있네…….

은희 : (맘이 짠한) 손아귀 힘이 제법이다이…….

미란 : 인정이 머리끄댕이 잡아채는 거 봤을 건데…… 아, 니 뺨 친 건 안 아팠니?
　　　　　　　　　　　　　은희의 일기장을 읽고 속이 상한 미란은 엉겁결에 은희의 뺨을 때렸었음.

은희 : (안 웃고, 농담) 돌려주켜. 나가. 싸대기 맞은 거.

미란 : (따뜻하게, 웃고) 그만 말하고 자, 좀. (가만 신중하게, 마사질 하는, 은희의 굳은 몸이 안된, 따뜻하게 주무르는) …….

은희 : (E) 《사실 난 미란이랑 더 이상 어떤 할 말도 없었다. 내 굳은 등짝에, 곱지만 아구진 그 새끼 손이 닿을 때, 모든 걸 알 수 있었다. 부모 형제 가 다 살아 있어도, 같이 살았던 남편이 세 명이나 있었어도, 세상 귀하고 아까운 딸이 있어도, 미란이에게는 이 험한 세상에서 만만하고 편한 사람 이 나뿐이라는 걸, 부모 없고, 남편 없고, 자식 없는 나에겐 더더욱이, 나를 완전히 이해하는 사람이 미란이 한 사람뿐이란 걸. 그 밤, 우리에게 예전 보다 더 진한 깊은, 추억 하나가 생겼다.》　　　《 》: 은희의 독백 → 화면 안의 다른 등장인물인 미란에게는 들리지 않고 독자(시청자)에게만 전달됨.
　　　　　은희와 미란이 서로에게 의지하는 이유
　　오해를 풀며 우정이 더욱 돈독해짐.

*(E) : 이펙트(Effect)로, 화면은 앞 화면 그대로 유지한 채 소리만 덧붙이는 기법.
*신간 : '심간'의 방언. '심간'은 '깊은 마음속'을 뜻함.

OX문제

01	은희는 미란이 자신에게 의리가 없다고 한 말을 떠올리고 화를 내며 서울로 올라갔다.	(O / X)
02	장면의 전환을 통해 각 인물의 내면이 부각되고 있다. [2018학년도 9월]	(O / X)
03	새로운 인물이 다른 인물의 발화를 통해 등장함으로써, 인물 간의 대립 구도가 전환되고 있다. [2017학년도 9월]	(O / X)
04	미란은 은희에게 상처를 주었던 말을 반성하며, 은희를 만만하게 보았던 점을 사과하였다.	(O / X)
05	순차적 사건 진행으로 갈등이 해소되었음을 보여 주고 있다. [2013학년도 9월]	(O / X)

STEP 02 작품 해제

01 | 주제

서로 간의 오해를 풀고 우정을 회복하는 두 친구

02 | 특징

① 여러 편의 이야기를 옴니버스 형식으로 구성한 드라마 대본임.
② 갈등을 겪던 두 인물이 오해를 풀고 우정을 회복하는 과정을 담음.
③ 제주도 방언을 활용하여 현장감을 높임.

03 | 작품 해제

이 작품은 제주도를 배경으로 14명의 인물들이 각자의 인생 이야기를 펼쳐내는 옴니버스 형식의 드라마 「우리들의 블루스」의 대본이다. 「우리들의 블루스」는 바쁘게 돌아가는 섬 제주에서 살아가는 평범한 사람들의 사랑과 우정, 가족과 꿈, 희망과 절망을 담담하면서도 진하게 그려 내고 있다. 이 드라마는 삶의 감정의 결을 세밀하게 포착하고 있으며, 살아가는 우리 모두에게 깊은 위로와 용기를 전한다. 각 편은 독립적인 이야기로 구성되어 있지만, 서로 얽히고 이어지는 인물들의 서사가 보는 이로 하여금 공감과 감동을 불러일으킨다.

제시된 장면은 어린 시절부터 절친했던 은희에게서 기대와 다르게 위로가 아닌 상처를 받게 되는 미란의 모습과, 둘이 오랜 시간 쌓여 온 오해를 풀고 다시 우정을 회복하게 되는 이야기를 담아 인간 내면의 진실을 섬세하게 보여 주고 있다. 서로에 대해 그동안 알지 못했던 진심을 마주하고, 두 사람이 더 깊이 이해하고 진심으로 화해하는 모습은 시청자들에게 감동을 준다.

04 | 등장인물

- 고미란 : 제주도 푸릉 태생으로 현재는 서울에서 살고 있다. 서울에서의 삶이 녹록지 않아 유일한 친구인 정은희가 보고 싶어 제주도로 돌아온다. 우연히 은희의 일기장을 보고 충격을 받아 은희와 다투지만, 이야기를 나누고 오해를 풀게 된다.
- 정은희 : 제주도 푸릉 섭섭시장의 생선 가게 사장으로 자수성가한 인물. 평소에 미란에게 서운함을 가지고 있다가 그녀와 다투지만, 이야기를 나누고 오해를 풀게 된다.

05 | 상세 줄거리

은희와 미란은 고등학교 시절부터 절친한 친구 사이였다. 부잣집 딸이었지만 친구가 없었던 미란은 모두가 외면하던 은희에게 먼저 손을 내밀었고, 두 사람은 긴 세월 동안 우정을 이어왔다.

세 번의 이혼 끝에 삶에 지친 미란은 파리에 있는 딸과의 세계 여행을 꿈꾸며 들떴지만, 딸의 거절로 인해 제주도로 향하게 된다. 어릴 적 친구 은희를 찾아간 미란은 은희의 집에 머물게 되지만, 은희는 미란이 제주에 온다는 소식을 듣고 반가움과 동시에 불편한 감정을 느낀다. 과거, 이혼 후 연락이 끊긴 미란이 걱정되어 은희가 미란이 있는 서울까지 찾아갔을 때, 미란이 친구들에게 은희를 '세상에서 제일 만만한 사람'이라고 말한 것을 알게 되었기 때문이다.

은희의 집에서 며칠을 묵는 동안 미란은 우연히 은희의 일기장을 보게 되고, 은희가 자신을 어떻게 생각하는지 알게 된다. 일기장에는 오랜 세월 은희가 느껴온 미란에 대한 서운함과 상처가 고스란히 담겨 있었다. 얻어먹는 주제에 반찬 투정한다며 도시락을 쓰레기통에 버렸던 일, 미란이 다른 친구들에게 은희를 오라면 오고, 가라면 가는 친구라고 소개하던 모습을 본 일 등에서 은희가 감내해 온 감정들이 드러난다.

이후 미란은 은희에게 서운함을 표하는 말을 남기고 서울로 돌아간다. 마음속에 감정이 남은 은희는 결국 미란을 만나기 위해 서울로 올라가 그녀가 일하는 곳을 찾는다. 그곳에서 미란에게 마사지를 받으며, 은희는 미란 역시 쉽지 않은 삶을 살아가고 있다는 것을 알게 된다. 진심 어린 대화를 나누며 두 사람은 오랜 오해를 풀고, 다시금 우정을 되새긴다.

03 논문으로 만나는 출제자의 시선

「우리들의 블루스」의 등장인물과 그들의 결속

노희경의 드라마 「우리들의 블루스」는 1) 동석과 선아, 2) 옥동과 동석, 3) 한수와 은희, 4) 은희와 미란, 5) 영옥과 정준 그리고 영희, 6) 춘희와 은기, 7) 인권과 호식 혹은 영주와 현처럼 다양한 사람들의 관계를 중심으로 이야기를 풀어간다. 이들은 서로 함께 모여서 무언가를 도모하지는 않지만 가족이자 친구, 이웃으로서 서로 관계를 맺고 있다.

이 드라마는 제주도를 배경으로 하고 있으며, 이곳의 특징을 통해 공동체의 힘을 강조한다. 섬이라는 공간은 사람들이 자주 마주치게 만들고, 자연스럽게 서로 돕고 가까워지게 한다. 미란처럼 제주를 떠난 인물도 있지만, 그녀의 기억과 감정은 여전히 이 섬과 깊이 이어져 있다. 그래서 한수, 선아, 미란처럼 각자의 인생에서 힘든 시간을 보내고 있는 사람들은 어린 시절을 보낸 제주로 돌아와 옛 친구들을 만나며 마음의 상처를 치유하려 한다. 이 과정에서 사람들 사이의 가까운 관계가 잃어버린 것들을 채워 주는 역할을 한다.

이런 관계의 힘은 미란과 은희의 우정에서도 잘 드러난다. 오랜 시간 친구로 지낸 두 사람은 갈등을 겪기도 하지만, 결국 서로를 이해하고 다시 가까워지게 된다. 이들의 이야기를 통해 우리는 서로 다른 인생의 시기를 지나고 있는 사람들이 어떤 어려움을 겪는지 알 수 있고, 그 속에서 친구의 존재가 얼마나 큰 힘이 되는지도 볼 수 있다. 작가는 미란과 은희의 우정을 통해 서로에게 기대고, 상처를 나누고, 이해하며, 용서하는 과정을 섬세하게 그려낸다. 미란과 은희가 주고받는 감정과 행동은, 인생이 힘들 때 친구를 통해 어떻게 위로를 받고 다시 일어설 수 있는지를 잘 보여 준다.

이처럼 「우리들의 블루스」는 개별 인물들의 서사를 통해 인간관계의 복잡성과 따뜻함을 동시에 그려 내며, 상처 입은 이들이 서로를 통해 치유하는 과정을 진정성 있게 담아낸다. 결국 이 드라마는 각자의 삶이 아무리 고단하고 외로워도, 누군가와 연결되어 있다는 사실이 우리를 다시 살아가게 만드는 가장 큰 힘임을 말하고 있다.

20 | 윤오영, 찰밥

수능 국어 대비
실전 국어 전형태

STEP
01 지문 분석과 OX문제

나BS 수능특강 | 현대문학

내가 <u>소학교</u> 때 <u>원족</u>*을 가게 되면 여러 아이들은 과자, 과실, 사이다 등 여러 가지 먹을 것을 견대에 뿌듯하게 넣어서 어깨에 둘러메고 모여들었지
'초등학교'의 전 용어
□ : 어머니의 사랑이 담긴 소재이자 과거 회상의 매개체
돈이나 물건을 넣어 허리에 매거나 어깨에 두르기 편하도록 만든 자루

만, 나는 항상 그렇지가 못했다. 견대조차 만들지 못하고 <u>찰밥</u>을 <u>책보</u>에 싸서 어깨에 둘러메고 따라가야 했다. 어머니는 새벽같이 숯불을 피워 가며 찰
집안 형편이 가난했기 때문
책을 싸는 보자기 → 친구들의 '견대'와 대조됨.

밥을 지어 싸 주시고 과자나 사과 하나 못 사 주는 것을 몹시 안타까워하셨다. 어머니는 가난한 살림에 다른 <u>여축</u>*은 못 해도, 내 원족 때를 생각하고
└▸ 액운은 없어지고 풍요와 행운이 오도록 집안에서 섬기는 신에게 음식을 차려 놓고 비는 제사

<u>고사 쌀에서 찹쌀을 떠 두시는 것</u>은 잊지 아니하셨다. 나는 이 어머니의 애틋한 심정을 아는 까닭에 과자나 사과 같은 것은 아예 넘겨다보지도 아니했
소풍날 '나'에게 찰밥을 싸 주기 위해 제사를 지낼 때 사용하는 쌀에서 찹쌀을 미리 떠 둠. → '나'에 대한 어머니의 애틋하고 깊은 사랑이 느껴짐.

고, <u>오직 어머니의 정성 어린 찰밥이 소중했었다.</u> 이것을 메고 문을 나설 때, 장래에 대한 자부와 남다른 야망에 부풀어 새벽하늘을 우러러보며 씩씩하
어머니의 사랑과 정성을 이해했던 어린 시절의 '나'의 모습

게 걸었다. 말하자면 이 어머니의 <u>애정</u>의 선물이 어린 나에게 커다란 격려와 힘이 되었던 것이다. 「이것이 인연이 되어, 소풍 혹은 등산을 하려면 으레
찰밥

찰밥을 마련하는 것이 한 <u>전례</u>가 되고 습성이 된 셈이다.」「 」: 어린 시절 힘이 되었던 어머니의 '찰밥'에 대한 기억으로 인해 현재까지도 찰밥을 싸 가는 습관이 있음.
예로부터 전하여 내려오는 일 처리의 관습

<u>오늘</u>도 친구들과 들놀이를 약속한 까닭에 예와 같이 이 찰밥을 싸서 손에 들고 나선 것이다. 밥을 들고 <u>퇴</u>를 내려서며 문득 부엌문 쪽을 둘러봤다.
현재
툇마루

새벽에 숯불을 피우시던 어머니의 모습이 눈앞에 떠오르다가는 안개처럼 사라져 버린다. 슬픈 일이다. 손에 밥은 들려 있건만 <u>그 어머니가 없다.</u>
손에 든 '찰밥'이 어머니에 대한 그리움을 불러일으켜 어머니의 환영을 보게 됨.
어머니가 돌아가셨기 때문

<u>어머니는 새벽녘에 손수 숯불을 불어가며 찰밥을 싸 주고 기대하며 기다리던 그 아들에게서 과연 무엇을 얻으셨던가?</u> 그는 매일매일 그래도 <u>당신</u>
성공하길 바라셨던 어머니의 기대를 충족해 드리지 못한 것에 대한 회한
'자기'를 아주 높여 이르는 말 → 어머니를 가리킴.

아들만이 무엇인가 남다른 출세를 하리라고 믿고 그의 구차한 여생을 한 줄기 희망으로 살아왔건만 그의 아들은 좀처럼 출세하지 않았다. <u>스스로 고난</u>

<u>의 길을 걷고만 있지 아니했던가.</u> 어머니는 <u>운명</u>하시는 순간에도 그 아들의 손을 꼭 잡았다. 먼 길을 떠나던 그 순간에도 아들에 대한 희망을 놓치지
'나' 자신의 삶에 대한 평가
사람의 목숨이 끊어짐.

않고 웃음을 보이려 했다. "<u>나는 너의 성공하는 것을 못 보고 가지만 너는 이담에 꼭 크게 성공해야 한다.</u>" 그는 무엇을 성공이라고 생각했는지 나는
'나'에 대한 어머니의 기대가 담긴 말을 직접 인용함.

모른다. 생각하면 슬픈 일이다. 끝끝내 아들의 성공을 믿으려던 그. 그 아들도 그때는 막연하게나마 감격에 어린 눈으로 대답했었다. 사실 그는 야망에

차 있던 청년이기도 했다. <u>환상에 사로잡히어 멍하니 섰던 나는 갑자기 시계를 들여다본다.</u> 아침 여섯 시 반. 일곱 시 사십 분까지 불광동 종점으로 모
'찰밥'을 매개로 돌아가신 어머니에 대한 생각에 잠겨 있던 '나'가 현실로 돌아옴.

이기로 된 약속이다. <u>여명</u>의 하늘은 훤히 밝아 오고 서글서글한 바람이 옷깃으로 기어든다. 나는 문을 나서며 먼 하늘을 한 번 바라보고는 고개를 숙였
희미하게 날이 밝아 오는 빛. 또는 그런 무렵

다. <u>백수(白首)</u> 오십에 성취한 바 없이 열한 살 때 메고 가던 그 밥을 손에 들고 소년 시대의 기분으로 문을 나서는 사나이.
허옇게 센 머리

어머니! 야망에 찼던 어머니의 아들은 이제 찰밥을 안고 흰 <u>터럭</u>을 바람에 날리며, <u>손등으로 굵은 눈물을 닦습니다.</u>
머리카락
어머니에 대한 그리움이 드러남.

*원족 : 소풍을 이르는 말. / *여축 : 쓰고 남은 물건을 모아 둠. 또는 그 물건.

OX문제

01	인물의 회상을 통해 인물 간 갈등의 원인을 암시하고 있다. [2024학년도 수능]	(O / X)
02	서술자가 자신의 체험을 진술하여 현실에 대한 인식을 드러내고 있다. [2015학년도 9월B]	(O / X)
03	'나'는 다른 친구들의 과자나 사과 같은 것을 부러워하지 않고 오직 어머니의 찰밥을 소중히 여겼다.	(O / X)
04	'나'는 '백수 오십'에 이르러서야 이뤄 낸 성취를 어머니가 보지 못하고 돌아가신 것에 대해 슬퍼하고 있다.	(O / X)
05	시간적 배경을 묘사하여 인물의 성격 변화를 암시하고 있다. [2017학년도 수능]	(O / X)

STEP
02 작품 해제

01 | 주제

돌아가신 어머니에 대한 그리움과 삶에 대한 회한

02 | 특징

① 일상적 소재를 매개로 어린 시절을 회상함.
② 어머니의 말씀을 직접 인용해 자신에 대한 어머니의 기대를 보여 줌.
③ 영탄적 표현을 활용하여 주제 의식을 강조함.

03 | 작품 해제

　이 작품은 '찰밥'을 회상의 매개체로 삼아 돌아가신 어머니에 대한 애틋한 그리움을 드러내고 있는 수필이다. 글쓴이는 가난한 살림에도 소풍 때마다 정성껏 찰밥을 챙겨 주신 어머니의 사랑을 떠올림과 동시에 어머니의 기대와는 거리가 먼, 자신의 지난 삶에 대한 회한을 그려 내고 있다.

04 | 등장인물

- '나' : 가난한 생활 속에서도 소풍 때마다 자신을 위해 찰밥을 마련해 주신 어머니를 회상하는 인물. 돌아가신 어머니에 대한 그리움을 느끼면서도 꼭 성공해야 한다는 어머니의 기대에 부응하지 못한 자신의 삶에 대한 회한에 잠긴다.

05 | 상세 줄거리

　친구들과 들놀이를 약속한 '나'는 찰밥을 싸서 나오는데, 문득 어린 시절 가난한 살림 속에서도 찰밥만은 항상 챙겨 주시던 어머니에 대한 기억을 떠올린다. '나'가 소학교에 다니던 시절, 소풍날마다 친구들은 모두 과자나 과일 등의 먹을 것을 싸 왔지만 '나'는 경제적 어려움 때문에 그러지 못한다. 그런 '나'를 위해 어머니는 새벽부터 숯불을 피워 가며 찰밥을 지어 주셨고, '나'는 다른 친구들을 부러워하거나 투정부리지 않고 어머니의 정성 어린 찰밥을 소중히 생각한다. 어머니의 사랑이 담긴 찰밥을 떠올리던 '나'는 어머니가 현재에는 계시지 않음을 생각하며 슬퍼한다. 그러면서 어머니가 살아 계실 적 자신의 손을 잡으며 꼭 크게 성공해야 한다고 이야기해 주셨던 것을 생각한다. '나'는 그 당시에는 야망에 차 감격에 어린 눈으로 대답했었으나 오십이라는 나이가 되어서도 이룬 바 없이 문을 나서고 있는 자신의 삶을 생각하며 눈물을 흘린다.

STEP
03 논문으로 만나는 출제자의 시선

윤오영의 수필 문학

　윤오영의 수필 문학은 그의 인생 말년에 이르러서야 꽃을 피운다. 그는 『현대문학』(1959)에 수필 「측상락(廁上樂)」을 발표하고 10여 년이 지난 후, 1972년 수필 전문지 『수필문학』을 통해 수필을 발표하며 본격적으로 활동을 시작하였다. 1976년 향년 70세로 세상을 뜨기 전, 수년 동안의 짧은 활동이었지만 훌륭한 작품과 수필 이론을 남김으로써 수필 문학에 크게 기여했다.
　그는 노년의 혜안(사물을 꿰뚫어 보는 안목과 식견)으로 자연의 이치를 수필에 담아냈다. 그의 삶은 인간의 욕심을 모두 몰아낸 듯 달관한 자연인의 삶이었다. 그래서 그의 작품에는 욕심 없이 살았던 인생관이 수필의 소재, 배경 그리고 여러 인물들을 통해 드러난다. 윤오영의 수필의 특성은 존재의 근원을 찾아 끊임없이 사유하고 있다는 점이다. 늘 나무와 풀과 흙이 있는 자연을 가까이 하고 있으며, 그 속에는 인정이 녹아 흐르고 있다. 그의 삶은 나아가 자연의 일부분으로 서 있는 것이고 자연과 잘 어우러진 한 폭의 산수화 같은 모습이라 할 수 있다.

다음 글을 읽고 물음에 답하시오. [교육청 기출 변형]

(가)

어이 못 오던가 무삼 일로 못 오던가

[A] ┌ 너 오난 길에 무쇠 성(城)을 싸고 성 안에 담 싸고 담 안에 집을
　　　짓고 집 안에 뒤주 노코 뒤주 안에 궤(櫃)를 짜고 그 안에 너를 ㉠ 필
　　　자형(必字形)으로 결박하여 너코 쌍배목 외걸쇠 금거북 자물쇠로 슈
　　└ 긔슈긔* 잠가 잇더냐 네 어이 그리 아니 오더니

한 해도 열두 달이오 한 달도 셜흔 날의 날 와 볼 할니* 업스랴

　　　　　　　　　　　　　　　　　　　　　　- 작자 미상, 사설시조 -

*슈긔슈긔 : 꼭꼭

*할니 : 하루

(나)

찰하리 잠을 들어 꿈의나 보려 하니
바람의 디난 잎과 풀 속에 우는 즘생
무스 일 원수로서 잠조차 깨오난다

[B] ┌ 천상의 견우직녀 은하수 막혀서도
　　　칠월칠석 일년일도(一年一度) 실기(失期)치 아니거든
　　　우리 님 가신 후는 무슨 약수(弱水) 가렷관듸
　　└ 오거나 가거나 소식조차 끄쳣는고

난간의 비겨 셔서 님 가신 데 바라보니
초로(草露)는 맷쳐 잇고 모운(暮雲)이 디나갈 제
㉡ 죽림(竹林) 푸른 곳에 새 소리 더욱 섫다
세상의 서툰 사람 수업다 하려니와
박명(薄命)한 홍안(紅顔)이야 날 가타니 또 이실가
아마도 이 님의 지위로 살동말동 하여라

　　　　　　　　　　　　　　　　　　　　　　- 허난설헌, 「규원가」 -

(다)

　찰밥을 싸서 손에 들고 새벽에 문을 나선다. 오늘 친구들과 소풍을 가기로 약속을 하고 점심 준비로 찰밥을 마련한 것이다.

　내가 소학교 때 원족*을 가게 되면 여러 아이들은 과자, 과실, 사이다 등 여러 가지 먹을 것을 견대에 뿌듯하게 넣어서 어깨에 둘러메고 모여들었지만, 나는 항상 그렇지가 못했다. 견대조차 만들지 못하고 찰밥을 책보에 싸서 어깨에 둘러메고 따라가야 했다. 어머니는 새벽같이 숯불을 피워 가며 찰밥을 지어 싸 주시고 과자나 사과 하나 못 사 주는 것을 몹시 안타까워하셨다. 어머니는 가난한 살림에 다른 여축*은 못 해도, 내 원족 때를 생각하고 고사 쌀에서 찹쌀을 떠 두시는 것은 잊지 아니하셨다. 나는 이 어머니의 애틋한 심정을 아는 까닭에, 과자나 사과 같은 것은 아예 넘겨다보지도 아니했고, 오직 어머니의 정성 어린 찰밥이 소중했었다. 이것을 메고 문을 나설 때 장래에 대한 자부와 남다른 야망에 부풀어, 새벽하늘을 우러러보며 씩씩하게 걸었다. 말하자면 이 어머니의 애정의 선물이 어린 나에게 커다란 격려와 힘이 되었던 것이다. 이것이 인연이 되어, 소풍 혹은 등산을 하려면 으레 찰밥을 마련하는 것이 한 전례가 되고 습성이 된

셈이다.

　오늘도 친구들과 야유를 약속한 까닭에 예와 같이 이 찰밥을 싸서 손에 들고 나선 것이다. 밥을 들고 뜰을 내려서며 문득 부엌문 쪽을 둘러봤다. ㉢ 새벽에 숯불을 피우시던 어머니의 모습이 눈앞에 떠오르다가는 안개처럼 사라져버린다. 슬픈 일이다. 손에 밥은 들려 있건만 그 어머니가 없다.

　어머니는 새벽녘에 손수 숯불을 불어 가며 찰밥을 싸 주고 기대하며 기르시던 그 아들에게서 과연 무엇을 얻으셨던가? 그는 매일매일 그래도 당신 아들만이 무엇인가 남다른 출세를 하리라고 믿고 그의 구차한 여생을 한줄기 희망으로 살아왔건만 그의 아들은 좀체로 출세하지 않았다. ㉣ 스스로 고난의 길을 걷고만 있지 아니했던가. 어머니는 운명하시는 순간에도 그 아들의 손을 꼭 잡았다. 먼 길을 떠나던 그 순간에도 아들에 대한 희망을 놓치지 않고 웃음을 보이려 했다. "나는 너의 성공하는 것을 못 보고 가지만 너는 이담에 꼭 크게 성공해야 한다." 그는 무엇을 성공이라고 생각했는지 나는 모른다. 생각하면 슬픈 일이다. 끝끝내 아들의 성공을 믿으려던 그. 그 아들도 그때는 막연하게나마 감격에 어린 눈으로 대답했었다. 사실 그는 야망에 차 있던 청년이기도 했다. 환상에 사로잡히어 멍하니 섰던 나는 갑자기 시계를 들여다본다. 아침 여섯 시 반, 일곱 시 사십 분까지 불광동 종점으로 모이기로 된 약속이다. 여명의 하늘은 훤히 밝아오고 서글서글한 바람이 옷깃으로 기어든다. 나는 문을 나서며 먼 하늘을 한번 바라보고는 고개를 숙였다. **백수(白首) 오십**에 성취한 바 없이 열한 살 때 메고 가던 그 밥을 손에 들고 소년 시대의 기분으로 문을 나서는 사나이.

　어머니! 야망에 찼던 어머니의 아들은 이제 찰밥을 안고 흰 터럭을 바람에 날리며, ㉤ 손등으로 굵은 눈물을 닦습니다.

　　　　　　　　　　　　　　　　　　　　　　- 윤오영, 「찰밥」 -

*원족(遠足) : 소풍을 이르는 말.

*여축(餘蓄) : 쓰고 남은 물건을 모아 둠. 또는 그 물건.

01. (가)~(다)의 공통점으로 가장 적절한 것은?

① 부정적 대상에 대한 비판적 인식을 보여 주고 있다.
② 대상의 부재 상황에서 느끼는 정서를 드러내고 있다.
③ '나'가 자신의 삶을 반성하는 태도를 드러내고 있다.
④ 인생의 무상감으로 인한 내면 갈등을 표출하고 있다.
⑤ 공간 이동에 따른 감정의 변화 양상을 드러내고 있다.

04. (다)의 '찰밥'에 대한 설명으로 적절하지 않은 것은?

① 글쓴이에 대한 어머니의 사랑과 정성을 환기하고 있다.
② 글쓴이에게 힘이 되는 어머니의 격려가 함축되어 있다.
③ 가난했던 글쓴이의 집안 형편을 상징적으로 보여 주고 있다.
④ 현재와 과거를 연결시켜 내용 전개의 중심축이 되고 있다.
⑤ 글쓴이가 어머니의 고단했던 삶을 이해하는 실마리가 되고 있다.

02. [A], [B]를 비교한 것으로 적절하지 않은 것은?

① [A], [B] 모두 화자의 탄식을 의문형 진술로 표현하고 있다.
② [A], [B] 모두 만남을 방해 받는 상황을 비유적으로 표현하고 있다.
③ [A], [B] 모두 상대방에 대한 기다림의 괴로움을 표현하고 있다.
④ [A]는 동일한 시어를, [B]는 유사한 문장의 반복을 통해 운율감을 조성하고 있다.
⑤ [A]는 말을 연쇄적으로 이어가는, [B]는 다른 이와 자신의 처지를 대비하는 표현을 사용하고 있다.

05. ㉠~㉤을 이해한 것으로 적절하지 않은 것은?

① ㉠ : 온몸이 묶여 움직이지 못하는 상태를 한자 '必'의 글자 모양에 빗대어 표현하고 있다.
② ㉡ : 화자 자신이 느끼는 서러움을 새 소리에 이입시켜 드러내고 있다.
③ ㉢ : 어머니에 대한 기억이 희미해지는 모습을 비유적으로 표현하고 있다.
④ ㉣ : 어머니가 바라던 삶을 살지 못한 자신의 모습을 드러내고 있다.
⑤ ㉤ : 어머니에 대한 애틋한 그리움을 감각적으로 표현하며 마무리하고 있다.

03. (나)의 '박명한 홍안'과 (다)의 '백수 오십'의 기능으로 가장 적절한 것은?

① '나'의 현재 처지를 집약하여 보여 준다.
② '나'가 지향하는 바를 드러내 주제를 제시한다.
③ '나'가 자신을 객관화하여 상황의 전환을 암시한다.
④ '나'에게 추억을 연상시켜 과거를 회상하게 한다.
⑤ 교훈적 의미를 드러내 작가의 의도를 분명히 제시한다.

21 이태준, 화단

STEP

01 지문 분석과 OX문제

나BS 수능특강 | 현대문학

찰찰하신 노주인이 조석으로 물을 준다, 거름을 준다, 손아*들을 데리고 일삼아 공을 들이건마는 이러한 간호만으로는 병들어 가는 화단을 어찌하지
지나치게 꼼꼼하고 자세하신 　↳ 아침저녁 　　　　　　　　　　　　　　　　　　　　노주인의 노력에도 화초들의 상태가 나아지지 않고 있는 상황

못하였다.
식물의 가지 따위가 옆으로 벌어진 모양 　　　　　　　　누르스름하게
「그 벌벌하고 탐스럽던 수국과 옥잠화의 넓은 잎사귀가 모두 누릇누릇하게 뜨기 시작하고 불에 덴 것처럼 부풀면서 말라들었다.」
「 」: 병들어 가는 화단의 모습을 구체적으로 묘사함.

"빗물이나 수돗물이나 물은 마찬가질 텐데……."
　　자연적인 것 　인위적인 것

물을 주고 날 때마다, 화단에서 어정거릴 때마다 노인은 자못 섭섭해하였다.
　　　　　　　　　　　이리저리 천천히 걸을

비가 왔다. 소나기라도 한줄기 쏟아졌으면 하던 비가 사흘이나 순조로 내리어 화분마다 맑은 물이 가득가득 고이었다.
　　　　　　　　　　　　　　　　　　　일 따위가 아무 탈이나 말썽 없이 예정대로 잘 되어 가는 상태

노인은 비가 갠 화단 앞을 거닐며 몇 번이나 혼자 수군거리었다.

『"그저 하늘 물이라야…… 억조창생이 다 비를 맞아야……."』『 』: 노인이 자연의 힘에 대한 깨달음을 얻었음이 드러남.
　　빗물 　　　　수많은 백성

〈만지기만 하면 가을 가랑잎 소리가 날 것 같던 풀잎사귀들이 기적과 같이 소생하였다. 노랗게 뜸이 들었던 수국잎들이 시꺼멓게 약이 오르고 나오
〈 〉: 비를 맞고 생명력을 얻은 화초들의 모습을 비유법과 색채어를 활용해 생생하게 그려 냄.

기도 전에 옴츠러지던 꽃봉오리들이 부르튼 듯 탐스럽게 열리었다.〉 노인은 기특하게 여기어 잎사귀마다 들여다보며 어루만지었다.
글씨와 그림을 아울러 이르는 말
원래 서화를 좋아하는 어른으로 화초를 끔찍 사랑하는 노인이라, 가만히 보면 그의 손이 가지 않은 나무가 없고 그의 공이 들지 않은 가지가 없
　　　　　　　　　노인의 성격 직접 제시 　　　　　　　　　　　　　　　　　가지 사이로 난 가지

다. 《그중에도 석류나무 같은 것은 철사를 사다 층층이 테를 두르고 곁가지 샛가지를 자르기도 하고 휘어 붙이기도 하여 사 층 나무도 되고 오 층으로
　　　《 》: 노인이 인위적으로 가꾸어 낸 화초들의 모습을 나열함.

된 나무도 있다. 장미는 홍예문같이 틀어 올린 것도 있고 복숭아나무는 무슨 비방으로 기른 것인지 키가 한 자도 못 되는 어린나무에 열매가 도닥도닥
　　　　　　문의 윗부분을 무지개 모양으로 반쯤 둥글게 만든 문 　　　　　　공개하지 않고 비밀리에 하는 방법

맺히었다.》 노인은 가끔 안손님들까지 사랑 마당으로 청하여 이것들을 구경시키었다. 구경하는 사람마다 희한해하였다.
　　　　　　여자 손님 　　　↳ 집의 안채와 떨어져 있는, 바깥주인이 거처하며 손님을 접대하는 곳

그러나 다행히 이러한 화단이 우리 방 앞에 있음에도 불구하고 나는 한 번도 노주인의 재공*을 치하하지 못한 것은 매우 서운한 일이라고 생각한다.
　　　　　　　　　　　　　　　　　　　　　　　　　　　　'나'는 화단을 가꾸어 낸 노인의 재주를 높이 평가하지 않음. → '나'와 노인의 자연관이 다르기 때문

그가 있는 재주를 다 내어 기르는 그 사 층 나무 오 층 나무의 석류보다도 나의 눈엔 오히려 한편 구석 응달 밑에서 주인의 일고지혜도 없이 되는
　　　　　　　　　　　노인이 인위적으로 변형하여 키운 석류나무 　　　　　　　　　　벛이 잘 들지 않는 그늘진 곳 　　　　보살핌

대로 성큼성큼 자라나는 봉선화 몇 떨기가 더 몇 배 아름답게 보이기 때문이다.
　　　　인위적 변형 없이 있는 그대로 자라난 봉선화

「무럭무럭 넘치는 기운에 마음대로 뻗고 나가려는 가지가 그만 가위에 잘리우고 철사에 묶이어 채반처럼 뒤틀려 있는 것은 아무리 보아도 괴로운

꼴이다. 불구요 기형이요 재변이라 안 할 수 없다.
　　　　　　　　재앙으로 인하여 생긴 변고

노인은 푸른 채반에 붉은 꽃송이를 늘어놓은 것 같다고 하나 우리의 무딘 눈으로는 도저히 그런 날카로운 감상을 즐길 수 없을 뿐 아니라 도리어

불유쾌를 느낄 뿐이었다.」「 」: 인위적으로 변형된 화초들의 모습에 대한 글쓴이의 부정적 인식이 단적으로 나타남.

자연은 신이다. 이름 없는 한 포기 작은 잡초에 이르기까지 신의 창조가 아닌 것이 없다. 『신의 작품으로서 우리 인간이 손을 대지 않으면 안 될 만

한 그러한 졸작, 그러한 미완품이 있을까? 이것은 생각만으로도 어리석은 일일 것이다.』『 』: 자문자답의 형식으로 전하고자 하는 바를 강조함.

우리는 자연을 파괴하고 불구되게 할 수는 있다. 그러나 그것을 창조하거나 개작할 재주는 없을 것이다.
　　　　　　　　　노인과 대비되는 글쓴이의 자연관 → 자연은 인간이 창조하거나 개작할 수 있는 대상이 아님.

*손아 : 손자. / *재공 : 지난 재주로 이룬 공적.

OX문제

01 대상에 대한 묘사를 통해 관찰하고 있는 사실을 생생하게 나타내고 있다. [2021학년도 수능]   (O / X)

02 인물의 발화를 통해 인물의 심리를 드러내고 있다. [2015학년도 9월AB]   (O / X)

03 '노인'은 자신이 가꾼 화단과 가까운 방에 머물면서도 자신의 '재공을 치하하지' 않는 '나'에 대해 서운함을 느꼈다.   (O / X)

04 '나'는 '인간이 손을 대지 않으면 안 될 만한' '미완품'으로서의 자연은 존재하지 않는다고 생각한다.   (O / X)

05 서술자가 풍자적 어조를 활용하여 인물에 대한 비판적 입장을 드러내고 있다. [2024학년도 6월]   (O / X)

STEP 02 작품 해제

01 | 주제

자연 그대로의 아름다움 추구

02 | 특징

① 음성 상징어와 비유법을 활용하여 생동감을 느끼게 함.
② 두 대상 간의 대비를 통해 추구하는 삶의 태도를 강조하여 드러냄.
③ '체험-의견'의 2단 구성을 취하여 주제 의식을 전달함.

03 | 작품 해제

「화단」은 화초를 정성스레 가꾸는 노인을 봤던 경험을 전달하며 자연을 인위적으로 변형시키는 인간의 태도를 비판하고, 자연 그대로의 아름다움을 추구해야 한다는 주제를 전하는 수필이다. 노인이 가꾼 화단과 봉선화를 대조적으로 드러내어 전달하려는 바를 강조하고 있다는 것이 특징이다.

04 | 등장인물

- 나 : 화단 꾸미는 것을 좋아하는 노인을 바라 본 경험을 통해 인간의 인위적 변형이 가해지지 않은 있는 그대로의 자연이 아름다운 것이라는 생각을 드러낸다.

05 | 상세 줄거리

'나'는 아침저녁으로 물과 거름을 주며 시들어가는 화단을 가꾸는 노주인을 본다. 정성껏 물을 줘도 잘 살아나지 않는 화단 앞에서 노인은 빗물이나 수돗물이나 물인 것은 마찬가지 아니냐며 섭섭해 하는 모습을 보인다. 그러던 어느 날 사흘 내내 내린 비로 인해 기적처럼 소생한 화초들을 본 노인은 하늘 물이라며 자연의 힘에 대한 깨달음을 드러낸다. 서화를 좋아하는 노인은 화초를 끔찍이 사랑하여 석류나무나 장미와 같은 화초들을 인위적으로 변형시켜 키워 내고, 가끔 손님들을 청하여 구경시킨다. 그러나 '나'는 화단을 그렇게 가꾸어 낸 노인의 재주를 높이 평가하지 않는다. '나'에게 있어 아름답게 보이는 것은 그러한 화단이 아니라 사람의 손길이 닿지 않은 채 스스로 성큼성큼 자라나는 봉선화 몇 떨기이기 때문이다. '나'는 자연은 그 자체로 신이고 인간의 손을 통해 완성되는 졸작은 존재하지 않는다며, 자연 그대로의 모습이 지닌 가치를 추구하는 태도를 보인다.

이태준 수필의 주제와 특징

이태준의 수필은 『무서록』에 수록된 작품들과 기타 작품들로 구분할 수 있다. 『무서록』이 작가가 스스로 엄선한 수필집이라는 점에서 그의 대표작에 해당한다면, 기타 작품들은 그 밖에 여러 지면에 발표된 다양한 글들에 해당한다. 전자가 이태준이 의도적으로 독자들에게 선보이고 싶은 작품들을 정리한 것이라면, 후자는 그가 처한 다양한 상황 속에서 시시각각의 생각과 감정을 드러낸 것이다. 이태준의 수필을 제재별로 분류하면 대체로 자연에 대한 사색, 일상에 대한 사색, 기행의 경험과 사유, 동방의 정취, 문학적 사유 등으로 나눌 수 있다.

자연이라는 대상을 제재로 사색을 표현한 이태준의 수필은 대체로 자연물들을 관찰하거나 경험하면서 그 아름다움, 크고 오래됨, 정화와 성스러움, 높은 절개와 소박함, 생명력 등을 예찬하면서 작가 자신의 삶과 내면을 성찰하여 고요한 여백의 깊이 속으로 가라앉힌다.

일상의 삶과 사물을 제재로 사색을 표현한 이태준의 수필은 대체로 일상의 사소한 생활 속에서 오래 살고 싶은 소망, 죽음에 대한 태도, 외로움 및 무서움과의 대면, 이성 간의 우정에 대한 생각, 장인 정신의 지향, 낚시에 대한 생각, 세태 비판, 자기반성 등을 소박하고 진솔하게 표현하면서 작가 자신의 삶의 일면을 관조하고 사색하는 내면적 기풍을 보여 준다.

기행의 경험과 사유를 표현한 이태준의 수필은 대체로 타지를 여행하거나 방문하면서 경험한 바를 사실에 입각해 서술하거나 자신의 사유나 감정을 솔직하게 서술함으로써, 당대 사회적 현실에 대한 사유나 작가의 내면 의식을 직접적으로 엿볼 수 있는 기회를 제공한다.

골동품을 제재로 동방의 정취를 표현한 이태준의 수필은 대체로 옛사람들이 남긴 오래된 물건들에 대해 연모, 존경, 예찬, 숭상 등의 마음을 가지고 무위, 허욕 등의 태도와 구별되는 덕(德)에 대한 현대적 재해석의 태도를 보여 준다.

문학적 사유를 표현한 이태준의 수필은 대체로 좋은 소설 작품의 기준, 고전 소설과 구별되는 현대 소설의 특성과 자질, 현대 소설 작법 및 자신의 창작 경험 등을 직설적인 어법으로 표현한다. 이러한 수필들을 통해 우리는 작품의 미학적 완성도와 장인 정신을 중시하는 동시에 동양적 예술 세계 및 선비 정신을 숭상하는 이태준의 문학관의 내밀한 면면들을 쉽고 친근하게 살펴볼 수 있다.

작가론

이태준은 '순수 문학의 선봉' 혹은 '근대적 단편 소설의 완성자'라는 평가를 받을 정도로 완성도가 높고 예술적 가치가 있는 소설을 창작한 작가였다. 그는 현대적인 소설 기법과 인물의 성격 창조에 깊은 관심을 기울이는 동시에 묘사의 중요성을 자각하고 구성력을 중시하는 소설관의 주창자이자 실천자였다. 이태준은 1933년 '구인회'를 결성하여 김기림, 정지용, 이상 등과 함께 활동하며 소설 분야에서 일가(一家)를 이루었고, 1939년 문예지인 『문장』의 편집을 맡아 신인을 발굴하는 데에도 공헌했다.

STEP
04 나BS 실전 문제

나BS 수능특강 | **현대문학**

다음 글을 읽고 물음에 답하시오. [05.9.평가원]

찰찰하신* 노(老)주인이 조석으로 물을 준다, 거름을 준다, 손아(孫兒)*들을 데리고 일삼아 공을 들이건마는 이러한 간호만으로는 병들어 가는 화단을 어찌하지 못하였다.

그 벌벌하고* 탐스럽던 수국과 옥잠화의 넓은 잎사귀가 모두 누릇누릇하게 뜨기 시작하고 불에 데인 것처럼 부풀면서 말라들었다.

"빗물이나 수돗물이나 물은 마찬가질 텐데……."

물을 주고 날 때마다, 화단에서 어정거릴 때마다 노인은 자못 섭섭해하였다.

비가 왔다. 소나기라도 한줄기 쏟아졌으면 하던 비가 사흘이나 순조로 내리어 화분마다 맑은 물이 가득가득 고이었다.

노인은 비가 개인 화단 앞을 거닐며 몇 번이나 혼자 수군거리었다.

"그저 하늘 물이라야…… 억조창생(億兆蒼生)이 다 비를 맞아야……."

만지기만 하면 가을 가랑잎 소리가 날 것 같던 풀잎사귀들이 기적과 같이 소생하였다. 노랗게 뜸이 들었던 수국잎들이 시꺼멓게 약이 오르고 나오기도 전에 옴츠러지던 꽃봉오리들이 부르튼 듯 탐스럽게 열리었다. 노인은 기특하게 여기어 잎사귀마다 들여다보며 어루만지었다.

원래 서화를 좋아하는 어른으로 화초를 끔찍이 사랑하는 노인이라, 가만히 보면 그의 손이 가지 않은 나무가 없고 그의 공이 들지 않은 가지가 없다. 그 중에서도 석류나무 같은 것은 철사를 사다 층층이 테를 두르고 곁가지 샛가지를 자르기도 하고 휘어 붙이기도 하여 사층 나무도 되고 오층으로 된 나무도 있다. 장미는 홍예문같이 틀어 올린 것도 있고 복숭아나무는 무슨 비방으로 기른 것인지 키가 한 자도 못 되는 어린 나무에 열매가 도닥도닥 맺히었다. 노인은 가끔 안손님들까지 사랑 마당으로 청하여 이것들을 구경시켰다. 구경하는 사람마다 희한해 하였다.

그러나 다행히 이러한 화단이 우리 방 앞에 있음에도 불구하고 나는 한 번도 노주인의 재공(才功)을 치하하지 못한 것은 매우 서운한 일이라고 생각한다.

그가 있는 재주를 다 내어 기르는 그 사층 나무 오층 나무의 석류보다도 나의 눈엔 오히려 한편 구석 응달 밑에서 주인의 일고지혜(一顧之惠)도 없이 되는 대로 성큼성큼 자라나는 봉선화 몇 떨기가 더 몇 배 아름답게 보이기 때문이다.

무럭무럭 넘치는 기운에 마음대로 뻗고 나가려는 가지가 그만 가위에 잘리우고 철사에 묶이어 채반*처럼 뒤틀려 있는 것은 아무리 보아도 괴로운 꼴이다. 불구요 기형이요 재변이라 안 할 수 없다.

노인은 푸른 채반에 붉은 꽃송이를 늘어놓은 것 같다고 하나 우리의 무딘 눈으로는 도저히 그런 날카로운 감상을 즐길 수 없을 뿐 아니라 도리어 불유쾌를 느낄 뿐이었다.

자연은 신이다. 이름 없는 한 포기 작은 잡초에 이르기까지 신의 창조가 아닌 것이 없다. 신의 작품으로서 우리 인간이 손을 대지 않으면 안 될 만한 그러한 졸작, 그러한 미완품이 있을까? 이것은 생각만으로도 어리석은 일일 것이다.

우리는 자연을 파괴하고 불구되게 할 수는 있다. 그러나 그것을 창조하거나 개작할 재주는 없을 것이다.

– 이태준, 「화단(花壇)」 –

*찰찰하다 : 지나치게 꼼꼼하고 자세하다.
*손아 : 손주를 일컫는 말.
*벌벌 : 식물의 가지 따위가 옆으로 벌어진 모양.
*채반 : 껍질을 벗긴 싸릿개비나 버들가지 따위를 엮어 만든 바구니.

01. 윗글에 대한 설명으로 적절하지 않은 것은?

① 의태어를 활용하여 표현 효과를 높이고 있다.
② 생활 주변의 소재를 바탕으로 글을 전개하고 있다.
③ 예스러운 어투가 사용되어 글쓴이의 개성이 드러나고 있다.
④ 글쓴이의 체험을 상징화하여 독자의 상상력을 자극하고 있다.
⑤ 화초를 가꾸는 노인에 대한 글쓴이의 분명한 생각이 드러나 있다.

02. 글의 내용으로 보아 ☐의 뜻풀이로 적절한 것은?

① 일삼아   –   뜻하던 일은 못 하고
② 어정거릴   –   주의 깊게 살필
③ 순조로   –   세차게
④ 약이 오르고   –   은근히 화가 나고
⑤ 안손님   –   여자 손님

03. 글쓴이가 궁극적으로 말하고자 하는 것은?

① 지나침은 부족함만 못하다.
② 자연은 그것 자체로 최선이다.
③ 자신을 망치는 것은 욕심이다.
④ 인생은 아는 것을 실천하는 과정이다.
⑤ 자연에서 배우는 것이 참된 지혜이다.

22 | 김유정, 동백꽃

STEP 01 | 지문 분석과 OX문제

나BS 수능특강 | **현대문학**

오늘도 또 우리 수탉이 막 쪼이었다. 내가 점심을 먹고 나무를 하러 갈 양으로 나올 때였다. 산으로 올라서려니까 등 뒤에서 푸드득, 푸드득 하고
_{전에도 일어난 일임을 알 수 있음.}　　　　　　　　　　　　　　　_{'나'의 수탉과 점순네 수탉}

닭의 횃소리가 야단이다. 깜짝 놀라며 고개를 돌려보니 아니나 다르랴 두 놈이 또 얼렸다.
_{날짐승이 크게 날갯짓을 하면서 홰 막대기를 치는 소리}　　　　　　　　　　　_{어울렸다}　　　　　_{「 」: 수탉의 크기 차이는 점순네와 '나'의 계층적 차이를 암시함.}

「점순네 수탉(은 대강이가 크고 똑 오소리같이 실팍하게 생긴 놈)이 덩저리 적은 우리 수탉을 함부로 해내는 것이다.」 그것도 그냥 해내는 것이 아
　　　　　　_{대가리(동물의 머리)}　　_{매우 단단하고 튼튼하게}　　_{몸집}

니라 푸드득, 하고 면두를 쪼고 물러섰다가 좀 사이를 두고 또 푸드득, 하고 모가지를 쪼았다. 이렇게 멋을 부려 가며 여지없이 닦아 놓는다. 그러면
　　　_{닭 같은 조류의 이마 위에 붙은 살 조각}　　　　　　　　　　　　　　　　　　　　　　　　　　　_{혼을 낸다}

이 못생긴 것은 쪼일 적마다 주둥이로 땅을 받으며 그 비명이 킥, 킥, 할 뿐이다. 물론 미처 아물지도 않은 면두를 또 쪼여 붉은 선혈은 뚝뚝 떨어진
_{'나'의 수탉}　　　　　　　　　　　　　　　　　　　　　　　　_{지난번 닭싸움으로 인한 상처}

다.

이걸 가만히 내려다보자니 내 대강이가 터져서 피가 흐르는 것같이 두 눈에서 불이 버쩍 난다. 대뜸 지게 막대기를 메고 달려들어 점순네 닭을 후
　　　　　　　　　　　　　　　　　　　　　　　　　　　_{분노를 느낌.}

려칠까 하다가 생각을 고쳐먹고 헛매질로 떼어만 놓았다.
_{'나'는 점순네 닭을 함부로 대하지 못함. → '나'의 집은 돈을 지급하고 다른 사람의 농지를 빌려 농사를 짓는 소작농이고, 점순네는 소작권을 관리하는 마름이기 때문임.}

이번에도 점순이가 쌈을 붙여 놨을 것이다. 바짝바짝 내 기를 올리느라고 그랬음에 틀림없을 것이다. 고놈의 계집애가 요새로 들어서서 왜 나를 못
　　　　　　　　　　　　　　　_{점순이 닭싸움을 붙인 이유}　　　　　　　　　　　　　　　_{'나'는 점순이 왜 자신을 화나게 하는지 이해하지 못함.}

먹겠다고 고렇게 아르릉거리는지 모른다.
_{■ : 과거 장면 제시(역순행적 구성)}

나흘 전 감자 쪼간만 하더라도 나는 저에게 조금도 잘못한 것은 없다.
　　　　_{'나'는 나흘 전의 사건을 회상하며 자신의 행동을 되돌아봄.}

계집애가 나물을 캐러 가면 갔지 남 울타리 엮는 데 쌩이질을 하는 것은 다 뭐냐. 그것도 발소리를 죽여 가지고 등 뒤로 살며시 와서
　　　　　　　　　　　　　　　　_{한창 바쁠 때에 쓸데없는 일로 남을 귀찮게 하는 짓}

"얘! 너 혼자만 일하니?" 하고 긴치 않은 수작을 하는 것이다.
_{'나'에게 관심을 보이는 점순}　　　_{필요하지 않은 말 걸기 → '나'는 점순의 의도를 알아차리지 못함.}

어제까지도 저와 나는 이야기도 잘 않고 서로 만나도 본 척 만 척하고 이렇게 점잖게 지내던 터이련만 오늘로 갑작스레 대견해졌음은 웬일인가. 항
　　　　　　　　　　_{남녀 사이에 얼굴을 마주하지 않고 내외하는 당대의 사회상}

차 망아지만 한 계집애가 남 일하는 놈 보구…….
_{하물며}

"그럼 혼자 하지 떼루 하듸?"
_{점순은 '나'에게 혼자 있는지를 물은 것인데, 일하는 방식에 대해 물어본 것으로 잘못 이해함. → '나'의 우둔함으로부터 드러나는 해학성}

내가 이렇게 내뱉는 소리를 하니까

"너 일하기 좋니?" / 또는

"한여름이나 되거든 하지 벌써 울타리를 하니?"

잔소리를 두루 늘어놓다가 남이 들을까 봐 손으로 입을 틀어막고는 그 속에서 깔깔댄다. 별로 우스울 것도 없는데 날씨가 풀리더니 이놈의 계집애가
_{점순은 '나'와 대화를 하고 싶으면서도 자신의 감정을 남에게 들키고 싶지 않아함.}　　　　　　　　　_{점순의 의도를 모르는 '나'의 어리숙하고 눈치 없는 모습 → 해학성}

미쳤나 하고 의심하였다. 게다가 조금 뒤에는 즈 집께를 할금할금 돌아다보더니 행주치마의 속으로 꼈던 바른손을 뽑아서 나의 턱밑으로 불쑥 내미는
　　　　　　　　　　　　　　　_{가족들 모르게 집에 있는 감자를 가져왔기 때문에}　　　　　　　_{오른손}

것이다. 언제 구웠는지 아직도 더운 김이 홱 끼치는 감자 세 개가 손에 뿌듯이 쥐였다.
　　　　　　　　　　　　　　　　_{'나'에 대한 점순의 애정이 드러나는 소재}

"느 집엔 이거 없지?" 하고 생색 있는 큰소리를 하고는 제가 준 것을 남이 알면 큰일 날 테니 여기서 얼른 먹어 버리란다. 그리고 또 하는 소리가
_{점순은 구하기 어려운 것을 가져왔다는 의미로 정성을 표현함.}

"너 봄 감자가 맛있단다."

"난 감자 안 먹는다, 니나 먹어라."

나는 고개도 돌리려 하지 않고 일하던 손으로 그 감자를 도로 어깨 너머로 쑥 밀어 버렸다.
　　　　　　　　　　　'나'의 무뚝뚝함과 순박함

그랬더니 그래도 『가는 기색이 없고 뿐만 아니라 쌔근쌔근하고 심상치 않게 숨소리가 점점 거칠어진다. 이건 또 뭐야, 싶어서 그때에야 비로소 돌아

다보니 나는 참으로 놀랐다. 우리가 이 동리에 온 것은 근 삼 년째 되어 오지만 여태껏 가무잡잡한 점순이의 얼굴이 이렇게까지 홍당무처럼 새빨개진
　　　처음 보는 점순의 모습에 대한 '나'의 반응

법이 없었다. 게다 눈에 독을 올리고 한참 나를 요렇게 쏘아보더니 나중에는 눈물까지 어리는 것이 아니냐. 그리고 바구니를 다시 집어 들더니 이를 꼭

악물고는 엎어질 듯 자빠질 듯 논둑으로 횡허케 달아나는 것이다.』 『 　』: 점순은 '나'에게 건넨 호의를 거절당하였다는 생각에 무안함, 부끄러움, 분노를 느낌.
　　　　　　　　　　　　　　　곧장 빠르게

어쩌다 동리 어른이 / "너 얼른 시집가야지?" 하고 웃으면 / "염려 마서유, 갈 때 되면 어련히 갈라구……."
　　　　　　　　　　　　　　　　　천연덕스러운 점순의 성격이 드러남.

이렇게 천연덕스레 받는 점순이였다. 본시 부끄럼을 타는 계집애도 아니거니와 또한 분하다고 눈에 눈물을 보일 얼병이도 아니다. 분하면 차라리 나
　　　　　　　　　　　　　　　　　　　　　　　　　　　　　얼간이(됨됨이가 변변하지 못하고 덜된 사람)

의 등어리를 바구니로 한번 모질게 후려 쌔리고 달아날지언정.
　　　　　털털한 점순의 성격이 드러남.

그런데 고약한 그 꼴을 하고 가더니 그 뒤로는 나를 보면 잡아먹으려고 기를 복복 쓰는 것이다.
　　　　　　　　　　　　　　　　　　　　　　　　　　　　　　　점순네

설혹 주는 감자를 안 받아먹은 것이 실례라 하면 주면 그냥 주었지 '느 집엔 이거 없지'는 다 뭐냐. 「그러잖아도 저희는 마름이고 우리는 그 손에서
　땅을 소작할 권리　　　　　　　　　'나'가 감자를 거절한 이유 → 점순네보다 자신의 집의 사회적 신분이 낮다는 사실을 환기하는 점순의 무신경한 말로 자존심이 상함.

배재를 얻어 땅을 부치므로 일상 굽실거린다」. 우리가 이 마을에 처음 들어와 집이 없어서 곤란으로 지낼 제 집터를 빌리고 그 위에 집을 또 짓도록
「　」: '나'는 소작농으로서 마름 집인 점순네과의 신분 차이를 의식하고 있음.

마련해 준 것도 점순네의 호의였다. 그리고 우리 어머니 아버지도 농사 때 양식이 달리면 점순네한테 가서 부지런히 꾸어다 먹으면서 인품 그런 집은

다시없으리라고 침이 마르도록 칭찬하고 하는 것이다. 그러면서도 열일곱씩이나 된 것들이 수군수군하고 붙어 다니면 동리의 소문이 사납다고 주의를
　　　　　　　　　　　　　　　　　　　　　　　　　　　　　　　동네에 나쁜 소문이 난다고

시켜 준 것도 또 어머니였다. 왜냐하면 내가 점순이하고 일을 저질렀다가는 점순네가 노할 것이고 그러면 우리는 땅도 떨어지고 집도 내쫓기고 하지
　　　　　　　　　　　　　　　'나'의 행동에 제약이 생기고, 점순과의 싸움에서 소극적일 수밖에 없는 이유

않으면 안 되는 까닭이었다.

OX문제

01　서술자가 중심인물의 시선에 의존하여 사건의 양상을 제한적으로 나타낸다. [2024학년도 6월]　　　　　　(O / X)

02　과거 사건에 대한 회상을 통해 현재 사건의 원인을 제시하고 있다. [2015학년도 수능A]　　　　　　　　(O / X)

03　'나'는 닭싸움을 붙이는 점순에게 화가 났지만, '나흘 전'의 일을 떠올리며 자신의 행동을 반성하였다.　　(O / X)

04　힘의 우위를 바탕으로 갈등이 해소될 것임을 암시하고 있다. [2013학년도 6월]　　　　　　　　　　　(O / X)

05　'나'의 어머니는 '마름'인 점순네에 대한 부정적 인식을 바탕으로 '나'에게 점순과 붙어 다니지 말라고 주의를 주었다.　(O / X)

STEP 02 작품 해제

01 | 주제

사회적 계층이 다른 젊은 남녀의 갈등과 순수한 사랑

02 | 특징

① 농촌을 배경으로 순박한 남녀의 사랑을 해학적이면서 서정적으로 그려 냄.
② '현재-과거-현재'의 역순행적 구성으로 전개됨.
③ 향토적 소재로 토속적인 분위기를 형성함.

03 | 작품 해제

「동백꽃」은 1936년에 발표된 단편 소설로, 1930년대 농촌을 배경으로 소작농의 아들인 '나'와 마름의 딸인 점순 사이에 벌어지는 갈등과 감정을 해학적으로 그린 이야기이다. 점순은 '나'에게 감자를 주며 관심을 표현하지만 거절당하고, 이후 닭싸움을 거는 등의 행동을 통해 자신의 마음을 나타낸다. 이는 모두 '나'에 대한 이성적인 관심과 호감에서 비롯된 것이지만, 어리숙하고 순박한 '나'는 점순의 마음을 제대로 이해하지 못한다. 이로 인해 벌어지는 말과 상황들은 이 소설의 재미를 더해 준다. 한편 '나'의 이러한 행동은 점순이와 '나'의 뚜렷한 계층적 차이, 즉 계층 간의 갈등과 문제에 대한 인식에서 비롯된 것으로 볼 수 있다.

04 | 등장인물

- '나' : 소작인의 아들로, 우직하고 순박한 농촌 청년이다. 점순에게 어느 정도 호감이 있지만 점순의 애정 표현을 눈치 채지 못한다.
- 점순 : 마름의 집 딸로, '나'에 비해 성숙하고 영악하다. '나'에게 적극적으로 관심을 표하지만 이를 알아주지 않자 '나'를 괴롭힌다.

05 | 상세 줄거리

소작농의 아들인 '나'는 마름의 딸인 점순이 관심을 담아 건네는 말에 무성의하게 답하고, 더운 김이 서린 감자 세 개도 받지 않는다. '나'에 대한 관심의 표시인 감자를 거절당한 점순은 이후 자기네 큰 수탉을 데리고 와 '나'의 작은 닭과 싸움을 붙이며 계속해서 '나'를 못살게 구는데, '나'는 그런 점순의 행동을 이해하지 못한다. 닭싸움에서 계속 지는 것이 속상한 '나'는 자신의 닭에게 고추장까지 먹여 보지만, 점순네의 사나운 수탉에게 또다시 지고 만다.

어느 날, '나'는 나무를 하고 내려오다가 동백꽃이 소보록하게 깔린 바윗돌 틈에서 호드기(버드나무 가지 껍질이나 밀짚으로 만든 피리)를 불고 있는 점순과, 닭싸움으로 인해 다쳐 피를 흘리는 자신의 닭을 발견한다. 단단히 화가 난 '나'는 점순네의 큰 수탉을 작대기로 때려죽이고, 곧 소작할 수 있는 땅을 잃고 집에서도 쫓겨날까 봐 걱정되어 울음을 터뜨린다. 그러자 점순은 다시는 그러지 말라며 자기 말을 들으면 닭이 죽은 일을 이르지 않겠다고 약속한다. 그리고 점순과 '나'는 부둥켜안은 채 한창 흐드러지게 핀 동백꽃 속으로 폭 파묻혀 버린다.

「동백꽃」의 역순행적 구성 방식

「동백꽃」은 발단 부분에서 두 사람 사이의 갈등을 현재 시점으로 제시한다. 이후 전개와 위기 부분에서 서술자인 '나'가 나흘 전에 감자를 거절한 사건을 떠올리면서, 과거로 돌아가 발단에서 제시한 현재의 갈등의 원인을 드러낸다. 이처럼 갈등이 어떻게 심화되고 고조되었는지를 밝힌 다음, 현재로 돌아와 두 사람의 갈등이 절정에 이르렀다가 화해를 이룬다. 따라서 이 작품은 '현재-과거-현재'의 역순행적 구성으로 이루어져 있으며, 닭싸움을 매개로 현재와 과거가 자연스럽게 연결되고 있음을 알 수 있다.

1) 발단 : 점순이 수탉끼리 닭싸움을 붙이며 '나'를 약 올림.(현재)
2) 전개 : '나'가 점순이 주는 감자를 거절하자, 점순은 '나'의 닭을 때리고 욕을 하며 '나'를 괴롭힘.(과거)
3) 위기 : '나'는 자신의 수탉에게 고추장을 먹이지만 닭싸움에서 패함.(과거)
4) 절정 : '나'는 죽을 지경에 이른 자신의 수탉을 보고 화가 나서 점순네 수탉을 때려죽임.(현재)
5) 결말 : 점순과 '나'가 화해함.(현재)

「동백꽃」의 향토성과 해학성, 신분 갈등

「동백꽃」은 농촌을 배경으로 청춘 남녀의 이성적 호감을 섬세하게 그려 낸 작품으로 향토성, 토속성과 해학성 등의 특징을 가져 김유정 문학의 미학적 특성을 잘 보여 준다. 이 작품은 강원도 농촌의 모습을 사실적으로 묘사하고 있다. 소재 자체가 향토적일 뿐만 아니라, 농촌 특유의 풍속이나 배경을 통해 작품의 토속성을 한층 강조한다. 또한 소설의 화자인 '나'는 독자들이 이미 알고 있는 점순의 마음을 끝내 알아차리지 못하여 웃음을 유발한다. 즉, 화자인 '나'의 순박하고 우둔한(어리석고 둔한) 성격은 점순의 영리함과 대비되어 해학성을 돋보이게 한다. 그리고 인물들이 사용하는 비속어, 방언, 육담(저속하고 품격이 낮은 말이나 이야기) 등은 대상을 왜곡하거나 과장하여 웃음을 자아낸다. 이러한 등장인물들의 담화 방식은 일상적인 언어에 주목하는 작가 의식과 함께 한민족 고유의 정서를 잘 드러낸다.

한편, 청춘 남녀의 미묘한 신경전을 중심으로 「동백꽃」을 보면, 소작인의 아들인 '나'와 마름의 딸인 점순 사이의 갈등이 단순히 '나'의 무지로 인한 것이 아니며, 그 이면에는 '나'와 점순의 사이에 존재하는 계층적 차이와 갈등이 숨어 있음을 알 수 있다. 즉, 이 작품은 '애정과 신분의 이중적 갈등'이라는 주제를 통해 주인공들의 순박하고 성실한 사랑을 보여 주는 동시에, 당시 농촌 사회에 존재했던 구조적 모순과 지주의 횡포를 함께 드러내고 있다고 볼 수 있다.

23 | 조세희, 내 그물로 오는 가시고기

아버지가 바쁜 사람이라는 것, 그리고 아버지에게는 그런 것 말고도 계획하고, 결정하고, 지시하고, 확인할 게 수도 없이 많다는 것을 작은 악당은
은강 그룹의 회장 → '나'의 아버지   난쟁이의 큰아들인 영수

몰랐다. 〈발육이 좋지 못해 우리보다 작고 약하지만 그 작은 몸속에 모진 생각들만 처넣고 사는, 이런 부류들을 나는 잘 알고 있었다. 그들은 우리가
                  남의 잘못을 몹시 따지고 공격하고   은강 그룹 회장의 아들인 경훈

남다른 노력과 자본·경영·경쟁·독점을 통해 누리는 생존을 공박하고, 저희들은 무서운 독물에 중독되어 서서히 죽어 간다고 단정했다.〉 그 중독 독물이
                                                                                                  〈 〉: 노동자에 대한 왜곡된 편견을 가지고 있는 '나'의 인식이 드러남.

설혹 가난이라 하고 그들 모두가 아버지의 공장에서 일했다고 해도 아버지에게 그 책임을 물어서는 안 되었다. 《그들은 저희 자유의사에 따라 은강 공

장에 들어가 일할 기회를 잡았던 것과 마찬가지로 언제나 마음대로 공장 일을 놓고 떠날 수가 있었다. 공장 일을 하면서 생활도 나아졌다. 그런데도 찡
                                                          《 》: 노동자들이 자의로 일하면서도 불만을 가지는 상황을 이해하지 못하는 '나'의 태도

그린 얼굴을 펴 본 적이 없다.》 머릿속에는 소위 의미 있는 세계, 모든 사람이 함께 웃는 불가능한 이상 사회가 들어 있었다. 그래서 늘 욕망을 억누르
                                                    노동자의 이상을 비하하는 자본가 계층의 모습이 드러남.   지긋지긋하게 몹시 싫은 생각

고, 비판적이며, 향락과 행복을 거부하는 입장을 취하고는 했다. 이상에 현실을 대어 보는 이런 종류의 엄숙주의자들은 생각만 해도 넌더리가 났다. 그
    '나'는 공장 노동자들이 지향하는 세계를 비판적으로 바라봄.   의무를 위한 의무를 강조하며 욕망을 억누르고 쾌락이나 행복을 거부하는 사람

중의 하나가 이제 살인까지 했는데 변호인은 그를 살려 내기 위해 그와 같은 종류의 인간을 증인으로 불러냈다. 한지섭이었다. 그가 증언대로 올라가
                                                          영수   변호인 측 증인

양심에 따라 숨김과 보탬이 없이 사실 그대로 말하고 만일 거짓이 있으면 위증의 벌을 받기로 맹세한다고 했을 때, 나는 그가 조금 큰 악당이라는 것
                        한지섭이 재판의 증인으로서 맹세한 내용임.   한지섭에 대한 '나'의 평가

을 직감으로 알았다. 「남쪽 공장에서 올라왔다는 그는 손가락이 여덟 개밖에 안 되었다. 아버지의 공장에서 두 개를 잃었을 것이다. 콧등도 다쳐 납작
                          「 」: 한지섭의 외양을 토대로 그에 대한 편견을 드러내는 '나'의 모습 → 인간성이 결여된 '나'의 태도를 부각함.

하게 내려앉았고, 눈 밑에도 상처가 있었다. 나는 처음부터 그의 말을 듣지 않기로 했다. 증인으로 나온 사람에게 손가락이 여덟 개밖에 없다는 것 자
                                                                                                                  변호사와 한지섭

체가 기분 나빴다. 잃은 두 개가 사물에 대한 그의 이해에 끼쳤을 영향을 나는 생각했다. 그는 객관적인 눈까지 잃었다.」 나는 눈을 감았다. 『두 사람
    '나'는 한지섭의 신체적 결핍을 근거로 그가 영수가 벌인 살인 사건의 진실을 파악할 능력이 없다고 판단함. → 오만하고 비인간적인 '나'의 사고방식이 드러남.

의 말을 듣지 않기 위해 내가 떠올린 것은 호수의 물빛, 뜨거운 태양, 나무와 들풀, 거기 부는 바람, 호수를 가르는 모터보트, 잔디 위에서의 스키, 이

상한 버릇이 있는 여자아이, 그리고 아주 단 낮잠들이었다. 벌통과 사슴 사육장이 보였다. 낮잠 뒤에 대할 식탁도 떠올랐다.』 나는 독서를 하기로 했다.
                                            『 』: '나'는 변호사와 한지섭의 말을 듣지 않기 위해 풍요롭고 여유 있는 세계를 상상함.

미래 공학과 경제사가 내가 읽어야 할 책이었다. 아버지는 아들이 이런 책을 읽는 것을 좋아했다. 뒤의 것은 이미 상당 부분을 읽었다. 월터 스콧이 인

용된 곳을 읽다가 나는 웃었다. 〈그는 가난한 노동자들을 혹사시키는 공장 지대를 돌아보고 이 나라는 언제 폭발할지 모를 폭발물로 꽉 차 있다고 개
                                          〈 〉: 월터 스콧을 '허풍쟁이'라고 폄하하며 노동 현실에 대해 제대로 이해하지 못하는 '나'의 모습을 보여 줌. ⇒ 독자들의 비판적 독해를 유도함.

탄했다. 이런 허풍쟁이 도학자는 그 시대에도 있었던 모양이다.〉 그의 말을 전해 들은 공장주들은 어떤 표정을 지었을까? 맨체스터나 브래드퍼드의 초
분하거나 못마땅하게 여겨 한탄했다

기 발전 상황이 도학자의 눈에는 사회적 폭발을 향해 치닫는 미친 짓거리로 보였을 뿐이다. 그러나, 결국 궁금증 때문에 나는 졌다. 그 법정에 앉아 있
                                                                                        '나'는 한지섭의 증언 내용이 궁금하여 상상을 그만둠.

는 한두 사람의 말을 듣지 않을 수 없었다. 자기가 보기에 그것은 강요된 행위였다고 지섭이 말했다. 변호인은 그 말을 기다렸다는 듯이 누가 강요했겠
                                          지섭의 논리 ① → 영수의 행위는 강요된 행위였음.

느냐고 묻고 그것을 좀 구체적으로 말해 달라고 부탁했다. 지섭은 저항할 수 없는 폭력이나 자기 또는 친족의 생명, 신체에 대한 위해를 방어할 방법이
    변호인은 행위를 강요한 주체에 대해 추가적인 설명을 요구함.

없는 협박에 의하여 강요된 행위의 증거로 삼 남매가 은강 공장에 나가 일해 버는 돈으로 살아가는 난쟁이 일가의 비문화적인 생활과 난쟁이의 부인이
                          ■ : 한지섭의 말에 대한 '나'의 반응   난쟁이 가족이 열악한 생활 조건에서 빈곤을 겪고 있었음을 드러내는 증거

써 온 낡은 가계부를 들었다. 나는 하도 화가 나 그의 말을 잘 들을 수 없었다. 《그는 콩나물값·소금값·새우젓값에서 두통·치통 약값까지 읽어 내려가더
                              어떤 일이나 단체에 이바지한 정도   들은 대로 본 대로 이러저러한 말을 아무렇게나 늘어놓았다

니 도시 근로자의 최저 이론 생계비, 생산 공헌도에 못 미치는 임금, 그리고 노동력 재생산이 어렵다는 생활 상태를 두서없이 주워섬겼다.》 물론 아버
                  《 》: 구체적이고 세세한 생계비 내역을 통해 열악하게 살아온 난쟁이 가족의 처지를 드러냄. → 노동자 계층의 절박한 현실을 보여 줌.

지를 정점으로 한 거대한 은강 그룹의 부의 힘, 그럼에도 불구하고 대기업으로 계속해 받는 지원과 보호, 뛰어난 머리들로 구성된 고학력의 경영 집단,

그들이 추구하는 저임금과 높은 이윤, 그래서 이젠 누구나 조금만 생각하면 알 수 있다는 인간 훼손, 자연 훼손, 거기다 신의 훼손까지 들어 이야기했

다. 그러니까 아버지에 대한 <u>난쟁이 큰아들</u>의 말은, 슬픈 일이지만 정말 옳은 것이며, <u>그가 아버지를 어떻게 할 마음을 가졌던 것은 아버지가 쓴 억압</u>
　　　　　　　　　　　영수　　　　　　　　　　　　　　　　　　　　지섭의 논리 ② → 공장 노동자를 억압하는 그 중심에 은강 그룹의 회장인 '나'의 아버지가 있음.

<u>의 중심지에 바로 그가 있었기 때문에 어쩔 수 없는 것이었다</u>고 말했다. 변호인이 억압이란 말에 대한 설명을 요구했다. 그러자 아버지가 산하 회사 공
　　　　　　　　　　　　　　　　　　　　　　　　　　　　　　　　'억압'의 구체적인 의미를 설명해 줄 것을 요구함.

장 종업원들에게 쓰는 억압은 언제나 <u>생존비 또는 생활비</u>와 상관이 있는 것이며, 따라서 <u>그것은 모든 사람들이 제일 무서워할 수밖에 없는 경제적인</u>
　　　　　　　　　　　　　　　　　　　　　지섭이 말한 '억압'의 구체적 의미 : 노동자들의 생존을 위협하는 자본주의의 억압적인 구조

<u>핍박을 의미</u>한다고 지섭이 말했다. 그는 계속해 이런 억압을 무서워하지 않는 사람은 있을 수 없으며, 그 억압을 정면으로 받는 중심에 있는 사람으로

서 <u>자기의 저항권 행사</u>를 생각해 보지 않은 사람이 있다면 그는 바보이든가 생존을 포기한 자일 것이라고 말했다. <mark>들을수록 화가 나는 말</mark>뿐이었다. 『그
　 사회 구조적 억압이 만들어 낸 폭력

의 말을 들어 보면 이 세상 최고의 악당은 반대로 우리였다. 우리가 인간의 존엄과 가치를 파괴해 버렸고, 법 앞에 평등한 사람들을 사회적 신분에 따
　　　　　　　　　　　　『　』: 노동자에 대해 왜곡된 편견을 가지고 있는 '나'의 서술 → 작가가 전달하고자 하는 주제 의식을 강조함.

라 차별하는 사회적 특수 계급을 인정하였으며, 많은 사람들에게서 인간적인 생활을 할 권리를 빼앗았다.』 <mark>나는 앉아서 화를 눌렀다.</mark>

OX문제

01　공간의 이동에 따라 서술자를 달리하여 사건에 대한 다양한 관점을 제시하고 있다. [2018학년도 수능]　　　　　　　(O / X)

02　인물의 외양을 묘사하여 인물을 희화화하고 있다. [2011학년도 수능]　　　　　　　　　　　　　　　　(O / X)

03　'나'는 '향락'과 '행복'을 거부하는 '엄숙주의자'에 속한 '부류들'을 비판적으로 바라보고 있다.　　　　　　　(O / X)

04　회상 장면을 삽입하여 인물들이 처한 상황을 객관적으로 전달하고 있다. [2021학년도 수능]　　　　　　　(O / X)

05　'나'는 증인으로 출석한 한지섭의 발언을 듣고 자신의 아버지의 행위에 대한 화를 눌렀다.　　　　　　　(O / X)

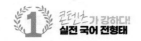

02 작품 해제

01 | 주제

노동자 계층이 겪는 삶의 고통과 좌절

02 | 특징

① '나'의 이기적이고 편견적인 시선을 통해 주제 의식을 부각함.
② 자본가와 노동자 사이의 갈등 구조를 드러냄.
③ 노동자 계급이 소외된 1970년대 한국 사회 현실을 보여 줌.

03 | 작품 해제

이 작품은 1978년에 발표된 『난장이가 쏘아 올린 작은 공』의 연작 소설 중 하나로, 난쟁이 가족의 첫째 아들인 영수가 은강 그룹 회장의 동생을 살해한 뒤 피고인으로 선 재판을 중심으로 전개된다. 은강 그룹을 운영하는 회장의 아들이자 재판의 방청객인 경훈을 1인칭 서술자로 설정하여 자본가의 비도덕성, 자본가와 노동자 계급의 화해 불가능성 등 1970년대 산업 사회가 가지고 있던 구조적인 모순을 드러내고 있다. 또한 노동자에 대한 경훈의 냉혹한 시선과 노동자를 향한 편견을 생생하게 드러내면서 작품의 의미를 강조하고 있다.

04 | 등장인물

- '나' : 은강 그룹 회장의 셋째 아들로, 기업 운영에 대한 야망을 지니고 있는 인물. 노동자의 어려운 현실을 이해하지 못하고, 노동자들을 실현될 수 없는 이상에 현실을 대어 보는 엄숙주의자들로 여긴다.
- 영수 : 난쟁이의 첫째 아들. 노동자를 탄압하는 회사에 대항하여 은강 그룹의 회장을 살해하려다 착각하여 회장의 동생을 살해한 후 재판을 받게 된다.
- 한지섭 : 노동 현실의 구조적인 모순과 노동자 계급을 소외시키고 억압하는 경영자들의 문제점을 잘 알고 있는 인물. 법정에서 변호인의 증인으로 출석하여 영수를 옹호한다.

05 | 상세 줄거리

은강 방직에서 일하던 난쟁이 가족의 첫째 아들인 영수는 은강 그룹의 회장을 살해하려다 그와 외모가 비슷한 그의 동생을 살해하고 재판을 받는다. 은강 그룹 회장의 아들인 '나'는 숙부(아버지의 남동생)의 아들인 사촌이 미국에서 공부하다가 장례식에 참석하기 위해 귀국하자 함께 재판에 참석한다. '나'는 그곳에서 공장 노동자들을 발견하고 그들의 모습에 눈살을 찌푸린다.

'나'는 영수와 같은 부류를 악당이라고 부르면서 그들에게 일자리를 주고 돈을 주었는데도 그들은 그런 혜택을 알지 못하고 있다고 비난한다. 변호인 측 증인으로 나온 한지섭은 영수의 행위가 강요된 행위였다는 취지로 증언하고, '나'의 사촌은 그들의 말을 경청하며 무엇이 진실일지 궁금해 한다. 하지만 영수는 자신이 살해 의도가 있었음을 시인하고 사형 선고를 받는다. 공판이 끝나고 '나'의 사촌은 공부를 하기 위해 다시 미국으로 떠난다.

이후 '나'는 아버지를 기다리며 경제사 관련 책을 읽다가 잠에 들고 꿈을 꾸게 된다. 그 꿈에서 '나'는 살찐 고기들을 기대하며 그물을 쳐 놓고 물고기들이 걸려들기를 기다린다. 하지만 그 그물에 걸려 나오는 것은 앙상한 뼈와 가시뿐인 큰 가시고기들이다. 그 가시고기들이 갑자기 그물코에서 빠져나와 자신에게 달려들자 '나'는 살려 달라고 외치며 꿈에서 깬다.

논문으로 만나는 출제자의 시선

「내 그물로 오는 가시고기」에 드러난 '가시고기'의 상징성

『난장이가 쏘아 올린 작은 공』은 산업 사회의 저소득층과 공장 노동자의 문제를 조명하는 소설로 주목을 받았다. 따라서 연작의 창작 과정 속에서 도시 저소득층의 절박한 생계 문제가 결국은 공장제 노동자의 열악한 노동 조건 및 인권 유린으로 연결되는 것임을 입증한 것이 이 작품의 성과라 할 수 있다. 한편, 조세희는 『난장이가 쏘아 올린 작은 공』의 연작 중 「내 그물로 오는 가시고기」에서 열악한 노동 환경 속에서 장시간 노동에 시달리는 노동자들이 '생명체'가 아닌 '소모품'으로 전락하고 있는 모습을 묘사하고 있다.

"그들이 행복한 마음으로 일만 하게 하는 약을 만드는 거예요. 그들이 공장에서 먹는 밥이나 음료수에 그 약을 넣어야죠."

이는 노동자를 기계 부속품 정도로 생각하는 은강 그룹 회장의 아들인 경훈의 사고가 적나라하게 드러나는 대목이다. 거기다가 은강의 하늘을 뒤덮고 있는 공장의 매연과 공장이 쏟아 내는 폐유와 폐수는 생태계를 파괴시켰고, 살인적인 저임금, 열악한 작업 환경, 장시간의 노동 등은 노동자들의 육신을 서서히 파괴시켰다. 생태계 파괴, 육신의 파괴는 급기야 노동자들의 정신마저 황폐하게 했다.

「내 그물로 오는 가시고기」는 은강 그룹 경영자 막내아들 '나'(경훈)를 화자로 내세우고 있다. '나'의 숙부(아버지의 남동생)를 은강 그룹의 회장으로 착각한 영수가 그를 칼로 찔러 죽인 사건을 중심으로 진행되는 재판 과정이 소설의 중심 구조이다. 또한 방청석에 앉아 재판 과정을 지켜보는 경훈의 상상이 재판 과정의 묘사 사이에 삽입된다.

한편, '나'는 공판정(공판을 행하는 법정)에 들어가기 전 법원 매점의 공중전화기 앞에서 자본가에 대한 적의와 반감을 드러내는 노동자들의 노랫소리를 듣는다. 이에 '나'는 노동자들이 단순히 열등감 때문에 자본가 계급을 증오하는 것이라고 생각한다. '나'의 사촌형은 미국에서 아버지의 장례식에 참석하기 위해 왔다가 '나'와 함께 방청석에 앉아 재판 과정을 방청한다. '나'의 숙부를 죽인 범인은 난쟁이의 큰아들 영수다.

변호사가 "조합원들의 노력을 사용자가 짓밟아 노사 협조를 일방적으로 파기함은 물론 산업 평화까지 스스로 깨뜨려 노사의 불이익을 초래함을 목도하는 순간 은강 그룹을 이끌어가는 총책임자인 회장을 살해하겠다는 우발적인 살의(사람을 죽이려는 생각)를 품게 된 것이 아니냐"고 영수에게 묻자, "그것은 우발적인 살의가 아니었다"고 영수는 대답한다. 변호사는 은강 그룹 회장이 노동자를 착취하고 억압하는 중심에 서 있었기 때문에 난쟁이의 큰아들이 그를 죽이려고 했으며, 인간의 존엄과 가치를 파괴하는 사회를 바로잡기 위해 어쩔 수 없이 그러한 행동을 했다는 요지의 변론을 한다. 재판 결과 영수에게 사형이 선고되고, '나'의 사촌형은 공판이 끝나자 떠난다. 제목에서 드러나는 '가시고기'의 상징성은 공판이 끝난 이후 '나'가 아버지를 기다리며 꾼 꿈에서 드러나는데, 제일 잘 드러난 대목은 다음과 같은 구절이다.

꿈속에서 그물을 쳤다. (…) 한 떼의 고기들이 내 그물을 향해 왔다. 그러나 그것은 고기들이 아니었다. 앙상한 뼈와 가시에 두 눈과 가슴지느러미만 단 큰 가시고기들이었다. 그물을 걷어 올렸다. 큰 가시고기들이 수없이 걸려 올려 왔다. 그것들이 그물코에서 빠져나와 수천수만 줄기의 인광을 뿜어내며 나에게 뛰어올랐다. 가시가 몸에 닿을 때마다 나의 살갗은 찢어졌다. 그렇게 가리가리 찢기는 아픔 속에서 살려 달라고 외치다 깼다.

위의 인용문은 '나'의 꿈 내용이다. 은강 공업 단지에서 일하는 노동자들이 큰 가시고기가 되어 '나'의 꿈속에 나타난 것이다. 여기서 알 수 있는 것처럼, 그물과 가시고기는 대립적인 관계에서 벗어날 수 없다. 은강 그룹의 경영자에게 노동력을 팔아 살아가는 노동자들은 앙상한 뼈와 가시만이 있는 큰 가시고기들로 묘사된다. 말 그대로 먹고 먹히는 관계다. 그리고 위계와 불평등의 행위를 서슴지 않는 은강 그룹의 경영자들은 그물로 묘사된다. 앙상한 뼈와 가시에 두 눈과 가슴지느러미만 단 큰 가시고기들은 살찐 물고기를 얻기 위해 수천, 수만 마리의 앙상한 가시고기들을 만들어 낸 은강 그룹 경영자들의 살갗을 찢는다. 이 장면은 불평등한 위계적 관계, 자본가 계급과 노동자 계급의 단절을 극명하게 보여 준다고 할 수 있다.

24 이효석, 메밀꽃 필 무렵

STEP
01 지문 분석과 OX문제

나BS 수능특강 | 현대문학

고개 너머는 바로 개울이었다. 장마에 흘러 버린 널다리가 아직도 걸리지 않은 채로 있는 까닭에 벗고 건너야 되었다. <u>고의</u>를 벗어 띠로 등에 얽어
　　　　　　　　　　　　　　널빤지를 깔아서 놓은 다리　　　　　　　　　　　　　　　　　　　　　　　　　　　　　　　　　　　　　　　홑바지

매고 반벌거숭이의 우스꽝스러운 꼴로 물속에 뛰어들었다. 금방 땀을 흘린 뒤였으나 <u>밤 물은 뼈를 찔렀다.</u>
　　　　　　　　　　　　　　　　　　　　　　　　　　　　　　　　　　몹시 차가운 물을 건너는 모습을 감각적으로 표현함.

"그래, 대체 기르긴 누가 기르구?"

　　　　　　　　　　　　　　　　　　　　　　　　　　　　　　완전히
〈"어머니는 하는 수 없이 <u>의부</u>를 얻어 가서 술장사를 시작했죠. 술이 <u>고주래서</u> 의부라고 전 망나니예요. 철들어서부터 맞기 시작한 것이 하룬들 편
　　　　　　　　어머니가 재혼함으로써 생긴 아버지　　　　　　　정신을 가누지 못할 정도로 술을 마시는 사람

할 날 있었을까. 어머니는 말리다가 채이고 맞고 칼부림을 당하고 하니 집 꼴이 무어졌소. 열여덟 살 때 집을 뛰어나와서부터 <u>이 짓</u>이죠."〉
　　　　　　　　　　　　　　　　　　　　　　　　　　　　　　　　　　장돌뱅이(여러 장으로 돌아다니며 물건을 파는 장수)인 자신에 처지에 대한 자조적 태도가 드러남.
　　　나이치고는
"<u>총각 낫세론 동이 무던하다고 생각했더니 듣고 보니 딱한 신세로군.</u>"　　　　　　　〈　〉: 동이와 동이 어머니가 순탄하지 않은 삶을 살아왔음을 요약적으로 제시함.
　　　동이의 사연을 듣고 측은함을 느끼는 허 생원의 모습

물은 깊어 허리까지 찼다. 속 물살도 어지간히 센 데다가 발에 차이는 돌멩이도 미끄러워 금시에 홀칠 듯 하였다. <u>나귀와 조 선달은 재빨리 거의 건
　　　　　　　　　　　　　　　　　　　　　　　　　　　　　　　　　물살에 쏠릴 듯

넜으나 동이는 허 생원을 붙드느라고 두 사람은 훨씬 떨어졌다.</u>
허 생원과 동이가 둘만의 이야기를 나눌 수 있는 상황이 조성됨.
"모친의 친정은 원래부터 제천이었던가?"

"웬걸요, 시원스리 말은 안 해 주나 봉평이라는 것만은 들었죠." / "봉평? 그래 그 아비 성은 무엇이구?"
　　　　　　　　　　　　　　　　　　　　　　　허 생원과 인연을 맺었던 여인이 봉평 출신이었기에 혹시나 동이가 자신의 아들이 아닐까 생각함.

"알 수 있나요. 도무지 듣지를 못했으니까." / "그 그렇겠지."
　　　　　　　　　　　　　　　　　　잘못하여 디딜 자리가 아닌 다른 자리를 디뎠다
하고 중얼거리며 흐려지는 눈을 까물까물하다가 허 생원은 <u>경망하게도</u> 발을 빗디뎠다. 앞으로 고꾸라지기가 바쁘게 몸째 풍덩 빠져 버렸다. 허우적
　　　　　　　　　　　　　　　　　　행동이나 말이 가볍고 조심성이 없게도

거릴수록 몸을 걷잡을 수 없어 동이가 소리를 치며 가까이 왔을 때에는 벌써 <u>퍽이나</u> 흘렀었다. 옷째 졸짝 젖으니 물에 젖은 개보다도 참혹한 꼴이었다.
　　　　　　　　　　　　　　　　　　　　　　　　　제법 많이
동이는 물속에서 <u>어른</u>을 <u>해깝게</u> 업을 수 있었다. 젖었다고는 하여도 여윈 몸이라 <u>장정</u> 등에는 오히려 가벼웠다.
　　　　　　허 생원　가볍게　　　　　　　　　　　　나이가 젊고 기운이 좋은 남자
"이렇게까지 해서 안됐네. 내 오늘은 정신이 빠진 모양이야." / "염려하실 것 없어요."

"<u>그래 모친은 아비를 찾지는 않는 눈치지?</u>" / "늘 한번 만나고 싶다고는 하는데요."
동이가 자신의 아들이 아닐까 하는 허 생원의 기대감을 드러냄.
"지금 어디 계신가?"

"의부와도 갈라져 제천에 있죠. 가을에는 봉평에 모셔 오려고 생각 중인데요. 이를 물고 벌면 이럭저럭 살아갈 수 있겠죠."

"아무렴, 기특한 생각이야. 가을이랬다?"
　　　　　　　　　　　　　　「 」: 동이가 자신의 아들일지도 모른다는 생각에 그에게 혈육의 정을 느끼는 허 생원의 모습
「동이의 탐탁한 등허리가 뼈에 사무쳐 따뜻하다. <u>물을 다 건넜을 때에는 도리어 서글픈 생각에 좀 더 업혔으면도 하였다.</u>」
　　　　　　　　　　　　　　　　　　　　　　　　동이가 아들처럼 여겨져 그의 등에 좀 더 업혀 있었으면 하는 허 생원의 마음이 드러남.
"진종일 실수만 하니 웬일이오, 생원." / 조 선달은 바라보며 기어코 웃음이 터졌다.

"나귀야. 나귀 생각하다 <u>실족</u>을 했어. 말 안 했던가. 저 꼴에 제법 새끼를 얻었단 말이지. 읍내 강릉집 <u>피마</u>에게 말일세. 귀를 쫑긋 세우고 달랑달랑
　　　　　　　　　발을 헛디딤.　　　　　　　　　　　　　　　　　　　　　　　　　　　다 자란 암말
뛰는 것이 나귀 새끼같이 귀여운 것이 있을까. 그것 보러 나는 일부러 읍내를 도는 때가 있다네."
　　　　　　　아닌 게 아니라
"사람을 물에 빠치울 젠 <u>판</u>은 대단한 나귀 새끼군."
나귀 생각하다 사람이 물에 빠졌으니

허 생원은 젖은 옷을 웬만큼 짜서 입었다. 이가 덜덜 갈리고 가슴이 떨리며 몹시도 추웠으나 마음은 알 수 없이 둥실둥실 가벼웠다.

동이가 자신의 자식일지도 모른다는 기대감 때문

"주막까지 부지런히들 가세나. 뜰에 불을 피우고 훗훗이 쉬어. 나귀에겐 더운물을 끓여 주고. 내일 대화장 보고는 제천이다."

약간 갑갑할 정도로 훈훈하고 덥게 　　　　　　　　　　　인연을 맺었던 여인을 다시 만나기 위해 제천으로 가고자 함.

"생원도 제천으로?" / "오래간만에 가 보고 싶어. 동행하려나 동이?"

평소 제천으로 장을 가지 않았던 허 생원이 제천으로 향한다는 말에 의아해 하는 조 선달

《나귀가 걷기 시작하였을 때 동이의 채찍은 왼손에 있었다. 오랫동안 아둑시니같이 눈이 어둡던 허 생원도 요번만은 동이의 왼손잡이가 눈에 띄지

어둠의 귀신. 여기서는 눈이 잘 보이지 않는 사람을 의미함.

않을 수 없었다.》　　　《 》: 허 생원과 동이가 혈연관계임을 암시함.

　　　　　　　　　　　　→ 왼손잡이는 유전적 요인이 아니지만, 해당 소설에서는 허 생원이 동이가 자신의 아들임을 확신하게 하는 장치로 사용됨.

걸음도 해깝고 방울 소리가 밤 벌판에 한층 청청하게 울렸다.

청각적 이미지 → 성 서방네 처녀와의 재회를 기대하는 허 생원의 들뜬 심리를 표현함.

달이 어지간히 기울어졌다.

시간의 경과를 암시 → 여운을 남기는 방식으로 결말을 맺음.

OX문제

01	요약적 서술을 통해 시대적 배경을 제시하고 있다. [2015학년도 수능A]	(O / X)
02	인물 간의 대화를 통해 주인공이 처한 상황과 내면을 드러내고 있다. [2013학년도 9월]	(O / X)
03	허 생원은 동이가 살아온 내력을 듣고 그의 신세가 딱하다고 생각하였다.	(O / X)
04	허 생원은 동이가 자신의 어머니를 가을에 '봉평'으로 모셔 온다는 말을 듣고 '서글픈 생각'에 휩싸였다.	(O / X)
05	배경을 청각적으로 묘사하여 인물의 심리를 잘 드러낸다. [2009학년도 수능]	(O / X)

STEP
02 작품 해제

01 | 주제

떠돌이 삶의 애환과 혈육의 정

02 | 특징

① 낭만적인 분위기의 배경에서 사건이 전개됨.
② 암시와 여운을 주는 방식으로 결말을 맺음.
③ 감각적이고 비유적인 묘사가 두드러짐.

03 | 작품 해제

「메밀꽃 필 무렵」은 이효석이 1936년 『조광』에 발표한 단편 소설로, 작가의 고향에서 멀지 않은 봉평, 대화 등을 배경으로 일생을 길 위에서 살아가는 장돌뱅이의 삶을 서정적으로 형상화한 소설이다. 이 작품은 장판이 끝난 후 서로 다툰 허생원과 동이가 대화까지 밤길을 함께 걸으며 혈육의 관계를 서서히 확인해 가는 이야기로 구성되어 있다. 특히 이 작품이 구사하는 토속적인 어휘와 서정적이고도 낭만적인 묘사는 한국 소설 문학의 백미로 평가된다.

04 | 등장인물

- 허 생원 : 여러 장으로 돌아다니며 물건을 파는 장돌뱅이. 성 서방네 처녀와 정을 나눴던 단 한 번의 낭만적인 추억을 간직하며 살아간다.
- 조 선달 : 허 생원과 함께 떠돌이 생활을 하는 친구로, 달 밝은 밤이면 반복되는 허 생원의 과거 이야기를 잘 들어준다.
- 동이 : 젊은 혈기와 순수함을 간직한 젊은이로, 그가 자라 온 내력과 왼손잡이라는 특징으로 인해 허 생원의 아들로 추정된다.

05 | 상세 줄거리

왼손잡이인 장돌뱅이 허 생원은 과거 어느 여름 달밤, 성 서방네 처녀와 우연히 하룻밤 정을 나누고 헤어진다. 이후 허 생원은 성 서방네 처녀를 잊지 못해 거르지 않고 봉평 장을 찾는다. 허 생원은 장판을 일찍 끝내고 주막을 찾았다가 젊은 장돌뱅이인 동이가 충줏집과 수작하는 것을 보고 심하게 나무라며 따귀까지 때리지만 이내 자책한다.

이후 동이는 허 생원에게 아이들이 당나귀를 괴롭힌다고 알려 주고 허 생원은 당나귀를 달래며 아이들을 호통친다. 동이의 마음 씀씀이에 고마움을 느낀 허 생원은 동료인 조 선달과 동이와 함께 짐을 실으며 떠날 준비를 한다. 그날 밤, 대화 장까지 향하던 길에 허 생원은 조 선달과 동이에게 성 서방네 처녀와 있었던 기막힌 인연을 들려준다. 그리고 자신들의 뒤를 따라오던 동이에게 낮의 일을 사과한다. 이후 동이와 함께 개울을 건너던 허 생원은 동이로부터 어머니의 친정이 봉평이며, 그녀가 남편 없이 동이를 낳았다는 이야기를 듣게 된다. 불현듯 동이가 자신의 아들일지도 모른다는 생각에 당황한 허 생원은 발을 헛디뎌 물에 빠진다. 동이의 등에 업혀 개울을 건넌 허 생원은 동이가 자신과 같은 왼손잡이임을 확인하고, 대화 장이 끝나면 동이의 모친이 산다는 제천으로 가기로 결정한다.

03 논문으로 만나는 출제자의 시선

서정 소설

서정 소설은 서정적 요소를 담고 있는 소설을 의미한다. 이때 서정성이란 보통 시에서 주관적 정서나 내적 세계를 드러내는 것을 의미하는데, 이는 소설이 가지는 서사성과 상반되는 영역에 속한다. 그러나 작가들은 미적 형상화를 위해 소설 같은 서사 예술에 서정적 요소를 도입하는 시도를 하기도 한다. 서정 소설의 특징은 인물이나 사건과 같은 서사적 요소를 이미지의 음악적, 회화적 디자인과 같은 서정적 요소와 결합한다는 것이다. 이러한 서정적 요소는 작중 다양한 비유법과 함께 나타나 있다. 예를 들면 작품에서 '죽은 듯이 고요한', '짐승 같은 달의 숨소리', '피기 시작한 꽃이 소금을 뿌린 듯이 흐뭇한 달빛에 숨이 막힐 지경이다.' 등 다양한 비유적 표현을 통해 감각적 이미지들의 향연이 펼쳐지고, 낭만적 배경을 그린 듯이 묘사하고 있다.

「메밀꽃 필 무렵」의 나타난 아비 찾기 모티프

「메밀꽃 필 무렵」은 장돌뱅이인 허 생원이 봉평의 물방앗간에서 인연을 맺었던 한 여인을 찾아 헤매다 결국 함께 다니던 동이가 바로 성 서방네 처녀의 아들임을 알게 되는 소설이다. 이 작품은 혈육을 확인하는 소위 '아비 찾기 모티프'를 바탕으로 전개되는데, 허 생원과 동이가 봉평 장에서 대화 장으로 가는 과정에서 사실 동이가 허 생원의 아들이었음을 확인하게 된다. 즉, 허 생원과 동이 두 사람이 혈육을 확인하기까지의 인생 역정 (지금까지 지나온 경로)을 서술하고 있는 작품이라 볼 수 있다.

허 생원이 성 서방네 처녀를 처음 만난 곳은 봉평의 물방앗간이다. 개울가에 목욕을 하러 나갔다가 달이 너무도 밝은 까닭에 옷을 벗으러 들어간 그곳에서 성 서방네 처녀와 우연히 마주쳤던 것이다. 이 우연한 만남을 계기로 허 생원과 성 서방네 처녀는 하룻밤 정을 나누고 헤어진다. 이 두 사람의 만남은 우연히 이루어진 것일 뿐만 아니라, 그 일이 그들의 삶의 방향을 결정짓게 된다는 점에서 운명적이었다고 볼 수 있다. 두 사람이 헤어진 후 허 생원은 떠돌이의 삶을 청산하지 못하고 장돌뱅이로 살아간다. 또한 성 서방네 처녀는 그 일로 인하여 봉평에서 친정인 제천으로 쫓겨나고, 거기서도 달이 차지 않은 아이를 낳고 쫓겨나게 된다. 그녀는 남편을 얻어 술장사를 시작하지만, 남편의 학대를 이기지 못하고 갈라서서 다시 제천으로 간다.

한편, 장돌뱅이인 허 생원이 주막에서 만난 동이와 함께 봉평 장에서 대화 장으로 가는 길에 허 생원과 동이는 개울을 건너며 서로의 이야기를 하게 된다. 이 과정에서 허 생원은 동이와 나눈 대화를 통해 동이가 자신의 친자일지도 모른다는 기대를 한다. 또한 동이가 채찍을 왼손에 들고 있는 모습을 보고 동이가 자신과 같은 왼손잡이임을 확인하는데, 허생원과 동이가 같은 왼손잡이라는 것은 두 사람의 운명적인 관계성을 암시한다. 이때 왼손잡이가 유전적인가 아닌가 하는 것은 그리 문제가 되지 않는다. 다만 두 사람이 모두 왼손잡이라는 것이 독자들이 작품을 읽는 가운데 허 생원과 동이의 삶이 운명적으로 연결되어 있다는 것을 알 수 있도록 해준다는 점에서 그러한 장치의 의미가 충분히 드러난다. 작품에서 허 생원은 동이를 만남으로써 예정에 없던 제천으로 향하고자 한다. 자신의 유일한 삶의 의미였던 성 서방네 처녀와의 재회가 현실적으로 가능해진 상황에서, 제천으로 떠나며 마주한 밤의 벌판은 삶의 고행을 거듭해야 하는 고통의 길이 아니라, 방울소리가 청청하게 울리는 희망의 상징적 공간으로 볼 수 있다.

STEP 04 나BS 실전 문제

다음 글을 읽고 물음에 답하시오. [05.수능.평가원]

(가)

드팀전 장돌이를 시작한 지 **이십 년**이나 되어도 허 생원은 봉평 장을 빼논 적은 드물었다. 충주 제천 등의 이웃 군에도 가고, 멀리 영남 지방도 헤매이기는 하였으나 강릉쯤에 물건 하러 가는 외에는 처음부터 끝까지 군내를 돌아다녔다. 닷새만큼씩의 장날에는 달보다도 확실하게 면에서 면으로 건너간다. 고향이 청주라고 자랑삼아 말하였으나 고향에 돌보러 간 일도 있는 것 같지는 않았다. ㉠장에서 장으로 가는 길의 아름다운 강산이 그대로 그에게는 그리운 고향이었다. 반날 동안이나 뚜벅뚜벅 걷고 장터 있는 마을에 거지반 가까웠을 때, 지친 나귀가 한바탕 우렁차게 울면 — 더구나 그것이 저녁녘이어서 등불들이 어둠 속에 깜박거릴 무렵이면 늘 당하는 것이건만 허 생원은 변치 않고 언제든지 가슴이 뛰놀았다.

(나)

젊은 시절에는 알뜰하게 벌어 돈푼이나 모아 본 적도 있기는 있었으나, 읍내에 백중이 열린 해 호탕스럽게 놀고 투전을 하여 사흘 동안에 다 털어 버렸다. 나귀까지 팔게 된 판이었으나 애끓는 정분에 그것만은 이를 물고 단념하였다. 결국 도로아미타불로 장돌이를 다시 시작할 수밖에는 없었다. ㉡짐승을 데리고 읍내를 도망해 나왔을 때에는 너를 팔지 않기 다행이었다고 길가에서 울면서 짐승의 등을 어루만졌던 것이었다. 빚을 지기 시작하니 재산을 모을 염은 당초에 틀리고 간신히 입에 풀칠을 하러 장에서 장으로 돌아다니게 되었다.

호탕스럽게 놀았다고는 하여도 계집 하나 후려 보지는 못하였다. 계집이란 좀 쌀쌀하고 매정한 것이었다. **평생 인연이 없는 것**이라고 신세가 서글퍼졌다. 일신에 가까운 것이라고는 언제나 변함없는 한 필의 당나귀였다.

(다)

그렇다고는 하여도 꼭 한 번의 첫 일을 잊을 수는 없었다. 뒤에도 처음에도 없는 **단 한 번**의 괴이한 **인연**! 봉평에 다니기 시작한 젊은 시절의 일이었으나 그것을 생각할 적만은 그도 산 보람을 느꼈다.

달밤이었으나 어떻게 해서 그렇게 됐는지 지금 생각해도 도무지 알 수는 없었다.

허 생원은 **오늘 밤도 또** 그 이야기를 끄집어내려는 것이다. 조 선달은 친구가 된 이래 귀에 못이 박히도록 들어 왔다. 그렇다고 싫증을 낼 수도 없었으나 허 생원은 시침을 떼고 되풀이할 대로는 되풀이하고야 말았다.

"달밤에는 그런 이야기가 격에 맞거든."

조 선달 편을 바라는 보았으나 물론 미안해서가 아니라 달빛에 감동하여서였다. 이지러는 졌으나 보름을 가제 지난 달은 부드러운 빛을 흐뭇이 흘리고 있다. ㉢대화까지는 칠십 리의 밤길, 고개를 둘이나 넘고 개울을 하나 건너고 벌판과 산길을 걸어야 된다.

[A] 달은 지금 긴 산허리에 걸려 있다. 밤중을 지난 무렵인지 죽은 듯이 고요한 속에서 짐승 같은 달의 숨소리가 손에 잡힐 듯이 들리며, 콩 포기와 옥수수 잎새가 한층 달에 푸르게 젖었다. 산허리는 온통 메밀밭이어서 피기 시작한 꽃이 소금을 뿌린 듯이 흐뭇한 달빛에 숨이 막힐 지경이다. 붉은 대궁이 향기같이 애잔하고 나귀들의 걸음도 시원하다.

(라)

㉣길이 좁은 까닭에 세 사람은 나귀를 타고 외줄로 늘어섰다. 방울 소리가 시원스럽게 딸랑딸랑 메밀밭께로 흘러간다. 앞장선 허 생원의 이야기 소리는 꽁무니에 선 동이에게는 확적히는 안 들렸으나, 그는 그대로 개운한 제 멋에 적적하지는 않았다.

(라)

"장 선 꼭 이런 날 밤이었네. 객줏집 토방이란 무더워서 잠이 들어야지. 밤중은 돼서 혼자 일어나 개울가에 목욕하러 나갔지. 봉평은 지금이나 그제나 마찬가지나 보이는 곳마다 메밀밭이어서 개울가에 어디 없이 하얀 꽃이야. 돌밭에 벗어도 좋을 것을, 달이 너무도 밝은 까닭에 옷을 벗으러 **물방앗간**으로 들어가지 않았나. 이상한 일도 많지. 거기서 난데없는 성 서 방네 처녀와 마주쳤단 말이네. 봉평서야 제일가는 일색이었지."

"팔자에 있었나 부지."

아무렴 하고 응답하면서 말머리를 아끼는 듯이 한참이나 담배를 빨 뿐이었다.

구수한 자줏빛 연기가 밤기운 속에 흘러서는 녹았다.

"날 기다린 것은 아니었으나 그렇다고 달리 기다리는 놈팽이가 있는 것두 아니었네. 처녀는 울고 있단 말야. 짐작은 대고 있었으나 성 서방네는 한창 어려워서 들고날 판인 때였지. 한집안 일이니 딸에겐들 걱정이 없을 리 있겠나. 좋은 데만 있으면 시집도 보내련만 시집은 죽어도 싫다지…… 그러나 처녀란 울 때같이 정을 끄는 때가 있을까. 처음에는 놀라기도 한 눈치였으나 걱정 있을 때는 누그러지기도 쉬운 듯해서 이럭저럭 이야기가 되었네…… 생각하면 무섭고도 기막힌 밤이었어."

"제천인지로 줄행랑을 놓은 건 그 다음날이었나?"

"다음 장도막에는 벌써 온 집안이 사라진 뒤였네. 장판은 소문에 발끈 뒤집혀 고작해야 술집에 팔려가기가 상수라고 처녀의 뒷공론이 자자들 하단 말이야. 제천 장판을 몇 번이나 뒤졌겠나. 하나 처녀의 꼴은 꿩 궈 먹은 자리야. 첫날밤이 마지막 밤이었지. 그때부터 봉평이 마음에 든 것이 반평생을 두고 다니게 되었네. 평생인들 잊을 수 있겠나."

(마)

"수 좋았지. 그렇게 신통한 일이란 쉽지 않어. 항용 못난 것 얻어 새끼 낳고, 걱정 늘고 생각만 해두 진저리 나지…… 그러나 늘그막바지까지 장돌뱅이로 지내기도 힘드는 노릇 아닌가? 난 가을까지만 하구 이 생애와두 하직하려네. 대화쯤에 조그만 전방이나 하나 벌이구 식구들을 부르겠어. 사시장철 뚜벅뚜벅 걷기란 여간이래야지."

㉤"옛 처녀나 만나면 같이나 살까…… 난 거꾸러질 때까지 이 길 걷고 저 달 볼 테야."

산길을 벗어나니 큰길로 틔어졌다. 꽁무니의 동이도 앞으로 나서 나귀들은 가로 늘어섰다.

– 이효석, 「메밀꽃 필 무렵」 –

01. (가)~(마)에 대한 설명으로 적합한 것은?

① (가)의 '이십 년'은 인물에 대한 정보를 신빙성 없는 것으로 제시하는 기능을 하고 있다.

② (나)의 '평생 인연이 없는 것'은 (다)에 서술되는 '인연'의 의미를 부각하고 있다.

③ (다)의 '단 한 번'은 '오늘 밤도 또'와 대비되면서 인물의 심리적 갈등을 심화하고 있다.

④ (라)의 '물방앗간'은 과거와 현재의 사건을 이어주는 매개체로 기능하고 있다.

⑤ (마)의 '산길'은 불우한 처지를 극복한 미래를 꿈꾸는 인물의 의지를 부각하고 있다.

02. <보기>는 윗글을 읽고 '허 생원'에게 '봉평'이 지니는 의미를 파악하기 위해 토론한 내용이다. 적절한 의견으로 묶인 것은?

─────< 보기 >─────

ㄱ. 허 생원은 줄곧 봉평 인근을 돌아다닐 뿐 심지어 고향인 청주에도 가보지 않은 것 같아. 허 생원에게 봉평은 마음의 구심점인 셈이지.

ㄴ. 허 생원은 달밤이면 언제나 봉평에서 겪었던 무섭고도 기막힌 일을 이야기하고 있어. 달밤의 분위기가 그런 비현실적인 이야기를 하게끔 만드는 거지. 봉평은 허 생원에게 현실로부터 도피할 수 있는 상상의 통로야.

ㄷ. 허 생원은 젊었을 때 모았던 돈을 투전으로 다 날리고 평생토록 안정된 가정도 꾸리지 못했어. 허 생원에게 봉평은 젊은 시절의 잘못된 행동을 반성하게 하는 곳이지.

ㄹ. 허 생원은 봉평에서 성 서방네 처녀와 평생 잊지 못할 인연을 맺었어. 허 생원에게 봉평은 가난하고 쓸쓸한 삶을 견디게 해 주는 추억이 깃들어 있는 곳이지.

① ㄱ, ㄷ   ② ㄱ, ㄹ   ③ ㄴ, ㄷ   ④ ㄴ, ㄹ   ⑤ ㄷ, ㄹ

03. <보기>에 따라 '이효석 문학제'를 알리는 초청장을 만들려고 한다. 문안으로 가장 적절한 것은?

─────< 보기 >─────

• [A]에서 포착되는 배경과 문체의 특징을 명시한다.
• 비유를 사용하여 표현 효과를 높인다.

① 역사와 전통 위에 지은 터전, 이효석 문학 마을로 오세요.

② 지친 현대인에게 소박한 농촌의 맛과 인심을 돌려드립니다.

③ 이효석, 그 서정과 낭만으로 빚은 집에 여러분을 초대합니다.

④ 서도(西道)의 애수와 가락이 있는 제전, 당신의 의자를 비워 두었습니다.

⑤ 우리들의 잃어버린 고향, 다시 못 갈 그 서러운 곳으로 당신을 초대합니다.

04. 문맥적 의미를 고려할 때, ㉠~㉤에 대한 설명으로 적절하지 않은 것은?

① ㉠의 '길'은 장돌뱅이로 유랑해 온 허 생원의 삶의 여정을 드러낸다.

② ㉡의 '길가'는 허 생원이 비참해진 자신의 처지를 슬퍼하고 스스로 위로했던 모습을 연상시킨다.

③ ㉢의 '밤길'은 세 인물이 그동안 장돌뱅이로서 겪어온 애환을 토로하며 정착하는 삶에 대한 공감대를 형성하게 한다.

④ ㉣의 '길'은 행렬의 양상으로 인해 동이가 대화에서 배제되어 허 생원의 이야기를 잘 들을 수 없는 상황을 만들어 낸다.

⑤ ㉤의 '길'은 허 생원이 과거를 떠올리며 떠돌이의 운명 속에서의 아름다움을 느낄 줄 아는 인물임을 암시한다.

다음 글을 읽고 물음에 답하시오. [교육청 기출 변형]

이지러는 졌으나 보름을 가제 지난 달은 부드러운 빛을 흐뭇이 흘리고 있다. 대화까지는 칠십 리의 밤길, 고개를 둘이나 넘고 개울을 하나 건너고 벌판과 산길을 걸어야 된다. 길은 지금 긴 산허리에 걸려 있다. 밤중을 지난 무렵인지 죽은 듯이 고요한 속에서 짐승 같은 달의 숨소리가 손에 잡힐 듯이 들리며, 콩포기와 옥수수 잎새가 한층 달에 푸르게 젖었다. 산허리는 온통 메밀밭이어서 피기 시작한 꽃이 소금을 뿌린 듯이 흐뭇한 달빛에 숨이 막힐 지경이다. 붉은 대궁이 향기같이 애잔하고 나귀들의 걸음도 시원하다. (가) 길이 좁은 까닭에 세 사람은 나귀를 타고 외줄로 늘어섰다. 방울 소리가 시원스럽게 딸랑딸랑 메밀밭께로 흘러간다. 앞장선 허 생원의 이야기 소리는 꽁무니에 선 동이에게는 확적히는 안 들렸으나, 그는 그대로 개운한 제멋에 적적하지는 않았다.

"장 선 꼭 이런 날 밤이었네. 객줏집 토방이란 무더워서 잠이 들어야지. 밤중은 돼서 혼자 일어나 개울가에 목욕하러 나갔지. 봉평은 지금이나 그제나 마찬가지지. 보이는 곳마다 메밀밭이어서 개울가가 어디 없이 하얀 꽃이야. 돌밭에 벗어도 좋을 것을, 달이 너무도 밝은 까닭에 옷을 벗으러 물방앗간으로 들어가지 않았나. 이상한 일도 많지. 거기서 난데없는 성 서방네 처녀와 마주쳤단 말이네. 봉평서야 제일가는 일색이었지."

"팔자에 있었나 부지."

아무렴 하고 응답하면서 말머리를 아끼는 듯이 한참이나 담배를 빨 뿐이었다. 구수한 자줏빛 연기가 밤기운 속에 흘러서는 녹았다.

"날 기다린 것은 아니었으나 그렇다고 달리 기다리는 놈팽이가 있는 것두 아니었네. 처녀는 울고 있단 말야. 짐작은 대고 있었으나 성 서방네는 한창 어려워서 들고날 판인 때였지. 한집안 일이니 딸에겐들 걱정이 없을 리 있겠나. 좋은 데만 있으면 시집도 보내련만 시집은 죽어도 싫다지……. 그러나 처녀란 울 때같이 정을 끄는 때가 있을까. 처음에는 놀라기도 한 눈치였으나 걱정 있을 때는 누그러지기도 쉬운 듯해서 이럭저럭 이야기가 되었네……. 생각하면 무섭고도 기막힌 밤이었어."

"제천인지로 줄행랑을 놓은 건 그 다음 날이었나?"

"다음 장도막에는 벌써 온 집안이 사라진 뒤였네. 장판은 소문에 발끈 뒤집혀 오죽해야 술집에 팔려가기가 상수라고 처녀의 뒷공론이 자자들 하단 말이야. 제천 장판을 몇 번이나 뒤졌겠나. 하나 처녀의 꼴은 꿩 궈 먹은 자리야. 첫날밤이 마지막 밤이었지. 그때부터 봉평이 마음에 든 것이 반평생을 두고 다니게 되었네. 평생인들 잊을 수 있겠나."

"수 좋았지. 그렇게 신통한 일이란 쉽지 않어. 항용 못난 것 얻어 새끼 낳고 걱정 늘구 생각만 해두 진저리나지……. 그러나 늘그막까지 장돌뱅이로 지내기도 힘드는 노릇 아닌가? 난 가을까지만 하구 이 생애와도 하직하려네. 대화쯤에 조그만 전방이나 하나 벌이구 식구들을 부르겠어. 사시장철 뚜벅뚜벅 걷기란 여간이래야지."

"옛 처녀나 만나면 같이나 살까……. 난 거꾸러질 때까지 이 길 걷고 저 달 볼 테야."

산길을 벗어나서 큰길로 틔어졌다. (나)꽁무니의 동이도 앞으로 나서 나귀들은 가로 늘어섰다.

"총각두 젊겠다, 지금이 한창시절이렷다. 충줏집에서는 그만 실수를 해서 그 꼴이 되었으나 섭게 생각 말게."

"처, 천만에요. 되려 부끄러워요. 계집이란 지금 웬 제격인가요. 자나 깨나 어머니 생각뿐인데요."

허 생원의 이야기로 실심해한 끝이라 동이의 어조는 한풀 수그러진 것이었다.

"아비 어미란 말에 가슴이 터지는 것도 같았으나 제겐 아버지가 없어요. 피붙이라고는 어머니 하나뿐인걸요."

"돌아가셨나?"

"당초부터 없어요."

"그런 법이 세상에."

생원과 선달이 야단스럽게 껄껄들 웃으니, 동이는 정색하고 우길 수밖에는 없었다.

"부끄러워서 말하지 않으려 했으나 정말예요. 제천 촌에서 달도 차지 않은 아이를 낳고 어머니는 집을 쫓겨났죠. 우스운 이야기나, 그러기 때문에 지금까지 아버지 얼굴도 본 적 없고 있는 고장도 모르고 지내요."

고개가 앞에 놓인 까닭에 세 사람은 나귀를 내렸다. 둔덕은 험하고 입을 벌리기도 대근하여 이야기는 한동안 끊겼다. 나귀는 건듯하면 미끄러졌다. 허 생원은 숨이 차 몇 번이고 다리를 쉬지 않으면 안 되었다. 고개를 넘을 때마다 나이가 알렸다. 동이 같은 젊은 축이 그지없이 부러웠다. 땀이 등을 한바탕 쪽 씻어 내렸다.

고개 너머는 바로 개울이었다. 장마에 흘러 버린 널다리가 아직도 걸리지 않은 채로 있는 까닭에 벗고 건너야 되었다. 고의를 벗어 띠로 등에 얽어매고 반 벌거숭이의 우스꽝스런 꼴로 물속에 뛰어들었다. 금방 땀을 흘린 뒤였으나 밤 물은 뼈를 찔렀다.

"그래, 대체 기르긴 누가 기르구?"

"어머니는 하는 수 없이 의부를 얻어 가서 술장수를 시작했죠. 술이 고주래서 의부라고 전망나니예요. 철들어서부터 맞기 시작한 것이 하룬들 편한 날 있었을까. 어머니는 말리다가 채이고 맞고 칼부림을 당하곤 하니 집 꼴이 무어겠소. 열여덟 살 때 집을 뛰어나서부터 이 짓이죠."

"총각 낫세론 섬이 무던하다고 생각했더니 듣고 보니 딱한 신세로군."

물은 깊어 허리까지 채었다. 속 물살도 어지간히 센데다가 발에 채이는 돌멩이도 미끄러워 금시에 홀칠 듯하였다. (다)나귀와 조 선달은 재빨리 거의 건넜으나 동이는 허 생원을 붙드느라고 두 사람은 훨씬 떨어졌다.

"모친의 친정은 원래부터 제천이었던가?"

"웬걸요. 시원스리 말은 안 해주나 봉평이라는 것만은 들었죠."

"봉평? 그래 그 아비 성은 무엇이구?"

"알 수 있나요. 도무지 듣지를 못했으니까."

그 그렇겠지 하고 중얼거리며 흐려지는 눈을 까물까물하다가 허 생원은 경망하게도 발을 빗디뎠다. 앞으로 고꾸라지기가 바쁘게 몸째 풍덩 빠져 버렸다.

- 이효석, 「메밀꽃 필 무렵」 -

05. (가)~(다)의 행렬을 아래와 같이 그림 기호로 나타내었을 때, 이에 대한 설명으로 적절하지 <u>않은</u> 것은?

(가)	(나)	(다)
◇		□
□	◇ □ ○	
○		◇ ○

① (가)의 행렬은 공간적 제약에서 비롯한 것이다.
② (나)의 행렬은 대화 참여자의 수에 영향을 미친다.
③ (다)의 행렬은 두 부분으로 나누어진다.
④ (가)에 비해 (다)에서 □의 역할은 커진다.
⑤ (가)에서 (다)로 전개될수록 ◇와 ○의 거리는 가까워진다.

06. <보기>를 바탕으로 윗글을 감상한 내용으로 적절하지 <u>않은</u> 것은?

---- <보기> ----

이 작품은 자연 배경, 현재와 과거의 연결 구조, 한국적인 소재의 선택, 서정적 문체 등이 조화를 이루어 독자에게 감동을 주고 있다. 그리고 질문과 대답의 과정을 통해 중심인물들의 관계가 밝혀지는 탐정식 수법이 사용되고 있다.

① 허 생원의 옛 추억은 현재의 삶에 영향을 미치고 있군.
② 한국적 소재인 핏줄 찾기 이야기라서 독자가 쉽게 공감하겠군.
③ 허 생원의 과거 일이 작가의 글 솜씨로 아름답게 꾸며져 독자에게 전달되겠군.
④ 허 생원과 동이의 대화에서 인간과 자연의 조화를 추구하는 작가의 가치관이 드러나는군.
⑤ 허 생원은 동이 모가 성 서방네 처녀가 아닐까 하는 기대감으로 탐정식 질문을 하고 있군.

25 | 이효석 원작, 동희선·홍윤정 각색, 메밀꽃 필 무렵

STEP 01 지문 분석과 OX문제

S# 77. 개울(밤)
시·공간적 배경 → 사건 전개의 필연성을 부여함.

<u>난감한 표정</u>으로 개울을 바라보고 선 세 사람.
다리가 없어 개울을 건너려면 물속으로 들어가야 하기 때문

허 생원 : 지난 장마 통에 떠내려간 <u>널다리</u>가 아직도 걸리지 않았구먼그래.
　　　　　　　　널빤지를 깔아서 놓은 다리

조 선달 : (바지의 아랫부분을 접어 올리며) 할 수 없지, 뭐.

조 선달이 먼저 자신의 나귀를 끌고 강을 건넌다.

조 선달 : (강을 다 건너고 뒤돌아보며) 어여 건너와. / **허 생원** : 그려.

허 생원이 동이를 따라 강을 건넌다. <u>허 생원은 자신의 허벅지까지 오는 강물에 몸을 가누기 힘들어한다.</u>
　　　　　　　　거센 물살을 건너기 어려워하는 허 생원의 모습

허 생원 : <u>모친</u>은 원래 제천분이신가?
　　　　동이의 어머니

동이 : 웬걸요. <u>원래부터 제천에 살지는 않으셨대유.</u>
　　　　　　동이 어머니가 현재 제천에 살고 있음을 알 수 있음.

허 생원 : (울렁거린다.) 아, 그럼 모친 고향이 어디야?

동이 : 시원스럽게 말은 안 해 주는데 봉평이라는 것만 들었슈.
　　　　　　　　　　성 서방네 처녀의 고향 → 동이가 허 생원의 아들일 수도 있다는 것을 암시함.

허 생원 : (놀라며) 봉평? 《그럼 아버지 성씨는 뭔가?》　　《 》: 동이가 자신의 아들일 수도 있겠다고 생각한 허 생원이 이를 확인하기 위해 질문을 함.
허 생원이 과거에 성 서방네 처녀와 하룻밤을 보낸 지역이 봉평이기 때문임.

동이 : 보지도 못했는데 알 수 있나요? 지푸라기로 뭘 잘 만들었다고 해서 초 서방이라고 했던가?
　　　　　　　　허 생원은 과거에 성 서방네 처녀에게 지푸라기를 꼬아 복조리를 만들어 주었던 경험이 있음. → '초 서방'이 허 생원임을 암시함.

허 생원 : (당황하며) 초, 초 서방?
동이가 자신의 아들일지도 모른다는 생각에 당황함.

순간, 허 생원이 발을 헛디며 풍덩 앞으로 <u>고꾸라진다.</u> 놀라는 동이. 허 생원이 물에 빠져 허우적거린다. 동이가 허생원을 잡아 일으켜 준다.
　　　　　　　　앞으로 고부라져 쓰러진다

동이 : 안 되겠구먼유. 자, 업혀유. / **허 생원** : 아, 괜찮아.

동이 : 아, 괜찮아유. 어서유.

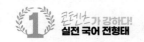
동이, 쉽게 허 생원을 들쳐 업는다.

동이 : 생각보다 <u>해깝네유</u>.
　　　　　　가볍네요

허 생원, <u>동이의 등이 편하다</u>. 슬쩍 못 이기는 척 기댄다.
　　　　동이에게 혈육의 정을 느꼈기 때문

허 생원 : <u>이렇게까지 돼서 미안하네</u>. 내가 오늘은 메밀꽃 향기에 듬뿍 취한 모양일세.
　　　　　동이에게 신세를 지게 된 것에 대한 미안함.
동이 : (그냥 웃는다.) / **허 생원 :** 그래, <u>모친은 아비를 찾지 않는 눈치인가?</u>
　　　　　　　　　　　　　　　동이의 어머니가 성 서방네 처녀일지도 모른다는 생각에 은근한 기대감을 내보임.
동이 : 늘 한번 만나고 싶다고는 했는데……. / **허 생원 :** 그래, 지금 모친은 어디 계신가?

동이 : 아직 제천에 있지유. 가을에는 봉평에 모시고 올 생각인데유. 이를 물고 벌면 우리 두 식구 그럭저럭 살아갈 수 있겠지유.

내내 조심조심 물을 건너는 동이와 그 등에 업힌 허 생원.

S# 78. 모닥불 근처(밤)

타닥타닥 타고 있는 모닥불에 둘러앉아 젖은 옷을 벗어 말리고 있는 세 사람.

조 선달 : (웃으며) <u>오늘 참 이상하네</u>. 어찌 물에까지 빠지고 말이야. 무엇 때문에 그랬디야?
　　　　　　평소와 다른 허 생원의 모습에 의아해 함.　　　나귀의 이름
허 생원 : 실은 아까 나귀 생각을 했었어. / **조 선달 :** (백근이를 쳐다보며) 나귀?
　　　나귀를 핑계로 자신의 실수를 변명함. → 이면적으로는 자식을 얻은 나귀에 허 생원이 자신을 투영한 것으로 볼 수 있음.
허 생원 : 그려. 『저 못난 꼴을 해 가지고 새끼를 얻었잖아. 그것도 마을에서 제일가는 <u>피마</u>에게서 말이야.』
　　　　　　　　　　　　　　　　　　　　　　　　　　　　다 자란 암말
조 선달 : (웃으며) 맞아. 생원이 장가가는 것보다 더 좋아했지.　　『 』: 나귀와 허 생원의 처지가 유사함.
　　　　　　　　　　　　　　　　　　　　　　　　→ 나귀처럼 허 생원도 성 서방네 처녀와의 사이에서 자식을 얻었을 수도 있다는 사실을 암시함.
허 생원 : 저 백근이 새끼 봤지? 귀를 쫑긋 세우고 달랑달랑 뛰어다니는 것이 어찌나 귀여운지 말이야.
　　　　나귀와 피마 사이에서 태어난 새끼
동이 : (웃으며) 그래유?

조 선달 : 봉평에만 오면 슬그머니 없어지는 게 그것 때문이잖여. / **동이 :** (웃으며) 아, 예.

허 생원 : 자, 가다가 보면 대충 마를 테니 부지런히들 가세나. <u>내일 대화 장 보고는 제천으로 가세</u>.
　　　　　　　　　　　　　　　　　제천에 살고 있다는 동이의 어머니가 성 서방네 처녀인지 확인하고 싶은 허 생원의 마음이 드러남.
동이 : 생원도 제천으로유?

허 생원 : 어, 그래. <u>모처럼 한번 가 보고 싶구만</u>. 같이 동행하려나, 동이?
　　　　　그동안 허 생원이 제천 장을 잘 다니지 않았음을 알 수 있음.
동이 : 아, 그러지유. 가는 김에 어머니도 뵙구유.

동이, 먼저 돌아 왼손으로 나귀의 고삐를 잡는다.
　　　　　　말을 몰거나 부리려고 재갈이나 코뚜레, 굴레에 잡아매는 줄

　　　　　　　　　　　　　　　　　　자기를 낳은 아버지
조 선달 : 동이도 자네처럼 왼손잡이인가 보네. / 동이 : 예, 어머니가 제 생부도 왼손잡이라고 그러셨어유.
　　　　　　■ : 허 생원이 동이가 자신의 아들임을 확신하는 결정적인 근거

조 선달 : (놀란 표정으로) 그려? / 허 생원 : (놀란다.)

세 사람은 다시 길을 걷는다.

동이 : 다음에 나귀 새끼 보러 가실 때 저도 좀 데려가 주세유. 보고 싶네유.

허 생원 : 어, 이제는 나귀 새끼 같은 건 안 봐도 될 것 같네.
　　그동안은 혈육이 없어 나귀 새끼를 아꼈으나 동이가 친자식이라면 더 이상 그럴 필요가 없기 때문임.

조 선달 : (웃으며) 왜? 팔렸나? / 허 생원 : (웃으며) 허허, 글쎄.

조 선달 : 원, 사람도. / 허 생원 : 〈나도 이제부터는 자네처럼 땅뙈기나 좀 사 볼까?〉　　〈 〉 : 가족을 만나 정착하고 싶은 허 생원의 마음이 드러남.
　　　　　　　　　　　　　　　　얼마 안 되는 자그마한 땅

조 선달 : 자네가 땅을 사? 허허, 참 알다가도 모르겠네.

　　　　　　소리가 맑고 깨끗하게
방울 소리가 밤 벌판에 한층 청청하게 울린다. 세 사람이 가벼운 걸음으로 달빛 기울어진 길을 걸어간다.
　음향 효과를 통해 허 생원의 들뜬 심리를 표현함.

OX문제

01　허 생원은 동이의 아버지가 '초 서방'이라는 말에 당황하였다.　　　　　　　　　　　　　　　　(O / X)

02　두 공간에서 동시에 일어나는 사건을 병렬적으로 배치하고 있다. [2023학년도 6월]　　　　　　(O / X)

03　구어적 표현을 사용하여 생동감 있게 이야기를 풀어가고 있다. [2010학년도 수능]　　　　　　(O / X)

04　S#77에서 동이 등에 업힌 허 생원과 S#78에서 길을 걸어가는 허 생원의 행동을 대비하여 상실감을 상이한 방식으로 표현하고 있다.　(O / X)
　　[2010학년도 수능]

05　허 생원은 동이가 자신의 나귀 새끼를 탐낼까 염려하여 "나귀 새끼 같은 건 안 봐도 될 것 같"다고 하였다.　　(O / X)

01 | 주제

떠돌이 삶의 애환과 혈육의 정

02 | 특징

① 원작 소설의 대화를 적극적으로 활용함.
② 인물 간의 관계에 초점을 맞추어 주인공의 삶에 주목하도록 함.
③ 암시와 여운을 주는 방식으로 결말을 맺음.

03 | 작품 해제

이 작품은 이효석의 원작 소설 「메밀꽃 필 무렵」을 각색한 시나리오로, 원작에 등장하는 여러 인물 간의 관계를 구체화하여 인물이 취하는 행동의 이유를 설득력 있게 제시하고 있다. 원작의 내용과 기본적인 사건의 흐름은 같지만, 허 생원이 장돌뱅이가 된 과정과 허 생원으로 추정되는 '초 서방'에 관련된 내용은 원작과 다르게 나타난다.

한편, 성 서방네 처녀와 허 생원 사이에서 태어난 인물로 암시되는 동이가 허 생원과 인연을 맺는 모습을 통해 운명적 이별과 운명적 만남이 공존하는 모습을 그리고 있다. 원작 소설에서 인간관계에 초점을 맞추고 달밤의 서정적이고 낭만적인 분위기를 나타내는 표현이 두드러졌다면, 시나리오에서는 허 생원의 순수함과 하룻밤 인연으로 끝난 사랑에 초점을 맞추어 각색이 이루어졌다는 것이 특징이다. 즉, 운명적 이별을 혈육의 정으로 다시 봉합하는 시도를 했다는 점이 이 작품의 궁극적인 묘미라고 할 수 있다.

04 | 등장인물

- 허 생원 : 여러 장으로 돌아다니며 물건을 파는 장돌뱅이. 성 서방네 처녀와 정을 나눴던 단 한 번의 낭만적인 추억을 간직하며 살아간다.
- 조 선달 : 허 생원과 함께 떠돌이 생활을 하는 친구로, 달 밝은 밤이면 반복되는 허 생원의 과거 이야기를 잘 들어준다.
- 동이 : 젊은 혈기와 순수함을 간직한 젊은이로, 그가 자라 온 내력과 왼손잡이라는 특징으로 인해 허 생원의 아들로 추정된다.

05 | 상세 줄거리

왼손잡이인 장돌뱅이 허 생원은 과거 어느 여름 달밤, 성 서방네 처녀와 우연히 하룻밤 정을 나누고 헤어진다. 이후 허 생원은 성 서방네 처녀를 잊지 못해 거르지 않고 봉평 장을 찾는다. 허 생원은 장판을 일찍 끝내고 주막을 찾았다가 젊은 장돌뱅이인 동이가 충줏집과 수작하는 것을 보고 심하게 나무라며 따귀까지 때리지만 이내 자책한다.

이후 동이는 허 생원에게 아이들이 당나귀를 괴롭힌다고 알려 주고 허 생원은 당나귀를 달래며 아이들을 호통친다. 동이의 마음 씀씀이에 고마움을 느낀 허 생원은 동료인 조 선달과 동이와 함께 짐을 실으며 떠날 준비를 한다. 그날 밤, 대화 장까지 향하던 길에 허 생원은 조 선달과 동이에게 성 서방네 처녀와 있었던 기막힌 인연을 들려준다. 그리고 자신들의 뒤를 따라오던 동이에게 낮의 일을 사과한다. 이후 동이와 함께 개울을 건너던 허 생원은 동이로부터 어머니의 친정이 봉평이며, 그녀가 남편 없이 동이를 낳았다는 이야기를 듣게 된다. 불현듯 동이가 자신의 아들일지도 모른다는 생각에 당황한 허 생원은 발을 헛디뎌 물에 빠진다. 동이의 등에 업혀 개울을 건넌 허 생원은 동이가 자신과 같은 왼손잡이임을 확인하고, 대화 장이 끝나면 동이의 모친이 산다는 제천으로 가기로 결정한다.

STEP 03 논문으로 만나는 출제자의 시선

허 생원과 나귀의 관계성

이 작품에서 '나귀'는 단순히 짐을 운반하는 동물이 아니라 장돌뱅이로 20년 세월을 함께해 온 허 생원의 분신으로 나타나고 있다. 허 생원과 나귀는 모두 보잘것없는 외양을 하고 애정에 관한 욕망을 지녔다는 점에서 동일시되고 있다. 즉, 허 생원이 데리고 다니는 나귀는 허 생원의 삶과 모습이 투영된 동반자적 존재로, 허 생원과 정서적으로 융합하며 동일시된 존재로 볼 수 있다. 따라서 작품에서 '나귀'에 대한 언급은 허 생원을 향한 것으로 해석될 수 있다. 작품 안에서 나귀가 못난 꼴을 했음에도 불구하고 마을에서 제일가는 피마(다 자란 암말) 사이에서 새끼를 얻은 상황은 허 생원이 성 서방네 처녀와 하룻밤 인연을 통해 얻은 아들이 동이라는 것을 사실로 강화하는 역할을 한다. 이러한 점에서 '나귀-피마-나귀 새끼'는 '허 생원-성 서방네 처녀-동이'의 관계와 대응된다고 볼 수 있다.

26 | 박완서, 도둑맞은 가난

STEP 01 지문 분석과 OX문제

나BS 수능특강 | 현대문학

아침에 나는 우리 공동의 예금 통장을 상훈이한테 주면서, 돈을 거두려면 먼저 그 주동자가 선뜻 돈을 내놓고 나서 남에게 손을 벌리는 게 순서이
생활비를 아끼기 위해 동거 생활을 하는 상훈과 함께 돈을 모으던 통장　　↳ 상훈은 폐병으로 쓰러진 동료를 돕기 위해 다른 동료들과 돈을 모으고자 함.

고, 그렇게 해야 일이 쉬울 거라고 일러 줬다. 얼마간이라도 걷히는 대로 빨리 갖다주라고 신신당부를 하고 공장에 나와서도 뭔가 좋은 일을 하고 있다
　　　　　　　　　　　　　　　　　　　　　　　　　　　　　　　　　↳ '나'는 봉제 공장에서 일하는 가난한 처지임.

는 걸로 온종일 마음이 흐뭇했다. 내가 살고도 남아 남을 돕는다. 생각만 해도 자랑스러웠다.
　　　　　　　　　　가난한 처지임에도 자신보다 더 어려운 사람에게 도움을 주었다는 것에 대한 뿌듯함을 느낌.

　그러나 밤에 집에 돌아온 나는 기절을 할 만큼 놀랄밖에 없었다. 예금 통장에 잔고가 한 푼도 남아 있지를 않았다. 몽땅 털어 폐병쟁이한테 갖다줬
　　　　　　　　　　　　　　　　　　　　　　　　상훈이 예금 통장의 돈을 모두 사용했기 때문임.　　　　상훈이 도움을 주려고 한 직장 동료

다는 거였다. 삼만 원이 넘는 돈을 몽땅, 그게 어떤 돈이라고. 정말이지 미치고 환장을 하지 않고서는 도저히 그럴 수는 없는 일이었고 나 역시 미치고

환장을 하지 않고서는 도저히 참아 줄 수 없는 일이었다.
경제적으로 어려운 처지임에도 불구하고 상훈이 통장에 있는 돈을 전부 인출하여 동료를 도운 것에 대해 당혹감을 느낌.

　"미안하게 됐어. 그렇지만 말야, 네가 몰라서 그렇지 누구한테 돈을 걷니? 다 말도 못 하게 지독한 가난뱅이들뿐인걸."
　　　　　　　　　　　　　　　　　　　　　　동료들이 모두 어려운 처지에 있기 때문에 돈을 전부 사용할 수밖에 없었다고 변명함.

　"뭐라구. 모두 가난뱅이들뿐이라구? 그럼 우린 뭐니? 우린 부자니, 응? 우린 부자야?"

　나는 내 분을 내가 이기지 못해 그의 멱살을 잡고 질질 끌어다가 골통을 벽에다 콩콩 부딪쳐 주었다. 그래도 그는 태평스레 히죽히죽 웃었다. 그는
　　　　　　　　　　　　　　　　　　　　　　　　　　　　　　　　　머리

삼만여 원 중 반이 넘는 돈이 자기 돈인데도 조금도 아까워하지 않고 있었다. 그렇다고 그가 그 폐병쟁이를 뼈아프게 동정했던 것도 아니란 걸 나는
　　　　'나'와 달리 돈에 대한 아쉬움을 느끼지 않는 상훈의 모습이 드러남.

안다. 둘 다 그에겐 조금도 절실하지 않았다. 바로 그것이 문제였다. 따라서 「도와주고 싶은데 돈은 아깝고, 그래서 돈을 꺼냈다 넣었다, 이천 원을 내
　　　　　　　　　　　　　돈에 대한 절실함도, 어려운 사람을 돕고자 하는 절실함도 없었다는 것　　　　↗ 남을 사랑하는 마음

놓을까, 삼천 원을 내놓을까, 천 원 상관으로 십 분도 넘어 괴로워하고 도와줄까 말까로 한 시간도 넘어 애타심과 이기심이 투쟁을 하는 그 뼈아픈 갈
　　도무지, 완전히　　　　　　　　　　　　　　　　　　　　　　　　　↗ 몸이 오슬오슬 춥고 떨리는 증상

등을 전연 겪지 않고, 헌신짝 버리듯 무심히 삼만여 원을 그냥 버렸던 것이다. 그걸 깨닫자 나는 오한처럼 오싹 기분 나쁜 불안감을 느꼈다.
「 」: 가난한 사람들이 남에게 돈을 빌려주기까지 겪게 되는 갈등을 묘사함.　　　　　　함께 모은 돈을 아무렇지도 않게 남에게 준 상훈에 대한 '나'의 분노와 불안감

　"넌 뭐니, 넌 뭐야? 이 새끼야. 넌 부자니, 부자야?"

　나는 불안을 털어 버리려고 다시 악을 썼지만 그는 여전히 히죽히죽 웃기만 했다. 나는 제풀에 지쳤다. 나는 기진맥진 지칠 대로 지쳤는데도 좀처럼

잠들지 못했는데 그는 곧 잠들었다. 나는 수명이 다 돼 침침한 20촉짜리 형광등 밑에서 그의 자는 얼굴을 곰곰이 들여다보았다. 《도대체 넌 뭐냐? 삼
　　　　　　　　　　　　　　　　　'나'가 경제적으로 어려운 처지임이 드러나는 소재

만 원이 넘는 돈을 헌신짝처럼 버리고 편히 잠들 수 있는 너는 뭐냐. 기가 죽지 않는 건 좋다고 치자. 그렇지만 너의 그건 가난뱅이들의 억척스럽고

모진 그 청청함하곤 확실히 다르다. 전연 이질적인 것이다. 나는 깊이 전율했다.》
　　　　　　　　　《 》: 자신과 같이 가난한 처지임에도 돈에 대한 애착이 전혀 느껴지지 않는 상훈의 태도에 혼란스러움을 느낌.

[중략 부분 줄거리] 폐병에 걸린 공장 동료에게 너무 큰돈을 선뜻 줘 버린 상훈과 갈등을 벌인 후 '나'는 가끔 발작적으로 상훈에게 신경질을 부린다.

어느 날 아무런 예고도 없이 상훈이 집을 나가고, '나'는 공장에 나가 있는 동안 그가 돌아와 있을 것만 같은 확신으로 하루하루를 보낸다. 그러던 어느

날 집에 와 보니 상훈이 돌아와 있었는데, 그는 대학 배지를 단 좋은 옷을 입고 두꺼운 책까지 들고 있었다. 그가 도둑질을 해서 가짜 대학생 행세를
　　　　　　　　　　　　　　　'나'와 다툰 이후 말도 없이 가출했던 상훈이 부유한 대학생 차림으로 돌아옴.

하고 있다고 생각한 '나'는 겁먹은 소리로, 미쳤냐며 상훈에게 악을 쓴다.
상훈이 실제 대학생이자 부잣집 도련님이라는 사실을 모르는 '나'는 상훈이 도둑질을 했다고 여김.

　"여봐, 이러지 말고 이제부터 내가 하는 소리를 정신 차리고 똑똑히 들어. 『나는 미치지도 않았고 도둑놈은 더구나 아냐. 나는 부잣집 도련님이고 보

시는 바와 같이 대학생이야. 아버지가 좀 별난 분이실 뿐이야. 아들자식이 너무 고생을 모르고 자라는 걸 걱정하셔서 방학 동안에 어디 가서 고생 좀

실컷하고, 돈 귀한 줄도 좀 알고 오라고 무일푼으로 나를 내쫓으셨던 거야.』 알아듣겠어?"
  『 』: 아버지의 지시에 따라 가난한 삶을 체험하기 위해 도금 공장에 취직해 생활했던 것임을 밝힘.

어떻게 그걸 알아들을 수가 있단 말인가.《우리 어머니는 부자들이 얼마나 호강들을 하며 사나에 대해 아는 척하기를 좋아했었다. 세상에 돈만 있으
  기뻐하고 즐거워함.

면 안 되는 게 없고 못 하는 게 없고, 인생의 온갖 열락이 돈 주위에 아양을 떨며 모여든다고 했다.》 그렇지만 가난뱅이 짓을 장난삼아 해 보는 부자
  《 》: 허영심이 강했던 어머니의 성격이 드러남.

들에 대해선 들은 바가 없다.

"우리 아버진 좋은 분이야. 요즈음 세상에 보기 드문 분이지. 자식들에게 호강 대신 여러 가지 어려움을 겪게 하고 싶으셨던 거야. 덕택에 나는 이번

방학에 아주 소중한 경험을 할 수 있었지. 돈 주고도 살 수 없는 귀한 경험이었어."
  가난을 체험 정도로 여기는 상훈의 태도 → 부유층의 허위의식이 드러남.

「참, 생각난다. 인형 옷 만드는 집 아줌마가 텔레비전 연속극 얘길 하면서, 재벌의 아들이 인생 공부 삼아 물장산가 뭔가 하는 얘기를 하던 것이 생
  「 」: 과거 회상을 통해 가난을 희롱하는 상훈의 태도에 대한 반감을 드러냄.

각난다. 아무리 연속극이라지만 구역질 나는 얘기라고 생각했다. 도대체 가난을 뭘로 알고 즈네들이 희롱을 하려고 해. 부자들이 제 돈 갖고 무슨 짓을

하든 아랑곳할 바 아니지만 가난을 희롱하는 것만은 용서할 수 없지 않은가. 가난한 계집을 희롱하는 건 용서할 수 있다손 치더라도 가난 그 자체를
  ↗ 사람이 하나님의 일을 하도록 하나님의 부르심을 받는 일

희롱하는 건 용서할 수 없다.」 더군다나 내 가난은 그게 어떤 가난이라고. 내 가난은 나에게 있어서 소명(召命)이다.
  가난을 부끄러워하지 않고 삶의 동력으로 여기는 '나'의 태도

"아버진 만족하고 계셔, 내가 그동안 그 지독한 생활을 잘 견딘 걸. 그래서 친구분한테도 자식들을 그렇게 고되게 키우는 걸 권하실 모양이야. 실상
  도금 공장에서 일하면서 체험한 가난한 생활

요새 있는 사람들, 자식을 너무 연하게 키우거든."

맙소사.《이제부터 부자들 사회에선 가난 장난이 유행할 거란다. 기름진 영감님들이 모여 앉아, 자네 자식 거기 아직 안 보냈나? 웬걸, 지금 여권 수

속 중이네. 누가 그까짓 미국 말인가, 빈민굴 말일세 하고.》
  《 》: 가난 체험을 했다는 상훈의 말을 듣고 한 '나'의 상상 → 가난을 체험의 수단으로 삼아 경험하는 부유층의 행위 비판

"그래서 아버지가 기분 좋아하시는 낌새를 타 가지고 네 얘기를 했어. 이런저런 빈민굴의 비참한 실정을 말씀드리다가 대수롭지 않게 슬쩍 내비쳤

지. 글쎄 하룻밤에 연탄 반 장을 애끼자고 체온을 나누기 위한 남자를 한 이불 속에 끌어들이는 여자애가 다 있더라고 말야. 물론 끌려 들어간 남자가
  가난을 이겨내기 위한 '나'의 절실한 행동을 희롱함.

나였단 소리는 빼고. 그랬더니 아버지가 의외로 깊은 관심을 보이시고 집에 데려다 잔심부름이라도 시키다가 쓸 만하면 어디 야학이라도 보내자고 하

시잖아. 좋은 기회야. 이 기회에 이런 끔찍한 생활을 청산해. 이건 끔찍할뿐더러 부끄러운 생활이야. 연탄을 애끼기 위해 남자를 끌어들이는 생활을 너
  물질 만능주의에 빠져 타인의 삶을 함부로 평가하는 오만한 부유층의 모습이 드러남.

도 부끄러워할 줄 알아야 돼."

암 부끄럽고말고. 부끄럽다. 부끄럽다. 부끄럽다. 당장 이 몸이 수증기처럼 사라질 수 있으면 사라지고 싶게 부끄럽다. 부끄럽다.
  가난을 희롱하는 상훈으로 인해 수치심을 느낌. → '나'의 자조적 인식이 드러남.

"자, 돈 여기 있어. 다시 데리러 올 테니 옷가지라도 준비해. 당장이라도 데리고 가고 싶지만 그런 꼴로 갈 순 없잖아."

『나는 돈을 받아 그의 얼굴에 내동댕이치고 그리고 그를 내쫓았다. 여섯 방의 식구들이 맨발로 뛰어나와 구경을 할 만큼 목이 터지게 악다구니를 치
  기를 써서 다투며 욕설을 함.

고 갖은 욕설을 퍼부어 그가 혼비백산 도망치게 만들었다.』
  『 』: 적선을 베푸는 듯한 상훈의 태도에 강한 분노를 표출함.

"가엾게시리, 미쳤구나."

그는 구두짝을 주섬주섬 집어 들고 도망치면서 중얼거렸지만 아마 곧 나에 대해 잊어버리게 될 것이다. 폐병쟁이를 잊어버리듯이 쉬 잊어버릴 것이

다.
  가난한 처지임에도 당당하게 상훈에게 맞선 자신에 대해 자부심을 느낌.

나는 그를 쫓아 보내고 내가 얼마나 떳떳하고 용감하게 내 가난을 지켰나를 스스로 뽐내며 내 방으로 돌아왔다. 그런데 내 방은 좀 전까지의 내 방

이 아니었다. 「빗발로 얼룩얼룩 얼룩진 채 한쪽이 축 처진 반자지*, 군데군데 속살이 드러난 더러운 벽지, 지퍼가 고장 난 비닐 트렁크, 절뚝발이 날림
자신의 처지에 대한 '나'의 인식 변화가 나타남.

포마이카 상, 제 몸보다 더 큰 배터리와 서로 결박을 짓고 있는 낡은 트랜지스터라디오, 우그러진 양은 냄비와 양은 식기들——」, 이런 것들이 어제와
가구 따위에 칠하는 합성수지 도료   「 」 : 살림살이를 구체적으로 나열하여 '나'의 열악한 생활환경을 보여 줌.

똑같은 자리에 있는데도 어제의 것이 아니었다. 그것들은 다만 무의미하고 추했다. 어제의 그것들은 서로 일사불란 나의 가난을 구성하고 있었지만, 지

금 그것들은 분해되어 추한 무용지물일 뿐이었다. 판잣집이 헐리고 나면 판잣집을 구성했던 나무 판때기, 슬레이트, 진흙덩이, 시멘트 벽돌, 문짝 들이
쓸모없는 물건

무의미한 쓰레기 더미가 되듯이 내 가난을 구성했던 내 살림살이들이 무의미하고 더러운 잡동사니가 되어 거기 내동댕이쳐져 있었다. 나는 그것들을
가난을 부정하지 않고 열심히 살던 자신의 삶이 상훈에게 조롱당한 후에는 비참하게 느껴짐.

다시 수습할 수 있을 것 같지가 않았다. 내 방에는 이미 가난조차 없었다. 나는 상훈이가 가난을 훔쳐 갔다는 걸 비로소 깨달았다. 나는 분해서 이를
자존감에 깊은 상처를 입었기 때문   상훈으로 인해 '나'의 자부심이자 삶의 동력이었던 가난이 수치와 절망감으로 전락함.

부드득 갈았다. 그러나 내 가난을, 내 가난의 의미를 무슨 수로 돌려받을 수 있을 것인가.
                              가난은 '나'에게 있어 단순한 물질적 빈곤이 아닌 존엄, 자부심, 존재의 의미를 내포함.

나는 우리 집안의 몰락의 과정을 통해《부자들이 얼마나 탐욕스러운가를 알고 있는 터였다. 아흔아홉냥 가진 놈이 한 냥을 탐내는 성미를 알고 있는
집을 담보로 목돈을 빌려 사업을 하다가 실패한 후 산동네 전셋집으로 이사를 오게 됨.

터였다. 그러나 부자들이 가난을 탐내리라고는 꿈에도 못 생각해 본 일이었다. 그들의 빛나는 학력, 경력만 갖고는 성이 안 차 가난까지를 훔쳐다가 그

들의 다채로운 삶을 한층 다채롭게 할 에피소드로 삼고 싶어 한다는 건 미처 몰랐다.》
               《 》 : 가난마저 체험의 수단으로 삼아 소비하는 부유층의 위선과 탐욕을 비판함.

나는 우리가 부자한테 모든 것을 빼앗겼을 때도 느껴 보지 못한 깜깜한 절망을 가난을 도둑맞고 나서 비로소 느꼈다.
      집안이 망하고 그로 인해 가족들이 죽음을 택했을 때조차도 '나'는 좌절하지 않고 열심히 살았음.

나는 쓰레기 더미에 쓰레기를 더하듯이 내 방 속에, 무의미한 황폐의 한가운데 몸을 던지고 뼈가 저린 추위에 온몸을 내맡겼다.
      자신마저 쓰레기로 느껴질 정도로 깊은 절망감에 빠진 '나'의 모습을 비유적으로 드러냄.

*반자지 : 반자(지붕 밑이나 위층 바닥 밑을 편평하게 하여 치장한 각 방의 윗면.)를 바르는 종이. 흔히 여러 가지 색깔과 무늬가 박혀 있음.

OX문제

01 독백적 진술을 중심으로 인물의 내면 심리를 드러낸다. [2019학년도 6월]   (O / X)

02 회상 장면을 삽입하여 인물이 처한 상황을 객관적으로 전달하고 있다. [2021학년도 수능]   (O / X)

03 과거와 현재를 매개하는 경험을 제시하여 인물이 겪는 인식의 변화를 드러내고 있다. [2018학년도 수능]   (O / X)

04 '나'는 예금 통장의 돈을 전부 사용해 남을 돕는 자신을 자랑스럽게 여겼다.   (O / X)

05 '나'는 상훈에게 가난을 도둑맞은 후 집안이 몰락하는 과정에서 느낀 깜깜한 절망감을 다시 한 번 느꼈다.   (O / X)

STEP
02 작품 해제

01 | 주제

물질 만능주의 세태에 대한 비판

02 | 특징

① 1인칭 주인공 시점으로 '나'의 내면과 감정 변화를 생생하게 드러냄.
② 인물 간의 대비를 통해 가난에 대한 인식의 차이를 선명히 보여 줌.
③ 1970년대 빈부 격차의 확대 및 심화 과정에서 나타난 물질 만능주의
 가치관과 일부 부유층의 이기적인 세태를 비판함.

03 | 작품 해제

「도둑맞은 가난」은 1970년대 빠르게 경제가 성장하던 산업화 시대를
배경으로, 돈과 물질을 가장 중요하게 생각하는 물질 만능주의 가치관의
사람들이 빈민들의 절망감을 심화시키는 상황을 비판적으로 그리고 있는
단편 소설이다. 작품에서는 특히 가난을 흥미로운 체험 삼아 경험하면서
가난한 사람의 삶에 끼어들어 자존감에 깊은 상처를 남기는 일부 부유층
의 비도덕적 행태를 고발하고 있다.

04 | 등장인물

– '나' : 집안이 망하고 가족이 모두 죽는 비극을 겪으면서도 가난을 소명
 으로 여기며 열심히 살아가는 인물. 생활비를 절약하고자 동거를 했던
 상훈에게 가난을 희롱당한 후 깊은 절망감에 빠지게 된다.
– 상훈 : 아버지의 지시로 가난한 삶을 체험하러 온 부잣집 도련님. '나'
 에게 자신의 정체를 밝히던 날, '나'의 자존감에 깊은 상처를 준다.

05 | 상세 줄거리

 아버지가 다니던 회사의 폐업으로 일자리를 잃자 어머니는 아버지를
부추겨 집을 담보로 목돈을 빌리고, 사무실을 얻어 아버지에게 사업을 시
작하게 한다. 그러나 사업마저 실패하게 되어 '나'와 가족들은 산동네 전셋
집으로 이사를 간다. 가난한 삶을 받아들이지 못했던 어머니는 '나'를 제외
한 가족들을 꾀어 연탄불을 피워 놓고 자살을 한다. 그 이후 '나'는 어머
니와 달리 가난을 부정하지 않고 있는 그대로 받아들이며 살겠다고 다짐
한다. '나'는 봉제 공장에 다니면서 미싱사의 꿈을 키우고, 그 과정에서 도
금 공장에 다니는 상훈을 만나게 된다. '나'는 생활비 절약을 위해 상훈과
동거를 시작한다.

 어느 날 상훈이 다니는 공장 사람이 폐병으로 쓰러지는 일이 생기고,
상훈이 그를 돕고 싶어 하자 '나'는 상훈과 함께 모은 예금 통장을 건네며
그를 도와주라고 말한다. 그런데 상훈이 그 통장에 있던 돈을 남김없이
모두 인출하여 폐병으로 쓰러진 동료에게 전해 주었다는 사실을 알게 된
'나'는 상훈과 크게 다툰다. '나'와의 다툼 이후 예고도 없이 가출한 상훈은
얼마 후 부잣집 도련님이 되어 돌아온다. 상훈은 '나'에게 자신은 대학생이
며, 아버지의 지시에 따라 가난한 삶을 체험하기 위해 도금 공장에 취직
했던 것임을 밝힌다. 옷을 사 입을 돈을 건네며 자신의 집에 들어와 잔심
부름이라도 하라는 상훈의 희롱 섞인 말을 들은 '나'는 악을 쓰며 그를 쫓
아낸다. 그 후 방으로 돌아온 '나'는 상훈에게 자신의 가난을 도둑맞았다는
것을 깨닫는다.

STEP

03 논문으로 만나는 출제자의 시선

가난에 대한 인물들의 인식 차이

「도둑맞은 가난」에서는 몰락한 중산층의 하류층에 대한 혐오와 매혹의 이중적인 태도가 극단적으로 재현된다. 이 소설에서 서술자인 '나'는 몰락한 중산층 가정의 딸로, 가난과 가난한 사람에 대해 어머니와는 명확한 인식의 차이를 보여 준다. '나'는 가난을 극복의 대상이라 생각하며, 억척스럽게 사는 하류층 사람들의 삶의 태도를 긍정적으로 인식한다. 반면, 어머니를 포함한 가족들(아버지, 오빠)은 중산층에서 하류층으로 전락한 현실에 대해 인정하기를 두려워하면서 가난한 사람들의 억척스러운 삶에 대해 경멸하는 태도를 보인다. 그런데 가난한 사람들에 대한 '나'와 어머니의 이 같은 인식의 차이는 삶에 대한 태도에서도 차이를 보인다. 평소 허영심이 많은 어머니는 남편의 회사가 망하자 집을 담보로 목돈을 빌려 사무실을 얻고 남편을 사장 노릇까지 시키지만, 사업이 망하면서 집과 세간살이까지 다 빼앗긴 채 결국 산동네에 사는 신세가 된다. 그렇지만 어머니는 여전히 가난한 현실을 인정하지 않고 가난에 익숙해져 살기를 한사코 거부하다가 아버지와 오빠를 꾀어 연탄불을 피워 놓고 집단 자살을 택한다. 한편 어머니를 포함한 가족들이 가난을 극복할 수 없는 자존심의 문제로 인식하고 끝내 죽음을 선택한 것과 달리, '나'는 가난을 극복의 대상으로 인식하여 미싱으로 인형 옷을 만드는 일을 하면서도 장차 일류 재봉사가 되리라는 꿈을 꾼다. 이때 '나'에게 있어 가난은 주체적인 삶을 살기 위해 상승을 준비하게 하는 동력이라는 점에서 의미가 있다.

27 전혜린, 먼 곳에의 그리움

STEP

01 지문 분석과 OX문제

나BS 수능특강 | **현대문학**

그것이 헛된 일임을 안다.
새해를 맞이할 때마다 드리는 기도 → 미지의 세계에서 새로운 일을 겪고 싶다는 기대와 동경

그러나 동경과 기대 없이 살 수 있는 사람이 있을까? 무너져 버린 뒤에도 그리움은 슬픈 아름다움을 지니고 있다.
설의적 표현 → 동경과 기대는 삶의 원동력이라는 인식이 드러남.　　　　　　　　　　　역설적 표현 → 그리움의 속성을 강조함.

나는 새해가 올 때마다 기도드린다. 나에게 무슨 일이 일어나게 해 달라고…… 어떤 엄청난 일, 무시무시하도록 나를 압도시키는 일, 매혹하는 일,
　　　　　　　　　　　　　　　　　　　　　　　　　　　　　유사한 어구를 반복하여 소망하는 바를 강조함.

한마디로 '기적'이 일어날 것을 나는 기대하고 있다. 올해도 마찬가지다. 모험 끝에는 허망이, 여행 끝에는 피곤만이 기다리고 있는 줄을 잘 안다.
소망하는 일을 '기적'이라고 표현한다는 점에서 현실적으로 실현이 어려운 것임을 알 수 있음.

그리움과 먼 곳으로 훌훌 떠나 버리고 싶은 갈망, 바하만의 시구(詩句)처럼 '식탁을 털고 나부끼는 머리를 하고' 아무 곳으로나 떠나고 싶은 것이다.
　　　　　　　　　　　　　　　오스트리아의 시인　　　　　　　　　　　　　　　고향을 그리워하는 마음이나 시름

먼 곳에의 그리움(Fernweh)! 모르는 얼굴과 마음과 언어 사이에서 혼자이고 싶은 마음! 텅 빈 위와 향수를 안고 돌로 포장된 음습한 길을 거닐고 싶
독일어 'Fern(먼, 낯선 곳의)'+'weh(슬픔, 고통)' → 낯선 곳에 가고 싶지만 그러지 못하는 것에서 비롯된 마음의 고통　　　　　　　그늘이 지고 축축한

은 욕망. 아무튼 낯익은 곳이 아닌 다른 곳, 모르는 곳에 존재하고 싶은 욕구가 항상 나에게는 있다.
　　　　　　　　미지의 세계(=먼 곳)

「포장마차를 타고 일생을 전전하고 사는 집시의 생활이 나에게는 가끔 이상적인 것으로 생각된다. 노래와 모닥불가의 춤과 사랑과 점치는 일로 보내
① 일정한 거주지 없이 항상 이동하며 생활하는 소수의 유랑 민족 ② 정처 없이 떠돌아다니며 방랑 생활을 하는 사람을 비유적으로 이르는 말

는 짧은 생활, 짧은 생.」 내 혈관 속에서는 어쩌면 집시의 피가 한 방울 섞여 있을지도 모른다고 혼자 공상해 보고 웃기도 한다.
「　」: '나'가 추구하는 삶의 구체적인 모습

내 영혼에 언제나 고여 있는 이 그리움의 샘을 올해는 몇 개월 아니 몇 주일 동안만이라도 채우고 싶다. 너무나 막연한 설계, 아니 오히려 '반설계
　　　　　　　　　　　　　　　　　　　　　　　　　실제로는 일어나기 힘든 계획을 막연히 세우기만 하는 것이므로 오히려 '설계'와는 반대된다고 생각했기 때문

(反設計)'라는 편이 나을 것이다.

그러나 모든 플랜은 그것이 미래의 불확실한 신비에 속해 있을 때에만 찬란한 것이 아닐까? 이루어짐 같은 게 무슨 상관있으리요? 동경의 지속 속
　　　　　　　　　　　설의적 표현 → 계획이 실현되었을 때보다 실현되기를 바라고 있을 때가 찬란하다는 생각을 강조함.

에서 나는 내 생명의 연소를 보고 그 불길이 타오르는 순간만으로 메워진 삶을 내년에도 설계하려는 것이다.
　　　정열을 불태우며 치열하게 사는 삶을 의미

아름다운 꿈을 꿀 수 있는 특권이야말로 언제나 새해가 우리에게 주는 유일의 선물이 아닌가 나는 생각해 본다.

OX문제

01 물음의 방식을 활용하여 인물의 인식을 드러내고 있다. [2025학년도 9월]　　　　　(O / X)

02 의식의 흐름 기법을 활용하여 인물의 내적 욕망을 드러내고 있다. [2012학년도 9월]　　(O / X)

03 '나'는 새해마다 '허망'과 '피곤'이 없는 '어떤 엄청난 일'이 일어나게 해 달라고 기도한다.　(O / X)

04 '나'는 불확실한 상황 속에서 계획을 꿈꿀 수 있는 것이 하나의 특권이라고 생각한다.　　(O / X)

05 시간을 나타내는 표현을 활용하여 내용을 전개하고 있다. [2023학년도 6월]　　　　　(O / X)

STEP 02 작품 해제

01 | 주제

현실에 안주하지 않고 낯선 세계에서의 새로운 일들을 꿈꾸는 자세

02 | 특징

① 삶의 태도에 대한 감상을 간결한 문체로 풀어낸 경수필에 해당함.
② 지향하는 세계를 '먼 곳'으로 형상화함.
③ 설의적 표현을 통해 주제 의식을 부각함.

03 | 작품 해제

「먼 곳에의 그리움」은 현실과 이상, 그리고 인간 내면의 갈망을 섬세하고 간결한 문체로 풀어낸 경수필이다. 이 작품에서 작가는 현실에 안주하는 것을 거부하며, 끊임없이 새로운 일과 낯선 세계를 꿈꾸는 자세를 강조한다. 또한 작가는 이러한 소망이 성취 여부와 상관없이 중요하다고 말하며, 소망을 지니고 그것을 이루기 위해 노력하는 과정 자체가 삶의 의미임을 역설한다. 이는 인간 존재가 가진 본질적 동경과 기대를 철학적으로 탐구한 결과라고 할 수 있다. 한편, 제목의 '먼 곳'은 글쓴이가 동경하는 미지의 세계를 가리키며, 이는 글쓴이의 막연한 동경 속에만 존재하는 곳이라는 점에서 일종의 찬란한 환상에 해당한다고 볼 수 있다.

05 | 상세 줄거리

'나'는 새해가 올 때마다 어떤 엄청난 일, 매혹하는 일과 같은 '기적'이 일어나기를 기도한다. 모험 끝엔 허망이, 여행 끝엔 피곤만이 기다리는 줄 알면서도 '나'는 올해도 마찬가지로 자신에게 무슨 일이 일어나게 해 달라고 빈다. 이는 곧 먼 곳으로 훌훌 떠나 버리고 싶은 갈망과 그리움을 나타내는데, '나'는 낯선 곳, 모르는 곳에 존재하고 싶은 욕구가 항상 자신에게 있음을 생각한다. 특히 '나'는 포장마차를 타고 일생을 전전하며 사는 집시의 생활을 종종 이상적으로 생각하며 공상하기도 한다. '나'는 막연히 '먼 곳에의 그리움'을 몇 주일 동안만이라도 채우고 싶다고 생각하며, 이러한 설계를 '반설계'라고 표현하는 것이 낫겠다고 이야기한다. 그러면서 모든 계획은 그것이 미래라는 불확실한 신비 속에 있을 때만 찬란한 것이 아닐까 하며 내년에도 같은 삶을 설계하고자 한다. 더하여 아름다운 꿈을 꿀 수 있다는 특권이야말로 새해가 주는 유일한 선물이 아닐까 생각한다.

04 | 등장인물

- '나' : 새해를 맞이할 때마다 새로운 세계에서 자유롭게 살고 싶다는 기도를 한다. 기도가 이루어지지 않아도 동경과 기대를 잃지 않고 살아가는 것이 중요하다고 생각한다.

STEP 03 논문으로 만나는 출제자의 시선

● 작가론

전혜린은 두 권의 수필집과 10여 편의 번역 작품을 남긴 수필가이자 번역가이다. 1934년에 태어나 일제 강점기를 보내고, 한국 최초로 독일 유학을 다녀왔으며, 1964년 만 30세의 나이에 성균관대 조교수로 임용되었으나, 1965년 1월 10일 만 31세의 나이에 짧은 생을 마친 여성 지식인이다.

전혜린은 독일 유학 시절인 1958년 3월 「한국일보」에서 현상 공모했던 '해외 유학생의 편지'에 「뮌헨의 몽마르뜨」가 입선되면서 수필가로 활동했으나, 짧은 생애 동안 그녀가 공식적으로 발표한 수필은 50편이 채 안 된다. 두 권의 산문집 중 『그리고 아무 말도 하지 않았다』는 사후 그녀를 추모하기 위해 수필을 모아 발간한 유고집이며, 『미래 완료형의 시간 속에서』(이후 개정판에서 『이 모든 괴로움을』으로 개제)는 『그리고 아무 말도 하지 않았다』가 대중들의 폭발적 반응을 얻자, 그녀의 일기와 서한(안부, 소식, 용무 따위를 적어 보내는 글), 추모 글을 엮어 만든 산문집이다. 그러나 그 두 권의 산문집은 한국 문학 제도 안에서 대체로 '파편적, 관념적 독백, 치기 어린 감상의 과잉된 감성, 이국 취향, 수준 미달' 등의 평가를 받으며 '문학적 성취'와는 먼 것으로 논의되곤 하였다. 그럼에도 불구하고 단 두 권의 산문집으로 인해 전혜린은 6~70년대를 풍미하는 베스트셀러 작가가 되었으며, '신화', '전설', '청춘', '천재 여성', '광기와 일탈', '자유와 저항', '불꽃처럼 살다간 비운의 여성' 등의 아이콘이 되었다. 또한 그녀가 번역한 작품인 『데미안』, 『생의 한가운데』도 더불어 60년대를 거쳐 80년에 이르기까지 한국 독자들을 사로잡는 스테디셀러가 되었다. 일종의 '신드롬'이라 할 수 있는 전혜린 열풍은 6~70년대 대중문화와 독서계를 휩쓸었을 뿐 아니라, 66년 두 명의 문학소녀로 하여금 '저자도 나와 똑같이 고독하다. 어디론가 가고 싶다.'라는 유서를 남기고 동반 자살하는 일을 낳기도 했다. 또한 80년대 들어 두 권의 평전을 통해, 그리고 90년대 장편 소설과 에세이를 통해 '전혜린 신화'는 다시 쓰이고 재생산되기도 하였다. 또한 현재까지도 각종 '기인열전'이나 문사들의 에세이에서 일종의 '전혜린적인 것'으로 불림으로써 그 영향력을 과시하고 있다.

● 전혜린과 낭만주의

전혜린의 수필과 일기를 한 마디로 요약하자면 신화화된 전혜린의 삶과 꼭 닮아 있는 '낭만주의'의 결정체이다. 평론가 장석주는 전혜린을 두고 "그녀는 특이하게도 자신의 생을 통해 이룬 '업적'이 아니라 인식에의 끝없는 갈구와 열띤 방황이라는 삶의 '태도'만으로 사후 '전혜린 신화'를 창조해 냈다."라고 언급한 바 있는데, 그 태도란 바로 낭만주의이다.

전혜린의 수필에 당시 지식인이 아니라 대중이 열광했던 것은 그녀가 보여 준 낭만주의 태도에서 비롯된 것이다. 낭만주의는 대체로 '새롭고 낯선 것에 대한 동경, 감성과 상상력을 중심으로 둔 예술론, 규율과 형식 그리고 현실을 초월하는 자유분방한 정신, 순수한 자아, 그리고 절대와 무한성에 대한 추구와 현실의 유한성 사이의 괴리에서 발생하는 불화, 환상에의 탐닉과 비현실, 죽음에 대한 동경' 등을 그 특징으로 하고 있다.

두 권의 유고집에서 두드러지는 전혜린의 낭만주의 특성은 첫째, 이국 취향이다. '회색 안개와 포도, 레몬빛 가스등으로 빛나는 뮌헨, 자유, 청춘, 모험, 천재, 예술, 사랑, 기지로 가득 찬 슈바빙, 값싼 흰 소세지와 맥주, 다양한 인종과 국적의 학생들이 있는 제에로오제 음식점, 데운 맥주와 와인이 있는 몽환의 시월, 자전거를 탄 할아버지가 긴 막대기로 오렌지빛 가로등을 켜는 박모의 광경, 얇은 옷과 어두운 기차 터널을 통해 만난 빙산의 알프스' 등, '슈바빙'으로 대표되는 낭만적인 이국 풍경은 '전혜린적인 것'의 가장 중요한 내용을 구성하고 있다. 또한 이러한 슈바빙은 단순히 몽환적 장소만이 아니라, 인습과 소시민적인 것에서 벗어나 예술과 지성을 자유롭게 추구할 수 있는 청춘의 이상향으로 그려지고 있다.

둘째, '어떤 엄청난 일, 무시무시하도록 나를 압도시키는 일, 매혹하는 일'에 대한 전혜린의 열망은 비범에 대한 그녀의 갈망과 상통한다. "죽어도 평범한 인간이 되어선 안 된다는 생각이 지금껏 어느 마녀의 저주같이 따라다니고 있다."는 그녀 스스로는 어렸을 때의 치기라고 치부하나 여전히 그녀를 사로잡고 있는 강박 의식이다. 하여, 그녀는 일기에 "격정적으로 사는 것"에 대한 열망을 적었으며, 이런 '순간의 지속'에 대한 열망을 곳곳에 표현하였다.

셋째, 전혜린의 낭만성은 생의 가치를 오직 정신적인 것에 두고 물질, 육체를 비롯한 일체의 일상적인 것과 세속적인 것을 혐오하는 것으로 표출된다. 6·25 전쟁, 분단, 4·19 혁명, 5·16 군사 정변을 체험했던 전혜린이 어느 한 곳에서도 이러한 한국 현실에 대한 통찰과 체험을 글로써 형상화하고 있지 않은 것은 바로 이러한 세속과 일상에 대한 강박적 혐오에 기인한 것으로 보인다. 그녀에게 일상과 세속은 오염이자 권태이며, 순간의 몰입과 정신적 황홀경만이 의미 있었던 것이다.

STEP

01 지문 분석과 OX문제

나BS 수능특강 | 현대문학

「그야 얼마를 쓰셨든지요. 그런 돈은 좀 유리하게 쓰셨으면 좋겠다는 말씀입니다.」
조 의관은 족보와 조상의 산소에 큰돈을 썼음. 쓸모 있게, 의미 있게 늙은 부모 → 조 의관
「 」 : 상훈이 아버지인 조 의관에게 불만을 토로하자
조 의관은 상훈의 위선적인 면모를 폭로하며 반격함.

'재하자 유구무언(在下者有口無言)'의 시대는 지났다 하더라도 노친 앞이라 말은 공손했으나 속은 달았다.
윗어른에게 할 말을 제대로 하지 못하는 유교적·봉건적 가치관이 지배하던 시대 열이 나 몸이나 몸의 일부가 뜨거워졌다

"어떻게 유리하게 쓰란 말이냐? 너같이 오륙천 원씩 학교에 디밀고 제 손으로 가르친 남의 딸자식 유인하는 것이 유리하게 쓰는 방법이냐?」
상훈이 학교 사업을 위해 큰돈을 쓴 일 상훈이 친구의 딸인 홍경애를 첩으로 삼아 딸까지 낳은 것을 말함.

아까부터 상훈의 말이 화롯가에 앉아서 폭발탄을 만지작거리는 것 같아서 위태위태하더라니 겨우 간정되려던 영감의 감정에 또 불을 붙여 놓고 말
화가 가라앉아 진정되려던 ↳ 조 의관
았다.
■ : 서술자의 개입 → 상훈과 조 의관의 갈등 상황에 대한 견해를 제시함.

상훈이는 어이가 없어서 얼굴이 벌게진다.
인물의 심리를 간접 제시함. → 무안함, 민망함, 화남
《부친의 소실 수원집과 경애 모녀와는 공교히도 한 고향이다. 처음에는 감쪽같이 속여 왔으나 수원집만은 연줄 연줄이 닿아서 경애 모녀의 코빼기도
후처 좋지 않은 일이 우연하게 딱 들어맞게도 계속적으로 또는 여러 가지로 인연이 닿아서

못 보았건마는 소문을 뻔히 알고 따라서 아이를 낳은 뒤에는 집안에서 다 알게 되었던 것이다. 덕기 자신부터 수원집의 입에서 대강 들어 안 것이다.
상훈이 경애와 살림을 차린 것 수원집이 의도적으로 가족들에게 소문을 냄. ↳ 상훈의 아들

그러나 내외가 몇 번 충돌한 외에는 노영감님도 이때껏 눈감아 버린 것이요, 경애가 들어 있는 북미창정 그 집에 대하여도 부친이 채근한 일은 없는
상훈 부부 조 의관 서울 중구 북창동의 옛 명칭 일의 근원을 캐어 밝힌

것이라서》 지금 조인광좌(稠人廣座)* 중에서 아들에게 대하여 학교에 돈 쓰고 제 손으로 가르친 남의 딸 유인하였다는 말을 터놓고 하는 것을 들으니
조 의관 부친의 제삿날이라 가족 모두가 모여 있는 상황임. 《 》 : 요약적 제시 → 사건 전개를 빠르게 함.

아무리 부친이 홧김에 한 말이라 하여도 듣기에 괴란쩍고 부자간이라도 너무 야속하였다.
얼굴이 붉어지도록 부끄러운 느낌이 있고

"아버지께서는 너무 심한 말씀을 하십니다마는 어쨌든 세상에 좀 할 일이 많습니까. 교육 사업, 도서관 사업, 그 외 지금 조선어 자전 편찬하는
홍경애와의 일을 말하며 비난한 것 상훈의 개화기 지식인으로서의 면모(근대적 가치관)가 드러남.

데……."

상훈이는 조심도 하려니와 기를 눅이어서 차근차근히 이왕지사 말이 나왔으니 할 말을 다 하겠다는 듯이 말을 이어 나가려니까 또 벼락이 내린다.
분위기나 기세 따위를 부드러워지게 해서 몹시 무서운 꾸지람이나 나무람을 받게 되다(관습적 표현)

"듣기 싫다! 누가 네게 그 따위 설교를 듣자던? 어서 가거라."

"하여간에 말씀입니다. 『지난 일은 어쨌든 지금 이 판에 별안간 치산*이란 당한 일입니까. 치산만 한대도 모르겠습니다마는 서원을 짓고 유생들을 몰
사리에 맞는, 마땅한 유학을 공부하는 선비

아다 놓으시렵니까?…… 돈도 돈이거니와 지금 시대에 당한 일입니까?』
근대화된 시대 『 』 : 전통적 가치관을 고수하는 조 의관을 비판함.

상훈이는 아까보다 좀 어기를 높여서 반대를 하였다.
말하는 기세

"잔소리 마라! 그놈 나가라니까 점점 더하고 섰고나. 내가 무얼 하든 네가 무슨 상관이란 말이야. 「내가 죽으면 동전 한 닢이라도 너를 남겨 줄 줄
감정이 격양됨. 재산

아니! 너는 이후로는 아무리 굶어 죽는다 하여도 한 푼 없다. 너는 없는 셈만 칠 것이니까…… 너희들도 다 들어 두어라.」
「 」 : 부자간의 인연을 끊고 상훈에게는 재산을 물려주지 않을 것임을 가족들 앞에서 선언함.

하고 좌중 돌려다 보며 말을 잇는다.
여러 사람이 모인 자리 조 의관은 자신의 재산 상속자로 아들이 아닌 손자를 지목함.

"내 재산이라야 얼마 있는 게 아니다마는 반은 덕기에게 물려줄 것이요, 그 나머지로는 내가 쓰고 싶은 데 쓰다 남으면 공평히 나누어 주고 갈 테
분쟁이 생기지 않도록 확실하게 마무리할 것이니까 '상복(장례 때 입는 옷)'을 속되게 이르는 말

다. 공증인을 세우든 변호사를 불러 대든 하여 뒤를 깡그르뜨려 놓을 것이니까 너는 인제는 남 된 셈만 쳐라. 내가 죽으면 네가 머리를 풀 테냐? 거상
당사자나 관계자의 부탁을 받아 민사에 관한 공정 증서를 작성하며, 사서 증서에 인증을 주는 권한을 가진 사람 기독교인으로서 제사에 참여하지 않는 상훈에 대한 반감

을 입을테냐?"
아들인 상훈과의 갈등이 오래된 것임을 알 수 있음. 수원집의 딸 귀순이

영감은 사실 땅문서도 차츰차츰 덕기의 명의로 바꾸어 놓아 가는 판이요 반은 자기가 쓰다가 남겨서 수원집과 막내딸의 명의로 물려줄 생각이다. 만

일에 십오 년 더 사는 동안에 아들 하나를 더 본다면 물론 그 아들을 위하여 반은 물려줄 요량도 하고 있는 터이다.

《 》: 3인칭 서술자가 상훈의 관점에서 상훈이 느끼는 고독과 소외감을 서술함.　　　　　　　　앞일을 잘 헤아려 생각함.

《이때까지 술이 취하면 주정으로 이런 말을 하는 것을 듣기도 많이 하였지만 오늘은 친기*라 하여 술 한 잔 안 자신 이 영감이 맑은 정신으로 여러
　　　상훈에게 재산을 물려주지 않을 것이라는 말

젊은 애들 앞에서 떠들어 놓는 것은 처음이다. 그래야 이 방중은 고사하고 이 집안 속에서 자기편을 들어 줄 사람이라고는 하나 없고나 하는 생각을
　　　　　　　　　　　　　　　방 안에 있는 사람들은 그만두고라도

하니 상훈이는 새삼스러이 고독을 느끼고 모든 사람이 야속하였다.》
　　『 』: 상훈이 윤리적 책임을 다하지 않는 것을 지적함.

"『애비 에미도 모르고 계집자식도 모르는 너 같은 놈은 고생을 좀 해 봐야 한다. 내가 돈이 있으니까 네가 한 달에 한 번이라도 들여다보는 것이지
　　　　　　　　아내와 자식

내가 아무것도 없어 보아라. 돌아다보기커녕 고려장이라도 족히 지낼 놈이 아니냐.』 어서 나가거라. 이 자식, 조상을 꾸어 왔다는 자식은 조가가 아니
　　　　예전에, 늙고 쇠약한 사람을 구덩이 속에 산 채로 버려 두었다가 죽은 뒤에 장사 지냈다는 일　　　　다른 가문의 족보를 산 조 의관에게 상훈이 했던 말

다."

하고 노인은 별안간 벌떡 일어나서 아들을 떼밀어 내쫓으려는 듯이 덤벼든다.
　　　　행동 묘사 → 조 의관의 분노가 최고조에 달했음을 드러냄.

(중략)

'그날 취중에 아내에게 경애를 만났다는 이야기를 하였던가? 그래서 아내가 어머니에게 말씀하고 또 말이 아버지께로 들어가고 만 것인가?' 덕기는
　　　　　　　　덕기의 아내　　　　　　　　　　　　덕기의 어머니이자 상훈의 본처　　　　　　상훈

이렇게 생각하여 보았다.

사실 그 추측이 옳았다.
덕기의 아내는 덕기가 경애를 만난 일을 시부모에게 알림.

모친은 가뜩이나 한 판에 며느리에게 '어제 애아범이 홍경애인가를 일본 술집에서 만났대요.' 하는 소리를 들을 제 한동안 잊었던 일이 다시 머리를
　　　　　　　　　　　덕기는 친구와 함께 술집에 갔다가 그곳에서 일하는 경애를 만났음.　　　　상훈이 경애와 아이를 낳고 살림을 차린 것

쥐어뜯었고 영감이 그저 끼고돌면서 밑천을 대어 주어서 그런 하이칼라 술집까지 경영시키는 것이라고만 믿어 버렸다.
　　　　　　　　상훈의 아내는 자신의 남편이 경애가 술집을 경영할 수 있도록 돈을 주고 있다고 생각함.

모친은 아들을 보고 너까지 그년과 한편이 되어서 술을 얻어먹으러 다니느냐고 듣기 싫은 소리를 하고 싶었으나 그동안 큰집에서는 이런 말을 꺼낼

틈이 없었고 아까 안방에서는 수원집 놀래*를 하기에 깜빡 잊어버렸던 것이다.
　　　　　　　　상훈의 아내는 수원집과 말다툼을 했음.

하여간에 영감이 어젯밤에 모처럼 안방에 들어와서 왜 수원집과 싸우고 다니느냐고 야단을 칠 때 마누라의 입에서 홍경애 놀래가 나오고 말았다.
　　　　　　　　　　　　　　　　　　　　　　상훈의 본처

《마누라의 말은 네 살이나 다섯 살 먹은 자식까지 달렸는데 좀처럼 헤어질 리가 있겠느냐고 상성*이요, 영감의 말은 헤어지든 말든 아랑곳이 무어
　　　상훈의 아내는 남편과 경애 사이에 아이가 있기에 둘이 헤어질 리 없다고 생각함.

냐? 지금이라도 이혼해 달라면 이혼해 주마고 맞장구를 친 것이었다.》
　　　《 》: 경애 문제로 다툰 상훈 부부의 모습이 드러남.

"어떻게 된 일인지 모르겠습니다마는 저대루 내버려두시면 어떻게 합니까?"
　　　　　　　　　　　덕기가 경애와 관련된 일에 적극적으로 나서지 않는 상훈의 태도를 지적함.

덕기는 말을 꺼내기가 거북한 것을 억지로 부리를 땄다.
　　　　　　　　　　　　이야기를 시작했다

"내버려두지 않으면 어떻게 하니? 내 처지도 내 처지요, 제가 발광을 하고 떨어져 나간 것을……."
　　　　　　상훈은 자신의 체면을 지키기 위해 경애를 모른 척하고 있으며, 경애가 스스로 거리를 두었다고 주장함.

"말눈치가 그렇지 않은가 보던데요?……「어쨌든 아버지 체면만 생각하시고 거기 달린 두 사람 세 사람을 희생을 해 버리시고 마는 것은 아무리 아
경애와 이야기를 나누어 본 덕기는 상훈의 말에 동의하지 않음.

버지께서 하신 일이라도 저는 큰 잘못이라고 생각합니다.」"　　　「 」: 덕기는 체면과 권위를 중시하며 가족 문제의 책임을 회피하는 상훈을 비판함.

덕기는 당돌히 하고 싶은 말을 꺼냈다.

"네가 참견할 것 아니야!"

하고 부친은 소리를 친다.

"제가 참견할 것도 아닙니다마는 처음이고 나중이고 모두 아버지 책임이 아닙니까? 그 책임을 어떻게 하시렵니까?"

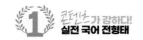
아들은 대드는 수작이다.

_{아주 보잘것없거나 규모가 작은 것을 비유적으로 이르는 말}

"책임이 내가 무슨 책임이란 말이냐? 어쨌든 네가 쥐뿔 나게 나설 일이 아니야!"

_{덕기가 자신에게 경애의 일과 관련된 비판을 하자 화를 냄.}

부친은 또 불쾌히 핀잔을 주었다. 학교 이야기를 할 때까지는 덕기의 비위를 거스르지 않고 잘 어루만져 주어야 하겠다는 생각을 하였으나 지금은

그것도 잊어버리고 전대로의 까닭 모를 못마땅한 생각이 머리를 든 것이다.

"어쨌든 저편에서 일을 버르집어 낸 것도 아닐 것이요, 저편에서 물러선 것은 아니겠지요. 세상에서 떠드는 것이 무서우시니까……"

_{크게 벌려 놓거나 들추어내는}

"잔소리 마라! 어린 게 무얼 안다고 주책없이 할 소리 못 할 소리 기탄없이……"

_{어려움이나 거리낌이 없이}

부친은 듣기도 싫지만 아비 된 성검을 세우려는 것이다.

_{아버지로서의 체면을 의미함.}

덕기는 잠자코 앉았을 수밖에 없었다. 그러나 말이 난 김이니 하고 싶던 말은 다 하고야 말겠다고 단단히 결심하였다.

_{일의 뒤끝을 맡아서 처리함.}

"어쨌든 그 애가 불쌍하지 않습니까? 그 애까지야 무슨 죄로 희생이 됩니까? 제가 감히 아버지의 잘잘못을 말씀하려는 게 아닙니다마는 뒷갈망을

_{상훈과 경애 사이의 아이(덕기의 이복동생)}　　　　　　　　　　　　　　_{덕기는 윤리적으로 아버지가 자식을 책임지는 것이 적절하다는 점을 강조함.}

하셔야 하지 않습니까?"

"나더러 무슨 뒷갈망을 하라는 말이냐? 그 자식은 내 자식이 아니야!"

_{무책임한 상훈의 태도}

하고 부친은 소리를 한층 더 버럭 지른다.

"그건 무슨 말씀입니까? 저도 그제 저녁에 가 보고 왔습니다만 어째서 그런 말씀을 하십니까? 『안 할 말씀으로 아버지께서 책임을 모피하시려고―

_{꾀를 내어 피함.}

허물을 저편에 들씌우고 발을 빼시려고 그렇게 모함을 잡으신 것은 설마 아니시겠지요?』

_{경애}　　　　　　　　　　　　　　　　　　　　_{『　』: 자신이 한 일의 책임을 경애에게 떠넘기는 상훈의 무책임한 태도를 비판함.}

덕기는 상성이 났다.

_{본래의 성질을 잃어버리고 전혀 다른 사람처럼 됨. → 덕기의 태도 변화 : 처음엔 조심스러웠지만 점점 아버지에 대한 분노와 실망이 겉으로 드러남.}

"무어 어째? 그게 자식으로서 아비에게 하는 말버릇이냐?"

하고 부친은 화를 참느라고 소리를 낮추어서,

「"어서 가거라! 어서 가!"

_{「　」: 조 의관이 자신에게 했던 행위를 아들인 덕기에게 그대로 하고 있는 상훈의 모습}

하고 들것질을 한다.」

_{남을 가만히 두지 않고 계속해서 집적이거나 괴롭힘.}

*재하자 유구무언 : 아랫사람은 입이 있어도 말도 못 하고 지냄을 이르는 말. / *조인광좌 : 여러 사람이 빽빽하게 많이 모인 자리.

*치산 : 산소를 매만져서 다듬음. / *친기 : 부모님의 제사.

*놀래 : '논래'의 옛 표현. '논의', '논란'의 뜻으로 사용함. / *상성 : 몹시 보챔.

OX문제

01 서술의 초점을 다양한 인물로 옮겨 가며 갈등을 입체적으로 드러내고 있다. [2018학년도 9월]　　(O / X)

02 상훈은 자신의 일을 존중해 주는 조 의관과 달리, 조 의관이 시대에 맞지 않는 일을 한다며 비판하였다.　　(O / X)

03 요약적 서술을 통해 시대적 배경을 제시하고 있다. [2015학년도 수능A]　　(O / X)

04 시간의 흐름에 따라 사건을 배치하여 그에 따른 인물의 태도 변화를 보여 주고 있다. [2013학년도 5월B]　　(O / X)

05 덕기는 자신의 지적을 불쾌하게 여기는 상훈의 태도에 실망하여 자신의 생각을 모두 말하지 않고 물러섰다.　　(O / X)

01 | 주제

일제 강점기 한 가문을 둘러싼 재산 상속 문제와 3대에 걸친 세대 간 갈등

02 | 특징

① 시대적 상황과 삼대에 걸친 세대 갈등을 사실적으로 묘사함.
② 풍자, 비판의 대상이 되는 인물의 행적을 구체적으로 드러냄.
③ 복잡하지만 치밀한 사건을 묘사하여 현실감과 생동감을 부여함.
④ 3인칭 서술자가 특정 인물을 초점화하여 인물의 생각과 감정을 전달함.

03 | 작품 해제

이 작품은 1920~30년대 서울을 배경으로, 중산층 가족 삼대(三代)가 겪는 갈등을 통해 당대 식민지 조선의 현실을 사실적으로 그려 낸 장편 소설이다. 조부 조 의관은 봉건적 가치를 고수하며 돈을 중시하는 인물로, 시대에 뒤처진 삶을 살아간다. 한편 그의 아들 조상훈은 신문물에 적극적인 개화 의식을 지녔지만, 도덕적으로는 타락하고 위선적인 삶을 살아간다. 반면 손자 조덕기는 할아버지나 아버지와는 달리 어떤 이념에도 치우치지 않는 중도적 가치관을 추구하는 신세대 인물로 그려진다.

작가는 조씨 집안의 가족 갈등과 그들과 얽힌 주변 인물들의 관계를 통해 1920년대 식민지하 조선 사회의 부조리와 인간 군상을 생생하게 보여 주고 있다. 조 의관과 조상훈, 그리고 주변 인물들을 통해 구시대적이고 비도덕적인 삶을 비판하는 한편, 덕기와 그의 친구 병화로 대표되는 새로운 세대를 통해 조선의 미래에 대한 희망을 드러내고자 하였다.

04 | 등장인물

- 조 의관(1세대) : 양반에 대한 자격지심이 강하며, 가문과 제사를 중시하는 구시대적이고 전통적인 가치관을 가진 인물. 사회 혼란기에 돈으로 양반의 족보를 사 신분의 상승을 꾀하였다. 혼란스럽던 구한말에 재산을 모은 대지주이며, 집안에서는 가부장적인 권위를 보인다.
- 조상훈(2세대) : 조 의관의 아들이자 조덕기의 아버지. 전통의 유교적 가치에 반발하면서도 새로운 사상에 적응하지 못하는 과도기적 인물로, 개화기 세대를 대표한다. 넉넉한 집안 덕에 유학을 다녀오고 기독교인으로서의 품격을 가졌으나, 반도덕적·속물적 인물로 전락한다.
- 조덕기(3세대) : 조상훈의 아들이자 조 의관의 손자. 조부와 아버지의 대립에 절충적인 태도를 보인다. 일제 치하의 식민 세대에 속하는 인물로, 당대 지식인의 전형이다. 사회주의 운동에 동조하는 마음을 가지나, 특정 가치관을 따르지 않는 중도적인 모습을 보인다.
- 수원집 : 30대의 나이에 70세에 가까운 조 의관의 후처로 들어와 딸을 낳았다. 조 의관의 비위를 맞추며 다른 가족들을 모함해 조씨 가문에서 자신의 입지를 강화하려고 한다.
- 홍경애 : 조덕기의 학교 동창. 조상훈과 관계를 맺고 아이까지 낳지만 버림받아 술집에서 일을 하며 생계를 이어 나간다. 그러나 과거에 묶이지 않고 자신의 운명을 개척하기 위해 해외의 독립 운동가인 이우삼과 연계하여 그를 뒤에서 돕는 역할을 한다.

05 | 상세 줄거리

조상훈은 아버지인 조 의관에게서 미움을 받아 본가로부터 나와 살고 있으며 본처와 사이가 좋지 않다. 자신의 아들인 조덕기의 학교 동창이자 자신이 보살피던 운동가의 딸인 홍경애와 아이까지 낳지만, 무책임한 태도로 인해 그녀와도 사이가 멀어진 상태이다. 조 의관은 아들인 조상훈과 달리 손자인 조덕기의 가족은 예뻐하여 본가로 불러들이고, 조덕기 가족은 조 의관의 첩인 수원집과 함께 지낸다. 일본 유학생인 조덕기는 방학을 맞아 고향으로 돌아왔다가, 증조부의 제사로 인해 일본으로 돌아가는 것을 미루고 집에 머물면서 집안의 뒤엉킨 인간관계와 갈등을 목격한다.

조 의관은 돈을 들여 양반의 족보를 사고 의관이라는 벼슬을 얻었는데, 기독교 교인이며 개화사상, 신식 교육에 몸담은 바가 있는 조상훈은 아버지를 이해하지 못한다. 이로 인해 조상훈은 족보를 만드는 일로 아버지와 다툼을 벌인다. 사회 사업에 관심이 많지만 3·1 운동의 실패 후 허무주의에 빠져 방탕한 생활을 하던 조상훈은 조 의관에게서 미움을 받아 왔는데, 둘의 갈등이 심화되면서 결국 조 의관은 자신의 재산을 아들인 조상훈이 아닌 손자 조덕기에게 물려주겠다고 선언한다. 조덕기는 조 의관으로부터 유학을 포기하고 가문의 상징인 사당(조상의 신주를 모셔 놓은 집)과 금고의 열쇠를 받으라는 명을 받는다. 그러다 갑작스레 위독해진 조 의관은 대학 병원에 입원하고, 금고를 열어 본 조덕기는 그 안에 재산을 상세히 분배해 놓은 유서를 발견한다.

한편 조 의관이 입원해 있는 사이에 수원집과, 그녀를 조 의관에게 소개해 준 최 참봉은 조 의관의 재산을 빼돌릴 모략을 꾸민다. 결국 조 의관이 죽고 그 사인이 비소 중독(음독)으로 밝혀지자, 재산 문제를 둘러싼 집안의 갈등은 심화된다. 이후 조덕기가 집안의 재산을 관리하면서 수원집 일행의 계획은 물거품이 되고, 조상훈은 더욱 방탕한 생활에 빠져 노름과 사치로 가산을 탕진한다. 아버지의 무책임한 행동을 본 조덕기는 아버지와 주먹다짐 직전까지 이른다. 여기에 조 의관의 사망과 덕기의 친구인 병화(공산주의자)를 둘러싼 사회주의 사건이 엮여 조덕기와 주변 사람들이 일제 경찰에게 체포된다. 아들인 덕기에게 상속 권리가 넘어간 데 불만을 품고 있었던 상훈은 아들이 경찰에 구속됐다는 소식을 듣고 가짜 형사를 시켜서 문서와 유서를 위조하다가 경찰에 잡힌다. 그러나 경찰의 조사가 미궁에 빠지게 되면서 검거되었던 사람들이 다 풀려 나온다. 조덕기도 조부 살해 사건이나 사상 관계에 혐의가 없으며 병중이라는 이유로 풀려 나온다. 그는 할아버지의 죽음으로 인한 공백을 느끼면서 앞으로 조씨 가문의 앞날을 어떻게 이끌어 나갈 것인지에 대해 망연해한다.

STEP 03 논문으로 만나는 출제자의 시선

「삼대」의 인물들과 아이러니

조 의관은 '금고'와 '족보'를 자신의 삶에서 가장 중요한 가치로 여기며, 그중에서도 족보를 더 중요하게 생각한다. 그에게 돈은 가문을 번창시키기 위한 수단이다. 그는 후손을 보기 위해 돈을 써서 첩을 들였고, 족보 편찬 사업과 집안 조상의 묘를 정리하는 데에도 큰돈을 썼다. 하지만 그가 한 일은 실제로 돈을 들여 양반의 족보를 산 것이며, 그가 정리하기로 한 '××조씨 중시조'의 묘소 또한 그와 실제로는 아무런 관련이 없었다. 그런데도 조 의관은 이 일을 자랑스럽게 여기고 있는데, 이는 본인이 모순된 상황에 있다는 것을 전혀 인식하지 못함을 보여 준다. 그의 아들 상훈은 이런 일을 보며 "돈 주고 양반을 사"느냐고 하면서 부끄러워할 뿐이다.

하지만 상훈도 모순에서 자유롭지 못한 인물이다. 그는 교회 장로이자 학교 설립자로 사회에서 존경받는 사람이지만, 한편으로는 술집에 다니며 방탕한 생활을 한다. 그는 한때 사회 운동에 열정을 보이며 애국지사 홍경애의 아버지를 도왔지만, 결국 자신의 욕망을 절제하지 못하여 홍경애와 동거를 하고, 헤어진 후에는 타락의 길을 갔다. 그는 술과 여자, 도박에 빠져 지냈으며 마약에도 손을 댔다. 상훈은 아버지의 문제를 정확히 이해할 정도로 똑똑한 사람이므로 자신의 문제도 모를 리 없다. 그러나 상훈은 마약이라는 수단을 통해 자신의 모순을 잊으려 한다.

한편, 덕기는 자신이 처한 모순을 모르지 않고, 그것을 외면하지도 않는다. 그는 청년다운 순수함과 진지함으로 자신의 삶을 돌아보며, 조부와 부친이 걸어온 길을 그대로 따라가지 않으려 노력한다. 이는 필순이라는 여인에 대한 그의 태도에서도 드러난다. 덕기는 이미 결혼했지만, 그 결혼은 어릴 때 억지로 맺어진 것이었기에 필순에게 연애의 감정을 느낄 수 있는 상황이다. 하지만 그는 아버지와 홍경애의 일을 떠올리며 필순에 대한 자신의 감정을 끊임없이 경계한다. 그는 조력자의 입장에서 필순을 대하며, 그녀에 대한 자신의 감정을 모호하게 유지한다. 그렇지만 이 또한 기혼자의 혼외 연애 감정을 '도움'이라는 이름으로 바꿔 말한, 또 다른 모순이라고 할 수 있다. 결국 그는 기존의 모순을 다른 방식의 모순으로 바꿈으로써 아버지의 길을 그대로 따라가는 것을 잠시 멈춘 것이다. 그러나 덕기는 조 의관처럼 자신의 모순을 모르는 것도 아니고, 상훈처럼 자신의 모순을 피하려고 하지 않는다. 이러한 덕기의 모습은 작가 염상섭이 새로운 세대에게 기대를 걸고 있음을 보여 준다.

「삼대」를 통해 본 1920년대 가족의 양상

사회 구조적 측면에서 전통적인 한국의 핵심 가치는 가족주의, 인정주의, 혈연주의 등이다. 그중 특히 가족주의는 사회, 정치, 경제의 변화 속에서도 계속 영향을 끼쳤다. 우리나라의 경우, 일제 강점기와 6·25 전쟁 등의 위기 상황에서 가족 구성원들은 가장의 부재 혹은 가장의 무능이라는 상황을 경험하게 되었다. 특히 일제 강점기는 봉건 사회에서 자본주의 사회로 바뀌는 과도기였고, 일제의 수탈로 지식인들조차 생계를 유지하기가 힘들었다. 이런 상황에서 가족은 단순한 감정 공동체가 아니라, 생계를 해결해야 하는 현실적인 사회의 기본 단위로 인식되었다. 이는 자연스럽게 계급 간의 차이가 가족을 단위로 나타나는 결과를 낳았다.

이러한 가족에 대한 인식은 「삼대」에서도 고스란히 나타난다. 「삼대」의 가족은 전통적으로 유지되던 정서주의적 가족이 아니라 명예와 이익을 추구하는 공리주의적 가족이다. 조 의관은 가문의 명예를 지키기 위해서 족보까지 사는데, 이는 봉건적 의미에서의 공리적 기능이 중요한 것이라는 점을 잘 보여 준다. 그리고 그의 아들 상훈은 봉건주의적인 아버지의 질서를 부정하고 아버지와 충돌하지만, 한편으로는 생활과 생계를 기댈 수 있는 곳으로 인식한다. 또한 상훈의 아들 덕기의 친구인 병화는 사회주의 운동을 하고 있는데, 그에게 덕기의 가족은 부르주아와 노동자 계급의 차이를 느낄 수 있는 대상으로 인식된다. 즉, 「삼대」를 통해 1920년대는 가족 구성원 개인의 행복보다는 가족 전체의 안정이 중요하게 생각되었으며, 가족은 계급을 인식하게 하는 동시에 명예와 돈을 제공하는 단위로 받아들여졌음을 알 수 있다.

Memo

다음 글을 읽고 물음에 답하시오. [17.06.평가원]

[A]
　"누가 돈 쓰는 것을 아랑곳하랬나? 누가 저더러 돈을 쓰라니 걱정인가? 내 돈 가지고 내가 어떻게 쓰든지……."

　"아버지께서 하시는 일에……."

　조금 뜸하여지며 부친이 쌈지를 풀어서 담배를 담는 동안에 상훈이는 나직이 말을 꺼냈다.

　"……돈 쓰신다고만 하는 것도 아닙니다마는 어쨌든 공연한 일을 만들어 내는 사람들이 첫째 잘못이란 말씀입니다."

　"무에 어째 공연한 일이란 말이냐?"

　부친의 어기는 좀 낮추어졌다.

　"대동보소만 하더라도 족보 한 질에 오십 원씩으로 매었다 하니 그 오십 원씩을 꼭꼭 수봉하면 무엇 하자고 삼사천 원이 가외로 들겠습니까?"

　"삼사천 원은 누가 삼사천 원 썼다던?"

　⊙영감은 아들의 말이 옳다고는 생각하였으나 실상 그 삼사천 원이란 돈이 족보 박이는 데에 직접으로 들어간 것이 아니라 ×× 조씨로 무후(無後)한 집의 계통을 이어서 일문일족에 끼려 한즉 군식구가 늘면 양반에 진국이 묽어질까 보아 반대를 하는 축들이 많으니까 그 입들을 씻기기 위하여 쓴 것이다. 하기 때문에 난봉자식이 난봉 피운 돈 액수를 줄이듯이 이 영감도 실상은 한 천 원 썼다고 하는 것이다. 중간의 협잡배는 이런 약점을 노리고 우려 쓰는 것이지만 이 영감으로서 성한 돈 가지고 이런 병신 구실해 보기는 처음이다.

　"그야 얼마를 쓰셨던지요. 그런 돈은 좀 유리하게 쓰셨으면 좋겠다는 말씀입니다."

　'재하자 유구무언(在下者 有口無言)'의 시대는 지났다 하더라도 노친 앞이라 말은 공손했으나 속은 달았다.

　"어떻게 유리하게 쓰란 말이냐? 너같이 오륙천 원씩 학교에 디밀고 제 손으로 가르친 남의 딸자식 유인하는 것이 유리하게 쓰는 방법이냐?"

　아까부터 상훈이의 말이 화롯가에 앉아서 폭발탄을 만지작거리는 것 같아서 위태위태하더러니 겨우 간정되려던 영감의 감정에 또 불을 붙여 놓고 말았다.

　상훈이는 어이가 없어서 얼굴이 벌게진다.

[중략 부분 줄거리] 조 의관(덕기의 조부)이 죽고, 덕기가 재산 상속자가 된다. 조 의관의 유산 목록에 정미소가 없었다는 것을 안 상훈은 정미소를 차지하려고 한다. 한편 상훈은 세간 값을 적은 종이들을 덕기에게 보내 값을 치르라고 한다.

　"어제 그건 봤니?"

　부친이 비로소 말을 붙이나 아들은 다음 말을 기다리고 가만히 앉았다.

　"치를 수 없거든 거기 두고 가거라."

　역정스러운 목소리나 여자 손들이 많은데 구차스럽게 세간 값으로 부자 충돌을 하는 꼴을 보이기 싫기 때문에 @아들의 입을 미리 막으

려는 것이다.

　"안 치러 드린다는 것은 아닙니다마는……."

　덕기는 너무 오래 잠자코 있을 수 없어서 말부리만 따고 또 가만히 고개를 떨어뜨리고 앉았다. 그러나 복통이 터져서 속은 끓었다. 속에 있는 말이나 시원스럽게 하고 싶으나 부친 앞에서, 더구나 조인광좌(稠人廣座)* 중에서 그럴 수도 없다.

　"이 판에 용이 이렇게 과하시면 어떡합니까. 여간한 세간 나부랭이야 저 집에 안 쓰고 굴리는 것만 갖다 놓으셔도 넉넉할 게 아닙니까?"

　안방 치장 하나에 천여 원 돈을 묶어서 들인다는 것은 생돈 잡아먹는 것 같고, 누가 치르든지 간에 어려운 일이다.

　"이 판이 무슨 판이란 말이냐? 그 따위 아니꼬운 소리할 테거든 그거 내놓고 어서 가거라. 안 쓰고 굴리는 세간은 너나 쓰렴!"

　영감은 자식에게라도 좀 점해서* 그런지 화만 버럭버럭 내고 호령이다.

[B]
　"할아버지께서 산소에 돈 쓰신다고 반대하시던 걸 생각하시기로……."

　"무어 어째? 널더러 먹여 살리라니? 걱정 마라. 아니꼽게 네가 무슨 총찰이냐? 그러나 정미소 장부는 이따라도 내게로 보내라."

　부친은 이 말을 하려고 트집을 잡는 것이었다.

　"정미소 아니라 모두 내놓으라셔도 못 드릴 것은 아닙니다마는, 늘 이렇게만 하시면야 어디 드릴 수 있겠습니까?"

　"드릴 수 있고 없고 간에, 내 거는 내가 찾는 게 아니냐?"

　"왜 그렇게 말씀을 하셔요. 제게 두시면 어디 갑니까?"

　"이놈 불한당 같은 소리만 하는구나! 돈 천도 못 되는 것을 치러 줄 수 없다는 놈이 무어 어째?"

　부친은 신경질이 일어났는지 별안간 달려들더니 주먹으로 뺨을 갈기려는 것을 덕기가 벌떡 일어서니까 주먹이 어깨에 맞았다. 병적인지 벌써 망령인지는 모르겠으나 점점 흥분하게 해서는 아니 되겠다 하고 마루로 피해 나와 버렸다. 그러나 금시로 정이 떨어지는 것 같고, 그 속에 앉은 부친은 딴 세상 사람같이 생각이 들었다. ⓒ신앙을 잃어 버리고 사회적으로 활약할 야심이나 희망까지 길이 막히고 보면야, 생활이 거칠어 가는 수밖에는 없을 것이라고 동정도 하는 한편인데, 이미 신앙을 잃어버린 다음에야 가면을 벗어 버리고 파탈하고 나서는 것도 오히려 나은 일이라고도 하겠으나, 노래(老來)에 이렇게도 생활이 타락하여갈까 하고, 덕기는 부친에게 반항하기보다도 다만 혼자 탄식을 하는 것이었다.

　　　　　　　　　　　　　　　　　　　　　　　- 염상섭, 「삼대」-

*조인광좌 : 여러 사람이 빽빽하게 많이 모인 자리.

*점해서 : 부끄럽고 미안해서.

01. 윗글에 대한 이해로 적절하지 <u>않은</u> 것은?

① 상훈의 부친은 족보를 만드는 데에 '한 천 원'이 들었다며 다행이라 여기고
있다.
② 상훈의 부친은 상훈이 '오륙천 원'을 학교에 '디밀'었던 것은 돈을 '유리하게'
쓴 것이 아니라고 본다.
③ 상훈은 자신의 부친이 '산소'에 '돈'을 쓰는 것에 동의하지 않았다.
④ 덕기는 '세간 값'으로 치러야 하는 돈을 낭비라고 생각한다.
⑤ 덕기는 집안의 재산이 낭비되지 않게 하기 위해 '정미소 장부'를 내놓지
않으려 한다.

02. 윗글의 맥락을 고려할 때, ⓐ의 의미로 가장 적절한 것은?

① 아들에게 말을 돌려서 하려는 것이다.
② 아들의 말에 놀라움을 표시하려는 것이다.
③ 아들과 자신의 의견을 같게 하려는 것이다.
④ 아들에게 하고자 했던 말을 참으려는 것이다.
⑤ 아들이 말하고자 하는 것을 못 하게 하려는 것이다.

03. [A], [B]에서 각각 드러나는 부자간의 갈등에 대한 이해로 적절하지 <u>않은</u>
것은?

① [B]와 달리 [A]에서는 아버지가 아들의 치부를 들추어내며 책망한다.
② [A]와 달리 [B]에서는 아들이 아버지를 동정한다.
③ [A]와 달리 [B]에서는 아버지가 자신의 잘못을 아들의 탓으로 돌린다.
④ [A]와 [B] 모두에서 아버지는 아들의 간섭을 못마땅해한다.
⑤ [A]와 [B] 모두에서 아들은 자신과 생각이 다른 아버지의 행위를 문제 삼는
다.

04. <보기>를 바탕으로 ㉠과 ㉡을 설명한 내용으로 가장 적절한 것은?

─────── <보기> ───────

「삼대」의 서술자는 대체로 특정 인물의 시각에 의존하여 다른 인물을
서술 대상으로 포착한다. 이때 그 특정 인물은 장면에 따라 선택되며,
서술자는 특정 인물의 시각을 통해 서술 대상이 되는 인물들의 심리를
보여 준다. 이러한 서술 방식으로 서술자는 특정 인물이 지닌 의식과 행
동 사이의 인과관계, 다른 인물과의 관계에서 겪는 심리적 갈등을 통해
인물의 성격과 그에 대한 평가를 복합적으로 드러낸다.

① ㉠에서는 서술자가 선택한 특정 인물이 영감에서 아들로 달라지는 반면,
㉡에서는 덕기로 고정되어 있다.
② ㉠에서는 서술 대상인 상훈의 의식과 행동 사이의 인과관계가, ㉡에서는
덕기가 포착한 상훈의 심리적 갈등이 드러난다.
③ ㉠에서는 영감의, ㉡에서는 덕기의 시각에서 서술 대상인 상훈을 낮게 평가
하며 그와의 심리적인 갈등을 드러내고 있다.
④ ㉠에서는 서술 대상인 상훈에 대한 영감의 평가가 달라지는 반면, ㉡에서는
서술 대상인 상훈에 대한 덕기의 평가가 달라지지 않는다.
⑤ ㉠에서는 서술자가 선택한 특정 인물인 영감의 성격이, ㉡에서는 서술자가
선택한 특정 인물인 덕기와 서술 대상인 상훈의 성격이 드러난다.

다음 글을 읽고 물음에 답하시오. [교육청 기출 변형]

[앞부분 줄거리] 돈으로 의관이라는 벼슬을 산 조 의관은 족보인 대동보를 엮는 데 돈을 쓰며 ○○당 할아버지 산소를 꾸미자는 문중의 요구를 받고, 조상훈은 이 문제로 육촌인 조창훈과 다툰다.

영감도 결단코 어수룩한 사람은 아니다. 어수룩이라니 거의 후반생을 셈과 ㉠주판으로 늙은 사람이었다.

속에서 쪼르륵 소리가 나면서 천냥 만냥 판*으로 돌아다니거나 있는 집 사랑 구석에서 바둑으로 세월을 보내는 조가의 떨거지들이 다른 수단으로는 이 영감의 주머니끈을 풀게 할 도리가 없으니까 족보를 앞장세우고 삶고 굽고 하는 바람에 조츰조츰 쓰기 시작한 것이 삼천여 원 근 사천여 원을 쓰게 되고 보니 속으로 꿍꿍 앓는 판인데 또 ㉡○○당 할아버지를 앞세워서 오천 원 논란이 나온 것이다. 그러나 오천 원을 부른 사람도 그만큼 불러야 삼천 원은 우려 내려니 하는 것이요, 조 의관도 오천 원의 반절은 아무래도 또 틸리는 것이라고 생각하고 있는 것이다. 그것도 죽을 날이 얄팍하여 가니까 ×× 조씨 문중에서 자기가 둘째 중시조*나 되는 셈치고 이 세상에 남겨 놓고 가는 기념사업이라는 생각도 없지 않아 해보려는 노릇이다.

그래서 요새로 부쩍 달고 치는 바람에 그러면 우선 ㉢천 원 하나를 내놓을 터이니 오백 원은 산소를 꾸미는 데에 쓰고 오백 원은 묘막을 짓되 부족되는 것은 조상의 산소 근처에 있는 조씨들이 금력으로 보태든지 돈 없는 사람은 부역으로 ㉣흙 한 줌 떼 한 장씩이라도 떠다가 힘으로 보태라고 한 것이다.

그리고 나서 제위답*으로는 다소간 나중에 마련해 놓으마고 하였다. 조 의관 생각에는 그렇게 하면 천 원 내놓고 이천 원 들인 생색은 나려니 하는 속다짐이다.

"그래야 결국 아저씨께서는 돈 천 원 하나밖에 안 내놓으신다니까 나중 뒷감당은 우리 벌로다 돌아다니며 긁어모아야 할 셈이라네. 말 내놓고 안 할 수 있나! 이래저래 뼛골만 빠지고 잘못되면 시비는 우리만 만나고……."

창훈이는 한참 앉았다가 혼잣말처럼 이런 소리를 한다.

"장한 사업 하슈. ○○당 할아버지가 묘막 지어달라고, 산소 앞에 석물(石物)이 없어서 호젓하다고 하십디까?"

상훈이는 '합디까'라고 입에서 나오는 것을 겨우 '하십디까'라고 존대를 하였다. ○○당 할아버지라고 부르는 것도 좀 어설프다. 예수교인이라 하여 자기 조상을 존경할 줄 모르는 것이 아니라 부친이 새로 모셔 온 십 몇 대조 할아버지라 하니 좀 낯설기 때문이다.

"그런 소린 아예 말게. 자네는 천주학을 하니까 이런 일에는 반대인지 모르지만 조상 없이 우리 손이 어떻게 퍼졌으며 ㉤조상 모르는 사람이 이 세상에 어디 있단 말인가? 어떻게 우리 조씨도 그렇게 해서 남에 빠지지 않고 자자손손이 번창해 나가야 하지 않겠나."

창훈이는 못마땅한 것을 참느라고 더욱 이죽이죽 대거리를 한다.

(중략)

"대동보소만 하더라도 족보 한 길에 오십 원씩으로 매었다 하니 그 오십 원씩을 꼭꼭 수봉하면 무엇 하자고 삼사천 원이 가외로 들겠습니까?"

"삼사천 원은 누가 삼사천 원 썼다던?"

영감은 아들의 말이 옳다고는 생각하였으나 실상 그 삼사천 원이란 돈이 족보 박는 데에 직접으로 들어간 것이 아니라 ×× 조씨로 무후(無後)한 집의 계통을 이어서 일문일족에 끼려 한즉 군식구가 늘면 양반의 진국이

묽어질까 보아 반대를 하는 축들이 많으니까 이 입들을 씻기 위하여 쓴 것이다. 그렇기 때문에 마치 난봉자식이 난봉 핀 돈 액수를 줄이듯이 이 영감도 실상은 한 천 원 썼다고 하는 것이다. 중간의 협잡배는 이런 약점을 노리고 우려 쓰는 것이지만 이 영감으로서는 성한 돈을 가지고 이런 병신 구실 해보기는 처음이다.

[A] "그야 얼마를 쓰셨든지요. 그런 돈은 좀 유리하게 쓰셨으면 좋겠다는 말씀입니다."

'재하자 유구무언'의 시대는 지났다 하더라도 노친 앞이라 말은 공손했으나 속은 달았다.

"어떻게 유리하게 쓰란 말이냐? 너같이 오륙천 원씩 학교에 디밀고 제 손으로 가르친 남의 딸자식 유인하는 것이 유리하게 쓰는 방법이냐?"

아까부터 상훈이의 말이 화롯가에 앉아서 폭발탄을 만지작거리는 것 같아서 위태위태하더라니 겨우 간정되려던 영감의 감정에 또 불을 붙여 놓고 말았다.

상훈은 어이가 없어서 얼굴이 벌게진다.

부친의 소실 수원집과 경애 모녀와는 공교히도 한 고향이다. 처음에는 감쪽같이 속여 왔으나 수원집만은 연줄연줄 닿아서 경애 모녀의 코빼기도 못 보았건마는 소문을 뻔히 알고 따라서 아이를 낳은 뒤에는 집안에서 다 알게 되었던 것이다. 덕기 자신부터 수원집의 입에서 대강 들어 안 것이다. 그러나 상훈이 내외끼리 몇 번 싸움질이 있은 외에는 노영감도 이때껏 눈 감아 버린 것이요, 경애가 들어 있는 북미창정 그 집에 대하여도 부친이 채근한 일은 없는 것이라서 지금 조인광 좌중(稠人廣座中)*에서 아들에게 대하여 학교에 돈 쓰고 제 손으로 가르친 남의 딸 유인하였다는 말을 터놓고 하는 것을 들으니 아무리 부친이 홧김에 한 말이라 하여도 듣기에 괴란쩍고 부자간이라도 너무 야속하였다.

"아버님께서 너무 심한 말씀을 하십니다마는 어쨌든 세상에 좀 할 일이 많습니까. 교육 사업, 도서관 사업, 그 외 지금 조선어 자전 편찬하는 데……."

상훈은 조심도 하려니와 기를 눅이어서 차근차근히 이왕지사 말이 나왔으니 할 말은 다 하겠다는 듯이 말을 이어 나가려니까 또 벼락이 내린다.

"듣기 싫다! 누가 네게 그 따위 설교를 듣자든? 어서 가거라."

"하여간에 말씀입니다. 지난 일은 어쨌든 지금 이 판에 별안간 치산*이란 당한 일입니까. 치산만 한다도 모르겠습니다마는 서원을 짓고 유학생들을 몰아다 놓으시렵니까? 돈도 돈이거니와 지금 시대에 당한 일입니까?"

상훈이는 아까보다 좀 언성을 높여서 반대를 하였다.

"잔소리 마라! 그놈 나가라니까 점점 더하고 싶구나. 내가 무얼 하든 네가 무슨 상관이란 말이냐. 내가 죽으면 동전 한 닢이라도 너를 남겨 줄 줄 아니! 너는 이후 아무리 굶어 죽는다 하여도 한 푼 없다. 너는 없는 셈만 칠 것이니까…… 너희들도 다 들어 두어라."

하고 좌중을 돌려다보며 말을 잇는다.

[B] "내 재산이라야 얼마 있는 게 아니다마는 반은 덕기에게 물려줄 것이요, 그 나머지로는 내가 쓰고 싶은 데 쓰다 남으면 공평히 나누어 주고 갈 테다. 공증인을 세우든 변호사를 불러 대든 하여 뒤를 깡그리 뜨려 놀 것이니까 너는 인제는 남 된 셈만 쳐라. 내가 죽으면 네가 머리를 풀 테냐? 거상을 입을 테냐?"

- 염상섭, 「삼대(三代)」 -

*천냥 만냥 판 : 노름판이라는 뜻.
*중시조 : 쇠퇴한 가문을 다시 일으킨 조상.
*제위답 : 추수한 것을 조상의 제사 비용으로 쓰기 위하여 마련한 논.

*재하자 유구무언 : 아랫사람으로서 어른에 대해 논쟁하지 못함을 이름.

*조인광 좌중 : 많은 사람들이 앉아 있는 가운데.

*치산 : 산소를 매만져서 다듬음.

05. 윗글의 서술상 특징으로 가장 적절한 것은?

① 서술자가 전지적 시점으로 인물들의 복잡한 심리를 드러내고 있다.
② 인물의 외양을 구체적으로 묘사하여 특정 인물을 희화화하고 있다.
③ 공간적 배경의 상징성을 활용하여 주제를 암시적으로 드러내고 있다.
④ 인물들의 체험을 삽화 형식으로 나열하여 주제를 다각적으로 조명하고 있다.
⑤ 현재와 과거의 장면을 교차하여 인물의 성격이 변화하는 과정을 보여 주고 있다.

07. [A]와 [B]에 대한 분석으로 가장 적절한 것은?

① [A]에서 상훈은 조 의관에게 장자로서 신임을 얻으려 애쓰고 있다.
② [A]에서 상훈은 유산 상속에 대한 자신의 욕심을 드러내고 있다.
③ [B]에서 조 의관은 상훈에 대한 깊은 불신을 드러내고 있다.
④ [B]에서 조 의관은 [A]의 상훈의 비판을 수용하고 있다.
⑤ [A]와 [B] 모두 상대방에 대한 동정심을 드러내고 있다.

06. ㉠~㉤에 대한 설명으로 적절하지 않은 것은?

① ㉠은 조 의관이 금전적인 판단이 어설프지 않은 인물임을 드러낸다.
② ㉡은 조 의관이 새로운 지출을 하게 될 원인이 된다.
③ ㉢은 조 의관이 문중의 신뢰를 회복하기 위해 마련한 최대 금액이다.
④ ㉣은 묘막 짓는 일에 문중 사람들이 힘으로라도 보태야 한다는 조 의관의 생각을 보여 준다.
⑤ ㉤은 묘막 짓는 일에 정당성을 부여하기 위해 창훈이 한 말이다.

08. <보기>를 참고하여 윗글을 감상한 내용으로 적절하지 않은 것은?

━━━━━ <보기> ━━━━━

「삼대」는 구한말을 대표하는 할아버지 조 의관, 개화기를 대표하는 아버지 조상훈, 일제 강점기를 대표하는 손자 조덕기를 통해 1920~30년대의 생활 현실을 있는 그대로 그려 내고 근대적으로 변화되는 시대상을 드러내고 있다. 작품 속의 인물들은 돈을 중심으로 대립하고 있는데, 특히 봉건적 의식을 지닌 조 의관과 개화기 지식인이지만 위선적인 조상훈의 대립을 통해 세대 간의 갈등을 보여 주기도 한다.

① '교육 사업'이나 '도서관 사업'을 강조하는 상훈의 모습에서 개화기 지식인으로서의 일면이 드러나는군.
② 조 의관이 신분을 사고 족보를 꾸미는 데 돈을 들인 것을 통해 조 의관의 봉건적 가치관이 드러나는군.
③ 조 의관이 상훈의 지적을 옳다고 생각하는 것에서 근대적 가치관을 수용하려는 조 의관의 모습이 드러나는군.
④ 상훈이 조 의관과 조상을 섬기는 일로 언쟁하는 것을 보니, 상훈은 조 의관의 가치관에 문제가 있다고 생각하는군.
⑤ 조 의관이 재산의 반을 상훈이 아니라 덕기에게 상속하려는 것을 통해 돈을 중심으로 세대 간의 갈등이 심화되었던 시대상을 엿볼 수 있군.

나 없이
EBS
풀지마라

EBS 수특 국어
완벽 대비!

콘텐츠가 강하다!
실전 국어 전형태

정답과 해설

나 없이
EBS
풀지 마라

Part 2. 현대 산문   01 | 윤흥길, 장마

O/X 정답

01. O	02. X	03. O	04. O	05. X

1. 할머니와 외할머니의 대화를 통해 둘 사이의 갈등을 첨예하게(상황이나 사태 따위가 날카롭고 격하게) 그림으로써 긴장감을 고조시키고 있음을 알 수 있다.
2. '삼촌이 인민군을 따라 어디론지 쫓겨 가 버리고~외삼촌이 국군에 입대하게 되어'에서 삼촌이 외삼촌과 달리 인민군에 가담한 것은 맞다. 하지만 '양쪽에 다 각기 입장을 달리하는 근심거리가 생긴 뒤'에도 할머니와 외할머니에게는 '두드러진 변화는 없었다.'라고 하였으며, 외할머니는 외삼촌의 전사 통지서를 받은 후에 '뽈갱이'를 향해 '무서운 저주의 말을 퍼붓기 시작한 것'이므로 선지의 내용은 적절하지 않다.
3. '어머니나 이모는 그래도 괜찮은 편이었다.~퍼붓기 시작한 것이다.'에서 외가와 친가에 대한 요약적 서술을 통해 지금까지의 상황에 대한 정보가 제시되고 있으므로 선지의 내용은 적절하다.
4. 할머니의 발화 "저 죽은 댐이 지사 지내 줄 놈 한나 없응게 남덜도 모다 그런 종 아는가 분디……", "우리 순철이는 끈덕도 없다,~순철이 갸는 쏘내기 새도 요리조리 뚫고 댕길 아여."에서 확인할 수 있다.
5. 서술자가 관찰자의 입장에서 사건을 전달하고 있으나, '가장 불쌍한 사람은 바로 외할머니 자신이었을지도 모른다.'와 같이 1인칭 시점으로서 주관적인 생각을 드러내고 있으므로 선지의 내용은 적절하지 않다. 이 소설은 아이를 서술자로 하여 최대한 사건에 대한 객관적인 시선을 담아내고자 하였지만, 기본적으로 1인칭 시점을 쓰면 주관적 서술은 피하기 어렵다. 관찰을 하더라도 1인칭 서술자의 주관이 개입되기 때문이다.

나BS 실전 문제 정답

01. ③	02. ⑤	03. ⑤

01.

지문으로 제시된 부분에는 외할머니의 아들인 길준의 전사 소식을 접한 외할머니, 어머니, 할머니, 이모, 동만의 모습이 나타나 있다. 인물들의 모습을 통해 한 집안의 모습이 그려지고 있으며, 이를 통해 전쟁과 이데올로기 대립이 가져온 비극적 상황이 드러나고 있다. #32에서 이모(길자)가 아버지에게 가져갈 점심을 이고 나가자 동만은 이모를 따라 나온다. 이어서 #33에서 전쟁의 의미를 잘 알지 못하는 동만이 이모(길자)에게 외삼촌이 죽은 이유를 묻고 있다. 이는 순진한 어린아이의 시각을 통해 어른들이 초래한 전쟁의 비극성을 반문하는 장면이기도 하다. 따라서 ③은 #33에서 충분히 확인할 수 있는 정보이다.

오답 풀이

① 외할머니가 #32에서 말문을 닫고 있는 것은 아들(외삼촌)의 죽음에서 충격을 받았기 때문이다. 친할머니는 "사부인은 좀 드렸는가?"라며 사부인(외할머니)을 염려하고 있으므로, 외할머니와 친할머니와 대화하기 싫어서 말문을 닫고 있다고 보기는 어렵다. ② 동만 모는 #31에서 자신의 어머니, 길자, 남편의 식사를 걱정하고 있으므로 주변 사람들의 처지를 헤아리고 있다고 할 수 있다. ④ #31과 #32를 통해 이모는 형부(동만의 부)의 점심을 챙겨 주기 위하여 나간 것임을 알 수 있다. ⑤ #30의 친할머니 두 번째 대사에서 사부인(외할머니)에 대한 동정의 태도를 읽을 수 있다.

02.

㉤(마당)에서의 인물들의 모습은 인물들의 행위를 통해 추리할 수 있다. #32에서 아들을 잃은 외할머니는 먼 산을 쳐다보며 넋을 놓고 있고, 동만의 행위를 간신히 알아차리고 있다. 그리고 동만의 이모는 동만 아버지의 점심을 이고 밖으로 나가고 있다. 따라서 '마당'이 소통 부재의 상황을 해소하는 공간이라고 판단하는 것은 적절하지 않다.

오답 풀이

① #28에서 '핏빛 울음'에 이어 ㉠(장맛비)이 제시되는 것에서 관객의 정서적 반응이 고조될 수 있으므로 선지의 내용은 적절하다. ② '멀리 회색빛 웅자를 자랑하는 건지산'이라는 표현을 통해 ㉡(건지산)이 원경임을 확인할 수 있으며, 이를 통해 동만의 집이라는 한정된 배경에서 보다 확장된 배경을 보여 주고 있음을 알 수 있다. ③ #30의 ㉢(완두콩) 소쿠리를 무릎에 올려 놓고 툇마루에 나와 앉은 외할머니의 모습이 #32의 외할머니의 모습으로 연결되어 시간 변화에 관계없이 지속되는 외할머니의 상실감을 효과적으로 보여 주고 있다. ④ ㉣(밥상)을 매개로 외할머니, 동만 모, 동만, 길자의 모습이 제시되고 있으므로 선지의 내용은 적절하다.

03.

〈보기〉는 시나리오의 매개 요소에 대해 설명하고 있다. 매개 요소란 각 장면을 이어 주는 형식적 연결 고리로 공통성, 대립성을 활용하여 이루어진다고 하였다. 윗글은 #31과 #32에서, 이모가 동만 아버지의 점심을 챙기며 밥 소쿠리를 이고 나가자 동만이 따라 나옴으로써 자연스럽게 둘의 대화가 이어지고 있다. 여기서 이모(길자)의 성격이 달라진다고 판단한 것은 적절하지 않다. #31과 #32에서 이모의 성격은 계속 같게 유지되고 있다.

오답 풀이

① #28에서 '끝없이 쏟아지는 장맛비'가 #29로 바뀌면서 가늘고 조용히 내리는 '보슬비'로 이어지고 있으므로, 장맛비의 긴장과 보슬비의 이완을 대립적 매개 요소로 사용하고 있다고 할 수 있다. ② #28은 '밤'이라는 시간적 배경을 나타내고 있으며, #29에서는 건지산의 자태가 드러나고 있으므로 장면이 밝아졌음을 알 수 있다. 따라서 빛의 어두워짐과 밝아짐이라는 대립적 매개 요소를 활용하여 시간을 전환하고 있다고 볼 수 있다. ③ #30에서 '넋 나간 듯 앉아 있는 외할머니'의 모습을 보여 주고, #31에서 '자리에 누운 동만 모'의 모습을 보여 준 것은 인물들의 상실감을 상이한 방식으로 표현한 것이라 할 수 있다. ④ #30에서는 "진지 드세요.", "그래 진지 안 드셔요?"와 같이, #31에서는 "언니 식사해요.", "어서 먹어라. 언니두 한술 떠요."와 같이 식사를 권유하는 대사를 반복하여 외할머니가 있는 공간에서 동만 모가 있는 공간으로의 장면 전환을 매끄럽게 하고 있다.

Part 2. 현대 산문   02 | 함세덕, 고목

O/X 정답

01. X	02. O	03. X	04. X	05. X

1. 각각의 사건이 개연성이나 필연성 없이 단편적인 내용으로 제시되는 삽화 형식이 아니라, 연속적 대화와 사건 전개를 통해 서사가 진행되고 있으므로 선지의 내용은 적절하지 않다.
2. "역사적인 일황의 정전 방송이 있어, 군함 재료의 공출을 면하지 않았습니까?", "이렇게 해방이 돼서, 내선일체란 새빨간 거짓말이구, 우리는 결코 일본 놈의 황국신민이 아니라는 것을 확실히 알았오." 등에서 일본의 패전, 해방 등의 역사적인 사건을 서술하여 시대 배경을 부각시키고 있음을 확인할 수 있다.

3. 동정은 거복에게 수재민을 돕기 위한 구제금으로 행자나무를 기부해 달라고 요청하였을 뿐, 행자나무를 팔아 생계 밑천을 마련해 달라고 하지 않았다. 생계 밑천을 이유로 행자나무를 팔아 달라고 요청한 인물은 영팔이다.

4. 거복은 "그땐 어떤 게 내 나란지 사실 분간을 못 했어요.~일본 놈의 황국신민이 아니라는 것을 확실히 알았오."라며 해방 전 자신의 친일 행위를 회상하고 있다. 그러나 이를 통해 인물 간의 갈등 해소 과정을 보여 주고 있지 않으므로 선지의 내용은 적절하지 않다.

5. 거복이 "조선 삼천만 동포들을 다 같이 위해서 쓰구 싶단 말이요."라고 주장한 것 (표면적 이유)은 맞으나, 거복은 "할아버님의 유언을 따라, 이 행자나무를 각하께 바치기루 했"다고 하였으므로 선지의 내용은 적절하지 않다.

나BS 실전 문제 정답

01. ②   02. ⑤   03. ②

01.

'헌 옷, 이불' 등은 거복과 동정의 대화에서 언급된 소재일 뿐, 실제 무대에 등장하는 소품이 아니다. 또한 거복이 "돈이 없소.~현금이 없소."라고 말한 것은 수재민 돕기에 대한 성금을 내지 않으려는 의도일 뿐, 이를 통해 가난한 형편을 밝히고 있는 것이 아니므로 선지의 내용은 적절하지 않다.

오답 풀이

① "해방이 돼서", "내선일체란 샛빨간 거짓말", "우리는 결코 일본놈의 황국신민이 아니라는 것을 확실히 알았소." 등의 표현을 통해 윗글이 일제 강점기 이후 해방 직후를 배경으로 하고 있음을 알 수 있다. 따라서 등장인물들의 의상은 당시 시대상을 반영하여 준비하는 것이 적절하다. ③ 동정은 "이번 수해 동포들이란 거지와는 전연 성능이 다를 것입니다." 등 차분하고 설득력 있는 어조로 말하고 있다. 반면, 거복은 "(점점 흥분하여진다.)~삼천만 대한민족 전부를 위해서 쓰구 싶단 말이요. (하고 마루를 친다.)" 등 흥분하고 과장된 어조로 말하고 있다. 이러한 어조 차이를 부각시키는 것은 수재민 구호에 대한 두 인물의 대립을 효과적으로 드러내는 데 적절하다. ④ '(펄쩍 뛰며 기성에 가까운 소리를 발한다.)', '(점점 흥분하여진다.)', '(하고 마루를 친다.)', '(더 한층 득양해지며)' 등의 지시문은 거복 역을 맡은 배우가 과장된 감정 표현을 드러낼 수 있도록 하므로 선지의 내용은 적절하다. ⑤ 동정은 거복에게 수재민 구제금을 기부해 주기를 권하며 "저 행자나무라두……."라고 하였다. 이를 통해 '행자나무'는 현재 인물들이 이야기를 나누는 공간에 있음을 알 수 있으므로, '행자나무'를 표현할 수 있는 무대 장치를 준비해야 한다는 선지의 내용은 적절하다.

02.

이 희곡의 중심 소재인 '행자나무'는 거복에게 자신의 출세를 위한 수단으로, 동정에게는 수재민을 돕기 위한 수단으로 제시되고 있다. 즉, '행자나무'를 둘러싼 인물 간의 갈등을 통해서 인물의 가치관과 성향이 드러나고 있음을 확인할 수 있으므로 선지의 내용은 적절하다.

오답 풀이

① '반전'이란 분위기가 갑작스럽게 바뀌는 것을 의미한다. '행자나무'를 통해 거복과 동정의 의견 차이로 인한 갈등이 심화되고 있을 뿐, 극적인 변화가 일어나고 있지는 않으므로 선지의 내용은 적절하지 않다. ② '행자나무'는 인물 간의 가치관 차이를 보여 주는 상징적 소재일 뿐, 시대적 배경과 직접적인 관련이 없다. ③ 전통적 가치와 현대적 가치의 대립은 나타나지 않는다. ④ 동정이 과거에 '행자나무'를 "해군에 공출하기"로 자진 신청했던 사실을 언급하는 것, 거복이 "그땐 어떤 게 내 나란지 사실 분간을 못했어소."라며 과거 자신의 행동을 되돌아보는 것에서 과거 사건을 환기하고 있음을 확인할 수 있다. 그러나 이를 통해 갈등이 해소되는 것이 아니라, 오히

려 갈등이 심화되고 있으므로 선지의 내용은 적절하지 않다.

03.

[B]에서 거복은 자신이 "현금이 없"는 상황임을 주장하며 이재민 구제를 위한 지원을 하지 못한다는 의견을 드러내고 있을 뿐, 상대방의 잘못을 지적하여 문제의 원인을 규명(어떤 사실을 자세히 따져서 바로 밝힘)하고 있지는 않으므로 선지의 내용은 적절하지 않다.

오답 풀이

① [A]에서 거복은 사람들이 "산에 나무를 이발하듯 벼다 땠"기 때문에 수해가 생긴 것이고 "반성할 기회를 주기 위해서라두 당분간 구조는 안하는 게" 좋을 거 같다며 수해의 원인을 왜곡되게 해석하여 동정의 요청을 거절하는 단서로 삼고 있으므로 선지의 내용은 적절하다. 거복의 견해가 왜곡되었음은 이후 동정의 "나무를 우리가~아니라구 생각합니다."라는 발화를 통해서도 알 수 있다. ③ [C]에서 거복은 "내 생활이 근검절약주의"라는 자신의 신조를 단정적으로 제시하여 수재민 구제를 위해 "헌 옷이나 이불 샤쓰 같은" 것이라도 달라는 동정의 요청에 대한 거절 의사를 전달하고 있으므로 선지의 내용은 적절하다. ④ [D]에서 거복은 행자나무가 "할아버님께서 돌아가실 때 나라를 위해서 유익히 쓰두룩 하라고 아버님께 유언하신 나무"라며 조상의 유언을 핑계 삼아 수재민들을 위해 행자나무를 기부할 수 없다는 자신의 입장을 강력히 전달하고 있다. ⑤ [E]에서 거복은 "삼천리 우리 금수강산에 사는 삼천만 대한민족 전부를 위해" 행자나무를 쓰고 싶다는 그럴듯한 명분을 장황하게 내세우고 있다. 이를 들은 동정은 "삼천만 전부를요?"라며 '얼떨떨' 해 하는 반응을 보였으므로 선지의 내용은 적절하다.

Part 2. 현대 산문   03 | 주요섭, 사랑손님과 어머니

O/X 정답

01. X   02. O   03. X   04. O   05. X

1. 윗글은 1인칭 관찰자 시점으로 사건이 서술되고 있다. 서술자가 인물의 행위를 묘사하며 이에 대한 판단을 제시하지만, '아이'를 서술자로 설정하였기 때문에 중심 사건(엄마와 사랑손님의 감정 변화)에 대한 원인을 추리하고 있지 않다. 오히려 있는 그대로의 상황과 아이다운 판단을 제시하기에 독자에게 상상의 여지를 제공하고 있다.

2. '어른들이 저희끼리 말하는 것을 들으니까~또 우리도 그 아저씨에게서 밥값을 받으면 살림에 보탬도 좀 되고 한다고요.'에서 사랑손님에 대한 요약적 서술을 통해 그에 대한 정보가 개괄적으로 제시되고 있으므로 선지의 내용은 적절하다.

3. 외삼촌이 사랑손님의 상을 직접 들고 나가는 것에 대해 툴툴한 것은 맞으나, '아저씨가 마음에 안 드나 봐요.'는 '나'의 추측일 뿐이며 이러한 외삼촌에 대한 '나'의 감정은 윗글에 나타나지 않았으므로 선지의 내용은 적절하지 않다.

4. '손수건을 들고 사랑으로 나가면서 나는~그냥 되돌아서서 안방으로 들어왔지요.'에서 확인할 수 있다.

5. "소학교", "조선"과 같은 소재에서 시대적 배경이 드러나고 있으나, 이를 통해 시간의 역전을 보여 주고 있지는 않다.

Part 2. 현대 산문 　04 | 이근삼, 놀부전

O/X 정답

01. X	02. O	03. X	04. X	05. X

1. "너 같은 자가 도처에서 백성을 괴롭히니 말세가 온다."에서 암행어사가 여자라는 것을 두고 말세라는 현감의 의견에 대한 어사의 부정적 태도가, "시끄럽다. 비겁한 자군."에서 자신은 시키는 일만 했을 뿐 죄가 없다는 이방의 의견에 대한 어사의 부정적 태도가 드러나고 있다. 그러나 반어적인 발화로 제시된 것은 아니므로 선지의 내용은 적절하지 않다.
2. 어사의 정체가 제비라는 것에서 전기적 요소가 활용되고 있으며, 이를 통해 어사가 된 제비가 인간을 훈계하는 비현실적 장면을 부각하고 있으므로 선지의 내용은 적절하다.
3. 어사가 놀부에게 "놀부, 돈을 자진해서 현감에게 주었나?"라고 물은 것은 맞지만, "한마디로 강탈당했습니다."라고 말한 것은 놀부가 아닌 놀부의 아들 풍금이므로 선지의 내용은 적절하지 않다.
4. "놀부가 큰소리치더니…… 욕심이 많은 건 사실이야. 그러나 악하진 않았어."라는 주관적 평가를 드러낸 것은 연출가가 아니라 지휘자이다.
5. 해설의 '아침'에서 시간적 배경이 제시되고 있을 뿐, 이를 묘사하고 있지는 않으며 이를 통해 사건의 사실성을 높이고 있지도 않다.

Part 2. 현대 산문 　05 | 이광수, 무정

O/X 정답

01. X	02. O	03. X	04. O	05. O

1. 3인칭 전지적 작가(서술자)가 형식과 선형 간의 갈등을 조명하고 있을 뿐, 서술자가 다양한 인물로 바뀌면서 인물 간의 갈등을 다각적으로 조명하고 있지는 않다.
2. 선형의 손을 쥐는 형식의 행동을 반복적(2번 이상)으로 묘사하여, 불안해하는 형식의 내면을 표면화하고 있다. 따라서 반복적 동작을 강조하여 내적 갈등을 표면화했다고 볼 수 있다. 이때 선지에서 '강조'에 힘을 주면 안 된다. 행동이든 대사든 반복되면 당연히 강조가 되기 때문이다.
3. 약혼에 대한 형식과 선형의 서로 다른 관점이 드러난다고 볼 수는 있으나, 동시적 사건들이 병치되지 않았으며 이를 통해 사건에 대한 서로 다른 관점을 드러내고 있지도 않다.
4. '형식'은 '선형이가 진실로 자기를 사랑하는 마음이 없이' 결혼한다면 그녀는 '속절없이 사랑 없는 지아비의 밑에서 괴로운 일생을 보낼 것'이며, 자신 역시 '결코 행복되지 아니할 것'라고 생각하였으므로 선지의 내용은 적절하다.
5. '선형은 자기가 형식을 사랑하는가 않는가를 생각하여 본 적이 없다.~형식을 섬기는 것이 자기의 의무일 것이다.'에서 알 수 있다.

나BS 실전 문제 정답

01. ②	02. ④	03. ⑤	04. ④	05. ①
06. ④	07. ②			

01.

[A]에서 형식은 자신이 사랑하는 대상이 선형인지 영채인지 고민하고 있으며, [B]에서 형식은 선형을 향한 자신의 사랑이 '너무 근거가 박약하고 내용이 빈약'하다

며 반성하고 있으므로 선지의 내용은 적절하다.

오답 풀이

① [A] X, [B] X / [A]에서 형식은 자신이 사랑하는 대상이 누구인지에 대해 혼란을 느끼고 있을 뿐 자기 주도적 사랑의 가치에 대해 이야기하고 있지 않다. 또한 [B]에서 '자기가 선형을 사랑하는 것은 자기에게 대해서는 극히 뜻이 깊고 거룩한 일'이라고 한 것을 고려해 볼 때, 형식이 자기희생적 사랑을 하고 있다고 보기도 어렵다. ③ [A] O, [B] X / [A]에서 형식은 '남들이 하는 말을 듣거나,~참된 사랑은 결코 동시에 두 사람 이상에 향할 수 없'다며 사랑에 대한 이성적 접근을 하고 있다. 반면, [B]에서도 형식은 선형을 향한 자신의 사랑에 대한 근거를 생각해 보는 등 사랑에 대한 이성적 접근을 하고 있으므로 선지의 내용은 적절하지 않다. ④ [A] O, [B] X / [A]에서 형식은 자신이 사랑하는 대상이 선형인지 영채인지 고민하고 있으므로 사랑의 현재적 상황에 초점을 맞추고 있다고 볼 수 있다. 반면 [B]에서 형식은 선형에 대한 자신의 사랑이 너무 유치하며 근거가 박약하다며 반성하고 있으므로, 사랑의 미래에 대한 전망에 초점을 맞추고 있다고 볼 수 없다. ⑤ [A] X, [B] O / [A]에서 형식은 사랑의 가치에 대해 의혹을 제기하고 있지 않다. 반면 [B]에서 형식은 '사랑이란 것을 인류의 모든 정신 작용 중에 가장 중하고 거룩한 것의 하나인 줄을 믿는다.'라며 사랑의 가치에 대해 확신을 표현하고 있음을 확인할 수 있다.

02.

ⓔ은 선형과 혼인하여 미국으로 떠나는 것은 영채를 버리는 것이라는 형식의 생각이 드러나 있다. 즉, 형식이 영채를 버리고 미국행을 선택하는 것은 선형과 혼인하여 미국으로 유학을 가는 것을 의미하므로 선지의 내용은 적절하지 않다.

오답 풀이

① [앞부분의 줄거리]를 고려했을 때 형식은 혼인하고자 했던 영채가 죽은 줄 알고 선형과 약혼하여 미국으로 유학을 가고자 한 것이며, "저편(영채)은 나를 위해서 목숨까지 버리려고 하는데 나는 이게 무슨 일인가."라는 형식의 발화를 고려해 봤을 때, 영채는 형식을 위해 죽으려 했던 것임을 알 수 있다. 따라서 형식이 죽은 줄만 알았던 영채를 기차에서 만난 후 "미국 가기를 중지"하려고 마음먹은 것은 영채에 대한 미안함 때문이라고 볼 수 있다. ② ⓛ은 영채에 대한 의리를 지키기 위해 선형과의 혼인 약속을 깨고 미국 유학을 가지 않으려는 형식에게 우선이 한 발화로, 형식의 결정이 비상식적이라는 인식을 드러낸 것으로 볼 수 있다. ③ ⓒ은 "영채와 혼인한단 말이지?"라는 우선의 질문에 대한 형식의 답으로, 영채와 혼인하기 위해서는 선형과의 약혼을 파해야 한다는 인식을 드러낸 것으로 볼 수 있다. ⑤ ⓜ에는 영채는 동경으로, 형식은 미국으로 유학을 가서 미래에는 연인 사이가 아닌 남매 사이로 새로운 관계를 맺는 것이 낫겠다는 인식이 드러나 있으므로 선지의 내용은 적절하다.

03.

형식은 '자기의 정신의 발달 정도가 아직도 극히 유치'하며, 자신은 '아직 인생을 깨달을 때도 아니요, 따라서 사랑을 의논할 때도 아님'을 깨달은 후 그런 자신을 '어린아이'라고 평가하였다. 그리고 이를 통해 자신이 '학생에게 문명을 가르치고, 인생을 가르치는 것'이 외람된(분수에 맞지 않는) 일임을 깨달았다. 또한 '조선의 나갈 길을 알고 교육자의 이상을 잡았다고 하지만 어린애의 생각에' 불과하다고 평가하였다. 이를 고려할 때 '어린아이'는 공동체의 이상을 관념적으로(머릿속으로만) 받아들일 뿐 실천하지 못한 자를 가리키는 표현이라 할 수 있다. 한편 '어른'은 '어린아이'와는 달리 공동체의 이상을 깊이 이해하고 '문명을 가르치고, 인생을 가르'칠 수 있는 즉, '체득(뜻을 깊이 이해하여 실천)한 자'를 가리키는 표현이라 할 수 있다.

오답 풀이

① '사랑'이 '인류의 모든 정신 작용 중에 가장 중하고 거룩한 것의 하나'이며, 이를 내면화하여 실천할 수 있는 자가 '어른'이므로 '어른'을 윤리적으로 타락한 자로 볼

수는 없다. ② '어린아이'는 인생과 사랑과 같은 공동체의 이상을 관념적으로만 받아들인 존재일 뿐, 권력에 복종하는 사회적 약자라고 볼 수 없다. 한편 어른은 '어린아이'에게 '문명을 가르치고, 인생을 가르'칠 수 있는 존재일 뿐 약자를 지배하는 권력자라고 볼 수 없다. ③ '어린아이'는 공동체의 이상을 관념적으로 받아들인 존재일 뿐, 새로운 풍습에 적응하는 자가 아니다. 한편 '어른'은 공동체의 이상을 체득하여 실천할 수 있는 존재일 뿐, 기존의 풍습에 얽매인 자라고 볼 수 없다. ④ '어린아이'는 인생을 깨닫지도 사랑을 의논할 수도 없는, 공동체의 이상을 관념적으로 받아들이는 존재를 의미할 뿐 외부 세계의 충격에 위축되는 자라고 보기는 어렵다. 한편 '어른'은 공동체의 이상을 체득하여 실천하는 자일 뿐, 외부의 세계의 충격에 유연하게 대응하는 자라고 보기 어렵다.

04.

〈보기〉에 따르면 사랑의 갈등을 겪는 가운데 스스로를 민족 계몽의 선각자로 자부했던 '형식'은 자신의 내면에서 결핍을 발견하게 된다. 이를 고려할 때 인생의 사업이 하루아침에 헛된 것임을 깨닫고 실망하는 형식의 모습은, 사랑의 갈등을 겪는 가운데 자신 내면의 결핍을 발견하였음을 드러낸 것이다. 하지만 연애의 실천에서 겪는 어려움이 근대적 자아의 자각에도 부정적으로 영향을 미치고 있는 것은 아니다. 〈보기〉에서 '연애는 개인에게 자아를 자각하는 중요한 계기로 작용'하고 이를 통해 '내면의 결핍'을 발견한다고 하였다. 즉, 연애의 실천에서 겪는 어려움은 내면의 결핍을 발견하는 데 도움을 주는 것이지, 자아 자각에 부정적 영향을 주는 것이 아니다.

오답 풀이

① 〈보기〉에 따르면 연애는 개인에게는 자아를 자각하는 중요한 계기로 작용했고, 사회에는 자유로운 배우자 선택의 근거로 작용함으로써 가족 제도의 변혁을 유도했다. 이를 고려할 때 사랑의 대상을 혼인의 대상으로 삼아야 한다고 고민하는 형식의 모습은, 연애에 기초한 혼인의 문제를 고민하는 개인을 형상화한 결과로 볼 수 있다. ② 〈보기〉에 따르면 연애는 단순히 남녀의 고제라는 행위가 아니라, 감정의 주체로서 개인을 전제한 근대적 관념이었다. 이를 고려할 때 자신이 사랑하는 대상이 영채인지 선형인지 자문하는 형식의 모습은, 감정의 주체로서 개인을 통하여 근대적 관념으로서의 연애를 서사화한 결과라고 볼 수 있다. ③ 〈보기〉에 따르면 「무정」이 창작될 무렵, 연애를 고민하고 실천하는 일은 근대적 삶의 실천으로 인식되었고, 소설은 '연애에 기초한 혼인'을 형상화함으로써 계몽성을 드러냈다. 이를 고려할 때 [B]에서 사랑을 개인의 일로만 국한하지 않고 민족에 대한 정신적 혁명의 일환으로 생각하는 형식의 모습은, 근대적 삶의 실천으로서의 연애가 계몽성을 지녔음을 보여 준다고 할 수 있다. ⑤ 〈보기〉에 따르면 '형식'은 연애와 관련된 개인적 경험을 통해 사랑의 갈등을 겪으면서 자신의 내면에서 결핍을 발견하게 된다. 이를 고려할 때 사랑의 진실을 확인함으로써 인생에 대한 자신의 깨달음을 성찰하는 형식의 모습은, 연애를 고민하는 개인적 경험을 통해 내면의 결핍이라는 새로운 진실에 접근하는 모습을 보여 준다고 할 수 있다.

05.

[A]에서 서술자는 '현대의 문명은 소리의 문명'이며, 이 소리가 요란할수록 나라가 잘된다고 말하고 있다. 즉 서술자는 개혁적 관점에서 현대 문명을 긍정적으로 인식하고 있으므로, 보수적인 관점에서 동시대의 여러 가지 사회 문제를 비판하고 있다고 보기 어렵다.

오답 풀이

② 비유법을 통해 현대 문명을 받아들이지 않는 사람들을 '흰옷 입은 사람들'에 빗대어 표현하고 있으며, '수레바퀴 소리, 증기와 전기 기관 소리, 쇠마차 소리'에서 열거법을 통해 현대 문명의 상징인 다양한 소리를 나열하고 있다. 이러한 다양한 표현법을 통해 개화 의식과 관련한 주제 의식을 표출하고 있으므로 선지의 내용은 적절하

다. ③ '전차 소리, 인력거 소리' 등 소리와 관련된 다양한 소재를 활용하여 근대화되어 가는. 변모된 시대상을 보여 주고 있으므로 선지의 내용은 적절하다. ④ '그네는~이 소리를 들을 줄 알고,~이 소리를 내도록 되어야 한다.' 등에서 서술자의 적극적인 개입을 통해 개화 문명을 받아들여야 한다는 작가 자신의 주장을 직접적으로 제시하고 있으므로 선지의 내용은 적절하다. ⑤ '왜 저 전등이 저렇게 많이 켜지며,~몇몇이나 되는가.' 등에서 일상적 구어체에 가까운 산문적인 서술을 통해 이야기를 전달핫고 있음을 알 수 있다.

06.

미국으로 떠나는 '형식'을 배웅하며 만세를 외치는 무리들은 '모두 다 서울 장안의 문명하였다는 계급'에 속하는 사람들이다. 이들은 모두 개화된 젊은이를 상징하며, 개회된 젊은이들이 외국 유학을 동경하였음은 7번 문제의 〈보기〉를 통해서 알 수 있다. 따라서 개회된 젊은이들이 미국으로 떠나는 '형식'에게 만세를 외치는 것은 그의 앞날을 축복함과 동시에 외국 유학을 가는 형식에 대한 선망(부러워하여 바람)을 드러낸 것으로 볼 수 있다.

오답 풀이

① '여학생'은 미국으로 가는 선형이나 일본으로 가는 병욱과 달리, 유학을 가지 못하는 자신의 처지를 한탄하고 있을 뿐 상황 판단에 대한 무지로 자신이 희생양이 되었음을 한탄하고 있지는 않다. ② 혼인 후 미국으로 떠나는 '선형'이 많은 사람에게 배웅을 받고 있으며, 또 그녀도 그들에게 인사를 하고 있으므로 '선형'이 미국으로 현실 도피를 꿈꾸고 있다고 보기 어렵다. ③ 영채는 '남대문'이라는 소리를 듣고 혼란을 느끼고 있을 뿐, 구시대적인 권위나 특권에 대해 반감을 드러내고 있지는 않다. ⑤ '병욱'이 '형식'을 잊지 못하는 '영채'를 걱정하여 그녀에게 '선형'과 '형식'에 관하여 말하지 않은 것이므로 선지의 내용은 적절하지 않다.

07.

〈보기〉에 따르면 '민중들이 기차를 탄다는 것은 생활 터전으로서의 고향 상실이라는 공포를 불러일으키는 행위'였다. 하지만 위 글에 나타나 있는 '기차'는 문명개화와 관련된 소재이므로, 인물들에게 고향 상실감을 환기시켜 주는 매개체로 기능하고 있지 않다. 오히려 윗글에서 '기차'는 '당시 사람들이 동경하던 외국 유학을 하거나 서구 문물을 수용'할 수 있는 소재로 기능하고 있으므로 선지의 내용은 적절하지 않다.

오답 풀이

① '기차' 안의 인물들은 당시 사람들이 동경하던 외국 유학을 하기 위해 '기차'를 탄 것이므로, 이들은 문명개화에 앞선 특권 계층을 상징한다. 따라서 '기차'는 인물들의 사회적 계층과 위상을 보여 주는 수단으로 기능한다고 할 수 있다. ③ 영채가 자신이 잊으려고 한 형식이 기차에 탔다는 사실을 알고 '알 수 없는 눈물'을 흘리는 것을 통해 '기차'는 인물들의 만남을 통해 영채의 내적 갈등을 유발하는 장소라고 할 수 있다. ④ 〈보기〉에 따르면 '문명개화에 앞선 특권 계층들은 기차를 통해 당시 사람들이 동경하던 외국 유학을 하거나 서구 문물을 수용'할 수 있었다. 위 글 속 등장인물들은 외국 유학을 하기 위해 기차를 타고 있으므로, 등장인물들을 문명개화로 이끄는 '기차'는 이들이 지향하는 서구적인 근대 문명개화의 상징물이라고 할 수 있다. ⑤ 영채가 기차를 타고 일본으로 가려고 한 이유는 형식을 잊기 위해서임을 짐작할 수 있다. 따라서 영채에게 '기차'는 과거에서 벗어나 새 출발을 하게 해 주는 장치로 볼 수 있다.

O/X 정답

| 01. O | 02. X | 03. X | 04. X | 05. X |

1. '그것은 내 짐작 같아서는~아닌가한다.', '한 번도 걷은 일이 없는~뿐이고 뿐이고 하였다.' 등에서 '나'의 내면 의식의 서술을 통해 아내에게 의지해 무기력하게 살아가는 '나'의 성격을 드러내고 있으므로 선지의 내용은 적절하다.

2. 과거와 현재의 교차는 나타나지 않으며, '대낮'에서 '정오'로의 시간의 흐름에 따라 '나'가 겪는 인식의 변화를 드러내고 있으므로 선지의 내용은 적절하지 않다.

3. 이야기 내부의 서술자인 '나'가 자신의 행동을 주관적으로 서술하고 있으므로 선지의 내용은 적절하지 않다.

4. '나'가 미쓰꼬시 옥상에서 회탁의 거리를 내려다본 것은 맞다. 하지만 그 거리를 내려다보며 정신적으로 방황하는 모습을 보일 뿐, 무력했던 자신의 삶에서 벗어나고자 하는 의지를 드러내고 있지는 않다. '나'의 의지는 '정오의 사이렌'을 경계로 드러났다.

5. '나'가 아내에게로 발길이 향하는 것을 주저하고 있는 것은 맞다. 하지만 '사실을 사실대로 오해는 오해대로 그저 끝없이 발을 절뚝거리면서 세상을 걸어가면 되는 것이다.'를 통해 '나'는 아내와의 오해를 풀 이유가 없다고 생각함을 알 수 있으므로 선지의 내용은 적절하지 않다.

나BS 실전 문제 정답

| 01. ② | 02. ② | 03. ④ | 04. ② |

01.

> ㄱ : 윗글은 서술자인 '나'의 의식의 흐름에 따라 전개되며, 독백적 어조를 통해 현실과 동떨어져 살아가는 서술자의 내면 의식을 표현하고 있다. 이러한 기법은 '나'가 지닌 자의식의 혼란과 자아 분열을 그대로 옮겨 놓은 것이라 할 수 있다.
> ㄹ : '피곤한 생활이 똑 금붕어 지느러미처럼 흐늑흐늑 허비적거렸다.', '우리 부부는 숙명적으로 발이 맞지 않는 절름발이인 것이다.', '사람들은 모두 네 활개를 펴고 닭처럼 푸드덕거리는 것 같고' 등에서 비유적 표현을 사용하여 인물의 생각과 인상을 구체적으로 제시하고 있다.

오답 풀이

ㄴ : 1인칭 서술자의 서술이 중심을 이루는 지문에서는 객관적 진술이 나타나지 않으므로 선지의 내용은 적절하지 않다.

ㄹ : 회상의 기법이 나타나긴 하지만 그것을 통해 현재와 과거의 화해를 지향하고 있다고 보기는 어렵다.

02.

> '나'가 '미쓰꼬시 옥상'에서 이전과는 다른 삶의 태도를 갖게 된 것은 맞다. 하지만 그 태도를 갖게 된 계기는 '미쓰꼬시 옥상'이 아니라 '정오의 사이렌'이므로 선지의 내용은 적절하지 않다. 참고로 '미쓰꼬시 옥상'이 이전과는 다른 삶의 태도를 갖게 하는 매개체로 기능하려면 옥상으로 공간이 이동하자마자 '나'의 태도가 변했어야 한다.

오답 풀이

① '나'는 '미쓰꼬시 옥상'에 올라 스스로에게 질문을 던지며 자신의 인생을 돌아보는 내면적 성찰을 하고 있다. ③ '나'는 '미쓰꼬시 옥상'이라는 높은 곳에서 '회탁의 거리'를 내려다보고 있으므로, 그 거리를 압축적으로 조감(새가 높은 하늘에서 아래를 내려다보는 것처럼 전체를 한눈에 관찰함)하고 있음을 알 수 있다. ④ '나'는 '미쓰꼬

시 옥상'에서 내려다본 '회탁의 거리'를 부정적 공간으로 여기고 있으므로 괴리감을 허용할 수 있다. ⑤ '나'가 '피로와 공복 때문에 무너져 들어가는 몸뚱이를 끌고, 그 회탁의 거리 속으로 섞여 들어가지 않을 수 없다'고 표현한 것으로 볼 때, '나'는 옥상에서 바라본 '회탁의 거리'를 부자유와 체념의 공간으로 인식하고 있음을 알 수 있다.

03.

> ㉠은 주인공의 의식의 전환을 보여 줄 뿐, 자아의 문제에서 사회 문제로 시선을 전환하게 하고 있는 것은 아니므로 선지의 내용은 적절하지 않다.

오답 풀이

① ㉠ 이후 '나'는 수동적이고 폐쇄적인 삶에서 벗어나 자신의 의지가 담긴 생활을 하고자 하는 의식의 전환을 보여 주고 있으므로, '나'의 의식 상태는 ㉠ 이전과 이후로 나누어 볼 수 있다. ② 무기력하게 살아가던 '나'가 '정오'의 사이렌 소리를 들은 후 죽어 있던 자의식이 일깨워졌으므로 선지의 내용은 적절하다. ③ 〈보기〉에 따르면 '정오'는 각성과 재생의 시간을 의미한다. 이를 고려할 때 지문에 제시된 '정오'의 사이렌 소리는 각성 이전과 각성 이후를 나누는 기준이 되므로, ㉠을 경계로 어조와 분위기가 바뀐다고 볼 수 있다. ⑤ 〈보기〉의 내용을 고려할 때, '정오'는 낮 12시라는 물리적 의미보다는 각성과 재생이라는 심리적 의미에 중점을 둔 것임을 알 수 있다.

04.

> '나'가 아내 몰래 집에서 나온 것은 폐쇄적이고 무기력한 삶에서 탈출하고자 하는 몸부림일 뿐이므로, 이를 현대 문명의 구속에 맞서고자 하는 지식인의 적극적인 대결 의지로 보기는 어렵다.

오답 풀이

① 〈보기〉에 따르면 '아내'는 현대 문명을, '나'는 지식인의 내면세계를 상징한다. 이를 고려할 때 '아내'가 '나'를 의심하면서 따지는 것은 지식인의 내면세계에 대한 현대 문명의 위협으로 볼 수 있다. ③ '나'는 '나나 아내나~걸어가면 되는 것이다.'라며 '아내'에게서 완전히 '떠나겠다고 생각하지 못하는 것'을 확인할 수 있다. 〈보기〉의 내용을 고려해 볼 때 이는 현대 문명과 결별하기 어려운 지식인의 의식 상태를 상징적으로 표현한 것임을 알 수 있다. ④ 〈보기〉에 따르면 '아내'는 현대 문명을, '나'는 지식인의 내면세계를 상징한다. 이를 고려할 때 '설마 아내가 아스피린 대신에 아달린의 정량을 나에게 먹여 왔을까? 나는 그것을 믿을 수 없다.'라는 '나'의 의구심은 자신도 모르게 현대 문명에 길들여져 가는 데 대한 지식인의 두려움을 의미하는 것으로 이해할 수 있다. ⑤ '나'의 머릿속에서 희망과 야심의 말소된 페이지가 번뜩인다고 한 것은, 사라졌던 '나'의 희망과 야심이 다시 살아남을 표현한 것이라 할 수 있다. 〈보기〉의 내용을 고려할 때 이는 현대 문명에 대한 비판 의식을 회복하고자 하는 지식인의 소망을 상징적으로 표현한 것으로 이해할 수 있다.

O/X 정답

| 01. O | 02. X | 03. X | 04. O | 05. X |

1. '지체를 바꾸어 윤 주사를~둘러놓았으면 꼬옥 맞겠습니다.'에서 서술자가 풍자적 어조를 활용하여 윤 직원 영감의 경망스러운 모습을 비판적으로 드러내고 있으므로 선지의 내용은 적절하다.

2. '옷은 안팎으로 윤이 지르르~서른네 살배기 합죽선입니다.'에서 윤 직원 영감의 외양을 묘사하고 있는 것은 맞다. 하지만 이를 통해 윤 직원 영감의 혼란스러운

심리 상태를 드러내고 있지는 않으므로 선지의 내용은 적절하지 않다.

3. 인력거꾼이 윤 직원 영감에게 "그저 처분해 줍사오!"라고 말한 이유는 인력거 삯을 후하게 받기 위해서이므로 선지의 내용은 적절하지 않다.

4. '먼저에는 몽치로 뒤통수를 얻어맞은 것같이~수천 길 밑으로 꺼져 내려가는 듯', '사뭇 사람을 아무나 하나 잡아먹을 듯', '성난 황소가 영각을 하듯' 등에서 비유적 진술을 통해 종학이 경시청에 피검되었다는 소식을 듣고 놀란 윤 직원 영감의 상황을 부각하고 있으므로 선지의 내용은 적절하다.

5. 윤 직원 영감이 동경에서 온 전보를 보고 놀란 이유는 종학의 신상이 걱정되어서가 아니라, 종학이 빈부의 차이를 없애는 사회주의를 했다는 사실 때문이다. 이는 '그것은 결단코 자기가 믿고 사랑하고 하는 종학이의 신상을 여겨서가 아닙니다.~그것보다도 더 분하고, 물론 무서웠던 것입니다.'를 통해 알 수 있다.

Part 2. 현대 산문　08 | 전광용, 사수

O/X 정답

01. X	02. O	03. O	04. X	05. O

1. '나'는 B와의 '어쩔 수 없는 대결이 거세면 거셀수록 그에 대한 관심이 더 강력하게 작용했던 만큼, 그의 혐의를 받는 죄상에 대한 내막은 이 이상 더 소상하게 늘어놓고 싶지는 않다.'라고 하였으므로 선지의 내용은 적절하지 않다.

2. '나를 만난 경희는 시종 울기만 하였다.~우리 둘의 긴급한 일로 당면될 뿐이었다.'에서 시간의 역전적 구성을 통해 사건을 입체적으로 조명하고 있다.

3. '다섯 명의 사수는 일렬로 같은 간격을 두고 나란히 횡대로 늘어섰다.~다만 몸들의 움직임이 있을 뿐이다.'에서 간결한 문체를 사용하여 사형이 집행되는 중심 사건의 긴장감을 높이고 있으므로 선지의 내용은 적절하다.

4. '나'가 방아쇠를 당겨 총을 쏜 후 '극도의 빈혈'로 인해 쓰러진 것은 맞다. 하지만 B는 '이미 다른 네 방의 탄환을 맞고 쓰러진 뒤'였으며, '나'는 '총소리와 함께 나 자신도 그 자리에 비틀비틀 고꾸라'졌다고 하였으므로 선지의 내용은 적절하지 않다.

5. '흰 눈이 쌓인 산록의 바람 소리가 시리다.'에서 사형 집행장의 배경을 묘사하여 '나'의 내면 심리를 드러내고 있으므로 선지의 내용은 적절하다.

Part 2. 현대 산문　09 | 이호철, 판문점

O/X 정답

01. X	02. X	03. X	04. O	05. O

1. '진수는 얘기가 신명이 나지 않는 듯', '달래듯이', '자유는 허풍선과 같은 허황한 것' 등에서 비유적 표현이 활용되고 있으나, 이를 통해 인물의 은밀한 행동 양상을 드러내고 있지는 않다.

2. 3인칭 전지적 작가(서술자)가 진수와 북측 여기자의 심리를 고르게 묘사하고 있으므로, 특정 인물의 시선을 통해 인물의 특징을 관찰하여 알려 주고 있다는 선지의 내용은 적절하지 않다.

3. 회담장에서 '지프차'로 공간의 이동은 나타나지만, 공간의 이동에 따라 일어나는 사건을 통해 인물들의 외적 갈등이 심화되고 있지 않고 있다. 오히려 갈등 관계에 있던 두 인물이 함께 비를 피하며 일시적으로 갈등이 소강 상태에 접어들었다.

4. '진수'는 일반 시민에게 정치적 결정을 "선택할 기회와 자유를 주어야" 한다는 '북

한 여기자'의 말을 듣고 "그렇지요, 선택할 자유를 주어야지요, 아무렴요."라며 그녀의 생각에 동의하였으므로 선지의 내용은 적절하다.

5. '진수'는 "자기조차 팽개쳐 버린 신념덩이", 즉 개인의 자유보다는 정의나 신념을 중시하는 북한 체제를 "허풍선"이라고 표현하며 비판하고 있으므로 선지의 내용은 적절하다.

Part 2. 현대 산문　10 | 김승옥, 차나 한잔

O/X 정답

01. O	02. X	03. X	04. X	05. O

1. '찻값을 앞질러 내 버리던~무안하게 해 줬었지.', '자기네 사장이 얼른~혼났지.' 등에서 사건에 대한 '그'의 내적 반응을 '그' 자신의 목소리를 통해 제시하고 있다.

2. '변소', '신문사', '술집' 등의 공간이 나타나고 있을 뿐, 두 공간에서 동시에 일어나는 사건을 병렬적으로 배치하고 있지는 않다.

3. "차나 한잔"이라는 말은 '그'가 근무하던 신문사의 문화부장이 해고 소식을 전하기 위해 건넨 형식적인 말이다. '그'는 이를 두고 "회색빛 도시의 따뜻한 비극"이라며 비정함을 느끼고 있으므로 선지의 내용은 적절하지 않다.

4. '그'는 김 선생에게 해고 소식을 알린 문화부장에 대해 이야기하면서 속으로는 만화 연재를 부탁하러 갔던 문화부장에 대해 떠올렸으므로 선지의 내용은 적절하지 않다.

5. '그'와 문화부장, '그'와 김 선생, '그'와 아내의 대화를 통해 '그'가 처한 상황과 내면을 드러내고 있으므로 선지의 내용은 적절하다.

나BS 실전 문제 정답

01. ③	02. ③	03. ⑤	04. ③

01.

'그'는 '김선생'에게, 자신에게 해고 소식을 전한 '문화부장'에 대해 말하면서 속으로는 자신이 만화 연재를 부탁했던 '문화부장'을 생각하며 내적 독백을 하고 있다. 따라서 [A]에서 인물의 말과 내적 독백을 교차하여 인물의 심리를 드러내고 있다는 선지의 내용은 적절하다.

　오답 풀이

① 시간이나 공간이 바뀌었을 때 장면이 전환되었다고 하며, 빈번한 장면 전환은 3회 이상의 장면 변화가 있을 때 허용할 수 있다. 윗글에서는 장면을 빈번하게 전환하고 있지 않으며, 긴박한 분위기를 조성하고 있지도 않다. ② 과거 장면은 삽입되지 않았다. ④ '그'와 '문화 부장', '그'와 '김선생' 간의 대화가 나타나고 있으나, 이를 통해 상황에 대한 인물 간의 시각 차이를 드러내고 있지는 않다. ⑤ 동시에 일어난 두 사건을 병치하고 있지 않다.

02.

'문화부장'은 만화를 그려 오지 않았다는 '그'의 말에 '그'가 자신이 해고 사실을 이미 알고 있었다는 판단을 내렸을 뿐, '그'가 만화를 그려 오지 않을 것이라 예상했음을 드러내지는 않았다.

　오답 풀이

① '문화부장'은 '그'의 해고 사실을 이미 알고 있었으므로, 오늘 치 만화를 달라는 그의 요구는 형식적인 것이었다고 볼 수 있다. ② '그'는 편집국 안에 들어섰을 때부터 자신이 해고를 당할 것이라고 짐작하고 있었다. ④ 해고당한 '그'에게 '김선생'이

기다리면 뭐가 생길 것이라 이야기한 것은 '그'를 위로하기 위한 것으로 볼 수 있다. ⑤ '그'가 자신이 그리는 만화의 주인공인 '아톰X군'에게 "차나 한잔" 하자며 "군과도 이별이다."라고 말하는 것은 '아톰X군'을 더 이상 그리지 않으려는 마음 때문이라고 할 수 있다.

03.

> @는 '그'에게 해고 소식을 전한 '문화부장'이고, ⓑ는 '그'가 만화 연재를 부탁했던 다른 신문사의 '문화부장'이다. 따라서 두 사람 모두 '그'에게 자신의 처지에 대한 부정적 감정을 느끼게 한다고 볼 수 있다.

오답 풀이

① @는 자신과 국장은 모두 '그'의 만화를 높게 평가했지만, 독자들이 자꾸 투서를 넣는 바람에 해고 상황이 벌어지게 되었다며, 해고 상황을 독자들의 탓으로 돌렸으므로 선지의 내용은 적절하지 않다. ② 만화가의 자질에 대해 말한 것은 ⓑ가 아니라 @이다. ③ '그'에게 먼저 차나 한잔 하자고 했던 @와 달리, ⓑ는 차나 한잔 하자는 '그'의 말에 '그'와 차를 마시게 된 것이므로 선지의 내용은 적절하지 않다. ④ @의 "저는 이형을 두둔했습니다만……"를 '그'의 능력을 인정하는 발화로 볼 수는 있으나, @에게 '그'가 어떤 제안을 하지는 않았으므로 적절하지 않다. 또한 ⓑ는 만화 연재를 부탁한 '그'의 제안을 거절했으나, '그'의 능력을 인정하는 발화는 하지 않았다.

04.

> '그'는 일하던 신문사에서 해고당한 후 만화 연재를 부탁하러 다른 신문사에 가지만 거절당하였다. 이러한 자신의 처지를 '김선생'에게 토로하며 "새로운 우연이 다가온다는 징조"라고 이야기한 것은, 자신의 상황을 낙관적으로 받아들이기 위해 노력하려는 모습을 보여 주는 것이다. 이를 자신을 해고한 신문사로부터 다시 만화 연재를 의뢰받게 되리라는 기대를 드러낸 것으로 볼 수는 없다.

오답 풀이

① 〈보기〉에 따르면 이 작품은 만화가가 겪는 하루의 사건을 통해 1960년대를 살아가는 소시민의 생계에 대한 불안과 비애를 드러낸다. 이를 고려할 때, '그'가 '계집애'의 표정을 보며 "두려워하고 있던 예측이 이젠 어쩔 수 없게" 되었다고 생각하는 것은, 해고로 인해 생계 문제를 걱정하는 '그'의 불안을 드러낸다고 볼 수 있다. ② 〈보기〉에 따르면 이 작품은 인물의 상황과 심리를 우회적으로 드러내기 위해 비유적 표현, 역설적 표현 등을 활용한다. 이를 고려할 때 '그'가 '김선생'에게 자신에게 해고 소식을 전하는 '문화부장'의 말에 대해 "너는 미역국이다, 이거죠."라고 한 것은 자신의 해고를 '미역국'에 빗대어 표현함으로써 해고당하는 상황을 우회적으로 드러낸 것이라 볼 수 있다. ④ 〈보기〉에 따르면 이 작품은 인물의 상황과 심리를 우회적으로 드러내기 위해 비유적 표현, 역설적 표현 등을 활용한다. 이를 고려할 때 '그'가 "차나 한잔"의 의미를 "이 회색빛 도시의 따뜻한 비극"이라며 역설적으로 표현한 것은 해고당한 '그'의 비참한 심리를 드러낸 것이라 볼 수 있다. ⑤ 〈보기〉에 따르면 이 작품은 자신이 그리는 만화 속 가상의 인물에게 말을 하는 상황을 통해 인물의 심리를 드러내기도 한다. 이를 고려할 때 '그'가 자신이 그리는 만화 주인공인 '아톰X군'의 얼굴을 술상 위에 그렸다 지우며 "힘이 없"다고 말하는 것은 '그'가 느끼는 무력감을 드러낸 것으로 볼 수 있다.

Part 2. 현대 산문　　11 | 이청준, 황홀한 실종

O/X 정답

01. O	02. X	03. X	04. O	05. O

1. 이야기 외부의 전지적 서술자가 '쇠창살'에 대한 인식, 손 박사에 대한 배신감 등과 같은 일섭의 내면을 제시하여 그의 심리적 갈등을 보여 주고 있으므로 선지의 내용은 적절하다.

2. 일섭은 '집으로 돌아가는 길에 창경원 소풍이라도 잠깐 하고 가는 게 어떠냐'는 손 박사의 권유를 '고마운 조언'이라고 생각하며 창경원을 방문한다. 그러나 그는 창경원에서 원숭이와 사자를 구경하며 웃음을 터뜨리지 않고 오히려 사람들과 동물의 위치가 전도된 현실을 자각하고 분노와 배신감을 느끼고 있다. 또한 창경원에서 있는 사람들은 원숭이 앞에서 웃지만, 사자 앞에서는 두려워하며 조심스러운 모습을 보이고 있으므로 선지의 내용은 적절하지 않다.

3. '병원 → 창경원'으로의 공간 이동에 따라 '쇠창살'에 대한 일섭의 내면 변화를 확인할 수 있다. 그러나 내면의 변화를 회상을 통해 제시하고 있지 않으므로 선지의 내용은 적절하지 않다.

4. '멍청하게 웃고만 서 있던 사람들', '그건 아무래도 사람들이 녀석을 구경하는 게 아니라 녀석 쪽에서 사람들을 구경하고 있는 격이었다.' '쇠 울타리 안의 쾌적한 공간을 혼자 독차지하고 즐기려는 자들을 위한 영리한 고안이었다.~우왕좌왕 방황을 계속하고 있는 게 현실이었다.' 등에서 냉소적인 어조를 확인할 수 있다. 이를 통해 쇠창살 안쪽의 존재들은 선택받은 자들로, 바깥쪽의 존재들은 선택받지 못한 존재들로 나뉘는 세태에 대한 비판적 태도를 드러내고 있으므로 선지의 내용은 적절하다.

5. 일섭은 '손 박사도 실상은 그 선택받은 자들과 한 무리임이 분명했다.'라며 손 박사를 '선택받은 자'로 인식한다. 또한 '손 박사가 그에게 자신의 쇠창살을 부수라 충동질한 것은 그를 그의 곁에서 내쫓으려는 음흉스런 꼼수 이외에 아무것도 아니었다.~손 박사의 무서운 배신일 수밖에 없었다.'라며 '선택받은 자'만이 있는 쇠창살 안쪽으로 자신이 넘어 오지 못하도록 손 박사가 꼼수를 부렸다고 생각하면서 그에게 배신감을 느끼고 있으므로 선지의 내용은 적절하다.

나BS 실전 문제 정답

01. ⑤	02. ⑤	03. ④

01.

> [A]에서 전지적인 서술자는 서술의 초점이 되는 인물인 윤일섭의 시선으로 손 박사의 언행에 담긴 의미를 해석하여 제시하고 있다.

오답 풀이

① 이야기 밖의 전지적인 서술자가 사건을 전달하고 있으므로, 이야기 속 서술자가 자기 고백적 진술을 통해 내면을 제시한다고 볼 수 없다. ② 서술자가 전지적 입장에서 초점이 되는 인물의 시선에 따라 사건을 전달하고 있으므로, 관찰자의 입장에서 독자에게 이해에 필요한 단서를 제공했다는 설명은 적절하지 않다. ③ 서술자가 일관된 전지적 시점에서 이야기를 전달하고 있으므로, 장면에 따라 서술자를 바꾸어 사건을 입체적으로 제시했다는 설명은 적절하지 않다. ④ "우리는 끝끝내 그 교문을 맘대로~은행 문을 용케 들어갈 수 있었으니까요.", '마음속의 쇠창살을 부숴 없애는 게 치료법의 첩경이라던 손 박사의 처방은 전혀 엉터리없는 거짓이었다.' 등에서 요약적 진술을 확인할 수 있으나, 이를 통해 인물 간의 갈등이 해소되는 과정을 제시하고 있지 않으므로 선지의 내용은 적절하지 않다.

02.

> '쇠울타리'가 쾌적한 공간을 독차지하려는 자들을 위해 마련된 '영리한 고안'이라고 생각한 인물은 손 박사가 아닌 윤일섭이다. 따라서 ㉠이 '쇠울타리'가 '쾌적한 공간'을 '독차지하'려는 자들을 위해 마련된 '영리한 고안'이라고 비판한 손 박사의 생각에 상응하는 처방이라는 설명은 적절하지 않다.

오답 풀이

① 손 박사는 윤일섭이 '자신의 사고로는 도저히 수습할 수 없는 심각한 혼란'을 겪고 있다고 생각하며, 이러한 윤일섭의 증세는 '쇠창살'과 관련이 있다고 진단하였다. 따라서 손 박사는 '마음속의 쇠창살'을 부숴 없애라는 처방을 내렸다고 볼 수 있다. ② 손 박사는 윤일섭이 '교문'에 대해 '기이한 의식의 전도'를 보인다고 판단하였으며, 그가 직장 생활에 대해 이야기하자 '걷잡을 수 없는 비약과 전도가 함부로 감행되고 있는 얘기'라고 생각하였다. 이를 통해 손 박사는 윤일섭의 교문에 대한 의식의 도착 증세가 그의 직장 생활에 대한 고충담 속에서 더욱 현저히 드러난다고 보았음을 알 수 있다. 손 박사는 이러한 증세가 모두 '쇠창살'과 관련이 있다고 진단하였으므로, 윤일섭에게 ⊙과 같은 처방을 내렸다고 볼 수 있다. ③ 윤일섭은 손 박사가 '그의 곁에서 내쫓으려는 음흉스런 꿍수'를 가지고 자신을 '쇠창살' 밖으로 내몰기 위해 ⊙과 같은 처방을 내린 것이라고 의심하고 있다. ④ 윤일섭은 손 박사가 '자신의 쇠창살을 교묘하게 숨기면서 윤일섭 그에게만 그것을 부수라 꿰어낸' 것이라고 생각하고 있다.

03.

윤일섭은 자신이 선택받지 못한 자들의 무리에 속해 있다고 생각한다. 따라서 현재 자신의 모습을 '바깥세상 구경이나 하면서 살'고 있다고 보기 어려우며, 윤일섭은 자신을 과거 자신의 자리로 되돌려 놓아야 한다고 생각하고 있지도 않다.

오답 풀이

① '비좁고 육중한 은행 문을 용케 들어갈 수 있었'던 것을 다행스럽게 여기는 '윤일섭'은 자본주의 질서 속에서 체제의 보호를 받고 싶어 하는 자아의 모습을 보여 준다고 할 수 있다. ② 윤일섭은 '승진'을 '더 안전한 이선 삼선'의 자리로 옮겨 않는 것이라고 생각하며 그것을 바라고 살아왔는데, 이것은 체제의 보호 속에 더 깊이 안주하고 싶은 자아의 욕망과 관련이 있다고 볼 수 있다. ③ 윤일섭은 '선택받지 못한 자들'이 바깥으로 쫓겨난 채 선택받은 자들의 모욕적인 눈길 속에 우왕좌왕 방향을 계속하고 있는 게 현실이라고 했는데, 이러한 마음속에는 자본주의 체제로부터 밀려날 수 있다는 불안감이 담겨 있다고 볼 수 있다. ⑤ 윤일섭은 '은행 점포의 좌석 배치'가 '완전한 피라미드 포진'을 이루고 있다고 말하는데, 이는 은행 안에서 치열한 생존 경쟁이 펼쳐지고 있는 자본주의적 질서를 상징한다고 볼 수 있다.

Part 2. 현대 산문 | **12 | 송기숙, 당제**

O/X 정답

01. O	02. O	03. O	04. X	05. O

1. 작품 전체적으로 방언과 구어적 표현이 드러나고 있으며, 이를 통해 생동감 있게 이야기가 전개되고 있으므로 선지의 내용은 적절하다.
2. "그런디 이번에도 자네들한테 몇 가지 부탁이 있네.~우리 동네도 꼭 한번 곳고 오게."에서 제주는 농촌 사람들의 어려운 상황을 제시하며 도깨비에게 '몇 가지 부탁'을 하고 있으므로 선지의 내용은 적절하다.
3. 중략 줄거리 이후부터 당나무를 팔 마음이 없는 자리실 영감과 당나무를 팔도록 설득하려는 인물들(목물 장수, 정원수 장수, 삼식이, 이장)의 대화를 통해 인물들 사이의 갈등이 나타나고 있다.
4. '삽화'는 본 줄거리와는 별도로 독립적인 작은 이야기를 끼워 넣는 것을 말하고, '삽화 형식으로 나열'했다는 것은 A삽화, B삽화, C삽화… 이런 식으로 독립적인 삽화의 나열을 통해 지문을 구성했다는 것을 의미한다. 하지만 해당 지문에 등장하는 사건들은 동시에 벌어진 사건들도 아니며, 삽화 형식으로 나열하고 있지 않으므로 선지의 내용은 적절하지 않다.

5. "돈이 백만 원이면 그 돈이 얼만디 그러시요?~저절로 굴러 들어온 돈을 발로 차 넘기잔 말이구만이라."라는 삼식이의 발화를 통해 확인할 수 있다.

나BS 실전 문제 정답

01. ①	02. ④	03. ①

01.

ㄱ : 방언을 사용하여 '한몰 영감'과 '한몰댁'의 대화를 실감나게 전달하고 있다.
ㄷ : '산중턱까지 물이 찬 댐은 물빛이~한가롭게 멈춰 있기도 했다.'에서 댐의 풍경을, '싸리나무 울타리가 가지런하고~햇살에 눈이 부실 지경이다.'에서 오두막집의 풍경을 묘사하여 배경을 선명하게 제시하고 있다.

오답 풀이

ㄴ. 제시된 지문에는 반복되는 사건이 나타나 있지 않으며, 인물 간 갈등이 심화되는 부분도 나타나 있지 않다.
ㄹ. 이 작품은 작품 밖 서술자가 내용을 전개하고 있으므로 선지의 내용은 적절하지 않다.

02.

'자기가 갱 속에 들어가지 않았다는 것은 십장만 알고 있는데, 그도 갱 속에 들어갔으므로 자기가 없으면 갱에서 죽은 걸로 치부할 게 틀림없었다.'를 통해 ⊙(그때 일)에 '한몰 영감'이 갱 속에 들어가지 않았다는 사실은 '십장'만 알고 있으며, '십장' 역시 갱에 갇혀 있었음을 확인할 수 있다. 따라서 '탄광 사람들은 내가 갱도에서 죽었다고 생각했었을 거야.'는 '한몰 영감'이 회상했을 법한 내용으로 볼 수 있다.

오답 풀이

① '예사 때도 지나새나' 탄광을 탈출할 '궁리'를 하고 있었으므로, '낙반 사고 이전에는 탈출을 감행할 생각을 하지 않았'다는 선지의 내용은 적절하지 않다. ② 낙반 사고 이후 '한몰 영감'은 갱에 갇힌 동료들을 구할 수 없을 것이라고 생각하였으며, '도망치기에는 이보다 좋은 기회가 없을 것'이라고 생각하였다. 따라서 '탈출을 결심하고도 동료에 대한 의리 때문에 괴로워했다'는 선지의 내용은 적절하지 않다. ③ '갱 사정을 손바닥 보듯 알고 있던 영감은 그들을 구출할 수 없다는 걸 잘 알고 있었'으므로, '갱도가 붕괴되었을 때 나도 동료들을 구하려 노력했었지.'라고 생각했다는 선지의 내용은 적절하지 않다. ⑤ '한몰 영감'은 '십장' 외에는 자신이 갱 속에 들어가지 않았다는 사실을 아는 사람이 없다고 생각했으므로, '갱도에 들어가지 않은 것을 십장이 몰라 다행'이라고 생각했다는 선지의 내용은 적절하지 않다.

03.

〈보기〉를 고려할 때, 「당제」는 작품의 두 축인 '역사'와 '신앙'을 중심으로, 초월적 세계에 대한 믿음을 통해 현실의 문제를 해결하고자 하는 사람들의 모습을 드러낸다. '한몰댁'은 남편의 사망 통지서를 받았음에도 미륵보살의 꿈을 꾸었다는 이유로 '눈물 한 방울 흘리지 않'고 새벽마다 '미륵바위 앞에서' 치성을 드린다. 이는 꿈이 소망을 이루어 주어 초월적 세계를 구현한다는 믿음이 아닌, 미륵보살이라는 존재가 남편을 지켜줄 것이라는 믿음에서 비롯된 것이라 볼 수 있으므로 선지의 내용은 적절하지 않다.

오답 풀이

② 남편이 갱에서 죽었다는 소식을 들었을 때 '한몰댁'이 '미륵바위'를 찾은 것은 '미륵보살'이라는 신령한 존재를 통해 남편이 살아 돌아오기를 기원하는 마음을 보여 주는 것이므로 선지의 내용은 적절하다. ③ '한몰 영감'은 '도깨비'가 북쪽에 있는 아들에게 자신의 소식을 들려줄 수 있는 초월적 존재라고 생각한다. 따라서 아들에게 소

식을 전하고자 하는 현실의 소망을 '도깨비'라는 초월적 존재를 통해 실현하고자 한 것은 현실과 초월적 세계가 교류하는 모습이라 볼 수 있다. ④ '댐'의 건설로 인해 감내골이 수몰되면서 마을 사람들이 마을을 떠나야 했던 상황은 산업화 시대에 농촌 사람들이 겪어야 했던 아픔을 반영한다. ⑤ '한몰 영감' 내외는 아들이 북쪽에 살아 있을 것이라 믿으며 아들이 돌아올 때 무사히 집을 찾을 수 있도록 '안내판'을 세운다. 부부가 아들이 살아 있을 것이라고 믿는 이유는 '한몰댁'이 꾼 미륵보살의 꿈과 관련이 있으므로, 초월적 존재가 아들을 지켜줄 것이라는 믿음이 그들이 수몰 이후에도 그들의 삶을 지탱하고 있음을 보여 주는 것이라 볼 수 있다.

Part 2. 현대 산문   13 | 양귀자, 방울새

O/X 정답

| 01. X | 02. O | 03. X | 04. X | 05. X |

1. '면회실'에서 '과천의 동물원'으로의 공간적 배경의 변화는 나타나지만, 이를 통해 인물 간 대립의 원인을 드러내고 있지 않다.

2. '남편은 핏기 없는 얼굴이었고~선명하게 도드라져 보였다.'에서 서술자가 특정 인물인 '그녀'의 시선을 통해 남편의 특징을 관찰하여 알려 주고 있으므로 선지의 내용은 적절하다.

3. '지난번 경주의 감기는 다 나았는가,~형님네에서 마늘이 왔다는 대답'에서 그녀와 남편 사이의 대화가 삽입되어 있음을 알 수 있다. 하지만 인물 간의 대화를 통해 소통 부재의 상황을 보여 주고 있을 뿐, 갈등 해소 과정을 보여 주고 있지는 않다.

4. 남편은 아버지로부터 물려받은 재산에 안주해서 편안하게 살아가려는 사람이 아니었으며, 그 재산을 자신의 신념을 실천하는 데 이용했는지는 제시되지 않았으므로 선지의 내용은 적절하지 않다.

5. 그녀는 "아, 방울새는 동굴에서 살고 있구나."라는 딸의 말을 들은 후에서야 감옥살이를 하는 남편을 떠올렸으므로 선지의 내용은 적절하지 않다.

Part 2. 현대 산문   14 | 김주영, 새를 찾아서

O/X 정답

| 01. X | 02. X | 03. X | 04. O | 05. O |

1. '덴찌'를 매개로 '나'가 답사 일행의 버스를 찾으려 하는 현재와 '나'와 누나가 새를 잡으려 했던 과거가 연결되고 있으나, 이를 통해 사건의 원인을 분석하고 있지 않으므로 선지의 내용은 적절하지 않다.

2. 청년이 가진 손전등은 '새 전지를 갈아 끼운 지도 오래되지 않'았으며 '그 시절의 덴찌보다 몇십 배의 밝은 촉광을 가지고 있'다고 하였으므로 선지의 내용은 적절하지 않다.

3. 누나가 방 안으로 들어간 새를 가두고 "새 잡았대이."라고 말하자, '나'는 '나도 그걸 믿었다. 방 안으로 들어간 새를 놓칠 리는 없었다.'라고 생각했다고 말했으므로 선지의 내용은 적절하지 않다.

4. '내가 세 번째의 구멍 집에 손을 깊숙이 집어넣자마자 손끝에 와 닿는 뭉클한 온기는 분명 새의 깃털이었다.~그런 야멸스러운 외면은 내가 누나를 알고 난 이후 처음 겪는 일이었다.'에서 구체적인 묘사로 새를 잡는 긴박한 상황을 실감나게 보여 주고 있다.

5. '어느 날 밤, 누나와 나는 한 충격적인 일을 발견하게 되었다.~온전한 방향 감각

을 잃고 있었다는 증거였다.'에서 '나'가 누나와 새를 잡으려 했던 과거 장면이 액자 구조의 내화로 제시되고 있다. 이는 '나'가 '덴찌'로 답사 일행의 버스를 찾고 있는 현재 장면(외화)과 배치되어 무언가를 찾는 행위에 대한 의미를 강조하고 있으므로 선지의 내용은 적절하다.

Part 2. 현대 산문   15 | 은희경, 새의 선물

O/X 정답

| 01. O | 02. X | 03. O | 04. X | 05. X |

1. 허석이 떠난다는 말을 들은 '나'는 '전혀 아쉽지 않은 것처럼 짐짓 명랑한 목소리'로 "우리 고향 어떠셨어요? 인상 좋았지요?"라며 아무렇지 않게 행동하였으므로 선지의 내용은 적절하다.

2. 해당 지문은 1인칭 주인공 시점으로, 서술자 '나'가 자신의 행동과 심리를 제시한다. 따라서 주변 인물이 서술자가 되어 주인공의 행동과 심리를 제시한다는 선지의 내용은 적절하지 않다.

3. '소가 풀을 통째로 삼키듯이~그의 말뜻이 머리에 들어온다.' 등에서 갑작스럽게 이별 통보를 받은 '나'가 처한 상황을 부각하고 있으므로 선지의 내용은 적절하다.

4. "언제 가는데요?", "응. 내일"에서 허석과 '나'의 대화가 나타나고 있으나, 이를 통해 갈등 해소 과정을 보여 주고 있지는 않으므로 선지의 내용은 적절하지 않다.

5. '허석이 그렇게 떠나 버린 후에도 내 마음의 평정은 쉽게 되찾아지지 않았다.'를 통해 '나'가 허석이 떠난 후에 허석을 쉽게 잊지 못하고 있음을 알 수 있다. 하지만 '나'는 어느 날 '정말 우연히 제방 길을 걷게 되었다'고 하였으므로, '제방 길'을 찾아갔다는 선지의 내용은 적절하지 않다.

나BS 실전 문제 정답

| 01. ① | 02. ④ | 03. ⑤ | 04. ④ |

01.

[A]와 [B]는 모두 서술자인 '나'가 편지의 내용을 간추려 독자에게 전달해 주는 방식으로 서술되어 있다. 이때 [A]와 달리 [B]는 '(가겟집 세놓은 일을~무난하다고 생각했다)', '(이 사실은 나도 처음~진위를 가리지 않기로 했다)'와 같이 간추린 편지의 내용에 서술자가 알고 있는 관련 내용을 덧붙임으로써, 편지를 쓴 이모의 가식적 모습을 드러내는 장치로 활용되고 있으므로 선지의 내용은 적절하다.

오답 풀이

② [A] X, [B] O / [B]에는 '(이 사실은 나도 처음~진위를 가리지 않기로 했다)'와 같이 서술자가 편지의 내용에 대해 의문을 제기하는 방식으로 서술되어 있다. 하지만 [A]에는 서술자가 편지의 내용에 대해 의문을 제기하고 있지 않다. ③ [A] X, [B] O / [B]에는 '(가겟집 세놓은 일을~무난하다고 생각했다)', '(이 사실은 나도 처음~진위를 가리지 않기로 했다)'와 같이 서술자가 편지의 내용에 논평을 곁들이는 방식으로 서술되어 있다. 하지만 [A]에는 서술자가 편지의 내용에 대해 논평을 곁들이는 방식이 나타나지 않는다. ④ [A] X, [B] X / [A]와 [B] 모두 편지 속에 숨겨진 비밀을 서술자가 하나씩 밝혀 가는 방식은 나타나지 않는다. ⑤ [A] X, [B] O / [A]는 서술자가 편지 내용을 인물(이형렬)의 입장에서 간추려 전달하는 방식으로 되어 있다. 또한 [B]는 서술자가 편지의 내용을 인물(전영옥)의 입장에서 서술하고 있고, 이에 대한 서술자의 평을 곁들이고 있다.

02.

이모는 편지에서 자신의 이상적인 남성형은 '변함없이 나를 아껴 주는 진실한 남성.'이라고 하였을 뿐, 이형렬의 사진과 관련하여 그의 외모가 자신의 이상형에 가깝다는 것을 편지에 솔직하게 언급하지는 않았다.

오답 풀이

① '나'는 자신을 쳐다보고 수군거리기만 해도 '엄마 이야기'라고 짐작했으며, 이에 대해 '남에게 그것을 눈치채이기 싫어서 짐짓 고개를 숙여버리곤 했다.'라고 하였으므로 선지의 내용은 적절하다. ② '나'는 이형렬의 편지에 대해 '어려운 단어나 비유법 없이 평이한 문장들이~그의 편지의 장점이었다.'라고 하였으므로 선지의 내용은 적절하다. ③ '나'의 할머니는 초저녁잠이 많아서 연속극이 끝나기도 전에 잠이 들기 일쑤였으며, '할머니의 초저녁잠이 그렇게 깊었기 때문에 이모는 마음껏 금지된 편지를 썼'다고 하였으므로 선지의 내용은 적절하다. ⑤ '나'의 이모는 편지에 '그리움이라는 단어가 이따금 눈에 띄고 애틋한 구절이 많아진다 싶을 무렵부터 더 이상 편지를 보여 주지 않았'으며, '그때부터 표현에 대한 자문도 구하지 않았'다고 하였으므로 선지의 내용은 적절하다.

03.

'이모의 비밀'을 '혓바닥 밑에 감추고 있는 셈'이라고 한 것은 '나'가 이모의 비밀을 알면서도 그 사실을 숨기고 있다는 것이지, '나'가 어른과 서로의 비밀을 공유한다고 볼 수도 없고, 이를 자신의 방어 수단으로 생각하지도 않고 있다.

오답 풀이

① 〈보기〉에 따르면, 해당 작품의 주인공은 열두 살밖에 안 된 소녀이지만 아이답지 않은 시선으로 어른의 세계를 관찰하며 이 과정에서 자신의 내면을 감춘다. 따라서 '누구보다 일찍 나를 숨기는 방법'을 터득했다고 한 것은, '나'가 자신의 내면을 어른들에게 감추기 위해 노력해 온 결과로 볼 수 있다. ② 〈보기〉에 따르면 해당 작품의 주인공이 자신의 내면을 감춘 채 어른들의 가식적인 세계를 드러내는 것을 부도덕하게 생각하지 않는데, 이는 주인공의 성장 과정에서 자신에게 호의적이지 않은 주변 세계로부터 자신을 방어하는 수단과 관련이 있다. 따라서 '남의 시선으로부터 강요를 당하고 수모를 받는'다고 느끼는 것은, 자신을 둘러싼 세계가 결코 호의적이지 않다고 느끼는 '나'의 인식과 관련이 있다고 볼 수 있다. ③ 〈보기〉에 따르면 해당 작품의 주인공이 자신의 내면을 감춘 채 어른들의 가식적인 세계를 드러내는 것을 부도덕하게 생각하지 않는다. '어른들의 비밀'을 털어놓는 데 '빚진 마음'이 없다고 한 것은, '나'가 자신의 행위를 부도덕한 것이 아니라고 여기는 태도를 드러내는 것이다. ④ 〈보기〉에 따르면, 해당 작품의 주인공은 열두 살밖에 안 된 소녀이지만 아이답지 않은 시선으로 어른의 세계를 관찰한다. 이모의 편지에 대해 '형식적 포장을 극복'했다고 평가하며 '이형렬과의 관계'가 깊어졌으리라고 짐작한 것은, '나'의 아이답지 않은 시선을 드러내는 것이다.

04.

'나'는 '바라보는 나'를 숨기고 '보여지는 나'만을 남들에게 보여 주며 살고 있다. 이처럼 '나 아닌 다른 나'를 만들어 살고 있는 것에 대해 '나'는 이것이 '위선이나 가식일지도 모른다'는 심리적 부담감을 느낀다. 그러나 '나'는 이것을 ⓐ(위선)이 아니라 ⓑ(작위)라고 규정함으로써, 자신이 부도덕하다는 심리적 부담감에서 벗어나고자 하므로 선지의 내용은 적절하다.

오답 풀이

① '나'는 진짜의 나가 아닌 다른 나를 만들어 보인다는 점에서 그것이 ⓐ일지도 모른다는 생각을 하였을 뿐, '보여지는 나'가 받았던 상처가 ⓐ를 통해 치유될 수 있다고 생각하지는 않았다. ② '나'는 남에게 관찰 당하는 것을 싫어했기 때문에 '바라보는 나'와 '보여지는 나'로 '나'를 분리하였으며 이로 인해 ⓐ의 의혹이 발생한 것이다.

또한 '나'를 분리함으로써 발생한 의혹을 ⓑ라고 규정함으로써 해소하고자 하였으므로 선지의 내용은 적절하지 않다. ③ '나'는 진짜의 나가 아닌 다른 나를 만들어 보인다는 점에서 그것이 위선이나 가식일지 모른다는 내적 갈등을 하였으나, 그러한 의혹은 ⓑ라는 말을 알게 된 이후부터 사라졌다고 하였으므로 선지의 내용은 적절하지 않다. ⑤ '나'가 ⓐ보다 복잡한 감정인 ⓑ가 '나 아닌 다른 나'에 대한 주변의 비난을 더 많이 받게 할 수 있다고 생각한 부분은 드러나지 않는다.

Part 2. 현대 산문 | **16 | 차범석, 산불**

O/X 정답

| 01. O | 02. O | 03. X | 04. O | 05. O |

1. '이때 "저놈 잡아라.", "누구야." 하며 외치는 군인들의 목소리. 그와 함께 총소리가 연달아 일어난다.'와 '이때 최 씨의 비명 소리가 들리며'에서, 무대 밖에서 진행되는 사건들을 청각적 효과를 활용하여 전달하고 있음을 알 수 있다.

2. '김 노인'은 "밥은 아직 멀었냐? 오늘은 귀가 터진 것 같구나."라며 상황에 어울리지 않는 대사를 해서 관객들의 웃음을 유발하고 있다. 이를 통해 극의 비극성을 심화하고 있으므로 선지의 내용은 적절하다.

3. '사병 A'가 "앞으로 대대적으로 공비를 소탕하기 위해서는 공비들이 숨을 수 없게 해야 합니다."라며 대밭에 불을 지르기로 한 이유에 대해 설명하자 '(군중들은 그 참뜻을 알았다는 듯 수긍을 한다.)'라고 하였으므로 선지의 내용은 적절하지 않다. '양 씨'와 '점례'만이 이유를 듣고도 그럴 수 없다며 반대했다.

4. '사병 B'가 대숲에 있던 사내에 대해 "이 마을 사람이 아니오?"라고 묻자 '이웃 아낙 갑'은 "우리 동네에서 사내 냄새가 없어진 지는 벌써 이태나 된걸요."라고 하였으며 '이웃 아낙 을'은 "정말 귀신 곡할 일이지. 그 대밭 속에 사내가 숨어 있었다니."라고 하였으므로 선지의 내용은 적절하다.

5. 6·25 전쟁 상황이라는 구체적인 시대 상황을 설정하여 내용의 사실성을 높이고 있다.

Part 2. 현대 산문 | **17 | 이강백, 쥬라기의 사람들**

O/X 정답

| 01. O | 02. O | 03. O | 04. X | 05. X |

1. '탄광', '광부들', '다이너마이트', '14번 갱' 등의 단어를 통해 광부라는 인물의 직업과 탄광의 갱이라는 공간적 배경을 짐작하게 하므로 선지의 내용은 적절하다.

2. 소장은 광부 박 씨와의 대화를 통해 "문밖에서 기다리는 사람", 즉 만석의 등장을 예고하고 있으므로 선지의 내용은 적절하다.

3. "쥐 잡으려다 장독 깬 사람 있어. 빈대 밉다구 홀랑 집 태워 먹은 사람도 있구."라는 소장의 대사와 "흥정은 붙이구 싸움은 말리랬어유!"라는 천안댁의 대사에서 관용 표현이 활용되었음을 알 수 있다. 이를 통해 각각 작은 것을 이루려다 큰일을 그르칠 수 있다는 소장의 생각과 지부장이 되는 것은 좋은 일이므로 광부 박 씨에게 이를 권장하는 천안댁의 생각을 효과적으로 전달하고 있으므로 선지의 내용은 적절하다.

4. 광부들을 갱도로 들여보내 아이들을 구하고자 '만석'이 탄광 사고의 책임을 자신에게로 돌린 것은 맞다. 하지만 '소장'은 탄광 사고의 책임을 '만석'이 아닌, 그의 동료에게로 돌리고자 하였으므로 선지의 내용은 적절하지 않다.

5. '광부 박 씨'는 지부장 자리를 약속하는 '소장'의 회유에 넘어가 사고의 진실을 은

폐하는 데 협력하였다. "옳고 그른 것 가릴려다가~모두들 일자리를 잃고 굶게 되면, 그 옳다는 것이 밥 먹여 줘?"라는 '소장'의 위협에는 "그럼 소장님은 이번 사고 처리가 옳다구 생각하십니까?~낡아 빠진 수작이에요!"라며 저항의 뜻을 보였으므로 선지의 내용은 적절하지 않다.

나BS 실전 문제 정답

01. ⑤   02. ②   03. ①

01.

> 지부장은 소장과 광부 박 씨에 의해 자신의 자리를 위협받고 있으므로, 그가 만석이 말한 '사실'을 이용해 지위 상승을 꾀한다고 볼 수 없다.

오답 풀이

① 만석이 "사실은~나 때문입니다."라며 '사실'에 대해 말하자, 광부들은 만석에게 "어떻게 된 거야? 사실대로 말해!"라며 그의 말을 신뢰하지 못하는 태도를 보이고 있으므로 선지의 내용은 적절하다. ② 만석이 말한 '사실'을 들은 지부장이 "그건 사실이 아냐! 만석이, 왜 자네가 일부러 뒤집어쓰나?"라고 말하는 것을 통해 알 수 있다. ③ 소장이 만석에게서 듣고자 하는 '사실'은 죽은 광부의 고의에 의해 사고가 발생한 것이라는 거짓 증언이다. [중략 부분 줄거리]를 통해 광부 박 씨는 소장에게 새로운 노조 지부장의 자리를 약속받고 그의 편에 서게 되었음을 알 수 있으므로, 광부 박 씨와 소장이 만석에게 바라는 '사실'의 내용은 같다고 할 수 있다. ④ 만석이 말한 '사실'을 들은 소장이 광부들에게 "들었잖아, 모두들!~더 이상 무슨 말이 필요해!"라고 말하며 상황을 마무리하려 함을 알 수 있으므로 선지의 내용은 적절하다.

02.

> 〈보기〉에 따르면 「쥬라기의 사람들」은 인간의 부정적인 모습을 적나라하게 보여줌으로써 독자들의 비판적 시선을 유도한다. [A]에서 광부 박 씨와 소장은 사고의 책임을 자신의 탓으로 돌리는 만석의 거짓 증언을 듣고도 자신들에게 손해가 없다는 판단 하에 사고의 책임을 만석으로 몰고 가는 모습을 보이고 있다. 이는 만석을 이용해 자신들의 이기심을 충족시키려는 것으로 볼 수 있으므로, [A]에 나타난 작가의 의도는 자신을 위해 다른 사람을 이용하는 인간의 탐욕과 이기심을 비판하고자 하는 것이라 할 수 있다.

오답 풀이

① [A]에서 비판의 대상이 되는 인물은 광부 박 씨와 소장이며, 만석은 다수의 횡포에 무기력하게 굴복하여 사고의 원인을 자신의 탓으로 돌린 것이 아니므로 선지의 내용은 적절하지 않다. ③ [A]에서 자신과 이해관계가 없는 일에 무관심한 태도를 보이는 인물들의 모습은 제시되지 않았으며, [A]의 내용은 인간의 소시민성(한 사회에서 소시민이 일반적으로 가지는 부동적이며 중립적인 성질)과는 관련이 없다. ④ [A]에서 소장은 상황을 빨리 마무리하고자 만석에게 사실을 밝히도록 종용하는 광부들의 행동을 저지하고 있다. 하지만 소장이 자신의 권위를 내세우며 광부들을 억누르고 있지는 않으므로, 고압적(남을 마구 억누르는 것)인 태도로 아랫사람들을 대하는 권위주의적(권위를 내세우는) 사고방식을 비판하고 있다고 볼 수 없다. ⑤ [A]에서 감정에 치우쳐 객관적인 진실을 외면하려고 하는 인물들의 모습은 제시되지 않았으므로 선지의 내용은 적절하지 않다.

03.

> ㉠에서 소장은 지부장의 말에 시큰둥한 반응을 보이고 있으므로, 호기심이 생긴다는 듯 지부장에게 다가서며 말하라는 선지의 내용은 적절하지 않다.

오답 풀이

② ㉡에서 지부장은 소장의 부정적인 반응에도 불구하고 침착하게 소장을 설득하고

있으므로, 침착하면서도 설득적인 어조로 말하라는 선지의 내용은 적절하다. ③ ㉢의 지시문 '만석에게'를 통해 광부 박 씨가 만석에게로 시선을 옮기며 말해야 함을 알 수 있다. ④ ㉣에서 만석은 갱의 사고 원인에 대해서 말할 듯하다가 결국 말하지 않고 있다. 만석이 갱의 사고 원인을 무엇이라고 말할지 관객들은 매우 궁금해할 것이므로, 관객의 긴장을 고조시킬 수 있도록 대사의 속도에 유의하며 말하라는 선지의 내용은 적절하다. ⑤ ㉤에서 광부들은 갱의 사고 원인에 대해 아무 말도 할 수 없다는 태도를 지속하는 만석을 보며 왜 말을 못하는 것이냐며 답답해하고 있으므로, 만석의 태도가 답답하다는 듯한 표정을 지으며 말하라는 선지의 내용은 적절하다.

Part 2. 현대 산문   18 | 신연식, 동주

O/X 정답

| 01. X | 02. X | 03. X | 04. O | 05. O |

1. '용정 들판을 뛰어놀던~몽규, 처중……'에서 동주의 회상 장면이 나타나지만, 이를 통해 사건 해결의 실마리를 과거에서 찾고 있지는 않으므로 선지의 내용은 적절하지 않다.
2. S#81~S#85까지 과거 장면을 삽입하여 S#78 취조실에서 동주가 특고 경찰에게 취조를 받게 된 이유를 드러내고 있으므로 선지의 내용은 적절하지 않다.
3. 인물 간의 대화가 드러나고 있으나, 이를 통해 인물이 겪은 사건의 비현실적인 면모를 드러내고 있지는 않다.
4. '시인이란 슬픈 천명인 줄 알면서도 / 한 줄 시를 적어 볼까.', '인생은 살기 어렵다는데~부끄러운 일이다.'에서 동주가 암울한 현실에 적극적으로 저항하지 않고 시를 쓰는 자신의 삶을 성찰한 후 부끄러움을 느꼈음을 알 수 있다.
5. '몽규가 학생들 중심에 선다.~저마다 비장한 각오를 다진다.'에서 알 수 있다.

Part 2. 현대 산문   19 | 노희경, 우리들의 블루스

O/X 정답

| 01. O | 02. O | 03. X | 04. X | 05. O |

1. 은희는 미란이 한 말 "너…… 그닥…… 의리 있는 년, 아냐."를 떠올리고, "너 뭐 내가…… 그닥…… 의리 있는 년이…… 아냐?", "지가 감히…… 어떵 나한티……"라고 화를 내며 미란이 있는 서울로 올라갔으므로 선지의 내용은 적절하다.
2. 'S#11. 은희의 방 안 + 거실, 낮. → S#29 은희의 집 안, 낮. → S#30 달리는 은희 차, 아침. → S#34 룸 안, 낮.'에서 장면의 전환을 확인할 수 있다. 각각 이를 통해 은희의 일기를 읽고 충격을 받은 미란의 내면, 미란이 한 말을 떠올리며 분해 하는 은희의 내면, 미란에 대한 분노를 보이는 은희의 내면, 서로 간의 오해를 풀고 화해를 하는 은희와 미란의 내면을 부각하고 있으므로 선지의 내용은 적절하다.
3. "오늘은 인권이랑 한판 붙었다.", "옥동 삼촌은~춘희 삼촌은", "머릴 뜯었어야지, 인정이처럼"에서 새로운 인물이 다른 인물의 발화를 통해 등장하고 있으나, 이를 통해 인물 간의 대립 구도가 전환되고 있지는 않으므로 선지의 내용은 적절하지 않다.
4. "내가 너한테 얻어먹는 주제라고 했다고……~그년은, 진짜 미친…… 천박한 년이라고……"에서 미란이 은희에게 상처를 주었던 말을 반성하고 있음을 알 수 있다. 그러나 미란은 은희에게 "니가 만만한 건, 사실.", "내가 이 세상에서 너 하나

만은 만만히 생각하고, 편하게 생각하면, 안 되냐?"라며 자신에게 은희가 그만큼 편하고 의지할 수 있는 대상임을 밝히고 있으므로, 만만하게 보았던 점을 사과하였다는 선지의 내용은 적절하지 않다.

5. 시간의 흐름에 따라 사건을 서술하여 은희와 미란의 갈등이 해소되는 과정을 보여 주고 있으므로 선지의 내용은 적절하다.

Part 2. 현대 산문 20 | 윤오영, 찰밥

O/X 정답

| 01. X | 02. O | 03. O | 04. X | 05. X |

1. '나'가 어린 시절 찰밥을 싸 주시던 어머니에 대해 회상하고 있는 것은 맞으나, 이를 통해 인물 간 갈등의 원인을 암시하고 있지는 않다.

2. 서술자 '나'는 '찰밥'과 관련한 자신의 체험을 진술하며 돌아가신 어머니의 기대와 거리가 먼 삶을 살고 있는 현실에 대한 인식을 드러내고 있다.

3. '나는 이 어머니의 애틋한 심정을 아는 까닭에~오직 어머니의 정성 어린 찰밥이 소중했었다.'에서 확인할 수 있다.

4. '나'는 '백수 오십에 성취한 바가 없다고 하였으므로 선지의 내용은 적절하지 않다.

5. '여명의 하늘은 훤히 밝아 오고'에서 시간적 배경을 묘사하고 있으나, 이를 통해 인물의 성격 변화를 암시하고 있지는 않다.

나BS 실전 문제 정답

| 01. ② | 02. ④ | 03. ① | 04. ⑤ | 05. ③ |

01.

> (가)와 (나)는 돌아오지 않는 임에 대한, (다)는 돌아가신 어머니에 대한 그리움을 드러내고 있으므로 선지의 내용은 적절하다.

오답 풀이

① (가) X, (나) X, (다) X / (가)~(다) 모두 부정적 대상에 대한 비판적 인식을 보여 주고 있지 않다. ③ (가) X, (나) X, (다) O / (다)의 '나'는 '꼭 크게 성공해야 한다.'라는 어머니의 기대에 미치지 못한 자신의 삶에 대해 회한을 느끼고 있으므로, 자신의 삶을 반성하는 태도를 허용할 수 있다. 하지만 (가)와 (나)의 화자는 자신의 삶을 반성하는 태도를 드러내고 있지 않다. ④ (가) X, (나) X, (다) X / (가)~(다) 모두 인생의 무상감으로 인한 내면 갈등을 표출하고 있지 않다. ⑤ (가) X, (나) X, (다) X / (가)~(다) 모두 공간 이동에 따른 감정의 변화 양상이 드러나지 않는다.

02.

> [A]는 '무쇠 성을 싸고 성 안에 담 싸고'에서 '싸고'라는 동일한 시어를 반복하여 운율감을 조성하고 있다. 그러나 [B]에서는 유사한 문장의 반복이 나타나지 않는다.

오답 풀이

① [A]는 '잠가 잇더냐'에서, [B]는 '오거나 가거나 소식조차 끄쳣는고'에서 화자의 탄식을 의문형 진술로 표현하고 있다. ② [A]는 '오난 길에 무쇠 성을 싸고~잠가' 있는 상황에 빗대어, [B]는 '약수'에 가로막힌 상황에 빗대어 임과의 만남을 방해 받는 상황을 표현하고 있다. ③ [A]와 [B] 모두 부재한 임을 기다리는 화자의 부정적 상황이 드러나므로, 괴로움의 정서를 허용할 수 있다. ⑤ [A]는 '성→담→집→뒤주→궤→결박→자물쇠'로 이어지는 연쇄적 표현을 활용하고 있으며, [B]는 '천상의 견우직녀'

와 대비되는 자신의 처지를 드러내고 있다.

03.

> (나)의 '박명한 홍안'은 운명이 기박한 여인이라는 의미로 화자 자신을, (다)의 '백수 오십'은 흰 머리카락을 가진 50세를 뜻하는 말로 글쓴이 자신을 달리 지칭한 표현이다. 작품에서 '나'라는 말 대신 이렇게 자신을 지칭하는 다른 표현을 쓰면 화자의 상황을 집약적으로 드러내는 효과를 얻을 수 있다.

04.

> (다)에서 '찰밥'은 가난한 살림살이임에도 어머니께서 글쓴이를 위해 정성껏 준비한 음식으로, 글쓴이가 어머니의 사랑과 격려를 느낀 소재이다. 그러나 '찰밥'을 통해 글쓴이가 어머니의 고단했던 삶을 새로이 깨닫거나 이해하는 부분은 나타나지 않으므로 선지의 내용은 적절하지 않다.

오답 풀이

① 가난한 살림 속에서도 '새벽같이 숯불을 피워가며' 지어 주신 '찰밥'은 글쓴이에 대한 어머니의 사랑과 정성을 환기한다고 볼 수 있다. ② '이 어머니의 애정의 선물이 어린 나에게 커다란 격려와 힘이 되었던 것이다.'를 통해 알 수 있다. ③ '찰밥'은 소풍날 다른 친구들이 가져 온 '과자, 과실, 사이다 등'과 대비되어 가난했던 글쓴이의 집안 형편을 상징적으로 보여 주고 있다. ④ '찰밥'은 과거 회상의 매개체가 되어 내용 전개의 중심축이 되고 있다.

05.

> ⓒ은 '찰밥'이 불러일으킨 어머니에 대한 그리움으로 인해 어머니의 환영을 보게 된 화자의 모습을 나타낸 것이다. 글쓴이는 어린 시절 어머니에 대한 기억을 또렷하게 회상하고 있으므로 선지의 내용은 적절하지 않다.

오답 풀이

① ㉠에서 '필자형'으로 결박했다는 것은 임이 '必'의 모양으로 온몸이 묶여서 움직이지 못하는 상태를 빗대어 표현한 화자의 상상이므로 선지의 내용은 적절하다. ② ㉡에서 '새 소리'가 더욱 서럽게 느껴진다는 것은 화자 자신이 느끼는 서러움을 새 소리에 이입하여 표현한 것이다. ④ ㉣은 성공해야 한다는 어머니의 기대와 달리 그러지 못한 자신의 삶에 대해 한탄하는 말이므로 선지의 내용은 적절하다. ⑤ ㉤에서는 어머니에 대한 애틋한 그리움을 '눈물을 닦는' 시각적 이미지로 표현하고 있다.

Part 2. 현대 산문 21 | 이태준, 화단

O/X 정답

| 01. O | 02. O | 03. X | 04. O | 05. X |

1. 병들어 가는 화단을 가꾸는 노인의 모습과 노인이 가꾼 화단 속 화초들의 모습을 묘사하여 '나'가 관찰하고 있는 사실을 생생하게 나타내고 있으므로 선지의 내용은 적절하다.

2. "빗물이나 수돗물이나 물은 마찬가질 텐데……", "그저 하눌 물이라야…… 억조 창생이 다 비를 맞아야……"라는 노주인의 발화를 통해 노주인의 심리를 드러내고 있다.

3. '나'가 '노인'이 가꾼 화단과 가까운 방에 머물면서도 노인의 재공에 대해 치하하지 않은 것은 맞다. 그러나 이러한 점을 두고 '노인'이 '나'에 대해 서운함을 느꼈다는 내용은 확인할 수 없다. '나는 한 번도 노주인의 재공을~서운한 일이라고 생각한다.'는 노인의 재주를 높이 평가하지 않는 '나'의 생각일 뿐, 실제로 '노인'이 '나'에게 서운함을 느꼈는지는 알 수 없다.

4. '자연은 신이다.~이것은 생각만으로도 어리석은 일일 것이다.'에서 확인할 수 있다.

5. 서술자가 인공적으로 화단을 가꾸는 '노주인'에 대한 비판적 입장을 드러내고 있다고 볼 수는 있으나, 풍자적 어조를 활용하고 있지는 않으므로 선지의 내용은 적절하지 않다.

나BS 실전 문제 정답

01. ④   02. ⑤   03. ②

01.

> 글쓴이는 정성스레 화단을 가꾸는 노인을 본 자신의 체험을 통해 자신의 자연관에 대해 서술하고 있을 뿐, 이를 상징화하고 있지는 않다. 체험을 상징화하여 독자의 상상력을 자극한다는 설명은 수필이 아닌 '시'의 표현 방식에 가깝다.

오답 풀이

① 의태어를 활용하면 표현 효과는 자연스레 높아지므로 선지의 앞부분만 확인하면 된다. '벌벌', '도닥도닥', '가득가득' 등에서 의태어를 확인할 수 있다. ② 노주인이 화단을 가꾸는 모습은 생활 주변의 소재라고 할 수 있으므로 선지의 내용은 적절하다. ③ 특정 어투가 사용되면 글쓴이의 개성이 드러난다고 할 수 있으며, 요즘에는 잘 쓰이지 않는 어휘들이 빈번하게 나타날 때 예스러운 어투를 허용한다. '찰찰하신', '손아' 등과 같이 전체적으로 요즘은 잘 쓰지 않는 어휘들이 빈번하게 사용되고 있으므로 선지의 내용은 적절하다. ⑤ '그런 날카로운 감상을 즐길 수 없을 뿐 아니라 도리어 불유쾌를 느낄 뿐이었다.'에서 화초를 가꾸는 노인에 대한 글쓴이의 분명한 생각을 확인할 수 있다.

02.

> '안손님'은 '남자 손님'을 뜻하는 '바깥손님'과 상대되는 말로 '여자 손님'을 뜻한다.

오답 풀이

① '일삼다'는 '일로 생각하다.'의 의미이다. ② '어정거리다'는 '키가 큰 사람이나 짐승이 이리저리 천천히 걷다.'의 의미이다. ③ '순조'는 '일이 아무 탈 없이 예정대로 잘 진행되어 가는 상태'의 의미이다. ④ '약(이) 오르다'는 '잘 자라 자극적인 성분이 많아지다.'의 의미이다.

03.

> 글쓴이는 '철사를 사다 층층이 테를 두르'거나 '곁가지 샛가지를 자르기도 하고 휘어 붙이'는 등 화초들을 인위적으로 변형시켜 화단을 가꾸어 낸 '노주인'에 대해 이야기하면서 '불유쾌를 느꼈다'고 하였다. 이어 '자연은 신'이고, '신의 작품으로서 우리 인간이 손을 대지 않으면 안 될 만한 그러한 졸작, 그러한 미완품'은 존재하지 않는다는 생각을 드러내었으므로, 글쓴이가 궁극적으로 말하고자 하는 것은 ② (자연은 그것 자체로 최선이다.)가 적절하다.

Part 2. 현대 산문   22 | 김유정, 동백꽃

O/X 정답

01. X   02. O   03. X   04. X   05. X

1. '서술자가 중심인물의 시선에 의존'하는 방식은 3인칭 제한적 시점에 해당하므로 선지의 내용은 적절하지 않다. 윗글은 모든 사건이 '나'의 인식을 통해 제한적으로 전달되는 1인칭 주인공 시점이다.

---

2. '나'는 '나흘 전' 점순이 주는 감자를 거절한 사건을 회상하고 있다. 이를 통해 점순이 왜 닭싸움을 붙였는지, 왜 분노했는지를 추론하며 현재 갈등의 원인을 제시하고 있으므로 선지의 내용은 적절하다.

3. '나'는 닭싸움을 보고 '두 눈에서 불이 버쩍' 났다고 하였으므로 닭싸움을 붙이는 점순에게 화가 났음을 알 수 있다. 그러나 '나'가 '나흘 전'의 일을 떠올리고 있는 것은 맞지만, '나는 저에게 조금도 잘못한 것은 없다.'를 통해 '나'가 자신의 행동을 반성하고 있지 않음을 확인할 수 있으므로 선지의 내용은 적절하지 않다.

4. '저희는 마름이고 우리는 그 손에서 배재를 얻어 땅을 부치므로 일상 굽실거린다.'를 통해 '나'와 점순이 사회적 위치에서 힘의 차이를 보이고 있음을 확인할 수 있으나, 이러한 힘의 우위를 바탕으로 갈등이 해소될 것임을 암시하는 부분은 나타나지 않는다.

5. '나'의 어머니는 '열일곱씩이나 된 것들이 수군수군하고 붙어 다니면 동리의 소문이 사납다'고 하며 '나'에게 점순과 붙어 다니지 말라고 주의를 준 것은 맞다. 그러나 점순네에 대해서 '인품 그런 집은 다시없으리라고 침이 마르도록 칭찬하'였으므로 '나'의 어머니가 점순네를 부정적으로 인식한다는 선지의 내용은 적절하지 않다. 어머니가 '나'에게 점순과 붙어 다니지 말라고 주의를 준 이유는 소작농으로서 마름인 점순네의 심기를 거슬리게 하여 불이익을 당할까 봐 걱정하였기 때문이다.

Part 2. 현대 산문   23 | 조세희, 내 그물로 오는 가시고기

O/X 정답

01. X   02. X   03. O   04. X   05. X

1. 공간의 이동이 나타나지 않으며, 서술자는 '나'로 고정되어 있으므로 선지의 내용은 적절하지 않다.

2. '남쪽 공장에서 올라왔다는 그는 손가락이~눈 밑에도 상처가 있었다.'에서 한지섭의 외양을 묘사하고 있으나, 이를 통해 한지섭을 희화화하고 있지는 않으므로 선지의 내용은 적절하지 않다.

3. '머릿속에는 소위 의미 있는 세계,~이상에 현실을 대어 보는 이런 종류의 엄숙주의자들은 생각만 해도 넌더리가 났다.'에서 '나'는 공장 노동자들이 지향하는 세계를 비판적으로 바라보고 있으므로 선지의 내용은 적절하다.

4. '내가 떠올린 것은 호수의 물빛,~낮잠 뒤에 대할 식탁도 떠올랐다.'는 회상 장면이 아닌, 풍요롭고 여유 있는 세계에 대한 '나'의 상상이다. 또한 인물들이 처한 상황을 1인칭 서술자인 '나'가 주관적으로 전달하고 있으므로, 객관적으로 전달한다는 선지의 내용은 적절하지 않다.

5. '나'가 증인으로 출석한 한지섭의 말을 듣고 화를 누른 것은 맞다. 하지만 '나'는 한지섭의 말에 동의하지 못해 생긴 화를 누른 것일 뿐, 자신의 아버지의 행위에 대한 화를 누른 것이 아니므로 선지의 내용은 적절하지 않다.

Part 2. 현대 산문   24 | 이효석, 메밀꽃 필 무렵

O/X 정답

01. X   02. O   03. O   04. X   05. O

1. "어머니는 하는 수 없이 의부를 얻어 가서 술장사를 시작했죠.~열여덟 살 때 집을 뛰어나와서부터 이 짓이죠."에서 요약적 서술이 드러나지만, 이를 통해 시대적 배경을 제시하고 있지는 않다.

2. 허 생원과 동이, 허 생원과 조 선달의 대화를 통해 주인공 허 생원이 개울을 건 너다가 발을 헛디뎌 동이의 등에 업혀 물을 건넌 상황 등이 제시되고 있다. 또한 허 생원이 동이의 등에 업혀 개울을 건너면서 동이와 나눈 대화를 통해 동이가 자신의 아들이 아닐까 하는 허 생원의 기대감을 드러내고 있으므로 선지의 내용 은 적절하다.

3. "어머니는 하는 수 없이 의부를 얻어 가서 술장사를 시작했죠.~열여덟 살 때 집을 뛰어나와서부터 이 짓이죠."라는 동이의 내력을 들은 허 생원은 "총각 낫세론 동이 무던하다고 생각했더니 듣고 보니 딱한 신세로군."라고 하였으므로 선지의 내용은 적절하다.

4. "가을에는 봉평에 모셔 오려고 생각 중인데요."라는 동이의 대답을 들은 허 생원은 "아무렴, 기특한 생각이야. 가을이랬다?"라고 하였으므로 선지의 내용은 적절하지 않다. 참고로, '서글픈 생각'은 동이 등에 업힌 허 생원이 물을 다 건너 그의 등에서 내려야 하는 상황에서 좀 더 그의 등에 업혀 있었으면 하는 아쉬운 마음이 반영된 생각이다.

5. '걸음도 해깝고 방울 소리가 밤 벌판에 한층 청청하게 울렸다.'에서 배경을 청각적으로 묘사하여 허 생원의 들뜬 심리를 잘 드러내고 있다.

나BS 실전 문제 정답

01. ②	02. ②	03. ③	04. ③	05. ④
06. ④				

01.

허 생원이 봉평에서 겪은 단 한 번의 추억은 그에게 의미 있는 경험이므로, (나)에서 허 생원이 평생에 인연이 없다고 말한 것은 (다)에 서술되는 '인연'의 의미를 더욱 부각한다고 볼 수 있다.

오답 풀이

① (가)에서 '이십 년'은 허 생원이 장돌뱅이로 살아온 세월에 해당할 뿐, 그에 대한 정보를 신빙성 없게 제시하는 데 일조하지 않는다. ③ (다)에서 '단 한 번'은 과거 허 생원과 성 서방네 처녀의 인연을 가리키는 것이며, '오늘 밤도 또'는 과거의 인연에 대한 추억담이 계속 회자되어 왔음을 알려 주는 것이다. 따라서 이들은 회고적인 정서를 심화하는 데 일조할 뿐, 인물의 심리적 갈등을 심화하지 않는다. ④ (라)에서 '물방앗간'은 허 생원이 과거 성 서방에 처녀와 우연히 맞닥뜨렸던 공간으로 언급되었을 뿐, 과거와 현재의 사건을 이어주는 매개체로 기능하고 있지 않다. ⑤ (마)에서 조 선달은 전방(물건을 늘어놓고 파는 가게)를 차리는 미래를 꿈꾸고 있으나, 현재 상황을 불우하다고 판단할 수는 없으므로 선지의 내용은 적절하지 않다.

02.

ㄱ. '고향이 청주라고 자랑삼아 말하였으나 고향에 돌보러 간 일도 있는 것 같지는 않았다.'를 통해 허 생원이 봉평 인근을 돌아다닐 뿐 고향인 청주에도 가보지 않았음을 알 수 있다. 또한 허 생원은 장돌뱅이 생활을 하면서도 봉평 장을 빼놓은 적은 드물다고 했다. 이처럼 허 생원이 봉평을 각별하게 여기는 이유는 그곳에서 젊은 날 단 한 번의 인연을 맺었다는 점에서 평생 인연이 없는 듯 살아온 그에게 예외적인 가치를 지닌 곳이기 때문이다. 따라서 봉평은 허 생원의 마음의 구심점 역할을 하고 있다고 볼 수 있다.

ㄹ. 허 생원은 비록 가난하고 쓸쓸한 삶이지만 젊은 날 어느 달밤의 추억을 생각할 때만은 산 보람을 느낀다고 하였다. 따라서 허 생원에게 봉평은 아름다운 추억을 회상하는 것만으로도 가난하고 쓸쓸한 삶을 견디게 해 주는 활력을 주는 곳이라고 볼 수 있다.

오답 풀이

ㄴ. 과거 허 생원의 추억에 관한 것이므로 비현실적이고 현실 도피적인 상상의 산물이 아니다. ㄷ. 허 생원에게 봉평은 반성의 공간이 아니라 젊은 날의 단 한 번의 인연이 있는 곳을 의미한다.

03.

[A]는 메밀꽃이 흐드러진 달밤의 풍경이라는 낭만적 배경을 감각적 이미지를 동원한 서정적 문체로 구현한 부분이다. 첫 번째 지시 사항을 고려할 때 [A]에서 낭만, 감각, 서정 같은 단어를 선별할 수 있을 것이다. 이어서 두 번째 지시 사항에 따라 해당 단어들을 비유적 표현으로 엮어내면 ③의 '서정과 낭만으로 빚은 집'이 제일 적절할 것이다.

04.

장돌뱅이들이 다음 장으로 이동하기 위해서는 칠십 리의 '밤길', 고개 둘에 개울하나, 벌판과 산길을 걸어야 한다고 했다. 이 '밤길'의 여정은 정착의 이유를 찾기전까지, 혹은 정착할 여건을 충족하기 전까지 떠도는 과정을 닮아 있다. 하지만이곳에서 세 장돌뱅이가 정착하는 삶에 대한 공감대를 형성했다고 보기는 어렵다.

오답 풀이

① 장에서 장으로 걷는 길은 바로 장돌뱅이로서 지나온 허 생원의 삶의 과정을 상징하는 공간이다. ② 길가는 허 생원이 곤궁한 처지로 인해 자신의 분신인 당나귀를 팔 지경에 이르렀으며, 그러한 상황에서 당나귀를 어루만짐으로써 자신을 달래는 행위를 보이는 공간이다. ④ 좁은 길로 인해 세 사람은 일렬로 서게 되고, 앞에 있는 허 생원과 조 선달의 대화에서 뒤에 있는 동이가 자연스럽게 배제될 수밖에 없다. ⑤ 달밤 아래 펼쳐진 길은 허 생원에게 성 서방네 처녀와의 추억이 있는 과거를 떠올리게 하며, 떠돌이의 삶 가운데 아름다움을 느끼도록 한다.

05.

'◇'는 허 생원, '○'는 동이, '□'는 조 선달이다. 조 선달은 (가)에서 허 생원의 과거 화상 이야기를 맞장구치며 들어주는 역할을 하고 있다. 그러나 (다)에서는 허 생원과 동이가 중심인물이 되면서 조 선달은 대화의 중심에서 빠지게 되므로 선지의 내용은 적절하지 않다.

오답 풀이

① (가)의 행렬은 좁은 길이라는 공간적 제약에서 비롯한 것이다. ② (나)의 행렬은 꽁무니의 동이가 앞으로 나와 대화에 직접 참여하게 되므로, 대화 참여자의 수에 영향을 미쳤다고 볼 수 있다. ③ (다)의 행렬은 먼저 거의 건넌 조 선달과, 아직 건너지 못한 동이와 허 생원의 두 부분으로 나누어졌으므로 선지의 내용은 적절하다. ⑤ (가)에서 (다)로 전개될수록 허 생원과 동이의 거리는 가까워졌으므로 선지의 내용은 적절하다.

06.

〈보기〉에 따르면, 질문과 대답은 중심인물인 허 생원과 동이의 관계를 밝히는 데 필요한 과정이다. 그러나 윗글에서 허 생원과 동이의 대화에서 인간과 자연의 조화를 추구하는 작가의 가치관이 드러나는 부분을 찾아볼 수 없으므로 선지의 내용은 적절하지 않다.

오답 풀이

① 허 생원은 아름다운 달밤의 풍경이 가득한 자연 배경을 통해 옛 추억을 떠올리고 있으므로, 옛 추억은 현재의 삶에 영향을 미치고 있다고 볼 수 있다. ② 한국적인 소재인 핏줄 찾기 이야기는 독자가 쉽게 공감하여 감동을 얻을 수 있는 요소이다. ③ 허 생원의 과거 일이 작가의 서정적 문체로 아름답게 꾸며져 독자에게 전달되고 있다. ⑤ 허 생원은 동이 모가 성 서방네 처녀가 아닐까 하는 기대감으로 "모친의

친정은 원래부터 제천이었던가?", "봉평? 그래 그 아비 성은 무엇이구?"와 같이 탐정식으로 질문을 하고 있다.

Part 2. 현대 산문 | **25 | 이효석 원작, 동희선 등 각색, 메밀 꽃 필 무렵**

O/X 정답

| 01. O | 02. X | 03. O | 04. X | 05. X |

1. "지푸라기로 뭘 잘 만들었다고 해서 초 서방이라고 했던가?"라는 동이의 말을 들은 허 생원은 "(당황하며) 초, 초 서방?"이라는 반응을 보였으므로 선지의 내용은 적절하다.
2. '개울'에서 '모닥불 근처'로 공간을 이동하며 벌어지는 사건을 제시하고 있을 뿐, 두 공간에서 동시에 일어나는 사건을 병렬적으로 배치하고 있지는 않다.
3. 작품 전체적으로 허 생원, 조 선달, 동이가 구어적 표현을 사용하여 생동감 있게 이야기를 풀어가고 있으므로 선지의 내용은 적절하다.
4. S#77에서 동이 등에 업힌 허 생원과 S#78에서 길을 걸어가는 허 생원의 행동이 대비되고 있으나, 이를 통해 허 생원의 상실감을 드러내고 있지는 않으므로 선지의 내용은 적절하지 않다.
5. 허 생원이 "이제는 나귀 새끼 같은 건 안 봐도 될 것 같네."라고 말한 것은 동이가 자신의 나귀 새끼를 탐낼까 염려했기 때문이 아니다. 그동안은 혈육이 없어 나귀 새끼를 아꼈으나 동이가 자신의 친자식이라면 더 이상 그럴 필요가 없다는 생각에 한 말이므로 선지의 내용은 적절하지 않다.

Part 2. 현대 산문 | **26 | 박완서, 도둑맞은 가난**

O/X 정답

| 01. O | 02. X | 03. X | 04. X | 05. X |

1. '온종일 마음이 흐뭇했다.~생각만 해도 자랑스러웠다.', '나는 기절을 할 만큼 놀랄 밖에 없었다.' 등에서 독백적 진술을 중심으로 서술자인 '나'의 내면 심리를 드러내고 있으므로 선지의 내용은 적절하다.
2. '참, 생각난다.~구역질 나는 얘기라고 생각했다.'에서 회상 장면이 삽입되어 있으나 1인칭 주인공 '나'는 자신이 처한 상황을 주관적으로 전달하고 있으므로 선지의 내용은 적절하지 않다.
3. '나'는 상훈에게 가난을 조롱당한 후 자신의 처지에 대한 인식의 변화를 드러내고 있을 뿐, 과거와 현재를 매개하는 경험을 제시하여 이를 드러내고 있지는 않다.
4. '나'가 폐병으로 쓰러진 상훈의 동료를 돕기 위해 예금 통장의 돈을 사용한 일을 자랑스럽게 여긴 것은 맞다. 하지만 상훈이 예금 통장에 있는 돈을 전부 인출하여 사용한 것을 알게 된 후 '미치고 환장을 하지 않고서는 도저히 참아 줄 수 없는 일'이라고 생각해 상훈에게 화를 내었으므로, 상훈의 동료를 돕고자 예금 통장의 돈을 전부 사용하려 한 것은 아님을 알 수 있다.
5. '나'는 집안이 몰락하는 과정에서도 느껴 보지 못한 깜깜한 절망을 상훈에게 '가난을 도둑맞고 나서 비로소 느꼈다.'라고 하였으므로 선지의 내용은 적절하지 않다.

Part 2. 현대 산문 | **27 | 전혜린, 먼 곳에의 그리움**

O/X 정답

| 01. O | 02. X | 03. X | 04. O | 05. O |

1. '그러나 동경과 기대 없이 살 수 있는 사람이 있을까?', '그러나 모든 플랜은 그것이 미래의~상관있으리요?'에서 물음의 방식을 활용하여 '나'의 인식을 드러내고 있다.
2. '낯익은 곳이 아닌 다른 곳, 모르는 곳에 존재하고 싶은 욕구'라는 '나'의 내적 욕망이 드러나고 있으나, 의식의 흐름 기법을 활용하고 있지는 않다. 참고로, 의식의 흐름 기법은 인물의 의식이 많이 제시되나 의식 간의 뚜렷한 인과가 존재하지 않는 경우를 말한다.
3. '나'가 새해마다 '어떤 엄청난 일'이 일어나게 해 달라고 기도하는 것은 맞지만, '허망'과 '피곤'이 없는 일이 일어나길 바라는 것은 아니다. '모험 끝에는 허망이, 여행 끝에는 피곤만이 기다리고 있는 줄을 잘 안다.'에서 '나'는 자신의 소망하는 일 끝에 '허망'과 '피곤'이 있을 것이라 예상하고 있음을 알 수 있다.
4. '모든 플랜은 그것이 미래의 불확실한 신비에 속해 있을 때에만 찬란한 것이 아닐까?', '아름다운 꿈을 꿀 수 있는 특권이야말로 언제나 새해가 우리에게 주는 유일의 선물이 아닌가 나는 생각해 본다.'에서 확인할 수 있다.
5. '새해', '올해'와 같이 시간을 나타내는 표현을 활용하여 내용을 전개하고 있다.

Part 2. 현대 산문 | **28 | 염상섭, 삼대**

O/X 정답

| 01. O | 02. X | 03. X | 04. O | 05. X |

1. 이야기 밖의 서술자가 전지적 시점으로 (중략) 이전에는 상훈의 시점에서 아버지(조 의관)와 갈등하며 느낀 감정과 생각을, (중략) 이후에는 덕기의 시점에서 아버지(상훈)와 갈등하며 느낀 감정과 생각을 중점적으로 전달하고 있다. 따라서 전지적 서술자가 장면에 따라 서술의 초점을 다양한 인물로 옮겨 가며, 이를 통해 조 의관과 상훈, 상훈과 덕기의 갈등을 입체적으로 드러내고 있음을 알 수 있으므로 선지의 내용은 적절하다.
2. "지난 일은 어쨌든 지금 이 판에 별안간 치산이란 당한 일입니까.~지금 시대에 당한 일입니까?"에서 상훈은 조 의관이 시대에 맞지 않는 일을 한다며 이를 비판하고 있음을 알 수 있다. 그러나 조 의관은 "너같이 오륙천 원씩 학교에~방법이냐?"라며 상훈이 한 일에 대해 비난하고, 상훈이 교육 사업이나 자전 편찬 등에 대해 말하자 "듣기 싫다!"라고 하였다. 따라서 조 의관이 상훈의 일을 존중한다는 선지의 내용은 적절하지 않다.
3. '부친의 소실 수원집과 경애 모녀와는 공교히도 한 고향이다.~부친이 채근한 일은 없는 것이라서'에서 요약적 서술이 나타나지만, 이 부분에서 시대적 배경이 제시되고 있지는 않다. 참고로 시대적 배경은 일제 강점기나 해방과 같은 특정한 시대를 나타낼 때 허용할 수 있다.
4. 윗글은 시간의 흐름에 따라 사건이 전개되고 있다. 또한 덕기는 상훈에게 '말을 꺼내기가 거북한 것을 억지로' 꺼냈다가, 이후 '하고 싶던 말은 다 하고야 말겠다고 단단히 결심'하며 '상성이 났다'고 하였다. 이를 통해 덕기가 처음에는 상훈에게 조심스럽게 자신의 의견을 전하였지만, 점차 감정을 드러내며 반발하였음을 확인할 수 있으므로 선지의 내용은 적절하다.
5. 상훈은 경애와 관련한 자신의 일에 관여하는 덕기에게 "네가 참견할 것 아니야!", "네가 쥐뿔 나게 나설 일이 아니야!", "잔소리 마라!~기탄없이……."라며 불쾌함을

드러내었다. 그러나 덕기는 '말이 난 김이니 하고 싶던 말은 다 하고야 말겠다고 단단히 결심'하고 "어쨌든 그 애가~하지 않습니까?"라며 소신껏 말을 이어나갔으므로 선지의 내용은 적절하지 않다.

나BS 실전 문제 정답

01. ①	02. ⑤	03. ③	04. ⑤	05. ①
06. ③	07. ③	08. ③		

01.

'영감은 아들의 말이 옳다고는 생각하였으나 실상 그 삼사천 원이란 돈이~그 입들을 씻기기 위하여 쓴 것이다.'에서 상훈의 부친이 족보를 만드는 데에 '삼사천 원'의 돈을 썼다는 것을 알 수 있다. 그 금액을 줄여서 아들인 상훈에게 '한 천 원' 썼다고 말하고 있지만, '성한 돈 가지고 이런 병신 구실 해 보기는 처음이다.'라는 부분을 통해 조 의관이 족보 만드는 데 들어간 비용을 아까워한다는 것을 알 수 있다. 따라서 상훈의 부친이 족보를 만드는 데에 '한 천 원'이 들었다며 다행이라 여기고 있다는 설명은 적절하지 않다.

오답 풀이

② "오륙천 원씩 학교에 디밀고 제 손으로 가르친 남의 딸자식 유인하는 것이 유리하게 쓰는 방법이냐?"라는 영감(상훈의 부친)의 말은 상훈이 돈을 유리하게 쓴 것이 아님을 강조하는 설의적 표현이다. 상훈의 부친은 상훈이 '오륙천 원'을 학교에 '디밀'었던 것을 '제 손으로 가르친 남의 딸자식'을 유인하기 위한 부정적인 행동이라고 판단하고 있으므로 선지의 내용은 적절하다. ③ 지문 후반부(중략 이후)의 덕기와 상훈의 대화 중 "할아버지께서 산소에 돈 쓰신다고 반대하시던 걸 생각하시기로……."라는 덕기의 말을 통해 상훈은 자신의 부친(조 의관)이 산소에 돈을 쓰는 것에 동의하지 않았음을 확인할 수 있다. ④ "여간한 세간 나부랭이야 저 집에 안 쓰고 굴리는 것만 갖다 놓으셔도 넉넉할 게 아닙니까?", '안방 치장 하나에 천여 원 돈을 묶어서 들인다는 것은 생돈 잡아먹는 것 같고' 부분에서 덕기가 '세간 값'으로 치러야 하는 돈을 낭비로 생각한다는 것을 알 수 있다. ⑤ "정미소 장부는 이따라도 내게로 보내라."라는 상훈의 말을 들은 덕기가 '늘 이렇게만 하시면야 어디 드릴 수 있겠습니까?", "제게 두시면 어디 갑니까?"라고 답하는 것에서 '정미소 장부'를 내놓지 않으려는 모습을 확인할 수 있다. 참고로 '정미소'는 '도정 공장'이라고 하며, 벼나 보리 등의 곡물을 가공하는 시설을 의미한다.

02.

'여자 손들이 많은데 구차스럽게 세간 값으로 부자 충돌을 하는 꼴을 보이기 싫기 때문'을 통해 ⓐ는 아들이 하고자 하는 말을 하지 못하게 하려는 상훈의 의도를 드러낸 것으로 볼 수 있다. 참고로 '입을 막다.'는 '시끄러운 소리나 자기에게 불리한 말을 하지 못하게 하다.'라는 의미의 관용구이다.

오답 풀이

① 상훈은 덕기에게 "그거 내놓고 어서 가거라.", "정미소 장부는 이따라도 내게로 보내라."라며 직접적으로 말하고 있으므로 선지의 내용은 적절하지 않다. ② 상훈은 아들의 말에 신경질이 나서 주먹으로 뺨을 갈기려 했다. 따라서 아들의 말에 놀라움을 표시한다는 설명은 적절하지 않다. ③ 아들의 입을 막으려는 것은 여자 손님들 앞에서 아들과의 충돌을 보이지 않기 위해서이다. 즉.. 상훈은 여자 손님들 앞에서 일단 다툼을 피하고 싶은 것이지, 아들과 의견을 같게 하려는 것이 아니다. ④ 아들에게 하고자 하는 말은 결국 세간 값을 치르라는 것과 정미소 장부를 달라는 것이다. 아버지는 이 말을 참지 않고 모두 하였으므로 선지의 내용은 적절하지 않다.

03.

똑같은 '부친'이지만 [A]와 [B]에서 각각 다른 인물임을 명확하게 인지하고 가야 한다. [A]에서의 부친은 덕기의 할아버지이자 조상훈의 아버지인 '조 의관'을, [B]에서의 부친은 덕기의 아버지인 '조상훈'을 가리킨다. 호칭을 통한 인물 파악은 소설 독해의 근본이니, 이 부분에서 무조건 실수가 없어야 한다. [A]에서는 족보로 인한 갈등이 드러난다. 아버지는 속으로 아들의 말이 옳다고 생각하고 있으며, 갈등의 원인을 아들의 탓으로 돌리지 않는다. 한편 [B]에서는 아버지와 아들이 정미소 장부를 가지고 갈등을 하고 있으나, 아버지가 자신의 잘못을 아들의 탓으로 돌리는 부분은 제시되지 않았다.

오답 풀이

① [A] O, [B] X / [A]에서 아버지 '조 의관'은 "제 손으로 가르친 남의 딸자식 유인"하였다는 말을 하여 아들의 '얼굴이 벌게'지게 만들었다. 이 부분에서 아들의 치부(남에게 드러내고 싶지 아니한 부끄러운 부분)를 들추어 책망했다고 볼 수 있다. 반면, [B]에서는 이러한 부분이 나타나지 않는다. ② [A] X, [B] O / [B]의 '생활이 거칠어 가는 수밖에는 없을 것이라고 동정도 하는 한편인데'에서, 아들이 아버지를 동정하는 마음을 갖고 있다는 것을 확인할 수 있다. 반면, [A]에서 이러한 부분이 나타나지 않는다. ④ [A] O, [B] O / [A]에서는 "누가 저더러 돈을 쓰라니 걱정인가? 내 돈 가지고 내가 어떻게 쓰든지……."라는 조 의관의 말을 통해 돈 쓰는 것에 대한 아들의 간섭을 아버지가 못마땅해하고 있음을 확인할 수 있다. 한편 [B]에서는 "그 따위 아니꼬운 소리 할 테거든~세간은 너나 쓰렴!", "네가 무슨 총찰이냐?"라는 상훈의 말을 통해 아들의 간섭을 아버지가 못마땅해한다는 것을 알 수 있다. ⑤ [A] O, [B] O / [A]에서는 돈으로 족보를 만드는 아버지(조 의관)의 행위, [B]에서는 비싼 세간 값을 치르는 아버지(상훈)의 행위가 갈등의 원인이 되고 있다. 따라서 [A]와 [B]에서 각 아들들은 돈을 유용하게 쓰기 위해서 자신과 생각이 다른 아버지의 행위를 문제 삼고 있으므로 선지의 내용은 적절하다.

04.

㉠에서는 서술자가 선택한 특정 인물인 영감의 속마음을 중심으로 서술하여 영감의 성격을 드러내며, ㉡에서는 서술자가 선택한 특정 인물인 덕기의 시각을 통해 신앙을 잃어버리고 타락한 삶을 살아가는 조상훈과 이에 반항하지 않고 동정과 탄식을 하는 덕기의 성격을 드러낸다. 참고로, 전지적 작가 시점 중에서도 특정한 인물에 주목하여 인물의 심리와 상황을 집중적으로 제시하면 3인칭 제한적 작가 시점이라고 한다.

오답 풀이

① ㉠ X, ㉡ O / ㉠에서는 '영감'의 내면을 주로 서술하고 있으므로 특정 인물이 아들인 '상훈'으로 달라진다는 선지의 내용은 적절하지 않다. 한편 ㉡에서는 '덕기'의 내면을 서술하고 있으므로 특정 인물이 '덕기'로 고정되고 있음을 알 수 있다. ② ㉠ X, ㉡ X / ㉠에서는 영감의 속마음과 족보를 만드는 과정에 대해 언급할 뿐, 상훈의 의식과 행동 사이의 인과관계가 드러나지 않는다. 한편 ㉡에서는 상훈에 대한 덕기의 동정과 추측이 드러날 뿐, 상훈의 심리적 갈등이 드러나지는 않는다. ③ ㉠ X, ㉡ O / 분명 둘 다 갈등 관계가 있지만, 밑줄 부분을 잘 보면서 판단해야 한다. ㉠과 ㉡이 각각 영감과 덕기의 시각에서 서술된 것은 맞지만, 서술 대상인 상훈에 대한 낮은 평가가 드러나는 것은 ㉡에만 해당된다. ㉠에서 '아들의 말이 옳다고는 생각'한 것을 감안하면, 영감은 아들 상훈의 말을 긍정하고 있음을 알 수 있다. 다만 가뜩이나 돈이 아까운데, 아들이 그 부분을 자꾸 지적하니 화가 난 것이다. ④ ㉠ X, ㉡ O / 상훈에 대하여 정이 떨어지는 것 같았던 덕기가 ㉡에서 '동정'하기도 하므로 상훈에 대한 덕기의 평가가 달라졌다고 볼 수도 있다. 하지만 ㉠에서는 상훈에 대한 영감의 평가가 달라지는 부분은 나타나지 않는다.

05.

> 서술자가 전지적 시점으로, (중략) 이전에는 특정 인물인 '조 의관'의 시각에서 그의 복잡한 심리를, (중략) 이후에는 특정 인물인 '상훈'의 시각에서 그의 복잡한 심리를 주로 드러내고 있으므로 선지의 내용은 적절하다. 참고로, 「삼대」는 장면마다 서술자가 주목하는 특정 인물이 달라지며, 한 인물의 심리를 주로 서술하는 경우에도 다른 인물의 심리가 조금씩은 나오기도 한다.

오답 풀이

② 인물의 외양을 구체적으로 묘사한 부분은 나타나지 않으며, 특정 인물을 희화화한 부분도 나타나지 않는다. ③ 사건이 벌어지는 공간적 배경은 구체적으로 제시되지 않았으며, 이를 통해 주제를 암시적으로 드러내고 있지도 않다. ④ '삽화'는 본 줄거리와는 별도로 독립적인 작은 이야기를 끼워 넣는 것을 말하고, '삽화 형식으로 나열'한다는 것은 A삽화, B삽화, C삽화… 이런 식으로 독립적인 삽화의 나열을 통해 지문을 구성하는 것을 의미한다. 하지만 여기서는 삽화 형식으로 나열된 인물들의 체험은 나타나 있지 않다. ⑤ 인물들의 대화와 서술자의 서술 내용을 통해 과거에 대한 언급을 확인할 수 있으나 이는 과거 장면이 아니다. 과거 당시에 벌어졌던 대화나 행동을 구체적으로 묘사해 주어야 과거 장면이라고 할 수 있다. 따라서 윗글에서 현재와 과거의 장면이 교차되고 있다고 볼 수 없으며, 이를 통해 인물의 성격이 변화하는 과정을 보여 주고 있지도 않다.

06.

> '그러면 우선 천 원 하나를 내놓을 터이니~그렇게 하면 천 원 내놓고 이천 원 들인 생색은 나려니 하는 속다짐이다.', "그래야 결국 아저씨께서는 돈 천 원 하나밖에 안 내놓으신다니까"를 통해 조 의관은 ○○당 할아버지 산소를 꾸미자는 문중의 요구에 ⓒ(천 원 하나)을 내놓을 생각을 하였음을 알 수 있다. 이때 '×× 조씨 문중에서 자기가 둘째 중시조나 되는 셈치고 이 세상에 남겨 놓고 가는 기념사업이라는 생각도 없지 않아 해보려는 노릇이다.'에서 조 의관은 ○○당 할아버지의 치산에 드는 비용을 내는 것이 기념사업을 하는 것이라고 생각하고 있을 뿐, 문중의 신뢰를 회복하려는 의도는 없음을 알 수 있다. 따라서 조 의관이 문중의 신뢰를 회복하기 위해 ⓒ을 마련하였다는 선지의 내용은 적절하지 않다.

오답 풀이

① ㉠(주판으로 늙은 사람)은 조 의관이 계산에 밝은 인물임을 나타내는 표현이다. ○○당 할아버지의 치산에 드는 비용을 조목조목 따지는 것에서도 이를 확인할 수 있으므로 선지의 내용은 적절하다. ② 조 의관은 ㉡(○○당 할아버지) 산소를 꾸미자는 문중의 요구를 받고 돈 천 원을 내려고 하였으므로 선지의 내용은 적절하다. ④ ㉣(흙 한 줌 떼 한 장씩)에는 묘막을 짓는 데 돈이 없는 조씨 문중 사람들이 부역으로라도 참여해야 한다는 조 의관의 생각이 드러나 있다. ⑤ 상훈이 묘를 꾸미는 데에 대한 부정적인 의견을 내놓자 창훈이 묘막을 짓는 일에 정당성을 부여하고자 ㉤(조상 모르는 사람)은 이 세상에 없다는 말을 한 것이므로 선지의 내용은 적절하다.

07.

> [B]에서 조 의관은 자신의 재산을 상훈에게는 일절 물려주지 않겠다고 공언하고, "내가 죽으면 네가 머리를 풀 테냐? 거상을 입을 테냐?"라며 상훈에 대한 깊은 불만과 불신을 드러내고 있으므로 선지의 내용은 적절하다.

오답 풀이

① [A]에서 상훈은 조 의관에게 자신의 의견을 솔직하게 전달하고 있을 뿐, 조 의관에게 인정받고자 애쓰고 있지는 않다. 따라서 그가 장자로서 신임을 얻으려는 태도를 드러냈다고 볼 수 없으므로 선지의 내용은 적절하지 않다. ② [A]에서 상훈은 조 의관이 ○○당 할아버지의 치산에 드는 비용을 유리하게 쓰면 좋겠다는 의견을 전하고 있다. 이는 유산 상속 문제를 중점으로 한 이야기로 볼 수 없으므로 선지의

내용은 적절하지 않다. ④ [B]에서 조 의관은 "너는 인제는 남 된 셈만 쳐라. 내가 죽으면 네가 머리를 풀 테냐? 거상을 입을 테냐?"라며 상훈에 대한 불신을 드러내고 있으므로, [A]의 상훈의 비판을 수용하였다고 보기 어렵다. [A]와 [B]에서 조 의관은 상훈을 신뢰하거나 그의 의견을 수용하지 않고 불만을 드러내고 있으므로 선지의 내용은 적절하지 않다. ⑤ [A]에서 상훈은 조 의관이 ○○당 할아버지의 치산에 드는 비용을 유리하게 쓰면 좋겠다는 의견을 솔직하게 전하고 있을 뿐, 조 의관에 대한 동정심을 드러내고 있지는 않다. 또한 [B]에서 조 의관은 상훈에 대한 갈등과 불신을 드러내고 있을 뿐, 상훈에 대한 동정심을 드러내고 있지 않다.

08.

> 조 의관이 "대동보소만~가외로 들겠습니까?"라는 상훈의 지적을 듣고 '아들의 말이 옳다고는 생각'한 것은 맞지만, 근대적 가치관을 수용하려는 모습을 보이지는 않았다. 이후 상훈이 "교육 사업, 도서관 사업,~편찬하는데……."와 같이 근대적 가치관을 드러내자 조 의관이 "듣기 싫다!~어서 가거라."라고 한 점에서도 이를 확인할 수 있다.

오답 풀이

① 상훈은 조 의관이 족보에 돈을 쓰는 것에 대해 반대하며 "어쨌든 세상에 좀 할 일이~교육 사업, 도서관 사업, 그 외 지금 조선어 자전 편찬하는데……."라고 말한다. 이러한 상훈의 모습에서 개화기 지식인으로서의 면모를 확인할 수 있다. ② [앞부분 줄거리]를 통해 조 의관이 의관이라는 벼슬을 사고, 족보인 대동보를 엮는 데 돈을 들였음을 알 수 있다. 〈보기〉의 내용을 고려할 때 이는 조 의관이 전통적인 가치를 중시하는 봉건적 의식을 지닌 인물임을 드러내므로 선지의 내용은 적절하다. ④ 상훈이 조상을 섬기는 데 지나치게 돈을 쓰는 조 의관을 못마땅해하며 언쟁하는 모습에서, 상훈은 조 의관의 가치관에 문제가 있다고 생각함을 알 수 있다. ⑤ 조 의관은 자신의 일을 반대하는 상훈에게 "내가 죽으면 동전 한 닢이라도 너를 남겨 줄 줄 아니! 너는 이후 아무리 굶어 죽는다 하여도 한 푼 없다.", "내 재산이라야 얼마 있는 게 아니다마는 반은 덕기에게 물려줄 것이요, 그 나머지로는 내가 쓰고 싶은 데 쓰다 남으면 공평히 나누어 주고 갈 테다."라고 말하며 상훈과 갈등하고 있다. 이를 통해 돈을 중심으로 세대 간의 갈등이 심화되었던 시대상을 확인할 수 있으므로 선지의 내용은 적절하다.

EBS 수특 국어 완벽 대비!

나 없이
EBS
풀지 마라